Jens Clausen

Das Selbst und die Fremde

Über psychische Grenzerfahrungen auf Reisen

Für Barbara

Dr. phil. Jens Clausen, geb. 1954 in Hamburg, Studium der Erziehungswissenschaft, Germanistik und Geschichte. Ausbildung am Institut für Gruppenanalyse Heidelberg. Berufliche Erfahrungen in der Kinder- und Jugendpsychiatrie, der Psychosomatik und der Sozialpsychiatrie. Lehr- und Fortbildungstätigkeiten im Bereich Sozial- und Heilpädagogik in Freiburg/Br., Hamm/Westf. und Münster.

Jens Clausen

Das Selbst und die Fremde

Über psychische Grenzerfahrungen auf Reisen

Edition Das Narrenschiff
im
Psychiatrie-Verlag

Jens Clausen: Das Selbst und die Fremde. Über psychische Grenzerfahrungen auf Reisen.
2. Auflage 2008
ISBN 978-3-88414-473-2
Die Dissertation, auf der dieses Buch beruht, befindet sich im Netz der Universität Münster unter www.miami.uni-muenster.de

Bibliografische Information der Deutschen Nationalbibliothek
Die Deutsche Nationalbibliothek verzeichnet diese Publikation in der Deutschen Nationalbibliografie; detaillierte bibliografische Daten sind im Internet über http://dnb.d-nb.de abrufbar.

Psychiatrie-Verlag im Internet: www.psychiatrie-verlag.de

Die Edition Das Narrenschiff wird herausgegeben von Beatrice Alder und Asmus Finzen

Umschlaggestaltung: Petra Nyenhuis unter Verwendung des Bildes »Mittsommernacht« von Thomas Wrede, Münster

Satz: Psychiatrie-Verlag, Bonn
Druck: DIP, Witten

INHALT

EINLEITUNG

Idee und Ausgangsfrage

Kann man auf Reisen verrückt werden? Oder gar: Kann man vom Reisen verrückt werden? Kann es sein, dass die Seele – von der es heißt, man brauche sie nur baumeln zu lassen, um Entspannung und Glückseligkeit zu erlangen – auf Reisen viel Energie darauf verwenden muss, Gefühle der Angst, der Ungeschütztheit, der Bindungslosigkeit abzuwehren? Kommt es vor, dass Menschen an dem Versuch der Integration verwirrender Fremdheitserfahrungen scheitern und fern von zu Hause in schwere Krisen geraten? Sind dies Gefährdungen, die jeden treffen können, oder bedarf es besonderer seelischer Konstitutionen oder situativer Konstellationen, dass Menschen in der Ungeborgenheit der Fremde ihre innere Balance verlieren? Stellt das Reisen eine viel höhere Belastung dar, als wir vor uns selbst und anderen zugeben? Gibt es Dokumente, Berichte, Texte, die darüber Auskunft geben, wie und warum jemand – unterwegs am fernen Ort – sich selbst entgleitet?

Eigentlich ist das Reisen und das Überschreiten von Grenzen ja mit der Sehnsucht verknüpft, die Fesseln des Alltags über Bord zu werfen und Körper, Geist und Seele zu erquicken. Wer den sicheren Hafen verlässt und fortgeht, der träumt davon, Abenteuer zu bestehen, Gefahren zu meistern, von unbekannten Welten zu erfahren. Oder er hofft darauf, in fremder Umgebung neue Kräfte zu schöpfen, selbstbestimmt und ungebunden, genussvoll und bereichert das Land zu erkunden. Und so schildert er sein Unterwegssein denn auch: als Verwirklichung frühester Träume – als Bewältigung physischer Grenzsituationen – als kulturelle und kulinarische Bereicherung – als Regeneration von Körper, Geist und Seele – als wiedergewonnene Nähe zu sich selbst.[1]

Der Ursprung des Fernwehs ist für viele Menschen mit Erlebnissen aus der Kindheit verknüpft. Ihre späteren Reisen begannen – so

---

1 vgl. Stark u. Sandmeyer 2000

berichten berühmte Reisende – mit dem Finger auf der Landkarte, mit Erzählungen oder Filmen über ferne Länder. Bruce Chatwin erinnert den Zusammenhang von frühkindlicher Erfahrung und späterer Reiselust so: »Ich war zwei Jahre alt. Wir wohnten bei meiner Großmutter in möblierten Zimmern an der Seepromenade von Filey, Yorkshire. Ich beobachtete die Schiffe, wie sie am Horizont entlangzogen.«[2] Für Hans-Jürgen Heinrichs sind es die »inneren Bilder, die jeder Reisende mit sich herumträgt, Träume (...), die ihn beherrschen, Orte, von denen er nicht weiß, ob er sie selbst erfunden hat oder das Leben sie für ihn bereit hält.«[3] Albert Camus behauptet, dass »ein Menschenwerk nichts andres ist als ein langes Unterwegssein, um (...) die zwei oder drei einfachen großen Bilder wiederzufinden, denen sich das Herz ein erstes Mal erschlossen hat.«[4] Auch Cees Nooteboom kennt die Neugier auf die Fremde aus seiner Jugend: »Eines Tages habe ich einen Rucksack gepackt, Abschied von meiner Mutter und den Zug genommen; und damit habe ich eigentlich nie mehr aufgehört.«[5] Für Nicolas Bouvier liegen die Motive des Reisens im Alter zwischen zehn und dreizehn Jahren, wenn sich die Träume nicht mehr an die Spiele im Kinderzimmer heften lassen, man bäuchlings auf dem Teppich liegt und den Atlas betrachtet:

> »Wenn die Sehnsucht den ersten Angriffen der nüchternen Vernunft standhält, sucht man nach Gründen für sie. Und findet keine (...). Tatsache ist, dass man nicht weiß, wie man diesen Drang nennen soll. Etwas in uns wächst und löst sich aus der Vertäuung, bis man eines schönen Tages, seiner selbst nicht sicher, endgültig aufbricht.«[6]

Getrieben von der Entdeckung des eigenen Mangels[7] und der Lust auf Neues suchen Menschen den Weg in die Fremde, weil sie ihnen geben soll, was sie noch nicht haben oder noch nicht sind: Sie reisen, um in eine erregende und fremde Welt eingeführt zu

---

2 Chatwin 1996, S. 12
3 Heinrichs 1997b, S. 159
4 Camus 1973a, S. 23
5 Nooteboom 1997b, S. 8
6 Bouvier 2002, S. 13
7 vgl. Bosse 1994

werden[8], um über die Zukunft nachzudenken, um »an Straßenecken zu stehen und den Fluss der Gedanken tief in den Strom einmünden zu lassen.«[9]
Oder sie reisen, um näher zu Gott zu gelangen, um ein verlorenes Paradies zu finden: Trotz des Wissens um die ökologischen und kulturellen Folgen des Tourismus lassen viele Reisende nicht ab von dem Glauben, dass diejenigen, die sich gegen die Zivilisation wehren oder sich ihrem Einfluss entziehen, den Schlüssel zum Glück in der Hand halten. Dieser Idee verwandt ist der Gedanke, die Reise als Ritual zu sehen, als Wanderung auf den Spuren der Vorfahren, als Komplettierung der Identität. Schließlich haben, wie Bruce Chatwin bemerkt, »all die großen Lehrer – Christus, Buddha, Laotse, der heilige Franziskus – die ewige Pilgerfahrt ins Zentrum ihrer Botschaft gestellt und ihren Schülern erklärt, sie sollten, ganz wörtlich, dem Weg folgen.«[10]
Klassisch ist ja die Vorstellung, durch die Erfahrung der Fremde die eigene Persönlichkeit auf die Probe zu stellen. Diese »Aktualisierung des Selbst«[11] und die Reduzierung auf das »Wesentliche«[12] gebe dem Reisenden die Möglichkeit zu erkennen, was das Wesentliche seines Selbst überhaupt sei. Mit den Worten des Schriftstellers Hermann Keyserling: »Der kürzeste Weg zu sich selbst führt um die Welt herum«[13]. Der Reisende glaubt, er könne die Anregungen der Fremde ergreifen, ohne darin verstrickt zu werden, könne die »Reinheit des Selbst«[14] bewahren, ohne die psychische Stabilität zu gefährden. So hoffte einst auch Goethe, durch eine Reise sein Leben zu ändern, der stagnierenden künstlerischen Produktion, den mühseligen Verwaltungsaufgaben, den unglücklichen Liebesbeziehungen, dem höfischen System Weimars zu entkommen und sich »in Gegenden der Welt zu verlieren, wo ich ganz unbekannt

8 ebd., S. 31
9 Woolf 1994, S. 7
10 Chatwin 1996, S. 22
11 vgl. Krauß u. Kagelmann 1993, S. 208
12 Ernst 1999, S. 23
13 Keyserling 1990, S. 14
14 Leferink 1999, S. 170

bin«.[15] Diese Reise, in den Jahren 1786 bis 1788 unternommen und erst später zur großen »Italienischen Reise« (»Auch ich in Arkadien!«) stilisiert, sollte ihm helfen, »allerley Mängel zu verbessern und allerley Lücken auszufüllen, stehe mir der gesunde Geist der Welt bey!«[16] Anlass seines Aufbruchs war der drängende Wunsch, »ein Ganzes zu werden, um nicht in förmliche Beziehungen zersplittert« zu verkümmern, »sondern aus einem festen Kern heraus selbstbestimmt zu handeln«[17].

Damit formulierte Goethe jenes antike Grundmotiv des heroischen Reisens, das nicht erst seit der Aufklärung kursierte und die Grand Tour[18] der Neuzeit bestimmte, sondern schon in der Odyssee bzw. im Gilgamesch-Epos zur Darstellung gekommen war: die Erlangung von Identität und Autonomie durch Bewältigung von Situationen der Ungeschütztheit und Fremdheit. Und was zu Goethes Zeit noch ganz die Angelegenheit der Männer war, der Soldaten, Kaufleute, wandernden Gesellen, Studenten und Abenteurer, das zog im Laufe des 19. Jahrhunderts immer mehr Frauen an. Aus dem viktorianischen England und anderen Regionen Europas brachen sie auf, um die Fesseln der bürgerlichen Ordnung[19] abzustreifen und die Ferne (und sich selbst darin) zu erfahren. Oft gegen den Widerstand ihrer Ehemänner und ihrer Familien gingen diese Frauen fort – nicht nach Italien oder in die Schweiz, nicht an die touristischen Orte jener Zeit, sondern in den Orient, nach Afrika oder Südamerika. Für manche von ihnen, wie Isabella Bird, die in dieser Zeit die halbe Welt erkundete, hatte das Reisen eine befreiende, therapeutische Funktion: »Solange ich auf dem Rücken eines Pferdes bin und im Freien schlafe, geht es mir gut. Sobald ich für einige Tage in die Zivilisation zurückkehre, bin ich wieder down.«[20]

Auch heute ist mit dem Reisen der Gedanke verknüpft, Verpflichtungen der vertrauten Umgebung aufzugeben, zum Kern der ei-

---

15 Goethe 1887, S. 253 f.
16 Goethe 1887, S. 253
17 ebd.
18 vgl. Brilli 1997
19 vgl. Boesch 1996, S. 204–217
20 Sauerländer 2004, S. 12

genen Persönlichkeit vorzudringen, zum absoluten Selbst. Eric Leed bezeichnet das Reisen als »die paradigmatische Erfahrung an sich«[21] und das Unterwegssein als Chance der Selbstvergewisserung. Denn wer Abschied nimmt und fortgeht, der kann aus der Distanz auf das Eigene schauen, kann sich im Kontext der Fremde neu erfahren, kann bislang eingenommene Positionen und alte Fixierungen als wandelbar erleben. Hape Kerkeling beschreibt: »Seitdem ich losgelaufen bin, habe ich den Eindruck, dass sich starre, alte Muster in mir allmählich lösen. Ich werde durchlässiger.«[22] Und bei Heinrichs heißt es: »Auf Reisen stellen wir unsere eigene Kultur – und wie diese sich in uns eingeschrieben hat – in Frage, sind bereit, Fesseln zu durchschneiden – Rimbaud spricht davon, die Haltetaue schießen zu lassen«[23].

Was aber, wenn diese Distanz auf Probe misslingt, das Infragestellen der gewohnten Identität zum Verlust des inneren Gleichgewichts, zur ernsthaften psychischen Destabilisierung führt? Wenn die Haltetaue abhandenkommen und das Selbst sich als wenig gefestigt erweist? Wenn der Reisende in der Konfrontation mit der Fremde sein Leben für fragwürdig zu halten beginnt, sein mitgebrachtes Selbst als Fiktion, als Illusion erlebt? Wenn er tagträumend am Meer spazieren geht und dabei an den »anderen Schauplatz« des Seins, ins Unbewusste gerät und den Boden unter den Füßen verliert? Wenn dem genüsslichen Baumeln der Seele ein bedrohliches Taumeln folgt und der gesunde Geist der Welt ihn verlässt? Dann stellt sich die Frage, ob die Erfahrung der Fremde[24] als besondere Auslösesituation einer psychischen Krise angesehen werden kann: »Fern von unseren Angehörigen, fern von unserer Sprache, all unserer Stützpunkte verlustig, unserer Masken beraubt, befinden wir uns völlig an der Oberfläche unserer selbst.«[25]

21 ebd., S. 19
22 Kerkeling 2006, S. 45
23 Heinrichs 1997 a, S. 186
24 siehe hierzu Kristeva 1990
25 Camus 1973 a, S. 65

Reisende mit auffälligem Verhalten

Mit Menschen, die in der Fremde psychisch erkranken, haben Botschaften und Konsulate der Bundesrepublik Deutschland häufig zu tun; unter der Adresse www.auswaertiges-amt.de finden sich eine Reihe von Berichten über deutsche Staatsbürger, die psychisch auffällig werden – wie folgender Fall:

> »Ein 28-jähriger Hamburger ist seit zwei Jahren in Indien verschollen. Eine Touristin unterrichtet die deutsche Botschaft in New Delhi über den Aufenthaltsort des Vermissten. Dieser sitzt abgemagert vor einem Hindu-Tempel und redet unverständlich vor sich hin. Der Arzt diagnostiziert eine Psychose. Als der Konsularbeamte neben ihm steht, erklärt er: ›Schön, dass Sie endlich kommen, ich habe Sie bereits auf transzendentalem Weg gerufen‹.«[26]

Allein die Deutsche Botschaft in New Delhi berichtet von jährlich etwa 50 »geistig verwirrten Personen«, deren ärztliche und soziale Versorgung und Heimführung von der Botschaft organisiert werden muss.[27]

Gefährdet sind nicht nur melancholische Fernreisende mit Hang zum meditativen Rückzug. Auch kommunikationsfreudige Animateure sind vor seelischen Krisen nicht gefeit. Eine Studie über den »Robinson Club« auf Fuerteventura nennt die Belastungen: Der Verlust des Privatlebens, der dauernde Zwang zur Fröhlichkeit, die Isolierung von der Heimat, die Flüchtigkeit der Sozialkontakte sowie der ständige Wechsel der Kollegen führt bei vielen zu Depressionen, Suchterkrankungen und zu psychotischen Störungen:

> »Es ist ein Job für Leute mit sehr viel überschüssiger Energie und guter Kondition. Nur, da sie zumeist noch jünger sind, verfügen sie nicht oder doch sehr selten über die psychische Stabilität, die ihnen hilft, mit dem Kräfte verschleißenden, seelischen Stress ihrer Grundsituation tatsächlich fertig zu werden. Ihre innere Balance ist dabei ständig gefährdet.«[28]

---

26 ebd.

27 Informationen dazu unter www.auswaertiges-amt.de (Stand: 24.04.2006)

28 Pannenbecker 1985, S. 65 f.

Im Zusammenhang mit Aspekten der Flugsicherheit wird von auffälligen und unruhigen Passagieren berichtet, die auf Flughäfen herumirren (das »airport wandering« psychotisch erkrankter Menschen[29]) oder während des Fluges dekompensieren und zu einer Gefahr werden. In der »Psychiatrischen Praxis« findet sich die Kasuistik eines Mannes, der voller Angst vor dem Eincheck-Schalter erschien und plötzlich den Flughafen verließ. Etwas später entschloss er sich, seinen Flug doch anzutreten. Allerdings irritierte ihn die Situation an Bord:

> »Keiner der Passagiere redete, alle saßen nur ›komisch‹ da. Der Abflug verzögerte sich wegen technischer Probleme. Als das Flugzeug endlich auf dem Weg war, hatten sich seine Unruhe und seine Sorge weiter gesteigert. Es kam ihm vor, als fliege das Flugzeug im Kreis. Über Lautsprecher sagte der Kapitän etwas durch, das er nicht verstand. Er fragte, ob er noch aussteigen könne. Während des Fluges wollte er dem Piloten mitteilen, dass das Flugzeug zu tief fliege. Ihn befiel der wahnhafte Gedanke, den Absturz nur durch eine Liebeserklärung abwenden zu können. Der Passagier wurde in die Business-Class versetzt. Wenig später war er auf dem Weg zum Cockpit, um die Liebeserklärung über den Lautsprecher abzugeben.«[30]

Die Lektüre von Tageszeitungen fördert immer wieder Berichte über die Verwirrtheit von Reisenden ans Tageslicht, beispielsweise folgende Geschichte:

> »Mit der Bahn kam Claudio P. von seiner Heimatstadt Neapel nach Frankfurt. Eine Fahrkarte hatte er nicht. Niemand hatte ihn kontrolliert. Was er am Main wollte, ist ihm bis heute völlig unklar. In der Stadt, wo er kein Ziel hat und niemanden kennt, macht er sich auf zum Flughafen, will ein Ticket nach Manila kaufen. Das ist die Heimatstadt seiner Frau, die aber in Neapel lebt. Die 600 Euro Bargeld, die er bei sich hat, reichen nicht aus für die Passage auf die Philippinen. Claudio P. nimmt angesichts dieser Umstände Abstand von seinen Reiseplänen. Wenige Stunden später sitzt er im Gefängnis. Weil er ohne Umweg vom Lufthansa-Schalter zu einer Damentoilette

---

29 Shapiro 1982
30 Müller 2001, S. 292

ging, dort eine der Trennwände überkletterte und der in der Kabine befindlichen Frau ins Gesicht schlug. Vor Angst und Entsetzen schrie die Frau um Hilfe. BG-Beamte führten Claudio P. schließlich ab. Vor Gericht finden weder er noch sein Verteidiger eine Erklärung für die absonderliche Tat, die er in keinem Detail bestreitet.«[31]

Menschen können, wie die Beispiele zeigen, unterwegs in eigentümliche Zustände geraten und Handlungen begehen, die ihrer Lebensweise und ihrem Selbstbild völlig fremd sind. Oft sind das Motiv ihrer Reise und die Frage, in welcher seelischen Verfassung sie aufbrachen, kaum zu klären:

»Ein 48-jähriger Mann wird in ratlosem und verwahrlostem, abgemagertem Zustand aus Italien in die Schweiz gebracht. Er wusste nicht, wie er nach Mailand (wo er aufgegriffen wurde) gekommen war, und er hatte für die Zeit seiner Abwesenheit nur geringe Reste von Erinnerung. Er sei von zwei schwarz gekleideten Männern bedroht und gezwungen worden, sich nach Basel zu begeben und nach Spanien zu fliegen. Dort sei er in den Bergen in einer Hütte festgehalten worden. Wie er von dort nach Mailand gekommen sei, erinnere er nicht. In Mailand sei er langsam ›erwacht‹, habe kein Gefühl im Bein gehabt, habe Stimmen (...) gehört, sich beobachtet und von magnetischen Kräften beeinflusst gefühlt. Er erlebte sich verdoppelt in einen depressiv gestimmten Franz und einen aggressiven Frank. Der Zustand hielt ca. 5 Wochen an.«[32]

Auch dieser Fall ging durch die Presse:

»Die Identität einer in Australien inhaftierten Frau ist geklärt, es handelt sich um eine Deutsche. R. ist nun nach zweimonatiger Inhaftierung im berüchtigten Internierungslager Baxter entlassen worden. Flüchtlingsorganisationen hatten auf die Lage der Frau aufmerksam gemacht, weil sie sich in der von Stacheldraht und elektrisch geladenen Zäunen umgebenen Hochsicherheitsanlage auffällig benahm.«[33]

Das Ministerium räumte ein, dass man die Psychose der jungen Frau nicht erkannt habe.

---

31 Frankfurter Neue Presse vom 17.06.2004/www.rhein-main.net

32 Scharfetter 1999, S. 18

33 Wälterlin 2005, S. 10

Einerseits sind psychische Krisen in der Fremde zahlreich, andererseits fehlen systematische Studien dazu fast gänzlich. Lediglich die »transkulturelle Psychiatrie«[34] hat sich der Thematik angenommen und Überlegungen über Vorkommen, Symptomatik und Verlauf psychischer Störungen bei Migranten angestellt sowie Vorschläge erarbeitet, wie seelisch erkrankten Menschen aus Ländern mit anderen kulturellen Hintergründen angemessen geholfen werden kann.[35] So erwähnt Koch[36] den Fall einer türkischen Patientin, die nach Deutschland kam, um zu heiraten. Wenige Stunden vor der Hochzeit sprang sie aus dem Fenster und wurde ins Krankenhaus eingeliefert. Auf der Station blieb sie in sich gekehrt und sprach kein Wort; auch dem Türkisch sprechenden Personal gelang es nicht, Kontakt zu ihr aufzunehmen. Der behandelnde Arzt äußerte die Vermutung einer Psychose und überwies die Patientin in die Psychiatrie. Dort lag sie »meist abgewandt im Bett, saß mit ratlosem, leerem Blick im Schneidersitz auf dem Fußboden und weinte, äußerte die Überzeugung, sie habe durch ihren Wunsch, nach Deutschland zu gehen, ihre Eltern getötet und sei nun ganz allein. Dann kam es bei hoher innerer Anspannung auch zu aggressiven Reaktionen. Frau C. verkannte die Behandler, ängstigte sich wegen Schüssen, die sie hören würde, sah Blut in ihrem Zimmer und war der Überzeugung, das Personal habe ihr Blut ausgesaugt.«[37]
Obwohl vieles auf eine schizophrene Erkrankung hindeutete, besserte sich der Zustand der Frau in den folgenden Tagen rasch. Sie konnte dem Klinikpersonal berichten, dass sie von ihrem Verlobten und einem Onkel vom Flughafen abgeholt worden sei; am Abend habe sie »ihrem Verlobten erzählt, sie sei mit zwölf Jahren vergewaltigt worden. Der Verlobte habe zwar gesagt, das mache nichts, aber sein Verhalten habe sich total verändert. Auch seine Brüder und deren Frauen hätten sich merkwürdig verhalten und Hochzeitsgeschenke, die sich bereits in der Wohnung befunden

34 Hegemann u. Salman 2001
35 neben dem Band von Hegemann u. Salman sind zu nennen: de Jong 2000; Akashe-Böhme 2000; David 2001
36 Koch, E. 1998
37 ebd., S. 47

hätten, mitgenommen.«[38] Koch beschreibt, dass die Patientin nach wenigen Tagen in die Obhut ihres Bruders entlassen wurde, der dafür sorgte, dass seine Schwester in die Türkei zurückkehrte. Und er schließt:

> »Bei diesem dramatischen Geschehen bestätigte sich der anfängliche Verdacht einer paranoid-halluzinatorischen Schizophrenie nicht. Dagegen sprachen die sehr schnelle Besserung und die Umstände, unter denen Frau C. erkrankte. Wir fühlten uns vielmehr an die Beschreibungen von Allers aus dem Jahre 1920[39] erinnert und gehen rückblickend von einer akuten paranoiden Reaktion in sprachfremder Umgebung mit einer akuten Belastung aus.«[40]

Oft ist es schwer, im Prozess der therapeutischen Beziehungsaufnahme psychisch Erkrankter die auslösende Situation der Krise in Erfahrung zu bringen. Thomas Bock schildert den Fall eines jungen Mannes, der sein Studium und seine sozialen Kontakte vernachlässigte, verstärkt Drogen konsumierte und bald nur noch düstere Musik hörte: »Am Ende ein Leben im roten Bademantel im Keller des elterlichen Hauses mit verschobenem Tagesrhythmus, um niemand wirklich zu begegnen.«[41] Auffallend dabei sein Interesse für Landkarten und für die Atlanten seines Vaters. Es braucht etliche Stunden des mühevollen Kontaktes, bis der junge Mann auf Gesprächsangebote reagiert: »Dann nach dem x-ten Besuch eine plötzliche Wendung: Herr D. spricht mich an! Auf Englisch! Noch genauer gesagt: auf sehr feinem Englisch.«[42] Einige Zeit später stellt sich heraus, dass der Patient den Beginn seiner psychotischen Krise mit einem missglückten Auslandsaufenthalt in Verbindung bringt.

Die Psychotherapeutin Carola Burkhardt-Neumann[43] schildert die Geschichte einer jungen Frau, Tochter einer deutschen Mutter und eines asiatischen Vaters, die sich beiden Kulturen zugehörig fühlte und nach ihrem Abitur voller Erwartung in das Land ihres Vaters

---

38 ebd., S. 48
39 Allers 1920
40 Koch, E. 1998, S. 48
41 Bock 2006
42 ebd., S. 39
43 Burkhardt-Neumann 1999

reiste. Dort entwickelte sie Verfolgungsideen und wurde mit der Diagnose einer paranoiden Schizophrenie[44] notfallmäßig in eine psychiatrische Klinik gebracht. Nach ihrer Rückkehr wurde sie in Deutschland weiterbehandelt, wobei für lange Zeit die Diagnose der Schizophrenie bestehen blieb, bis deutlich wurde, dass es sich um eine vorübergehende Reisepsychose[45] gehandelt hatte.
Von einer solchen Psychoseform berichtet auch Hartmut Kraft[46], der die folgende Geschichte zunächst von der Ehefrau eines Künstlers erfährt: Sie sei mit ihrem Mann nach Indien gereist und habe dort erlebt, wie dieser von Stunde zu Stunde hektischer geworden sei; er habe in Kaschmir tagsüber erhebliche Unruhe verbreitet und nachts nicht mehr geschlafen. Sie habe versucht, ihn zu beruhigen, doch sei er immer gereizter und aggressiver geworden und habe sie sogar in den Arm gebissen. Das Zusammensein mit ihm sei wegen der Hektik, die er verbreitete, und der Angst, die er ausstrahlte und auslöste, bald nicht mehr möglich gewesen. Er habe in die dortige psychiatrische Klinik eingewiesen werden müssen. Dort habe man ihm zwei oder drei Spritzen gegeben und ihn an Händen und Füßen fixiert; in den folgenden Tagen sei er mit Tabletten behandelt worden, bevor sie mit ihm die Heimreise antreten konnte. So sei die lang ersehnte Reise schon nach knapp zwei Wochen beendet gewesen.
Kurz darauf berichtet der Erkrankte selbst von seinen Erlebnissen: Er habe – als Maler und Performance-Künstler – hohe Erwartungen an diese Reise gehabt und sei schon Tage zuvor sehr angespannt gewesen. In Kaschmir sei er gleich über den DalLake gefahren. Dabei habe er gefühlt, dass gerade eine bedeutsame Performance ablaufe, und zwar in Zusammenarbeit mit John Cage. Er schätze Cage und kenne ihn persönlich. Seine Vorstellung sei gewesen, dass parallel zu seiner Performance in Kaschmir John Cage eine Performance in den USA durchführe. Diese Zusammenarbeit habe

44 siehe Dilling et al. 1999, S. 103 ff.

45 ebd., S. 116: unter F23 finden sich im ICD-10 mehrere Formen akuter psychotischer Episoden bzw. Störungen, die durchaus vorübergehend schizophrene Züge (siehe F23.1/F23.2) aufweisen können, allerdings nur für einen kürzeren Zeitraum (unter 1 Monat) anhalten

46 Kraft 1998, S. 191 ff.

ihn stolz gemacht; als dann ein Flugzeug über den See flog, habe er gedacht: »Das läuft ja prima. Die filmen jetzt meine Aktion hier und übermitteln sie live in die USA.« Ziel seiner Performance sei die Säuberung des DalLake gewesen. Eigentlich sollte man meinen, der See dort sei ein Stück unberührter Natur, aber in Wirklichkeit sei viel Zivilisationsmüll dort zu finden.
Eines Nachts sei er in ein Boot gestiegen, der See habe ganz abscheulich gestunken, und er habe alle seine Kraft aufwenden müssen, um mit beiden Armen das Wasser so aufzuwühlen, dass die Schadstoffe entweichen konnten. Bei der Aktion habe er so viel Energie entfaltet, dass das Boot in der Mitte auseinandergebrochen sei. Bald darauf habe er einen Chor von Tausenden von Menschen gehört, ein dunkler Gesang, der über den See hinweggebraust und in die Berge verschwunden sei. »Jetzt ist die Seele eines Verstorbenen über den See in die Berge und dort zur Ruhe gebracht worden«, habe er gedacht. Das habe ihn so ergriffen, dass er geweint habe. Später sei ihm die Sonne ungeheuer stark vorgekommen. Vor dieser Energie habe er sich zu schützen versucht, indem er ihr seinen Arm entgegengestreckt und aus Leibeskräften gerufen habe. Auf diese Weise habe er die Energie der Sonne zurückdrängen können. Als er auf dem Rückweg seine Frau getroffen habe, sei ihm klar gewesen, dass auch sie ihre Energie der Sonne entgegensetzen müsse. Das sei ein richtiger Kampf mit der Sonne um seine Frau gewesen, und er habe sie kräftig in den Arm gebissen, damit sie laut schreien und so die Sonnenenergie eindämmen möge. Er selbst habe in diesen Tagen gespürt, dass er immer hektischer werde, aber es habe sich bei ihm eben die Überzeugung gebildet, dass ein riesiges Unglück über die Welt hereinbrechen werde, falls er »die Performance« nicht schaffen sollte. Dies habe ihn so unter Druck gesetzt, und er habe sich ständig beobachtet, ja geradezu überwacht und verfolgt gefühlt. Die Klinik habe er für einen Teil der Performance gehalten, und es habe ihm leidgetan, dass er seiner Frau und seiner Umgebung erhebliche Unannehmlichkeiten bereitet habe.[47]

---

47 ebd., S. 194

Psychische Krisen in der Fremde – in Selbstschilderungen

Nach Erhebungen des Bundesverbandes Psychiatrie-Erfahrener (BPE)[48] stellen Reisen für Menschen mit erhöhter Vulnerabilität die gefahrvollste Belastung dar, die ihnen widerfahren kann. Nicht die Beendigung einer Beziehung, nicht der Verlust des Arbeitsplatzes, nicht der Tod eines Angehörigen ist für sie das bedrohlichste Lebensereignis, sondern das Reisen in die Fremde[49].

Von zahlreichen psychisch erkrankten Menschen liegen Berichte darüber vor, wo und wie ihre Krisen fern von zu Haus begannen: auf einer Reise durch Europa, Asien oder Übersee, während des Studiums an einer fernen Universität, im Zuge eines Schüleraustausches in jungen Jahren. Zustände der seelischen Irritation führten bei ihnen zu Erschütterungen der inneren Balance, die bisweilen auch psychiatrische Klinikeinweisungen an fremden Orten nach sich zogen. Hier einige Beispiele:

- Eine junge Frau (im Interview trägt sie den Namen Barbara[50]) schildert die Stufen ihrer Erkrankung auf einer Reise durch Thailand: Während einer Meditation verliert sie die Kontrolle über ihre Wahrnehmungen und Gefühle, gerät in Todesängste und entwickelt Wahnideen, die ihr wie Erleuchtungen vorkommen. Nach ärztlicher Behandlung in Thailand und an ihrem Heimatort braucht sie Jahre, um sich von dieser gravierenden seelischen Krise zu erholen.
- Fabian Brenk[51] erlebt einen psychischen Zusammenbruch auf einer Reise, die Abstand vom Stress des Universitätsexamens geben soll. Auf seiner Tour erreicht er verwirrt eine Jugendherberge, wird dort abgewiesen, lässt sich jedoch nicht vertreiben; man ruft die Polizei und erstattet Anzeige gegen ihn wegen Hausfriedensbruchs. Niemand erkennt, dass sich der Fremde in einer akuten psychotischen Krise befindet.

---

48 Knuf u. Gartelmann 2003
49 ebd., S. 177
50 Oster 1997
51 Brenk 2004

- Aus Anne Rüffers Buch »Leben mit Schizophrenie«[52] erfährt man, wie eine junge Frau ihre erste Psychose bei einem Studienaufenthalt in Paris erleidet, bei weiteren Krisen für Tage spurlos verschwindet und sieben Klinikeinweisungen, zwei Suizidversuche sowie mehrere bulimische Phasen durchleben muss, bevor es ihr gelingt, über ihre Erkrankung zu sprechen, zu schreiben und wieder festen Halt zu gewinnen.
- Peter Mannsdorff[53] schildert seinen ersten psychischen Zusammenbruch während seines Studiums in Frankreich, wo er die Idee entwickelt, er könne mit seinen Schriften zur Vollendung der Französischen Revolution und zu einem Leben in Freiheit, Gleichheit und Brüderlichkeit beitragen – bis er in eine psychiatrische Klinik an einem ihm völlig unbekannten Ort in der französischen Provinz eingeliefert wird.
- Birgit Schindler[54] beschreibt eine Italienreise, die sie nach dem Examen unternimmt und die mit der Suche nach heilenden Steinen und dem Studium von Tarotkarten beginnt und schließlich Formen einer akuten Psychose annimmt.

Andere Krisen in der Fremde enden zwar nicht gleich in so dramatischen Zusammenbrüchen, zeigen aber wahnhafte, dissoziative oder anorektische Symptome. Dabei kommt es auch zu Sinneseintrübungen, zum Versagen der Selbststeuerung, zum Verlust der Abgrenzung des eigenen Selbst gegenüber der irritierenden Fremde:

- Otto Stern[55] wird auf einer Autofahrt in den Süden von paranoiden Fantasien überrollt, als er in eine Kolonne von Militärfahrzeugen gerät. Er glaubt, von Strahlen gelähmt im Sitz erdrückt zu werden. Um seine Ängste zu bannen, verbringt er Stunden damit, das System der Einbahnstraßen einer fremden Stadt zu erfassen. Auf der Weiterfahrt sieht er dann die Fahrbahn immer verschwommener und glaubt, sie würde direkt in den Himmel führen – bis er an einer Grenzstation einen Zusammenbruch erleidet und psychiatrisch behandelt werden muss.

---

52 Rüffer 1999
53 Mannsdorff 1994
54 Schindler 1999
55 Stern 1996

- Helmut Mehelsky[56] berichtet von Wahngedanken am Flughafen, wo er sich im Labyrinth der Pfeile verirrt und befürchtet, jeden Moment Opfer einer Explosion zu werden; auf dem Weg zum Flugzeug ist er von panischer Angst erfüllt und glaubt, er müsse im Zwischenreich zwischen Erde und Weltraum verharren; im Flugzeug kommt er nicht zur Ruhe und fühlt sich getrieben, einen Geigenkasten öffnen zu lassen, den er im Gepäck über sich bemerkt und in dem er ein Maschinengewehr vermutet; nur mit Mühe und der geduldigen Umsicht der Crew übersteht er diesen Flug.
- Antje Peters[57] schildert den Beginn ihrer Magersuchterkrankung während eines Highschool-Aufenthaltes in Kalifornien. Sie fühlt sich dort einsam, isoliert und nur dann gut und erfolgreich, wenn sie es schafft, so wenig wie möglich zu essen. Ihre Gastfamilie und ihr gesamtes soziales Umfeld ignoriert die Tatsache, dass sie beständig an Gewicht verliert. Als sie beim Einkaufen zusammenbricht und ihrer Gastmutter unter Tränen gesteht, dass sie kaum noch Nahrung zu sich nehmen könne, muss sie ihren Aufenthalt in der Fremde vorzeitig beenden.

---

56 Mehelsky 1996
57 Peters 2004

DER KONTEXT DER ERKUNDUNG

Zur Forschungslage

Psychiatrische Klassifikationssysteme (ICD-10 und DSM-IV) geben über Reisepsychosen oder ähnliche Krisen in der Fremde bislang keine Auskunft. Allerdings verzichten diese Manuale in ihrem rein deskriptiven Ansatz auf die Erwähnung möglicher Auslöser und Ursachen psychischer Erkrankungen und beschränken sich auf die systematische Erfassung und Beschreibung psychischer Symptome. Nur an wenigen Stellen deutet sich an, dass Störungen der Befindlichkeit (angstvoller, depressiver, dissoziativer oder psychotischer Art) mit körperlichen Überforderungen oder seelischen Belastungen sowie mit dem Verlust von sozialen Bindungen verknüpft sein können.[58] In psychiatrischen Lehrbüchern und Monografien sind psychische Krisen auf Reisen ebenfalls kein Thema – mit einer Ausnahme: Im »Wörterbuch der Psychiatrie«[59] wird unter dem Begriff der »Reisepsychose« Folgendes vermerkt:

> »Während einer Auslandsreise auftretende psychische Krankheit von verhältnismäßig einheitlicher Symptomatik: Die Kranken fühlen sich beobachtet; sie glauben, dass sie vergiftet, ermordet, missbraucht werden sollen. Hinzu kommen Bewusstseinsstörungen und Halluzinationen. Als Ursache wird das Zusammenkommen von Isolierung, Übermüdung, mangelhafter Nahrungsaufnahme, leichten Infektionen bei einer prädisponierten Persönlichkeitsstruktur angesehen. Nur in seltenen Fällen soll es sich um Schizophrenien handeln«.[60]

Dieser Hinweis auf die Existenz eines spezifischen psychischen Störungsbildes im Zusammenhang mit Reisen verweist darauf, dass dem veränderten Erleben in der Fremde die Erfahrung des Beziehungsverlustes zugrunde liegen kann. Leider bleibt uner-

---

58 siehe z.B. Tölle u. Windgassen 2003
59 Peters 1997
60 ebd., S. 449

wähnt, welche klinischen Erfahrungen der Hypothese von der »prädisponierten Persönlichkeit« zugrunde liegen.
Einzelne, regional orientierte Studien, z. B. über paranoide Reaktionen in sprachfremder Umgebung[61], über seelische Störungen bei Hawaii-Reisenden[62], über Depressionen von Urlaubern auf tropischen Inseln[63], über die psychischen Auswirkungen von Kreuzfahrten[64] oder über die Verwirrtheit von japanischen Touristen in Paris[65] sind zwar zu finden, doch stellen diese Arbeiten keine grundsätzlichen Überlegungen zur Gefährdung des Selbst in der Fremde an. Sie gehen davon aus, dass die Erkrankten schon vor Antritt ihrer Reise psychische Krisen durchlebten oder überhaupt in die Fremde aufbrachen, weil sie sich davon die Lösung ihrer Probleme erhofften.[66] Nur zwei – recht unbeachtet gebliebene – Untersuchungen haben schon vor vierzig Jahren darauf aufmerksam gemacht, dass auch Reisende, die zuvor als psychisch stabil galten, in der Fremde ihre innere Balance verlieren können: So stellte Prokop bei der Analyse der Aufnahmen von Reisenden an der Psychiatrisch-Neurologischen Universitätsklinik Innsbruck fest, dass bei 29 akut schizophrenen Zuständen nur vier Patienten schon vor der Reise psychotische Schübe durchlebt hatten.[67] Und Nilsson beschrieb in ausführlichen Fallvignetten Reisende, die aus dem Ausland zurückgeholt werden mussten, weil sie in der Fremde dekompensiert waren und in der Psychiatrischen Universitätsklinik Göteborg Aufnahme fanden.[68] Auch bei ihnen war mehrheitlich keine psychische Vorerkrankung zu erkennen. Und doch gerieten sie auf ihren Reisen durch Spanien oder Griechenland, während eines Sprachkurses in England, Frankreich oder Italien bzw. im Urlaub auf den Kanarischen Inseln in sensitiv-paranoide Wahnzustände, fühlten sich verfolgt, vergiftet, hypnotisiert oder hatten

---

61 Allers 1920
62 Streltzer 1979
63 Pierce 1981
64 Gebauer 1981
65 Uemoto et al. 1982
66 vgl. Kagelmann 1993, S. 95
67 Prokop 1965, S. 212
68 Nilsson 1966, S. 310 ff.

die Vorstellung, andere hypnotisieren zu können. In ihrer schwedischen Heimat mussten sich einige einer langwierigen Behandlung unterziehen, während andere schon nach einigen Tagen entlassen werden konnten. Leider haben diese Studien keinen weiteren Eingang in die Fachliteratur gefunden.

In aktuellen Reise-Ratgebern, in den Vortragsreihen des Auswärtigen Amtes zum Thema »Reisen und Gesundheit«, bei Internet-Anbietern wie dem Centrum für Reisemedizin und anderen (www.crm.de, www.travelmed.de oder www.fit-for-travel.de) sind psychische Grenzerfahrungen auf den ersten Blick ebenfalls kein Thema. Von Gelbfieber, Malaria und anderen Infektionskrankheiten ist die Rede, nicht aber von psychischen Krisen in der Fremde. In den Registern findet man dort, wo Psychose stehen könnte, Psoriasis (Schuppenflechte), wo Depression zu vermuten wäre, Dekompression (Taucherkrankheit) oder wo Dissoziation erwähnt sein könnte, Distorsion (Verstauchung). Doch dann entdeckt man unter dem Stichwort Verwirrtheit folgende Bemerkung:

> »Akute Verwirrtheit und Koma zählen zu den häufigsten Einweisungsdiagnosen in tropischen Krankenhäusern. Meist entwickeln sich diese Störungen innerhalb von Stunden bis Tagen. Neurologische Störungen müssen nicht durch spezielle Tropenkrankheiten verursacht sein. Vielleicht besteht die Grundkrankheit schon lange latent und bricht zufällig oder aufgrund besonderer Belastungen auf der Reise erstmals aus.«[69]

Wenn Zustände akuter Verwirrtheit von Reisenden die häufigste Einweisungsdiagnose in tropischen Krankenhäusern darstellen, dann verwundert es, dass diesem Phänomen keine Aufmerksamkeit geschenkt wird. Aber der Gedanke, Reisen könnte der inneren Stabilität mancher Menschen eher schaden als nützen (und dies womöglich auch noch nachhaltig), hat im Bewusstsein der Tourismus-Industrie, in den Fantasien der Urlauber und auch in der Forschung keinen Platz. Zwar weiß man seit Beginn des Massentourismus, dass ein Großteil der Reisenden nicht entspannt und ausgeglichen, sondern nervös und unkonzentriert heimkehrt und sich schon nach Tagen wieder reif für die Insel fühlt; auch

---

69 Bresser 1995, S. 637f.

weisen Psychiater bereits seit Jahren darauf hin, dass zahlreiche Urlauber in und nach den Ferien an psychischen Störungen wie Schlaflosigkeit, Erschöpfung und Angstzuständen leiden.[70] Doch in Bezug auf die psychische Belastung des Reisens hat die Tourismus-Wissenschaft nur Flugängste oder Jetlags genauer im Blick[71], während andere psychische Phänomene in der Fremde noch der Erforschung harren[72]. Vielleicht liegt der Gedanke zu fern, Reisen als Gefährdung der seelischen Stabilität zu erkennen; jeder Reisende hält lieber an der Vorstellung fest, in der Fremde besser auftanken, also Unabhängigkeit und Sorglosigkeit genießen und die Energien regenerieren zu können als daheim.

Nicht bestätigt jedoch wird dieser Gedanke von einer Studie[73], in der Urlauber befragt wurden, welche Erfahrungen sie bezüglich ihrer körperlichen und seelischen Befindlichkeit auf Reisen gemacht hätten. Rucksack-Traveller gaben an, dass sie einen Zugewinn an Selbstvertrauen durch die Überwindung von Gefahren erlebten, wobei zeitweilige Verunsicherungen in Kauf genommen werden mussten: »Gelingt eine Bewältigung der fremden Situation jedoch nicht, kann das zu einer Destabilisierung führen. Dies kann bis hin zum körperlichen und/oder psychischen Zusammenbruch führen.«[74] Die Vermeidung von Situationen der Einsamkeit und Überforderung sei eine geeignete Maßnahme, um der Gefahr einer Destabilisierung zu begegnen. Was den Erholungsgrad des Reisens angehe, so müsse man meist von einer »illusorischen Perzeption«[75] ausgehen, weil die Fremde idealisierend wahrgenommen werde. Damit vermeide der Reisende das Eingeständnis, dass der teure Urlaub eigentlich strapaziös und wenig entspannend gewesen sei.

Über die Mobilität in der Postmoderne und die Folgen des Reisens bzw. des Lebens im Ausland hat Martina Zschocke eine Forschungsarbeit vorgelegt. Sie stellt darin – auf der Grundlage von 72 Interviews – Überlegungen zum Verhältnis von Reisen und seelischer

---

70 vgl. Der Spiegel Nr. 33, 14.08.1978, S. 36 ff.
71 vgl. Kagelmann 1995, S. 100 f.
72 vgl. Wieshmann 2001
73 Graf 2002
74 ebd., S. 257
75 ebd., S. 286

Befindlichkeit an, erwähnt Phänomene wie das Stendhal-Syndrom oder das Jerusalem-Syndrom und befragt Personen im Alter zwischen 19 und 79 Jahren zu ihrem Leben und Erleben in der Fremde. Die meisten von ihnen berichten, auf Reisen mehr Energie und Aktivität zu entfalten als im Alltag, eine größere Aufmerksamkeit den Dingen gegenüber zu spüren, mehr Beschwingtheit zu erleben und in gesteigerte Gefühlszustände zu geraten. Auch von Veränderungen beim Raum- und Zeiterleben, von besonderer Wachheit bis hin zur Schlaflosigkeit und von Flow-Erlebnissen ist in dieser eindrucksvollen Studie die Rede. Und Martina Zschocke erwähnt schließlich auch, dass das Selbstbild des Reisenden in der fremden Situation grundlegend erschüttert werden kann, wenn ungelöste Konflikte zutage treten und die innere Stabilität gefährden.[76]

In einer weiteren Untersuchung hat Fisher[77] Studentinnen und Studenten, die von ihrer Familie und ihrer vertrauten Umgebung getrennt waren, über ihre psychische Situation in der Fremde befragt. Deutlich wurde, »dass der Wechsel an eine Universität oder eine andere Bildungseinrichtung, die nicht am Heimatort liegt, für die Betroffenen mit erheblichem Stress verbunden ist. Die psychische Belastung manifestiert sich in Depressionen, zwangsneurotischen Verhaltensweisen, somatischen Symptomen, phobischer Vermeidung und Zerstreutheit bzw. Geistesabwesenheit.«[78] Da solche Reaktionen auf Trennungen oft als Zeichen des Versagens angesehen werden, gehe mit der Erfahrung des Heimwehs ein herabgesetztes Selbstwertgefühl einher, was wiederum die Fähigkeit, sich auf die Fremde einzulassen, erheblich vermindere oder gar unmöglich mache.

Boesch[79] beschreibt Heimweh als Zustand des Leidens, der einen »ergreift«, dem man »nicht Herr zu werden vermag«[80] und der irrationale Handlungen hervorbringt. Begründet sei das Heimweh in dem quälenden Bedauern über etwas, das – vorübergehend oder auch dauerhaft – verloren gegangen sei. Zwar erreiche das Heimweh

---

76 Zschocke 2005, S. 143; siehe auch Zschocke 2006, S. 64 ff.
77 Fisher 1990
78 ebd., S. XII
79 Boesch 1998
80 ebd., S. 60

meist keine dramatische, pathologische Dimension, sondern lege sich wie ein melancholischer Schatten auf die Umgebung, wie eine untergründige Freudlosigkeit, die das Gefühl hervorrufe, nicht dort zu sein, wo man eigentlich hingehöre. Dieses Heimweh sei eine rückwärts gerichtete Sehnsucht, die der Gegenwart ihre Kontur und Farbigkeit raube und das Verlorene, das Anderswo »in das milde Licht einer imaginären Beglückung« tauche.[81]

Boesch erwähnt nicht, dass Heimweh in der Renaissance durchaus als pathologische Kategorie betrachtet wurde und in der Erkundung medizinisch-psychologischer Phänomene große Aufmerksamkeit genoss. Heimweh galt in jener Zeit als Krankheit, als Morbus genuinus[82] und konnte sogar tödlich enden, wie ein Brief aus Luzern zeigt, der im Jahre 1688 die »Dissertatio medica de Nostalgia oder Heimwehe« des Schweizer Arztes Johannes Hofer anregte: Die Ursache der Heimwehkrankheit (nostalgia war gleichbedeutend mit Heimweh [aus griech. nostos = Heimkehr und algos = Schmerz]) sah Hofer in der Abkehr von gewohnten Gebräuchen, im Verlust der vertrauten Umgebung, in den veränderten Luft- und Lebensverhältnissen, die dazu führten, dass die Lebensgeister in jenen Fasern des Gehirns gebunden blieben, in denen die Vaterlandsliebe eingeprägt sei; so könnten sich melancholische Gefühle ausbreiten, da die anderen Teile des Gehirns nicht mehr von den Lebensgeistern durchflossen würden.[83]

Die Romantik verabschiedete sich von der Vorstellung, das Gefühl des Heimwehs habe nur etwas mit der veränderten Umgebung oder gar mit der physikalischen Beschaffenheit der Luft zu tun. Sie fasste das Heimweh als Gemütswert auf, als frühkindliche Bindung an Familie, Heimat und Natur. 1855 stellte Ludwig Meyer in einer Schrift mit dem Titel »Wahnsinn aus Heimweh« fest, dass junge Frauen, die in der Fremde als Kindermädchen angestellt wurden, ernste seelische Symptome wie Halluzinationen und Dissoziationen entwickelten. Die Heimwehkrankheit schien beschränkt zu sein auf das Dienstpersonal und andere Bevölkerungsgruppen,

---

81 ebd., S. 61
82 Leuschner 2000, S. 9
83 ebd., S. 10

die im Zuge der Industrialisierung ihrer vertrauten Umgebung entrissen wurden und sich in der Fremde bewähren mussten – was bei manchen offenbar über ihre psychischen Kräfte ging.[84]
Bis ins 19. Jahrhundert wurde, wenn von Heimweh die Rede war, nicht selten von der Schweizerkrankheit gesprochen, die darauf zurückgeführt wurde, dass beim Klang volkstümlicher Melodien »Schweizer Söldner in Frankreich und den Niederlanden massenhaft erkrankt oder desertiert seien.«[85] Es wurde in einigen Armeen sogar das Verbot ausgesprochen, an die Heimat erinnernde Lieder anzustimmen. Das Lied und das damit verbundene Phänomen fand 1764 bei Rousseau und 1823 bei Goethe Erwähnung und wurde zu Anfang des 20. Jahrhunderts unter dem Stichwort Heimweh in Meyers Konversationslexikon.[86] Vielleicht hat sich der Ausdruck »Schweizerkrankheit« für Heimweh deswegen lange Zeit gehalten, weil die Eidgenossen sozusagen als die nichtentfremdeten, der Natur noch am nächsten stehenden Menschen in Europa galten – erst im Verlaufe des späten 19. Jahrhunderts zeichnete sich dann ab, dass auch Menschen aus Irland und Schottland, aus Sibirien und Lappland als besonders heimwehgefährdet galten.[87]

Das Stendhal-Syndrom: Nervenanfall und Dissoziation

Aus Italien liegt eine Studie der Ärztin und Psychotherapeutin Graziella Magherini[88] vor, welche die Krankengeschichten der Aufnahmestation einer psychiatrischen Klinik in Florenz über mehrere Jahre ausgewertet hat. Konfrontiert mit zahlreichen Akutaufnahmen psychisch entgleister Touristen, die im Zustand erheblicher

84 ebd., S. 12
85 ebd., S. 14
86 ebd.
87 ebd.
88 Magherini 1989

Verwirrtheit oder Verlorenheit in die Klinik Santa Maria Nuova eingeliefert wurden, kommt sie zu folgendem Ergebnis: Nach ihren Untersuchungen geraten keineswegs nur gefährdete, vulnerable, prädisponierte Menschen in der Fremde in schwere psychische Krisen und dekompensieren, sondern durchaus auch solche, die vor ihrer Reise ausgeglichen waren und in beruflicher wie privater Hinsicht als stabil und erfolgreich galten. Graziella Magherini schildert in einer Reihe von Fallvignetten zahlreiche psychische Krisen von Reisenden, die verschiedene Formen und Stadien der Derealisation, Depersonalisation und psychotischen Störung erlebten und dabei so handlungs- und bewegungsunfähig wurden, dass sie sich einer stationären psychiatrischen Behandlung unterziehen mussten. An dieser Stelle sei daraus folgender Fall exemplarisch angeführt:
Kamil, ein junger Mann aus Prag, Maler und Absolvent der Kunstakademie, reist in einer Zeit nach Florenz, als das Reisen in den Westen für Bürger der Tschechoslowakei nicht selbstverständlich ist. Offenbar ermöglicht ihm sein familiärer Hintergrund diese Reise: Sein Vater ist Schriftsteller, die Mutter eine angesehene Wissenschaftlerin. Beide waren involviert in die Geschehnisse des Prager Frühlings und leben jetzt im Spannungsfeld zwischen bürgerlich-intellektuellen Werten, Hoffnungen auf mehr Freizügigkeit einerseits und sozialistischer Realität andererseits. Immerhin, der Sohn kann als Student und Teilnehmer einer Delegation nach Italien reisen, wo er besonders Florenz erkunden möchte. Doch dort wird Kamil von einer eigenartigen seelischen Anspannung überwältigt: Er hat das Gefühl, sich aufzulösen, seinen inneren Zusammenhalt zu verlieren und auseinanderzufallen. Fast im Fieber bemüht er sich noch, den Besuch von Kirchen, Kapellen und Museen zu bewältigen, doch dann wird seine Angst, gänzlich zu verschwinden, immer größer. Er verliert seine Sprache und sein Zeitgefühl, muss sich auf die Straße legen, um nicht aus sich selbst herauszutreten, wie er später berichtet. Dort, am Boden, kann er sich nur darauf konzentrieren, an das Bett in seinem Zimmer in Prag zu denken – die letzte Bastion an Sicherheit, die ihm in dieser Phase des drohenden Selbstverlustes bleibt.[89]

---

89 ebd., S. 56 f.

Aus weiteren Fallvignetten und den Auswertungen des empirischen Materials dieser Studie erfährt man von amerikanischen, afrikanischen und europäischen (jedoch kaum von einheimischen, also italienischen) Reisenden, die in den Museen, Hotelzimmern und auf den Straßen von Florenz ihr inneres Gleichgewicht verlieren; einige von ihnen sind in einer Reisegruppe unterwegs, viele sind Alleinreisende, in der Regel kunstinteressiert, die sich daheim gut auf diese Reise vorbereitet haben. Ihre seelische Krise setzt oft unmittelbar nach dem Besuch von Kirchen und Museen ein, wird offenbar also durch die intensive Beschäftigung mit Kunstobjekten ausgelöst.

Für Magherini zeigt der Verlust der Kohäsion des Selbst[90] dieser stationär behandelten Touristen folgende Varianten: Bei einigen treten Störungen des Denkens und der Wahrnehmung auf, wahnhafte Stimmungen sowie akustische oder optische Halluzinationen spielen eine Rolle, häufig werden tiefe Schuldgefühle im Zusammenhang mit der persönlichen Geschichte formuliert. Bei anderen stehen affektive Störungen im Vordergrund, die Gefühle der eigenen Bedeutungslosigkeit – angesichts der kunsthistorischen Berühmtheiten vor Ort – thematisieren oder in Omnipotenzfantasien umschlagen. Eine dritte Gruppe von Patienten wiederum zeigt Symptome der Panik, die oft mit erhöhtem Puls und Blutdruck, Bauchschmerzen, Krämpfen, Ohnmachtsattacken und dem Verlust des Selbstgefühls verbunden sind. Die überwiegende Zahl der aufgenommenen Touristen, so die Studie, ist zwischen 26 und 40 Jahren alt und unverheiratet, Frauen sind etwas zahlreicher vertreten als Männer[91]. Viele der stationär aufgenommene Reisenden, besonders die mit affektiven Störungen oder Panikattacken, können nach drei bis acht Tagen entlassen werden, nur bei jenen mit Wahnbildungen und Denkstörungen kann eine längere Behandlungsdauer notwendig sein[92].

Mit dieser Studie prägte Graziella Magherini den Begriff des »Stendhal-Syndroms«, eine Idee, die naheliegt, wenn man sich

---

90 ebd., S. 98
91 ebd., S. 99 ff.
92 ebd., S. 106

folgenden Hintergrund vergegenwärtigt: Im Jahre 1817 reist der 34-jährige französische Leutnant Henry Beyle, der später unter dem Namen Stendhal zu literarischem Ruhm gelangt, nach Rom, Neapel und Florenz. Dies ist seine zweite Reise durch Italien; die erste hat er 17 Jahre zuvor unternommen, anschließend in Napoleons Armee gedient und in militärischer und in ziviler Mission Deutschland und Russland kennengelernt. Den Schlachtfeldern der napoleonischen Kriege entkommen, wünscht Stendhal (Beyle) nun nichts sehnlicher, als in Frieden die europäischen Zentren von Kultur und Bildung, Literatur und Theater besuchen zu können. In seinen Reiseaufzeichnungen findet sich über seine Ankunft in Florenz folgender Eintrag:

> »Vorgestern, als wir den Apennin hinab nach Florenz fuhren, pochte mein Herz stark. Wie kindisch! Endlich, an einer Wegbiegung, fiel mein Blick auf die Ebene, und ich erkannte von Ferne die dunkle Masse des Domes mit seiner berühmten Kuppel von Bruneleschi. Dort lebten Dante, Michelangelo und Leonardo!, sagte ich mir; das ist die edle Stadt, die Königin des Mittelalters! In diesen Mauern entstand die Kultur; dort hat Lorenzo Medici so gut den König gespielt und seinen Hof gehalten, an dem zum ersten Mal seit Augustus das soldatische Verdienst nicht das erste war. Kurz, die Erinnerungen drängten sich in meinem Herzen; ich war außerstande, vernünftig zu denken (...). Als wir durch den Triumpfbogen der Porta San Gallo einfuhren, hätte ich dem ersten Florentiner, dem ich begegnete, um den Hals fallen mögen.
>
> Endlich gelangte ich nach Santa Croce. Dort, rechts am Eingang, ruht Michelangelo; weiterhin ist das Grab Alferis von Canova: ich erkenne die große Gestalt der Italia. Dann erblicke ich Macchiavellis Grabmal, und gegenüber von Michelangelo ruht Galilei. Was für Männer! (...) Meine Bewegung ist so tief, dass sie fast religiös ist. Das feierliche Dunkel dieser Kirche, ihr schlichter, offener Dachstuhl, ihre unvollendete Fassade, das alles spricht eindringlich zu meiner Seele. (...)
>
> Ein Mönch tritt an mich heran. Statt des gewohnten Widerwillens, der sich bis zum physischen Ekel steigert, empfand ich fast Freundschaft für ihn. (...) Ich bat ihn, mir die nordöstliche Seitenkapelle aufzuschließen, wo sich die Fresken von Volterrano befinden. Er

führte mich hin und ließ mich allein. Dort setzte ich mich auf das Fußbrett eines Betpultes und lehnte den Kopf rückwärts an das Pult, um die Sibyllen von Volterrano an der Decke zu betrachten. Sie haben mir den größten Genuss bereitet, den mir je ein Gemälde gemacht hat.

Ich befand mich in einer Art von Ekstase bei dem Gedanken, in Florenz und den Gräbern so vieler Großen so nahe zu sein. Ich war in Bewunderung der erhabenen Schönheit versunken; ich sah sie aus nächster Nähe und berührte sie fast. Ich war auf dem Punkt der Begeisterung angelangt, wo sich die himmlischen Empfindungen, wie sie die Kunst bietet, mit leidenschaftlichen Gefühlen gatten. Als ich die Kirche verließ, klopfte mir das Herz; man nennt das in Berlin einen Nervenanfall; mein Lebensquell war versiegt, und ich fürchtete umzufallen.«[93]

Was Stendhal als Nervenanfall schildert, erleben die von Magherini behandelten Touristen weit stärker; nicht nur Schwindelattacken, sondern depressive, dissoziative und psychotische Symptome machen eine stationäre Behandlung notwendig. Man hätte das Syndrom nicht unbedingt nach Stendhal, sondern auch nach Heine oder Sebald benennen können, denn in ihren Texten finden sich ähnliche Erfahrungen. So notiert Heinrich Heine nach dem Besuch des Mailänder Doms:

»Die unzähligen Heiligenbilder, die das ganze Gebäude bedecken, die überall (...) hervorgucken und oben auf allen Spitzen gepflanzt stehen, dieses steinerne Volk verwirrt einem fast die Sinne. (...) Im mitternächtlichen Mondschein (...) kommen all die weißen Steinmenschen aus ihrer wimmelnden Höhe herabgestiegen (...) und flüstern einem alte Geschichten ins Ohr.«[94]

Sebald beschreibt, wie er nach einer grauenhaften Nacht ein Museum besucht:

»Ich bin in ziemlich schlechter Verfassung gewesen, als ich am nächsten Vormittag im Mauritshuis vor dem beinahe vier Quadratmeter großen Gruppenporträt ›Die anatomische Vorlesung des Dr. Nicolas Tulp‹ stand. Obzwar ich eigens wegen dieses Bildes (...) nach Den

93 ebd., S. 164 ff.

94 Heine 1982, S. 303; siehe auch Raddatz 1989, S. 73

Haag gekommen war, gelang es mir in meinem übernächtigten Zustand auf keine Weise, (...) irgendeinen klaren Gedanken zu fassen. Vielmehr fühlte ich mich, ohne dass ich genau gewusst hätte warum, von der Darstellung derart angegriffen, dass ich bald eine Stunde brauchte, bis ich mich (...) einigermaßen wieder beruhigte.«[95]

Dennoch hat sich die Bezeichnung »Stendhal-Syndrom« als treffend erwiesen und ist in die Kunstgeschichte eingegangen[96]. Auch die Literatur und der Film haben sich des Begriffs und seines Hintergrundes – auf sehr unterschiedliche Weise – angenommen: So greift Christine Wolter den Stoff in der Erzählung »Das Stendhal-Syndrom« auf und schildert den Beginn einer psychotischen Erkrankung, ausgelöst durch eine Florenzreise[97]. Der Film »La Sindrome di Stendhal« des Regisseurs Dario Argento benutzt die Krise einer jungen Frau in den Uffizien als spektakulären Hintergrund für eine grausame Kriminalgeschichte[98]. Und der Niederländer Frans Strijards lässt in dem Theaterstück »Das Stendhal-Syndrom«[99] einen Psychiater über Bewusstseinsstörungen angesichts von Kunstwerken referieren,

Auch Botho Strauß schildert in dem Roman »Der junge Mann«[100] das Stendhal-Syndrom: Almut, die Protagonistin eines Kapitels, beschäftigt sich seit ihrem fünfzehnten Lebensjahr als Assistentin ihres Vaters mit der Kirchenmalerei. Nach seinem Tod wendet sie sich von der Kunstgeschichte ab und arbeitet für eine Textilfirma. Ihre Faszination für die Malerei hält sie verborgen, bis sie eines Tages nach Florenz gelangt. Ihr Verlobter schlägt vor, die Uffizien zu besuchen:

»Die unzähligen Touristenscharen, Schulklassen, sich kreuzende und drängende Führungen, die lauten Vorträge in kaum beherrschten Fremdsprachen, die Masse der gleichgültig gaffenden

---

95 Sebald 1995, S. 106
96 vgl. Arenz 2001
97 Wolter 1990
98 »La Sindrome di Stendhal«: Regie: Dario Argento; Drehbuch: Franco Ferrini; Produzent: Guiseppe Colombo; Hauptdarsteller: Asia Argento; Tomas Kretschmann. Italien 1996
99 Strijards 1991
100 Strauß 1984

und weitertrottenden Besucher und die zwischen ihnen Versteck spielenden Kinder, dies alles machte es fast unmöglich, einen freien Blick auf ein Gemälde zu werfen oder gar in Ruhe davor zu verweilen. Das Gemische und Geschiebe empfand ich zunehmend als bedrohlich. Ich geriet in eine würgende Bedrängnis; der kalte Schweiß brach aus, und ich fürchtete, regelrecht ohnmächtig zu werden.«[101] (Bei Stendhal hieß es: »Als ich die Kirche verließ, klopfte mir das Herz; (...) mein Lebensquell war versiegt, und ich fürchtete umzufallen.«[102])

Offenbar hat Botho Strauß hier die Parallele zu Stendhals Erlebnissen geradezu gesucht – ohne allerdings die literarische Vorlage zu erwähnen: der gleiche Schauplatz (Florenz), der gleiche Vorgang (die Besichtigung von Kirchen und Museen), die gleichen Folgen (zunächst Irritation, dann Dissoziation und schließlich Ohnmacht). Und in beiden Fällen wird der Reisende durch das Erlebnis zur Überprüfung seines bisherigen Lebensweges aufgefordert:

»In diesem Zustand kam ich vor den Simone Martini zu stehen und konnte mich nicht mehr vom Fleck rühren. Und selbst als mich wieder ein starker Besucherstrom abdrängen wollte, strebte ich mit allen Kräften zurück an dieses herrliche Ufer der ›Verkündigung‹. Das Bild hatte mich ganz in seiner Gewalt (...). Ich stand vollkommen schutzlos und nackt vor seinem Antlitz. Und da traten sie hervor, und wie sie mich riefen und schauten, die Augen der Vergangenheit, die mich nicht mehr loslassen wollten!«[103]

Nachdem sie von ihrem Verlobten aus den Uffizien herausgeleitet worden ist, fängt sich Almut wieder und genießt noch »banale Zerstreuungen« in ihren letzten Reisetagen in Florenz. Äußerlich unverändert, doch innerlich getroffen erinnert sie sich an die Erlebnisse während der Restaurationsarbeiten mit ihrem Vater und beginnt, an der Beziehung zu ihrem Verlobten und schließlich an ihrem ganzen Lebensentwurf zu zweifeln.

---

101 ebd., S. 263 f.
102 Stendhal 1996, S. 164
103 Strauß 1984, S. 264

Das Jerusalem-Syndrom: Verstörung und religiöser Wahn

Seelische Krisen und Grenzerfahrungen erleben Reisende seit vielen Jahrhunderten nicht nur in Florenz, sondern auch und besonders in Jerusalem bzw. auf Fahrten ins Heilige Land. Von körperlichen Krankheiten und von psychischen Irritationen ist schon in Pilgerberichten des Mittelalters die Rede: Mancher erblindete, wie Ludwig III. von der Pfalz, der nach Aussage des Zeitgenossen Johannes von Frankfurt infolge einer Infektion während der strapaziösen Reise sein Augenlicht verlor.[104] Mancher erlitt einen Herzschlag, wie Herzog Christoph von Bayern, der von Hitze und Krämpfen geplagt ins Wasser sprang; sein Grab auf Rhodos wurde für Pilgerfahrten zu einer wichtigen Station, an der um Beistand nachgesucht und für die Gesundheit der Reisenden gebetet wurde. Und mancher kehrte geistig verwirrt vom Heiligen Grab zurück, wie Wilhelm von Hessen, der nach seiner Jerusalemreise die Regierungsgeschäfte abgeben musste.

Aus der Darstellung einer Pilgerreise von Margery Kempe, die nach 20 Jahren Ehe und der Geburt von 14 Kindern im Jahre 1413 zur Reise nach Jerusalem aufbrach, erfahren wir von diversen Pilgern, die – von mystischen Eindrücken überwältigt – ihre Fassung verloren. Auch Kempe geriet am heiligen Ort in Trance, erlebte Schrei- und Weinkrämpfe und Wahrnehmungsverzerrungen. Die Menschen um sie herum hegten den Verdacht, dass sie an einer Krankheit leide, berauschende Getränke zu sich genommen habe oder, was die Pilger besonders ängstigte, dass ein Geist in sie gefahren sei. Auf jeden Fall löste sie Irritationen aus, weil sie »dauernd von Visionen geplagt wurde, mit Heiligen verkehrte, in Verzückungen geriet und sich dabei entsprechend exaltiert zu benehmen pflegte.«[105] Sie selbst glaubte, »mit Gott im Bunde zu sein, ihre Umgebung war der Überzeugung, sie sei es mit dem Teufel.«[106]

---

104 ebd., S. 82
105 Kienecker 1988, S. 33
106 Potts, S. 182

Solche Erschütterungen sind keineswegs ein Phänomen mittelalterlicher Pilgerfahrten. Auch heute stellt Jerusalem unter allen Städten und Regionen, in denen Reisende seelisch aus dem Gleichgewicht geraten und psychiatrisch behandelt werden müssen, den prominentesten Ort dar. In der Stadt dreier Religionen, dem »Kraftzentrum für Gläubige aus aller Welt«[107], ist die aktuelle Angst vor Terroranschlägen genauso wie die Hoffnung auf Erleuchtung und Erlösung offenbar stärker als irgendwo sonst auf der Welt. Dies erzeugt enorme Verunsicherungen, die sich oft zu religiösen Wahnvorstellungen steigern:

> »Überwältigt von der Atmosphäre des Heiligen Landes erkranken jährlich rund 200 amerikanische und europäische Touristen am sogenannten Jerusalem-Syndrom; sie haben messianische Visionen und Erscheinungen oder halten sich selbst für Gott. Dies geht aus einer Studie einer Gruppe von Psychiatern des Kfar-Shaul-Hospitals hervor.«[108]

Meist ziehen sich die Reisenden zurück und entwickeln sonderbare Verhaltensweisen (z.B. zwanghafte Reinigungsrituale bis hin zur Rasur aller Körperhaare). Dann suchen sie – oft nur mit einem Bettlaken bekleidet – heilige Stätten auf und halten dort magische Zeremonien ab. Das ist noch kein Grund für die Einweisung in eine psychiatrische Klinik. Erst wenn Formen der Selbst- oder Fremdgefährdung auftreten oder wenn sie tage- und nächtelang umherirren, zum Toten Meer aufbrechen und in der Wüste von Beduinen aufgegriffen werden, halb verdurstet, mit einem gewaltigen Sonnenbrand und im Delir redend, ist eine klinische Behandlung unumgänglich.[109] Auch hier nahm man lange Zeit an, dass solche Menschen, die an den heiligen Stätten auffällig wurden, bereits vor ihrer Ankunft an psychischen Störungen litten, vielleicht schon lange in der Fantasie eines »heiligen Auftrages« unterwegs waren und nun in den Gassen der Altstadt, am Ziel ihrer »Mission«, endgültig ihr Selbst verloren. Doch Psychiater und Psychotherapeutinnen berichten, dass neben jenen, die schon als Moses, Elias, Johannes

---

107 Heller 1999, S. 5
108 ebd.
109 ebd.

oder Maria Magdalena die Stadt betraten, auch unauffällige Touristen in derartige psychische Krisen geraten[110].
Es sind jährlich ca. 200 Reisende[111], die durch Jerusalem irren und in die Klinik »Kfar Shaul« eingewiesen werden. Die Therapeutin Ziva Strauss erwähnt z. B. die »›Königin der Nacht‹, eine Argentinierin, die sich die Kleider vom Leib riss und auf den Mauern der Altstadt tanzte, um den verdorrten Boden Israels zu befruchten. Oder ›Samson den Starken‹, einen Kanadier, der glaubte, einen Stein aus der Klagemauer versetzen zu müssen. Einem Lehrer aus Kopenhagen wiederum erschien ausgerechnet auf der Kuppel des Felsendoms die Heilige Jungfrau, worauf er den Wärter der Moschee mit Fäusten traktierte, da der sich geweigert hatte, die Gottesmutter gebührend zu empfangen.«[112]

Zum Gegenstand der Erkundung

Psychiatrische und sozialpsychologische Forschungen haben – wie erwähnt – psychische Grenzerfahrungen auf Reisen bislang kaum wahrgenommen. Doch es können Hypothesen zu den beschriebenen Phänomenen auch auf anderem Wege generiert werden. So lassen sich autobiografische Reisetexte daraufhin befragen, welche Belastungen mit der Erkundung der Fremde verbunden sind und welche Irritationen daraus entstehen. Dies ist ein Weg, von den betroffenen Menschen selbst und von den »Dichtern zu lernen«[113], also Erkenntnisse über Strukturen menschlichen Erlebens aus Texten zu gewinnen, die »über die Feinfühligkeit für die Wahrnehmung verborgener Seelenregungen (...) und den Mut verfügen, ihr eigenes Unbewusstes laut werden zu lassen.«[114] In diesem Sinne

110 so berichtet es die Deutsche Ärztezeitung vom 25.05.2000
111 vgl. Kagelmann 1993b, S. 92ff.
112 Heller 1999, S. 4; vgl. auch Oz 2003, S. 46
113 vgl. Fischer 1996, S. 19
114 Freud 1910, S. 419ff.

bewegt sich die Erkundung an der Schnittstelle von Literatur und Psychiatrie. Sie untersucht autobiografische Quellen, stellt einen psychiatrischen Bezug her und arbeitet aus individuellen Leidensgeschichten jene Erfahrungen heraus, die nicht nur Menschen mit psychischen Erkrankungen vertraut sind, sondern Dispositionen vieler Reisender berühren.
Zum Wesen autobiografischen Schreibens gehört es, dass ein reflektierendes Subjekt durch erinnernde Erforschung der eigenen Wege sich seiner selbst vergewissert. Dies gilt für Reisetexte in besonderem Maße, da das Selbst sich am fernen Ort oft gelockerter und fließender fühlt als daheim. Um diesen Erfahrungen auf die Spur zu kommen, widmet sich ein erster theoretischer Aspekt der Bedeutung des Reisens und benennt psychische Dimensionen, welche sich in der literarischen Verarbeitung des Reisens finden lassen. Anschließend wird der Begriff der Fremde ausgeleuchtet und seine Verwendbarkeit für die Erörterung von Irritationen auf Reisen geprüft. Ferner wird der Begriff des Selbst eingeführt und mit der Thematik verknüpft.
Die Literaturauswahl für diese Studie konzentriert sich – abgesehen von den Exkursen – auf ausgewählte autobiografische Schriften des 20. Jahrhunderts. Sicher ließen sich auch Reiseschilderungen des 18. und 19. Jahrhunderts wie die von Karl Philipp Moritz, Gottfried Seume, Jakob Michael Reinhold Lenz verwenden, denn in ihnen sind ebenfalls depressive, dissoziative und wahnhafte Momente der Begegnung mit der Fremde zu finden. Fast könnte man sagen: Die autobiografischen Reiseberichte dieser Autoren scheinen von dem Verlangen geprägt, Irritationen und seelischen Gefährdungen, die sie in der Fremde erlebten, durch poetische Verwandlung zu verarbeiten. Es würde jedoch einer eigenen Studie bedürfen, diese Reiseerfahrungen angemessen und auf ihre psychischen Dispositionen hin zu untersuchen.
Die Autorinnen und Autoren, die hier zur Sprache kommen, befinden sich bei dem, was sie erfahren und beschreiben, tatsächlich auf Reisen. Ihre Impressionen sind so verdichtet, dass der Prozess der Rekonstruktion des Durchlebten deutlich wird und man Anteil nehmen kann an der »Arbeit der Seele«:

> »Reiseberichte geben hermeneutische Prozesse wieder, Prozesse des Verstehens oder des Nichtverstehens. Dabei verraten Reiseberichte nie etwas allein über die durchreiste Welt, sondern immer auch etwas über das reisende Ich. Sie gewähren Einblicke in die kulturspezifischen und persönlichen Denk- und Wahrnehmungsweisen, die das reisende Ich bewusst in den Mittelpunkt stellen und neben einer äußeren auch – und vor allem – eine innere Reise schildern.«[115]

Im anthropologischen Sinne ist das Reisen nicht nur ein Fortgehen, sondern auch ein Losreißen und Aufbrechen gefestigter Strukturen: Das Vertraute weicht dem Neuen, das Gewisse dem Ungewissen[116]. Dass eine solche Neuordnung befreiend, bisweilen aber auch psychisch gefährdend sein kann, wird sich bei der Durcharbeitung der Reiseberichte und Tagebücher zeigen. Daher war es für die Auswahl der Texte nicht entscheidend, welchen Grad der Bekanntheit die Autorin bzw. der Autor besitzt oder welche literarische Qualität ihr bzw. ihm zugesprochen wird. Wichtiger war die Frage, wie intensiv die Darstellung der Dynamik psychischer Veränderungen in der Erfahrung der Fremde beschrieben wird.

Schließlich sind vier Exkurse in die Studie eingefügt: Sie verdeutlichen, welche Ängste, Dissoziationen oder Depressionen die Fremde auszulösen vermag und wie berühmte Reisende dies zu bewältigen versuchten. Die Aufzeichnungen von Friedrich Hölderlin, Johann Wolfgang von Goethe, Sigmund Freud und Rainer Maria Rilke zeigen, wie Zustände seelischer Labilität so aufzufangen sind, dass die Psyche nicht aus dem Gleis gerät (Freud), die Verarbeitung der Grenzerfahrungen den literarischen Ruhm gar noch mehrt (Goethe) oder das Schreiben zumindest hilft, sich nicht gänzlich zu verlieren (Rilke). Deutlich wird, dass auch diese Reisenden nicht ohne Abwehrmaßnahmen auskamen, wenn sie von Gefühlen der Bindungslosigkeit auf Reisen überschwemmt wurden. Und nicht immer gelang die Abwehr des Bedrohlichen – wie die Erfahrung Hölderlins zeigt, dessen Reise in einer dramatischen Krise endete.

---

115 Korte 1996, S. 9f.

116 Spode 1997, S. 7–12

Exkurs
Friedrich Hölderlin: »Wohin denn ich?«

Als Friedrich Hölderlin im Herbst 1801 das Angebot einer Hofmeisterstelle im Hause eines Hamburger Konsuls in Bordeaux erhält, löst der Gedanke an ein Leben in der Fremde äußerst gemischte Gefühle in ihm aus. Einerseits muss er sich eingestehen, dass seine Zukunft in der Heimat wenig verheißungsvoll aussieht: Eine Pfarrstelle, wie die Mutter es seit Jahren von ihm erwartet, will er nicht antreten; sie würde den Verlust seiner inneren Freiheit und damit den Tod seines literarischen Schaffens bedeuten. Andererseits sind all seine Versuche, als Schriftsteller ökonomisch zu überleben, gescheitert: Zwar erscheinen seine Gedichte in verschiedenen Literaturmagazinen, zu einer eigenständigen Buchausgabe kann sich Verleger Cotta zu dieser Zeit jedoch nicht durchringen. In seiner Not wendet sich Hölderlin an einige befreundete Professoren, um Möglichkeiten einer Lehrtätigkeit in griechischer Literatur zu erkunden – vergeblich. Zuletzt bittet er Friedrich Schiller, in dessen Haus er früher häufig zu Gast war, für ihn nach einer Stelle in Weimar oder Jena Ausschau zu halten. Doch Schiller hilft nicht. Er antwortet nicht einmal mehr.

Nach Bordeaux also? Die Vorstellung eines Auslandsaufenthaltes fällt Hölderlin nicht leicht. Im Brief an den Bruder schildert er den Schmerz der Trennung: »Soviel darf ich gestehen, dass ich in meinem Leben nie so fest gewurzelt war ans Vaterland, nie den Umgang mit den Meinigen so sehr geschätzt, so gerne mir zu erhalten gewünscht habe«[117]. Gegenüber seinem Freund Böhlendorff verschweigt er die »bitteren Tränen« nicht, die es ihn koste, »mein Vaterland noch jetzt zu verlassen. Denn was hab ich Lieberes auf der Welt? Aber sie können mich nicht brauchen.«[118] Als kündigten sich Ahnungen kommender Gefahren bereits in ihm an, fährt er fort:

> »Sonst konnt' ich jauchzen über eine neue Wahrheit, eine bessere Ansicht deß, das über uns und um uns ist, jetzt fürcht' ich, daß es

---

117 Hölderlin 1969
118 ebd., S. 942

mir nicht geh' am Ende, wie dem alten Tantalus, dem mehr von Göttern ward, als er verdauen konnte. Aber ich thue, was ich kann, so gut ichs kann, und denke, wie ich sehe, wie ich auf meinem Wege auch dahin muß wie die andern, daß es gottlos ist und rasend, einen Weg zu suchen, der vor allem Anfall sicher wäre (...). Und nun leb wohl, mein Theurer! Bis auf weiteres. Ich bin jetzt voll des Abschieds.«[119]

Am 10. Dezember 1801 bricht Hölderlin zu Fuß in Richtung Bordeaux auf. Bei nasskaltem Winterwetter wandert er über Tübingen und Freudenstadt in den Schwarzwald hinein, gelangt über Kehl nach Straßburg, wo er für einige Tage unter Kontrolle der Ausländerbehörde steht. Der Weg über Paris wird ihm angesichts der politischen Lage verweigert. Am 30. Dezember 1801 erhält er die Erlaubnis zur Weiterreise in Richtung Lyon. »Überschwemmungen und andere unabwendbare Umstände« machen den Weg über Dôle und Mâcon »beschwerlich und erfahrungsreich«[120]. Das Alleinsein tut ein Übriges, dass er zunehmend irritierter wird: »Ich weiß es, einsame Beschäftigung macht, dass man in die weite Welt sich schwieriger findet.« In Lyon empfindet Hölderlin das Treiben in der Stadt als »so lebhaft, dass man nur in innigem Andenken an solche, die uns kennen und wohl auch gut sind, sich selber wiederfindet.«[121] Seine Wanderung über die Berge des Beaujolais und an der Loire entlang führt ihn auf die »gefürchteten überschneiten Höhen der Auvergne, in Sturm und Wildnis, in eiskalter Nacht und die geladene Pistole neben mir im rauhen Bette.«[122] Am Morgen des 28. Januar 1802 erreicht er völlig erschöpft das Ziel seiner Reise. Wartend darauf, dass ihm der »erquickende Schlaf wohl tun ...« und sein inneres Aufgewühltsein besänftigen möge, schildert er seiner Familie daheim die Gefahren, die er durchlebt, und die Gebete, die ihn begleitet haben. Der Mutter möchte er das Bild eines gesunden, starken und furchtlosen Sohnes vermitteln, »... durch und durch gehärtet und geweiht, wie Ihr es wollt.«[123] Freund Böhlendorff

---

119 ebd.
120 ebd.
121 ebd.
122 ebd., S. 944
123 ebd.

hingegen vertraut er an, dass er auf seiner Reise »die traurige einsame Erde« und »das gewaltige Element, das Feuer des Himmels« gesehen und sich von »Apoll geschlagen« gefühlt habe.[124]

Der Aufenthalt in Bordeaux währt nicht lange; nach fünf Monaten ist er wieder in der Heimat. Keinem hat er den Entschluss und den Zeitpunkt der Rückkehr mitgeteilt, Mutter, Geschwister, Freunde sind seit Wochen ohne Nachricht von ihm. Ungewiss die Hintergründe seiner Abreise[125], unklar die Route seines Weges, unverkennbar die äußeren und inneren Veränderungen: Als er sich in Stuttgart einigen Freunden zeigt, erkennen sie ihn kaum wieder: »leichenblaß, abgemagert, von hohlem wildem Auge, langem Haar und Bart, gekleidet wie ein Bettler«; kaum hörbar murmelt er vor sich hin, »mit dunkler geisterhafter Stimme« – ein »schauriger Eindruck, den die zerstörte Gestalt«[126] auf sie macht. Wenige Tage später dann die Ankunft in Nürtingen »mit verwirrten Mienen und tobenden Gebärden, im Zustande des verzweifeltsten Irrsinnes«. »Bey seiner Mutter angelangt, jagte er sie und sämtliche Hausbewohner in der Raserey aus dem Hause.«[127] Er verkriecht sich in seinem Zimmer und ist, wenn seine Stimmungen bedrohlich werden, nur durch das laute Lesen von Texten der griechischen Mythologie zu beruhigen.[128]

Bald weilt Schelling in der Gegend. Hölderlin rafft sich auf, wandert »querfeldein wie durch Instinkt geführt«[129], um den Studienfreund zu treffen – hoffend vielleicht, dass dieser ihm Verständnis entgegenbringen und ihn unterstützen werde. Doch Schelling ist erschrocken über die Verfassung des Freundes und hält lediglich

---

124 ebd., S. 945

125 Walz nennt Gefühle von Fremdheit und mangelnde Sprachkenntnisse sowie Anzeichen der Psychose: »Es mag die latente Krankheit in ihm zum Ausbruch gedrängt haben; eine ihrer Erscheinungsformen ist die jähe Flucht, objektiv unerklärlich für den Außenstehenden, subjektiv für den Kranken freilich aus seiner Welt heraus wohl begründet: sie wollen mich nicht haben, was tue ich also hier?« Walz 1967, S. 35 f.

126 ebd.

127 ebd.

128 vgl. Michel 1967, S. 384

129 zit. n. Beck 1975, S. 92

noch eine pflegerische Betreuung des seelisch Erkrankten für denkbar. Er schreibt an Hegel:

»Der traurigste Anblick, den ich während meines hiesigen Aufenthalts gehabt habe, war der von Hölderlin. Seit einer Reise nach Frankreich (...) ist er am Geist ganz zerrüttet, und obgleich noch einiger Arbeiten, z. B. des Übersetzens aus dem Griechischen bis zu einem gewissen Puncte fähig, doch übrigens in vollkommener Geistesabwesenheit. Sein Anblick war für mich erschütternd: er vernachlässigt sein Äußeres bis zum Ekelhaften (...). Wer sich seiner annehmen wollte, müßte (...) ihn von Grund auf wieder aufbauen.(...) Hier zu Lande ist keine Hoffnung für ihn herzustellen. Ich dachte Dich zu fragen, ob Du Dich seiner annehmen wolltest, wenn er etwa nach Jena käme, wozu er Lust hätte.«[130]

Hegel antwortet ausweichend. Der Rest der Geschichte ist weitgehend bekannt: In den folgenden Jahren werden sich andere Freunde – allen voran Sinclair – um den Erkrankten kümmern und werden ihm ermöglichen, sich ganz auf das Schreiben zu konzentrieren. In der Tat gelingen Hölderlin in dieser Zeit neben einigen Fragmenten entscheidende Gedichte und Übersetzungen. Doch auch ein Ortswechsel nach Bad Homburg zeigt nicht die erhoffte Wirkung, im Gegenteil: Der Arzt Dr. Müller notiert:

»Wie erschrak ich aber als ich den armen Menschen so sehr zerrüttet fand, kein vernünftiges Wort war mit ihm zu sprechen, und er ohnausgesetzt in der heftigsten Bewegung. Meine Besuche wiederholte ich einigemal fand den Kranken jedesmal schlimmer, und seine Reden unverständlicher, Und nun ist er so weit daß sein Wahnsinn in Raserey übergegangen ist, und daß man sein Reden, das halb deutsch, halb griechisch und halb lateinisch zu lauten scheint, schlechterdings nicht mehr versteht.«[131]

Im September 1806 sieht sich Sinclair gezwungen, den Freund – gegen dessen Willen – in klinische Behandlung nach Tübingen zu bringen. Da keine Besserung eintritt, entschließt sich Chefarzt Authenrieth nach einigen Wochen, seinen Patienten der Familienpflege des Schreinermeisters Zimmer anzuvertrauen. Die folgen-

130 Hölderlin 1946, S. 261 f.; vgl. auch Bertaux 1981; Beck 1977, S. 458 ff.
131 Hölderlin 1946, Bd. 7.2, S. 337; vgl. auch Fichtner 1980, S. 51

den 36 Jahre, seine zweite Hälfte des Lebens wird Hölderlin in einem Turmzimmer am Neckar verbringen; wird rauchen, etwas Geige spielen, unruhig auf und ab wandern und darauf Wert legen, von Besuchern mit dem Namen Scardanelli und dem Titel Hofbibliothekar angesprochen zu werden. Seine Mutter wird sich bis zu ihrem Tod im Jahre 1828 weigern, ihren Sohn noch einmal zu sehen. Und Friedrich Hölderlin wird vor sich hin murmeln[132] oder im Garten Kirschen pflücken – und Tübingens Kinder werden Grimassen schneiden, über den Zaun schielen und sich über ihn lustig machen.

Soweit zunächst zu Hölderlin. Viel ist darüber spekuliert[133] worden, was dem Dichter in diesen Tagen und Wochen im Einzelnen widerfuhr, dass er in fremder Umgebung in einen solch tiefen seelischen Abgrund stürzte und schließlich chronisch psychisch erkrankte; welchen Anteil die unglückliche Liebesbeziehung zu Susette Gontard, die Trennung von der Geliebten und schließlich ihr Tod an seinem seelischen Zusammenbruch gehabt haben könnte; ob für ihn die Erkenntnis des Scheiterns all seiner schriftstellerischen Hoffnungen und Pläne und der Bruch in der Beziehung zu Schiller kaum mehr zu ertragen war; ob auch Lebensereignisse aus früher Kindheit wie der Tod des Vaters und des Stiefvaters in seinen ersten Lebensjahren oder die ambivalente Beziehung gegenüber der Mutter zur seelischen Dünnhäutigkeit Hölderlins beitrugen; und ob er die kommenden seelischen Gefährdungen schon voraussah, als er seinem Freund Böhlendorff zum Abschied schrieb: »Ich werde den Kopf ziemlich beisammen halten müssen in Frankreich ...«[134]

---

132 Varnhagen von Ense schreibt: »Er raset nicht, aber spricht unaufhörlich aus seinen Einbildungen, glaubt sich von huldigenden Besuchern umgeben, streitet mit ihnen, horcht auf ihre Einwendungen (...). Selten fließt ein eigenthümlicher Gedanke (...) in den Strom seiner Worte.« Hölderlin 1946, Bd. 7.2, S. 370

133 siehe Peters 1982

134 Hölderlin 1969, Bd. 2, S. 941

BEGRIFFSKLÄRUNGEN UND THEORETISCHE GRUNDLAGEN

Aspekte des Reisens

»Reisen ist ein Prozess des Verschwindens,
ein einsamer Weg
auf einer dünnen geographischen Linie,
die ins Vergessen führt.«
Paul Theroux

Der Begriff der Reise

Reise soll hier nicht als Chiffre oder Metapher verstanden und verwendet werden, wie dies im literarischen und therapeutischen Kontext[135] oft der Fall ist. Es soll um tatsächliche Reisen, um Erlebnisse des Fortgehens aus vertrauter Umgebung und um Konfrontationen mit der Fremde gehen. Denn zu reisen ist vielen Menschen heute so vertraut wie zu essen, zu schlafen oder zu arbeiten. Sie brechen auf, um das Vertraute hinter sich zu lassen, Erholung zu suchen und neue Erfahrungen zu sammeln. Reisen im Sinne des Unterwegsseins ist Teil des Lebens geworden, so wie Mobilität als Schlüsselphänomen für das Verständnis der Moderne gilt.[136] Nach Berechnungen der Welttourismusorganisation wird die Branche in den nächsten Jahren trotz Naturkatastrophen und Terroranschlägen steigende Zahlen verbuchen: Von 1,5 Milliarden Reisen im Jahr 2020 sei auszugehen, was eine Verdopplung gegenüber dem Jahr 1995 bedeutet.[137] Insgesamt wird dieser Industriezweig die Auto- und die Energiebranche übertreffen und die weltweit größte Industrie mit den meisten Beschäftigten sein.[138] Allerdings

135 Reimer u. Rüger 2003, S. 347; Machleidt 2003, S. 114
136 Confino 1998, S. 145
137 vgl. Kufeld 2005, S. 11; Ristau 2002
138 Urry 1990

besteht eine Kluft zwischen der Zahl der Reisenden und der Masse der »Bereisten«: 20 % der Weltbevölkerung stellen 90 % der Touristen[139]. Sie stammen meist aus Europa, Nordamerika, Japan und China und ergießen sich über Strände und Inseln, Berge und Täler, Hauptstädte und heilige Stätten, um sich, am Ziel angekommen, zu fragen, ob das »Einpacken, Auspacken, Billette lösen, Wagen wechseln, Gasthöfe mit impertinent frisierten Kellnern, schändlicher Ernährung und erschütternden Rechnungen«[140] den Aufwand wirklich wert seien.

Der Gebrauch des Begriffs Reise umfasst diverse Formen der Bewegung, des beruflichen, forschenden oder touristischen Unterwegsseins. Im Althochdeutschen meinte »Risan«: aufstehen, sich erheben, aufbrechen und bedeutete vor allem: bewaffneter Auszug aus der Heimat, Kriegsfahrt. Im Mittelhochdeutschen fand eine Ausweitung des Begriffs statt: Auf Reisen gingen nicht nur Ritter, Kreuzfahrer und Söldner[141], auch friedliche Fahrten fielen darunter. Heute gilt Reise als eine »Fahrt zu einem entfernteren Ort, größerer Ausflug, längere Entfernung vom Heimatort«[142] oder als »räumliche Bewegung, die sich über einen gewissen Zeitraum erstreckt, eine gewisse Entfernung überwindet und durch ein bestimmtes Ziel, Vorhaben oder wenigstens Interesse eine innere Geschlossenheit erhält.«[143] Die Tourismusforschung[144] definiert Reise als »Fahrt nach Orten außerhalb des ständigen Wohnsitzes zwecks Erholung, Erlebnis, Sport, Bildung, Kultur, Vergnügen, gesellschaftlicher oder beruflicher Betätigung oder aus Anlass familiärer Ereignisse.«[145]

Meist beschreibt die Reise einen »Bogen über Heimat, Aufbruch, Weg, Ziel, Wende bis zum Rückbezug zu einer Heimat«[146]. Nicht jeder Reisende gelangt aber ans Ziel seiner Sehnsucht, mitunter

---

139 Eder 1991, S. 159
140 von Villers 1925, S. 67
141 vgl. Reichert 2001, S. 15
142 vgl. Wahrig 2001, S. 2995
143 ebd.
144 Opaschowski 2002
145 ebd., S. 25
146 Meyer 1997, S. 17

können Ereignisse und Begegnungen zu Kursänderungen führen, kann das »Erlebnis des Fahrens die Erfahrung des Ziels in den Hintergrund drängen.«[147] Und nicht jeder, der unterwegs ist, befindet sich auf einer Reise, wenn er z. B. als Pilot, Paketzusteller oder Pianist einer Arbeit nachgeht oder als Migrant nach einem neuen Ort zum Leben sucht. Daher ist vorgeschlagen worden, Reisen als subjektiven Zustand, als äußere und innere Disposition zu bezeichnen, die sich aus Anschauungen und Gefühlen zusammensetzt: »Die Reise ist, abgesehen von einer Bewegung von einem Ort zu einem anderen, vor allem eine Schwingung der Seele.«[148] Anders gesagt: »Es ist eben nicht die Situation, die das Reisen ausmacht, sondern der Zustand des Reisenden, seine Befindlichkeit.«[149] Nach dieser Auffassung ist von einer Reise erst im Nachhinein zu sprechen, wenn der Reisende heimgekehrt ist und den Vorgang des Reisens abgeschlossen hat – erst dann konstituiert sich aus den Impressionen des Reisens in den Gedanken des Reisenden das Substrat dieser Reise – wozu der Reisebericht oder das Reisetagebuch[150] die Form und die Verdichtung liefert: »Denn eine Reise beginnt nicht in dem Moment, da wir uns auf den Weg machen, und sie endet nicht, wenn wir ans Ziel gelangt sind. In Wahrheit beginnt sie viel früher, und sie ist faktisch nie zu Ende, weil sich das Band unserer Erinnerungen in unserem Inneren weiterdreht, auch wenn wir längst angekommen sind.«[151]

Vorgänge der Reise sind von vielfältigen Verknüpfungen umgeben: Im Deutschen wird vom Reisen und von der Reise gesprochen, während im Englischen und im Französischen differenziert wird zwischen »voyage« (lat. »viaticum«: das für den Reiseweg Notwendige; im Französischen für Umherreisen ohne Ziel), »journey« bzw. »journée« (lat. »diurnum«: Wegstrecke, die man an einem Tag zurücklegt) und »travel« (im Englischen sowohl für Reise von großer Distanz und längerer Abwesenheit vom Heimatort als auch Zurücklegung einer Wegstrecke; im Französischen hingegen ist

147 ebd.
148 Roy 1964, S. 11
149 Lüdke 2004
150 siehe Abdelouahab 2005
151 Kapuscinski 2005, S. 106 f.

»travail« die physisch und psychisch anstrengende, mühsame Arbeit).

Das Sich-Erheben zur kriegerischen, entdeckenden oder kaufmännischen Fahrt kann auch heute noch, wenn nicht der Veranstalter ein All-inclusive-Angebot geschnürt und alle Eventualitäten abgesichert hat, einen Aufbruch aus gefestigten Strukturen bedeuten: Das Vertraute wird verlassen zugunsten des Neuen, das Gewisse zugunsten des Ungewissen.[152] So gilt dem einen das Reisen als Symbol der Begegnung mit dem Andersartigen (dem Nicht-Ich), gar als Symbol des Lebens schlechthin[153], für andere bedeutet Reisen »die Relativierung des ›Eigenen‹ in der Auseinandersetzung mit dem ›Fremden‹.«[154] Wie in der Mythologie haftet dem Reisen etwas Heldenhaftes an: Homers Odysseus und Enkidu aus dem Gilgamesch-Epos, Sindbad und Parzival, Marco Polo und Christoph Kolumbus, sie alle sind reisende Helden, denen es auferlegt ist, Prüfungen in der Fremde zu bestehen und reich an Erfahrungen in den vertrauten Schoß zurückzukehren.

Reisen als das Erfahren der Welt zeigt, dass in früherer Zeit nur als erfahren galt, wer die Fremde bereist und erlebt hat, wer manches auf sich genommen und gelernt, also erfahren hatte; ähnlich wird jemand, der weit in der Welt herumgekommen ist, als bewanderter Mann (franz. »routinier«) und damit als kundig und gelehrt bezeichnet.[155] Für Montaigne liegt der Reiz des Reisens darin, der »Seele beständig Gelegenheit zu geben, unbekannte und neue Dinge zu beobachten. Und ich weiß keine bessere Schule des Lebens einzurichten, als ihm unaufhörlich die Verschiedenheit so vieler anderer Leben vorzustellen.«[156] Auffallend ist der Wunsch, in die Vergangenheit zu steigen, an die Quellen der Geschichte zu gelangen, Orte von welthistorischer und familiengeschichtlicher Bedeutung aufzusuchen, sich mit Kulturen und Traditionen alter Zeiten zu konfrontieren. Nicht das Aktuelle wird gesucht, sondern die Ruinen der Menschheit, die dazu animieren, sich in

152 Spode 1997, S. 7ff.
153 vgl. Gross 1991, S. 72
154 Graf 2002, S. 10
155 vgl. Opaschowski 2002, S. 15
156 Montaigne, zit. n. Urbain 1997, S. 18

fremde Existenzen hineinzufantasieren. Dies gilt für Erwachsene wie auch für Kinder, denen es oft Lust bereitet, anderes Leben vor dem geistigen Auge auferstehen zu lassen.
Jugendliche hingegen haben im Prozess der Identitätsfindung oft mit sich selbst genug zu tun und können auf historische Dimensionen gut verzichten. Sie bemessen den Wert ihrer Reise eher daran, ob es ihnen gelingt, Kontakt mit Menschen in der Fremde zu knüpfen. Wenn das Vertraute gegen das Neue eingetauscht werden kann, so weniger auf dem Gebiet der Betrachtung als auf dem Gebiet der Beziehung: Eine Reise soll Begegnung ermöglichen, sei es auf kultureller, sozialer oder sexueller Ebene. Für andere bedeutet die Reise vielleicht auch eine Flucht, ein Entkommen. Ihnen liegt mehr daran, eine Welt zu verlassen, als in einer anderen anzukommen; und so suchen sie nicht Kontakt zu anderen, sondern Abwesenheit, Einsamkeit, Begegnung mit sich selbst.[157]
Mancher ahnt dabei, dass er mit seinen Reisen Risiken eingeht und bisweilen dem Tod nicht mehr weit entfernt ist:

> »Man reist nicht, um sich wie einen Christbaum mit Exotik und Anekdoten zu schmücken, aber damit die Straße einen rupft, ausspült, auswindet, wie jene vom Waschen fadenscheinig gewordenen Handtücher, welche mit einem Seifensplitter in den Bordellen gereicht werden. Man entfernt sich weit weg von den Alibis und den heimatlichen Verwünschungen, und was man vorbeigehen sieht in jedem dreckigen Bündel, das man in übervolle Wartesäle trägt, auf kleine, vor Hitze und Armut niederdrückende Bahnsteige, ist unser eigener Sarg.«[158]

Im alten Griechenland sind Reisende oft mit sozialer Ausgrenzung, Wahnsinn und Tod assoziiert: Aristoteles erwähnt, dass niemand Bürgerrechte genießen solle, der nicht »von beiden Elternteilen her zur Stadt gehöre«[159], und so sind es vor allem nichtehelich Geborene, Vaterlose, die auf Reisen gehen müssen, denn sie sind aus dem sozialen Kontext gefallen und können ihr Glück (oder: ihr Selbst) nur in der Fremde finden. In der griechischen Mythologie gilt eine

157 vgl. Bräuer 1997, S. 53–63
158 Bouvier 2002, S. 46f.
159 Aristoteles, zit. n. Kristeva 1990, S. 60

Frau als erste Reisende, und zwar eine, die wahnsinnig wird und zum Umherirren verurteilt ist: Es ist Io, die Geliebte des Zeus, die von Zeus' Ehefrau Hera verfolgt und in eine Kuh verwandelt wird. Zeus lässt vom Interesse an Io nicht ab und erscheint ihr als Stier. Hera ist darüber so erzürnt, dass sie Io von einer Bremse stechen lässt, die mit dem Stachel des Wahnsinns behaftet ist. Io ist nun dazu verdammt, Europa und Asien zu durchreisen, ohne je eine Heimat zu finden.[160]

Weil Reisen eben keine Erfahrung der Moderne ist, sondern seit jeher eine »conditio humana« darstellt, der es nicht um zurückgelegte Wegstrecken geht, sondern um den Geist der Reise, die gelebte Erfahrung, wird Reisen gleichzeitig als Allegorie bzw. als Metapher verwendet, um Übergänge zu bezeichnen – bis hin zum Tod. So heißt es in einem Gedicht aus der Mongolei:

> »Warum gehst du auf einem schlechten knarrenden Wagen fort,
> oh mein Herr
> Wirst du deine Frau und deine Kinder wirklich verlassen,
> oh mein Herr
> Wie ein in Not aufschreiender Falke, warum gehst du fort,
> oh mein Herr
> Wie ein leichter, im Wind sich wiegender Strohhalm,
> warum gehst du fort, oh mein Herr?«[161]

Das Sterben gilt also ebenso wie das Leben als Reise; auch eine Krankheit wird in manchen Kulturen als Reise angesehen, wenn dem Erkrankten die Seele abhandenkommt und ein Schamane sie aus der Fremde, aus der Unterwelt zurückholen muss.[162] So lässt sich Reise mit Krankheit und Tod verbinden, aber auch mit dem Wunsch nach Erlösung. Wie von einer Verletzung getrieben bewegt sich der Reisende auf seiner Odyssee vorwärts, »kein Hindernis hält ihn auf, und alle Leiden, alle Beleidigungen, alle Zurückweisungen sind ihm gleichgültig auf der Suche nach diesem unsichtbaren (...) Territorium, diesem Land, das nicht existiert, aber das in seinen Träumen auftaucht und das man wohl ein Jenseits nennen muß.«[163]

---

160 ebd., S. 51
161 zit. n. Roy 1964, S. 156
162 vgl. Mattenklott 1984
163 Kristeva 1990, S. 15

Psychotherapeutische Schriften verwenden den Begriff der Reise im Sinne der Auseinandersetzung mit den Tiefen des eigenen Selbst. Bei Sigmund Freud steht das Reisen für jegliche Form des Ausreißens[164], für rebellische Reaktionen gegen Vater und Mutter, aber auch für das Verlassen des Gewohnten, Alltäglichen. Im engeren psychoanalytischen Verständnis bedeutet Reisen, in den Strom der Libido einzutauchen, den Gesetzen des Vaters (Vaterlands) zu entkommen und zur Mutter (Erde) zu gehen, träumerisch in die Kindheit zurückzusinken. Gleichzeitig enthält das Reisen die Möglichkeit, Fremdes zu erkunden, Vergangenes neu zu beleben. Wer sich einer psychoanalytischen Behandlung unterzieht, der begibt sich auf eine Reise in Gegenden des Unterbewusstseins, von wo aus die Heimat, das Bewusstsein, aus neuer Perspektive erscheint. Eine psychoanalytische Behandlung kann also ähnlich einer Reise eine Umstrukturierung der Erfahrung bewirken, indem »die Rollensysteme, die unsere Identität stützen und unsere Wahrnehmung lenken, durch die Konfrontation mit dem Fremden erschüttert werden.«[165]

Im psychiatrischen Kontext spielt der Begriff Reise ebenfalls eine Rolle: Für Goldblatt ist die Psychose »eine Reise, auf der das Bewußtsein sich in der Weise wandelt, daß es Dinge nicht mehr in der gewohnten, sondern in einer neuen Sichtweise sieht«[166]; Laing verwendet den Ausdruck im Zusammenhang mit psychotischem Erleben, verknüpft mit der Vorstellung, der psychisch erkrankte Mensch befinde sich auf einer Reise, von der er zu gegebener Zeit zurückkehren werde; der Therapeut könne den Erkrankten bei diesem Unterwegssein nur ein Stück begleiten, nicht aber behandeln.[167] Laing schildert die Krise des Bildhauers Watkins und begreift dessen Psychose als Reaktion auf die Erfahrung der Entfremdung und als Selbstheilungsgeschehen, das die Entfremdung aufheben soll: »Es ist ein Bericht über seine Reise in den inneren Raum und die innere Zeit.«[168]

164 vgl. Richter 2003, S. 158
165 Erdheim u. Nadig 1979, S. 122
166 Goldblatt 1995, S. 226
167 Laing 1969
168 ebd., S. 134

In der Psychose-Literatur gibt es viele Beispiele, in denen das Leben selbst als Reise bezeichnet wird: So spricht Mary Barnes, Patientin von Kingsley Hall, von ihrer »Reise durch den Wahnsinn.«[169] Für Susanna Kaysen befinden sich psychotische Menschen »auf einer gefahrvollen Reise, von der wir viel lernen können, wenn er oder sie zurückkehrt«[170], und Ursula Termeer bekennt: »Meine manische Reise brachte mich auf den Weg.«[171] Berichte im Internet enthalten Formulierungen wie »Meine Reise in die andere Wirklichkeit«, »Psychose ist wie eine Reise durch die eigene Psyche«[172] oder »Als Alternative zum Begriff ›Psychose‹ verwende ich die Bezeichnung ›Reise zum Selbst‹«[173]. Und den Zusammenhang von Cannabis-Konsum und psychotischer Symptombildung erlebt Sven Ramos Bulik als »eine Reise an die Grenzen des Verstandes. Und zurück.«[174]

Während mancher das Leben als Reise[175] begreift, werden hier autobiografische Berichte realer Reisen vorgestellt, die von Erschütterungen berichten. Bei den Reisenden handelt es sich um Menschen, die in der Lage sind, sich selbst in der Fremde wahrzunehmen. Beschwerlichkeiten des Unterwegsseins, die andere vom Aufbruch in die Ferne abhalten, sind ihnen willkommen.[176] Sie verzichten auf Behaglichkeit, weil die Abwesenheit von Geborgenheit zu besonderer Wachheit verhilft.[177] Sie reisen allein, weil ihre Wege, auch wenn einige Strecken mit anderen zurückgelegt werden, ganz ihre eigenen sind. Sie ahnen, wie dünn die Verankerung in der Welt sein kann, und erleben im Reisen das »Glück des Übergangs«, das »immer nur ein kurzes, provisorisches, sich selbst verzehrendes« ist, »eine hauchdünne Erfahrung von ›Nicht-mehr-dort‹ und ›Noch-nicht-hier‹«.[178] »Ein Vorteil von Reisen in neue Gegenden ist das

169 Barnes 1973
170 Kaysen 1994, S. 18
171 Termeer 1995, S. 69ff.
172 vgl. www.tamaralex.net/psychose (Stand: 21.06.2004)
173 Irren-Offensive Nr. 5: www.antipsychiatrie.de (Stand: 13.01.2005)
174 Bulik 2006, S. 23
175 Bauman 1995
176 vgl. Büscher 2003
177 vgl. Krusche 1994, S. 17
178 vgl. Kristeva 1990, S. 18

Durchbrechen des Ominösen. Die neuen Orte fügen sich nicht in alte Bedeutungen ein. Für eine Weile öffnet man sich wirklich. Alle vergangenen Geschichten, das eigene übervolle Leben, das an seinem Sinn erstickt, bleibt plötzlich hinter einem, als hätte man es irgendwo in Verwahrung gegeben, und während es sich da stille hält, geschieht lauter Ungedeutetes. Das Neue.«[179]

Psychische Dispositionen auf Reisen

Nun öffnet nicht jeder, der neue Orte erkundet, gleich alle Wahrnehmungskanäle[180] und stellt seine bisherigen Empfindungen und Gewohnheiten zur Disposition. Mancher tastet sich zögernd in die Fremde hinein, sucht im Ungewohnten nach Vertrautem, genießt den sicheren Eckplatz im Café, um sich nicht im Chaos zu verlieren. Er besteigt Kirchtürme, um dem irritierten Selbst wieder Größe und Übersicht zu verleihen, oder blickt vom Schiff zurück auf den geschäftigen Hafen, wehmütig vielleicht, weil das, was er gestern als einengend empfand, ihn heute, im Moment des Abschieds, schon wieder rührt. Er reist, um sich neu zu entdecken, ohne sich dabei allzu sehr zu verlieren.

Zur Selbstaktualisierung gehört es, sichere Häfen zu verlassen und die Fremde zum »Prüfstein einer Selbstbefragung«[181] zu machen. Dabei ergeben sich Möglichkeiten, die Fremdheit zu erkunden, die mit sprachlich und kulturell begrenzten Mitteln entschlüsselt werden muss: undeutliche Ansagen aus Lautsprechern, die in Panik versetzen, man könnte Flüge verpassen oder Bahnsteige verwechseln; Topografien von Landschaften und Städten, die nur schwer zu durchschauen sind; Regeln und Gepflogenheiten, die befremdlich wirken; Gesten und Sprachfetzen, die auf etwas weisen, das einem verschlossen bleibt; Geräusche und Gerüche, die irritieren und verstören. Ganz anders als daheim sind alle Sinne auf Empfang programmiert: Wer sich vom Vertrauten wegbegibt,

179 Canetti 1970, S. 102
180 vgl. Heinritz 1998, S. 72
181 Biernat 2004, S. 80

um zu entspannen, muss eine ungeheure Arbeit der Dechiffrierung und der Integration leisten: »Das Gehen in der Fremde schärft den Sinn für Zeichen und zwingt dazu, sie zu lesen.«[182]

Als Ryszard Kapuscinski auf seiner ersten Reise außerhalb seines Heimatlandes Polen in Rom eintrifft, ist er ganz benommen von den neuen Erfahrungen:

> »Das Gewirr der Stimmen, die Lichter und Geräusche wirkten auf mich wie eine Droge. Für einen Moment verlor ich die Orientierung, wusste nicht mehr, wo ich mich befand. Ich muss gewirkt haben wie ein Tier aus dem Wald: betäubt, verängstigt, mit weit aufgerissenen Augen, die etwas zu sehen, zu durchdringen, zu unterscheiden suchten.«[183]

Reisen ist ein angstbesetztes Unternehmen. Nicht selten wird der Aufbruch in die Fremde von Schreckensbildern begleitet: Szenen von dramatischen Flutwellen, verunglückten Reisebussen, brennenden Hotels oder sinkenden Fährschiffen müssen verdrängt werden. Auf dubiose Händler, zweifelhafte Taxifahrer, Diebe und Halsabschneider sind die Sinne zu richten. Bedroht von Krankheitserregern aller Art, die durch Wasser, Speisen, Insekten oder sexuelle Kontakte übertragen werden und den Körper schädigen können, ist Aufmerksamkeit gefordert, die in dauernde Überreiztheit umschlagen kann, wo Entspannung erhofft wurde. Die Psyche, ihrer heimischen Sicherheiten beraubt, fühlt sich den Busfahrern, Grenzbeamten und Trekkingführern schutzlos ausgeliefert. Ohne ein gehöriges Maß an Urvertrauen ist das offenbar kaum zu überstehen.

Häufig stellt sich in den ersten Tagen der Reise eine enorme Ermüdung ein, die fälschlich den Reisestrapazen oder dem mitgenommenen Stress der letzten Arbeits- und Abreisetage zugeschrieben wird. Doch resultiert die Anstrengung, die manchen zu Beginn einer Reise erkranken lässt, eher aus Angstbewältigungs- und Integrationsanforderungen, die vor die kaum lösbare Aufgabe stellen, seine Ich-Grenzen durchlässig zu machen, um Antennen für die ungewohnten Bedeutungsgehalte der Fremde zu entwickeln, und

182 Büscher 2003, S. 186
183 Kapuscinski 2005, S. 19

sie doch nicht zu weit zu öffnen, um die eigenen psychischen Strukturen nicht zu gefährden. Dem strapazierten Bewusstsein gelingt in Situationen des Ausgeliefertseins die Deutung von Worten, Gesten und Atmosphären oft nicht mehr vollständig. Bis in die Träume hinein irrt es durch fremde Straßen, fühlt sich verfolgt oder kraftlos bis zur Selbstaufgabe:

> »Es war so anstrengend, in dem Frühstücksraum die Rolle der Touristin zu spielen. Mein Wunsch war nach Schreien, Weinen, (...). Wie lange kann ich es mit diesem Feuerball im Kopf noch aushalten, ohne zusammen zu brechen? Wird es hier auf der Straße inmitten der traumhaften Landschaft passieren? Das Ende, und dann der Himmel, der Neuanfang?«[184]

Wer allein reist und ohne das Korrektiv eines anderen auskommen muss, der pendelt nicht selten zwischen realitätsnahen und fantasienahen Gefühlen:

> »Im Zug (...) seltsame Zustände des Hinabtauchens. Wer allein ist, wird unruhiger, wacher, aufmerksamer, von jeder Unruhe mitgerissen, wie ein Weidenzweig, den das strömende Wasser eines Baches mitreißt.«[185]

Bilder des Unbewussten steigen auf und setzen die Realität außer Kraft: Schritte vor der Zimmertür, Stimmen von der Straße, Blicke von Vorübergehenden werden auf sich bezogen bzw. als gegen sich gerichtet wahrgenommen. Vorstellungen und Wirklichkeiten fließen ineinander, die Grenzen von Ich und Nicht-Ich verschwimmen bis hin zur Gefahr der Selbstauflösung:

> »Da es aber vielleicht mein letzter Tag in Schiras ist, gehe ich abends gegen den Rat meiner vorsichtigen Diener noch einmal allein aus. Die Eingeschlossenheit und die Traurigkeit meines Hauses fallen mir auf die Nerven, und ich verspüre große Lust, das kleine Café außerhalb der Mauern mit seinen rosaroten Fayencen aufzusuchen. So gehe ich. Wieder umschließt mich die Stille und die Dunkelheit, ich stehe inmitten der verfallenen Wälle, inmitten des Labyrinths schmaler krummer Gassen. Wie der kleine Däumling im Wald muss ich auf jedes Zeichen achten, das ich mir gemerkt habe, um in die

184 Orgaß 1995, S. 21
185 Kaschnitz 1984, S. 23

richtigen Gänge einbiegen zu können; ich schreite langsam vorwärts, strecke wie ein Blinder die Arme vor mich hin und begegne auf meinem Weg keinem anderen Lebewesen als den vor mir fliehenden Katzen, die zu dieser Stunde auf nächtlichen Raub aus sind. Und niemals habe ich in einem Land ein solches Gefühl von Fremdheit und Einsamkeit verspürt.«[186]

Versuch einer Typologie der Reisenden

Es ist nicht verwunderlich, dass der, der reist, Maßnahmen der Abwehr ergreift, wenn er seine innere Balance als gefährdet erlebt. Mancher braucht ein Höchstmaß an Sicherheit in seiner Reiseplanung und Durchführung. Deswegen fährt er am liebsten stets an den gleichen Ort. Lässt er sich doch auf Unbekanntes ein, dann hat er es zuvor durch das Studium mehrerer Reiseführer zu etwas Bekanntem gemacht. Verärgert ist er, wenn er die Dinge nicht exakt so vorfindet, wie er sie sich ausgemalt hat. Fremde Lebensformen irritieren ihn, er richtet seine Bleibe rasch so ein, wie er es von zu Hause gewohnt ist. Gewissenhaft kontrolliert er das »Preis-Leistungs-Verhältnis«: Das Geldausgeben fällt ihm schwer, er empfindet es wie einen Verlust an Körpersubstanz.[187] Vielleicht meistert er seine Angst vor der Fremde auch dadurch, dass er sich in den ersten Tagen versteckt oder nur in sehr kleinen Dosierungen den unbekannten Ort erforscht; er bleibt einige Tage im Hotel oder in dessen engstem Radius, steuert, wenn er die Schutzhülle verlässt, immer wieder das gleiche Restaurant an, um Angst und Unsicherheit zu minimieren, und beschränkt sich auf kleine, vorsichtige Schritte der Erkundung.
Einem anderen Reisenden fällt ohne »action« im Urlaub die Decke auf den Kopf. Er reist selten allein, doch auch seine Begleitung ist ihm nicht Kontakt genug: Geradewegs geht er auf Einheimische am Ferienort zu, begeistert sich für deren alltägliche und kulturelle Gepflogenheiten, ist der Erste, der auf Festen zu Samba-Rhythmen

186 Loti 2000, S. 103
187 König 1992, S. 93

oder afrikanischen Trommeln tanzt. Er liebt es, sich mitreißen zu lassen und kann – z. B. in einer Gruppe – auch selbst mitreißen, neigt zur Ausgelassenheit und braucht das Gefühl, nicht am Rande, sondern im Mittelpunkt des Geschehens zu stehen. Jeder im Hotel kennt ihn, mit jedem Barkeeper ist er schnell per »Du«. So meidet er die Erfahrung, an diesem Ort eigentlich fremd, unbedeutend zu sein.

Manch Reisender wiederum gibt sich bescheiden in seinen Ansprüchen, nimmt karge Hotelzimmer und dürftige Mahlzeiten klaglos hin und achtet unterwürfig darauf, Wirtsleuten und Kellnern nicht negativ aufzufallen. Jedes Sich-gehen-Lassen widerstrebt ihm, weswegen er sich von beschwingten Stimmungen nur schwer anstecken lässt. Wenn er auch oft nicht wirklich zufrieden mit dem fremden Land, den Leuten und dem Reiseverlauf ist, rationalisiert er doch seine Enttäuschung: »Es hätte schlimmer kommen können.« Seine Klagen bleiben aus Angst vor Konflikten unausgesprochen, was zu einer eigentümlichen Atmosphäre aus Unzufriedenheit, Schuldgefühlen und Schuldzuweisungen führt.

Dann gibt es den Reisenden, der hofft, die im Alltag ungelebten Körperwünsche am fremden Ort freier gestalten zu können. Der Urlaub soll ihm dazu dienen, mit seinen Kleidern auch die Zwänge abzulegen, befreit in weitgehender oder vollständiger Nacktheit Wasser, Sonne, Meeresrauschen und das Vergehen der Zeit zu genießen, ohne Anforderungen erledigen zu müssen. Im Wellness-Urlaub sieht er die Möglichkeit, die Wertschätzung des eigenen Selbst zu kultivieren und das Körper-Äußere und -Innere zu pflegen. Auch Sport in Form von Surfen, Skifahren, Golfen, Wandern oder Bergsteigen gibt ihm Gelegenheit, die Sinne auf sich selbst zu richten und das Körperempfinden neu zu beleben.[188]

Auch trifft man in der Fremde auf den empfindsamen Ästheten, den reisenden Dandy, der den Genuss zelebriert und dafür ein dezentes Publikum braucht. Er kokettiert ständig mit seinem Stilbewusstsein. Mitreisende »unter seinem Niveau« straft er mit Zynismus und verspottet sie als Touristen und Spießer. Ihn kann nichts wirklich befremden, weil er als gebildeter Reisender alles zu durchschauen

---

188 vgl. Hennig 1997, S. 47

meint. Sein Blick ist aus immer der gleichen Distanz auf das Fremde gerichtet, lässt also keine Annäherung zu. So verschließt er vor der sozialen Realität des fremden Landes die Augen oder wendet sich angeekelt ab.[189]

Einen anderen Reisenden zieht es in unbewohnte Landschaften. Er übernachtet in Berghütten und knüpft Kontakte bestenfalls zu ebenso einsamen Hirten und Fischern. In seiner Fantasie ist er Eremit, der in jedem verlassenen Haus leben könnte, ein Leuchtturmwärter am letzten Zipfel der Welt. Doch hält es ihn nicht lange am einsamen Ort: Sobald er feststellen muss, dass er eigentlich nicht hierhergehört, zieht er weiter. Städte besucht er in den unwirtlichen Monaten des Herbstes oder Winters; auch dort wähnt er sich als Bewohner der Stadt, selbst wenn er die Sprache vor Ort nicht spricht – er kann überhaupt gut darauf verzichten, mit Menschen zu sprechen. Er genießt es, sich in der Fremde als (Ein-)Heimischer zu fühlen und bei der Rückkehr die Heimat wie ein Fremder zu sehen.[190]

Bisweilen hören oder lesen wir vom Extrem-Reisenden, der den Atlantik im Tretboot überquert oder den australischen Busch zu Fuß durchstreift. Oft verzichtet er auf Familie, Geschäft und Besitz bzw. verlässt jene, die ihn in der »Normalität« zu halten versuchen. Sein Glück, seine Erfüllung findet er nicht daheim, sondern in der absoluten Fremde: in den Sümpfen des Amazonas, an den Vulkanen Ecuadors, in der Steppe des Ural, an den zerzausten Küsten Patagoniens, in brasilianischen Dörfern, die noch nie ein Fremder zuvor betreten hat. Schon in seiner Jugend fiel er durch einzelgängerische Reisen (z. B. mit dem Fahrrad über die Pyrenäen) auf. Seine Reiseerfahrungen sind für ihn stilles Glück und soziale Verpflichtung zugleich: Ist er wieder zu Hause (falls es das noch für ihn gibt), so hält er Vorträge, sammelt Spendengelder für Projekte und engagiert sich für die vergessenen Regionen und Menschen dieser Welt.

Und schließlich gibt es den eingefleischten Reisenden, der nicht aufhören kann zu reisen, weil er im Grunde gar nicht ankommen

---

189 vgl. Kracht u. Nickel 2001
190 ebd., S. 94

will. Jeder Ort bereichert ihn aufs Neue mit einer tief verwurzelten Sehnsucht nach der Ferne, mit jeder Reise entfernt er sich weiter und weiter von seinem ursprünglichen Ziel. Er ist begierig aufs Reisen und kann zu irgendeinem – vorher gar nicht abzusehenden – Zeitpunkt plötzlich die Gewissheit in sich verspüren, dass er weg muss, weil er gar nicht bleiben kann:

> »Jäh bemächtigte sich meiner die Vision eines großen Aufruhrs und eines Sturmes irgendwo in den Einöden dieser Erde, die Vision eines gewaltigen Windstoßes, der die ganze Natur ins Wanken bringt, und ich verspürte eine unbändige Lust, auf und davon zu gehen, Paris den Rücken zu kehren, alles im Stich zu lassen, meine großen Pläne und meine Zechbrüder, die Bücher, die Musik, meine Angewohnheiten, die Frauen ...«[191]

Abschiede und Aufbrüche

Abschiede und Aufbrüche sind die Vorbedingungen jeder Reise. Sie bedeuten Abkehr vom gewohnten Raum und Antizipation der Fremde nicht nur als geografisches, sondern auch als inneres Ziel. Und sie erzeugen Angst, zumindest einen »sanften Schauer der Erregung.«[192] Vielleicht repräsentieren sie sogar die Stimmung der ganzen Unternehmung: »Das erste Gefühl im Wagen oder im Zug, wenn er endlich abfährt, entscheidet über das Kommende.«[193] Abschiede und Aufbrüche bezeichnen eine Grenzsituation, die Vergangenheit und Zukunft noch einmal eng – wie zum Zerreißen gespannt – verknüpft. Wer Abschied nimmt und fortgeht (von Flucht und Vertreibung als Grund des Aufbruchs soll hier nicht die Rede sein), der ist im Begriff, Bedürfnisse nach Ungebundenheit und Freiheit, nach Individualität und Selbstfindung, nach Ablösung und Exploration gegen alle äußeren und inneren Bindungskräfte durchzusetzen. Er tritt heraus aus dem sozialen Kontext und wird schon im Moment des Aufbruchs in die Lage versetzt, seine Welt, in

---

191 Cendrars 2005, S. 17
192 Toussaint 2001, S. 7
193 Bloch 1959, S. 430

die er hineingeboren wurde, die ihn in ihren Normen und Gebräuchen geprägt hat, nun als geschlossenes, von außen beschreibbares Phänomen betrachten zu können. Ernesto Grassi schreibt:

> »Die Hoffnung, irgendwie, in einer bestimmten Ferne, Erlösung von unseren Zweifeln zu finden, ist ja nur Ausdruck dafür, dass wir uns in den Räumen unserer Geschichte nicht mehr zu Hause fühlen. So kann es geschehen, dass uns plötzlich auch die vertraute Landschaft der eigenen Heimat fremd wird. Eine unbestimmte, schmerzliche Sehnsucht nach etwas, das wir in ihren Grenzen nicht mehr finden, kann uns hinwegheben und entrücken. Der Kreis, der uns eben noch umfing und uns teilnehmen ließ an dem vertrauten, in seinen Grenzen sich abspielenden Leben, ist mit einem Male verschwunden. Wir stehen draußen und schauen als Fremde auf unsere fremd gewordene Welt.«[194]

Die Dynamik des Aufbruchs lässt keine Zeit, den Entschluss zur Reise zu reflektieren. Zwar befindet sich der Reisende noch im gewohnten Raum, jedoch immer beziehungsloser zu diesem werdend – eine Trennungsarbeit, die Energie kostet und schmerzt: »Scheiden tut weh!« benennt diesen Schritt, der immer durch den Tunnel des Alleinseins führt: »Aufbruch. Von sich selbst losgelöst, im Augenblick der Abfahrt, leicht, unbestimmt, da und nicht da, verschmolzen mit der kommenden Bewegung in dieser ruhigen Unruhe.«[195]

Für Eric Leed beginnen die läuternden Wirkungen des Reisens mit dem Zwang, vieles zurückzulassen, was das Selbst zuvor ausmachte:

> »Ein solches Abstreifen aller definierten Beziehungen und Eigenschaften des sozialen Wesens geht häufig nicht ohne Schmerzen vor sich und bewirkt Protest, Kummer und Trauer. Jede Abreise ist ein Augenblick menschlichen Leidens.«[196]

Leed fragt, ob das Reisen grundsätzlich »als eine Art ›symbolischer Tod‹« zu verstehen sei, »als Abstreifen und Verlust des Selbst, bei dem der nicht weiter reduzierbare Kern zum Vorschein kommt.«[197]

---

194 Grassi 1955, S. 24 f.
195 Roy 1964, S. 6
196 Leed 1993, S. 26
197 ebd., S. 240

Für Gert Mattenklott gehört es zu den wichtigsten Fähigkeiten eines Reisenden, Abschied nehmen zu können: »Tausend Tode« müsse man sterben, ohne verloren zu gehen, ja dass man sie stürbe, sei die Vorbedingung des Aufbruchs[198]. Der spanische Autor Munoz Molina formuliert es so:

> »In den Gesichtern derer, die bleiben, und derer, die gehen, liegt dieselbe unwiderrufliche Fremdheit, wie zwischen Kranken und Gesunden, und intuitiv erkennt man, ohne es zu wissen, dass Weggehen auch eine Frage von Leben und Sterben ist.«[199]

Vielen Reisenden sind melancholische Momente und Todesgedanken im Moment des Abschieds nicht fremd: Wolfgang Koeppen sieht vor seiner Abreise nach Amerika »das stolze Schiff, das ich noch nicht betreten hatte, an einem Eisberg zerschellen, ein Angestellter der Compagnie schwang eine kleine Totenglocke«[200]. Max Dauthendey träumt vor Antritt einer Reise:

> »Ich sah in einen Wald. Durch den führte ein immer enger und enger werdender Weg an vielen, vielen dünnen Baumstämmen vorüber. Vor mir her sprang ein (...) Tier, bald wie ein pechschwarzer Hund, bald wie eine pechschwarze Katze, bald wie ein schwarzer Affe. Das Tier leuchtete vor Schwärze wie ein Stiefel im Schnee. Es sprang eilfertig in Zickzacklinien vor mir her. Ich wusste, das Tier war der leibhaftige Teufel. In seinem Springen lag Freude. Mir war, als geriete ich in einen immer enger und enger werdenden Irrweg, und ich fand kein Ende.«[201]

Knapper formuliert es Albert Camus in seinem Reisetagebuch, wenn er von der »leisen Bangigkeit« spricht, »die jeder Abreise anhaftet«[202] – und es scheint ihn beim Aufbruch zu seiner ersten USA-Reise spürbar zu erleichtern, dass er die Schiffskabine für die kommenden Tage und Nächte mit einem freundlichen Psychiater teilen wird. In melancholischer Stimmung bereitet sich auch Rainer Maria Rilke auf eine lang ersehnte Reise nach Ägypten vor:

---

198 Mattenklott 1984, S. 159
199 Munoz Molina 1998, S. 71
200 Koeppen 1990, S. 282
201 Dauthendey 1935, S. 39
202 Camus 1997, S. 17

»Leicht ist es mir nicht, von hier fortzugehen (...). Lieb ist mir der Gedanke, daß ich meine kleine Wohnung aufgeschlagen hier zurücklasse, da stehen die Bücher, – wie wird man zurückkommen?«[203]

Ähnlich angstvoll und bedrückt erlebt der niederländische Schriftsteller Maarten 't Hart die Situation des Aufbruchs:

»Nichts ist deprimierender als der Tag vor einer weiten Fahrt. Es ist, als würde man nie wieder zurückkommen; man geht durchs Haus, durch den Garten, man denkt: hier bin ich nun zum letzten Mal, das alles werde ich nie wiedersehen. Ich kann wirklich nicht verstehen, dass es so viele Menschen gibt, die gerne reisen. Ob ihnen die bodenlose Melancholie der Vorabende unbekannt ist?«[204]

Abreisedepressionen können sich zu Angst- und Zwangssymptomen verdichten oder ins Wahnhafte abgleiten. Um dem nicht ausgesetzt zu sein, mobilisiert der seelische Apparat eine Reihe von Abwehrmechanismen: Die einen ergehen sich in selbstvergessener Trödelei und verdrängen jegliche Trennungsangst, bis sie – plötzlich der entschwundenen Zeit gewahr werdend – hektisch, fast panisch das Haus verlassen. Andere steigern sich in eine hochempfindliche Gereiztheit, ärgern sich über verlegte Reisedokumente, aufgekratzte Kinder und schlecht schließende Koffer und kommen erst zur Ruhe, wenn sie ihren sicheren Platz im Zug, auf dem Schiff oder im Flugzeug, gegebenenfalls auch im Auto erreicht bzw. die Stadt, den Bahnhof, den Flughafen definitiv verlassen und damit ihre Bindungs- und Halteimpulse überwunden (fast möchte man sagen: überlistet) haben – wenn sie es denn überhaupt schaffen, rechtzeitig loszukommen und nicht nach einigen Kilometern immer noch zweifeln, ob die Kaffeemaschine oder der Herd wirklich ausgeschaltet war.

Das alles versuchen manche Reisende dadurch zu überwinden, dass sie ihren Aufbruch feiern bzw. feiern lassen: lieber ein Abschiedsessen mit guten Freunden, als allein in die »bodenlose Melancholie« des Vorabends zu versinken; lieber ein Glas Sekt auf dem Flughafen, als haltlos den Todesängsten ausgesetzt zu sein. Michael Ondaatje fiebert vor seiner Abreise ins ferne Ceylon der

---

203 Rilke 2000, S. 27
204 't Hart 1999, S. 146

tropischen Landschaft entgegen: Hunde, Knochen, der alte Vater sowie Todesfantasien aller Art bemächtigen sich seiner; erst durch eine wilde Abschiedsparty lassen sich die Ängste ertränken[205]. Bisweilen ist mit der Trennung der Wunsch nach Befreiung verknüpft, nach Lösung aus alten Bindungen, nach Aufbruch zu neuen Ufern oder Abenteuern. Dann muss der Reisende »eine Betrübnis vortäuschen, die er nicht empfindet; vielmehr erfüllen ihn Freude und Hoffnung, und er kann es kaum erwarten, endlich allein zu sein, um sie auszukosten.«[206] Wer so den Abschied herbeisehnt, der neigt vielleicht auch zum verschwiegenen Aufbruch, meist im Morgengrauen vorgenommen, wenn alles noch schläft:

> »Eines Nachts, als der Sommer am tiefsten war, zog ich die Tür hinter mir zu und ging los, so geradeaus wie möglich nach Osten. Berlin war ganz still an diesem Morgen. Alles, was ich hörte, war das Pochen der eigenen Schritte auf den Dielen, dann auf Granit. Eine Süße lag in der Luft, das waren die Linden, und Berlin lag wach, aber es hörte mich nicht. Es lag wach wie immer und hing wirren, gewaltigen Träumen nach, die aufblitzten wie das Wetterleuchten dort über dem Häusermassiv. Es hatte geregnet die Nacht, ein Bus fuhr vorüber, seine Rücklichter zogen rote Spuren über den nassen Asphalt. Verkehr kam auf, in den Alleen schrien die Vögel, zitternd sprang die Stadt an, bald würden Angestellte in breiter Formation in ihre Büros fahren. Damit hatte ich nichts mehr zu tun.«[207]

Wer in der Nacht oder am frühen Morgen aufbricht, zum Abschied lediglich einen Zettel auf dem Küchentisch hinterlässt und »klammheimlich« das Weite sucht[208], der verwandelt die eigene Abschiedsdepression in versteckte Aggression, überlässt Trauer und Wut den Zurückbleibenden und schützt so das Selbst vor dem Schmerz. Oder ihm ist jegliche Trennungsproblematik fremd: Unmerklich und routinemäßig trifft er seine Vorbereitungen; der Aufbruch erfolgt in emotionaler Distanz sowohl gegenüber denen,

---

205 Ondaatje 1992, S. 13f.
206 Svevo 2003, S. 9
207 Büscher 2003, S. 11
208 ein Motiv, das z.B. in Liedtexten wie »Junge, komm bald wieder« (Albers), »By the time I get to Phoenix« (Webb) oder »She's leaving home« (Lennon/McCartney) aufgegriffen wird

die zurückbleiben, als auch gegenüber jenen, denen er entgegenstrebt – souverän und unterkühlt, wie man dies von Berufsreisenden kennt oder von Kindern, »die wiederholte und lange Trennungen erfahren haben und bereits mehr oder weniger dauerhaft abgelöst sind.«[209]

Natürlich lassen sich Abschiede auch romantisieren, beispielsweise dann, wenn man am Ende eines Tages in die Fremde aufbricht:

> »Am Abend auf Reisen zu gehen hat etwas unabweisbar Beglückendes, man kann es sich eigentlich nicht recht erklären, aber da es anhält, vertraut man irgendwann darauf und deutet das marineblaue Gestöber ferner Wolken über dunkler belgischer Nordsee, leicht durchbrochen von stehenden Blitzen von Orange und Rot, als ein Bild der Zuversicht, kurz vor dem Aufbruch.«[210]

Wie immer auch der Abschied gestaltet wird, ganz verdrängen lässt sich das Faktum der Trennung, des Verlassens und Verlassenwerdens nicht:

> »Eine Abreise ist immer ein Bruch; sie ist gleichzeitig Ende und Neubeginn, ruft die Erinnerung an eine Vergangenheit wach und entwirft eine Zukunft. Genau darin liegt letztlich jener latente ›Keim von Wahnsinn‹, der nach Goethe jeder Trennung innewohnt.«[211]

Dieser Keim von Wahnsinn besteht darin, sich im Moment der Trennung quasi selber zu beobachten: Man verlässt und sieht sich dabei zu, wie man verlässt; man sitzt hinter spiegelnden Scheiben und lässt den anderen sprachlos zurück. Ernst Bloch benutzt das Bild von dem Pfeil (der Reisende) und dem Ei (der Zurückbleibende), die sich schon in verschiedenen Erfahrungsräumen befinden und daher kein Gespräch mehr führen können[212]. So ist mancher bemüht, »diese Abschiedsszenen zu verkürzen, die lächerlich wirken, wenn sie sich in die Länge ziehen.«[213]

Und dann gelangt man an das Ziel der Reise, schlendert mehr oder minder ziellos am fremden Ort umher und kommt sich eigentlich verloren vor. Mancher kompensiert das Gefühl von Bedeutungslo-

---

209 Bowlby 1976, S. 33
210 Kopetzky 2002, S. 12
211 Leed 1993, S. 45
212 Bloch 1978, S. 131
213 Svevo 2003, S. 9

sigkeit dadurch, dass er sich als Besitzer dieses oder jenes Hauses fantasiert – und sich so wieder als Teil des Dortigen und nicht als ein Fremdkörper fühlen kann. Oder er denkt sich aus, wie er auf die Daheimgebliebenen wirken würde:

»Da ich nun wieder fortging, dachte ich: wenn sie mich hier so wandern sähen! – und in dem Augenblick fühlte ich erst eigentlich den Gedanken der Entfernung, und dass ich nun in England war, welches eine ganz sonderbare Empfindung bei mir hervorbrachte.«[214]

Dem irritierenden Gefühl der Bedeutungslosigkeit in der Fremde stellt sich ein Hauch von Erhabenheit an die Seite, verbunden allerdings mit bisweilen beängstigenden Fantasien: Bloch spricht vom Stolz des Sterbens, der in jedem Stolz der Abreise anklingt – womit sich der Kreis zu Wolfgang Koeppens kleiner Totenglocke schließt:

»Der Stolz der Abreise, in dem bereits das Glück, der Stolz des Sterbens mitschwang, wird vom Triumph der Ankunft erfüllt. Vor allem, wenn das Schiff mit Musik ankommt; dann verbirgt sich in dem Kitsch (...) etwas vom Jubel der Auferstehung aller Toten.«[215]

Von Freud übernimmt Bloch die Idee, die Abreise und das Sterben aufs engste zu verknüpfen: »Abreisen ist eines der häufigsten und am besten zu begründenden Todessymbole«[216], so Freud in seiner »Traumdeutung«. Und:

»Das Abreisen bedeutet im Traum Sterben. Es ist auch der Brauch der Kinderstube, wenn sich das Kind nach dem Verbleib eines Verstorbenen erkundigt, den es vermisst, ihm zu sagen, er sei verreist.«[217]

Begegnungen und Beziehungen

Wer aufbricht und auf Reisen geht, wer sich löst aus familiären, sozialen und kulturellen Bindungen, wer sich der Fremde aussetzt, der erfährt sich selbst als Fremden. Er wird Teil einer Ansammlung von Passagieren, also Vorbeiziehenden, die wissen, dass ihr Zusam-

---

214 Moritz 1984, S. 96
215 Bloch 1959, S. 131
216 Freud 1999, Bd. 2, S. 390
217 ebd., S. 170

mentreffen zufällig und flüchtig ist, und die dennoch gezwungen sind, für eine Weile Raum und Zeit (Reise-Zeit und auch Warte-Zeit) miteinander zu teilen. Gerade zu Beginn einer Reise, wo es um Trennung, um Ablösung geht, wird darauf geachtet, andere Reisende auf Abstand zu halten: Mit Zeitungen und Mänteln werden Nebensitze okkupiert, dass niemand zu nahe rücke; einsilbig wird auf Fragen nach Abfahrtszeiten und Zielen geantwortet, um nicht ins Gespräch verwickelt zu werden; angestrengt wird der Blick ins Weite gerichtet, um ein Zusammentreffen mit den Augen des Gegenübers zu vermeiden. Der Moment des Abschieds möchte melancholisch durchlebt, die Wehmut genossen werden, denn schließlich hat man die Anstrengung der Ablösung aus dem Vertrauten nicht auf sich genommen, um sogleich ungewollt in einen neuen Kontext verstrickt zu werden.

So stellt sich – vorausgesetzt, das Gegenüber befindet sich in ähnlicher Trennungsversunkenheit und fordert nicht die Aufnahme eines Gesprächs – eine »Komplizenschaft des Schweigens«[218] ein. Sie kann sich über den gesamten Verlauf der Begegnung erstrecken. Meist lockert sich die Abgrenzung aber früher: Nachdem die Art des Schweigens getestet ist, wird durch irgendeinen Umstand (Koffer, Zeitung) ein Kommunikationsanlass hergestellt. Vorsichtige Gesprächsannäherungen finden nun statt, um zu einem gemeinsamen Thema zu gelangen. Oft ist man überrascht oder hält es für »Schicksal«, dass man mit einer fremden Person auf eine Gemeinsamkeit stößt, und vergisst dabei jene Suche nach möglichen Gesprächsgegenständen, die untergründig gerade auf jenes Gemeinsame zusteuerte. Selbst dann, wenn beide die Komplizenschaft des Schweigens wieder aufnehmen, ist Begegnung und Beziehung entstanden – Begegnung im Sinne eines »Zwischen«, mit der Erfahrung der Einzigartigkeit, Augenblicklichkeit und Unabschließbarkeit einer solchen Zusammenkunft. Auch wenn eine intensive Reisekommunikation gelingt, bleibt diese episodisch, weil die Begegnung »so inszeniert wird, als hätte sie keine Geschichte und keine Zukunft; was immer Bestandteil der Begegnung sein mag, neigt dazu, im Moment der Begegnung selbst geschaffen

218 Bauman 1997, S. 78

und erschöpft zu werden; es beginnt, entwickelt sich und endet in ihrem Verlauf.«[219] Und sie bleibt fragmentarisch, »insofern nur ein Teil des vielseitigen Selbst und seiner mannigfaltigen Begierden und Interessen bei der Begegnung engagiert ist – der Rest bleibt zeitweilig außer Kraft gesetzt, heimlich beiseite gestellt oder offen als ›privat‹ zurückgehalten.«[220]

Menschen mit einer festen Verwurzelung fallen derartig episodische und fragmentarische Begegnungen, bei denen die Trennung schon Bestandteil der Beziehung ist, bisweilen schwer[221], während Reisende, die danach streben, sich und anderen ihre Einmaligkeit unter Beweis zu stellen, solche Begegnungen geradezu suchen: Ihre Unverbindlichkeit ermöglicht es, gewisse Seiten der eigenen Person hervorzuheben, andere hingegen zu verbergen und in diesem Sinne lediglich ein »dosiertes Selbst« – natürlich in einem möglichst günstigen Licht – preiszugeben. Andere streben immer wieder danach, sich aus solchen Gesprächssituationen zurückzuziehen, um wieder zu sich zu kommen, bei sich zu sein, die Reiseeindrücke wieder ganz für sich wahrnehmen zu können. So ergeht es Heinrich Heine auf seiner Harzreise:

> »Manchmal aber ist es gut, allein zu sein, keine Rücksichten zu nehmen und nicht mehr zuzuhören – den Begleiter zu verabschieden, der zu schnell und zu ungenau ist mit dem Wort. (...) Solange er neben mir ging, war gleichsam die ganze Natur entzaubert, sobald er aber fort war, fingen die Bäume wieder an zu sprechen und die Sonnenstrahlen erklangen und die Wiesenblümchen tanzten und der blaue Himmel umarmte die grüne Erde.«[222]

Wie Heine genießt auch Rilke das Alleinreisen; dankbar schildert er, wie er auf Reisen nur mit sich und der Wahrnehmung der Fremde beschäftigt ist und seine Sinne darauf ausrichten kann »mit der ganzen Vielfalt, mit allem Gehör und Gehorsam meines Wesens einem Neuen ausgesetzt, willig ihm zuzuhören und doch wieder genötigt, mich von ihm abzuheben«[223].

---

219 ebd., S. 85
220 ebd.
221 vgl. Ott 1998
222 Heine 1961, Bd. 3, S. 46
223 Rilke 2000, S. 146

Der unbekannte, noch unstrukturierte Raum wird von vielen Reisenden höchst ambivalent erlebt: Er reizt zur Erkundung und schürt gleichzeitig die Furcht vor dem Selbstverlust; er beflügelt die Fantasie und bedroht die Integrität. Wer die Offenheit des Raumes ertragen kann, ohne sich verloren vorzukommen, der wird empfänglich für verborgene, im Alltag verdrängte Empfindungen, die in ihm aufsteigen. Gedankenlos, rein assoziativ möchte der Reisende diesen Raum durchschreiten und sich von seinen Einfällen leiten lassen. Animierend wirkt diese Unbegrenztheit auf die Sehnsucht nach Befreiung aus den Fesseln des alltäglichen Seins: »Herrlich ist es, in einer unendlichen Einsamkeit am Meeresufer, unter trübem Himmel, auf eine unbegrenzte Wasserwüste hinauszuschauen.«[224]

Ebenso bedrohlich kann das Offene aber auch empfunden werden. Furcht kann sich bei demjenigen einstellen, der am endlosen Strand, im Gebirge oder in der Wüste[225] die äußere und innere Orientierung verliert. Die umfangende Weite, der einhüllende Nebel kann schreckliche Gespenster erzeugen oder die Fantasie ins Haltlose stürzen:

> »Ich glaube (...), dass es Landschaften gibt, die einem böse gesinnt sind und die man unverzüglich verlassen muss, sonst stößt einem etwas Unvorhersehbares zu. Es gibt nicht viele davon, aber es gibt sie. Für jeden von uns.«[226]

Dann ist es gut, Halt zu finden, die Erkundung einzustellen und Bindung anzustreben – an Menschen oder Orte, die Schutz und Sicherheit bieten.

Nicht zu vermeiden ist für jeden Reisenden der Moment der »Passage«, also der Bewegung und Veränderung im offenen Raum, jene »vergnügte Eigenschaft, die so selten sonst vorkommt: genau in der Richtung zu fahren, in die man sich wünscht«[227]. Diese Synchronizität von Wunschproduktion und realer Bewegung erleben

224 KLEIST, zit. n. HENRICHS 2005, S. 15
225 vgl. LINDEMANN 2000
226 BOUVIER 2002, S. 244
227 BLOCH 1959, S. 430

viele Reisende erleichtert und zufrieden. Sie genießen den Moment, wenn es endlich losgeht, und fühlen sich gebremst und aufgehalten, wenn die Bewegung zum Stillstand kommt. Unmut und Ärger entsteht, wenn der Zug auf offener Strecke plötzlich stoppt oder unnötig lange an einem Bahnhof hält, wenn das Flugzeug zwischenlandet oder das Auto im Stau steht. Vordergründig bezieht sich der Ärger auf den Zeitverlust, entscheidender aber ist der Abbruch der Synchronizität von innerer Reise und äußerer Bewegung.
Manchen macht das Erlebnis der Passage melancholisch: Marion Dönhoff spricht von der seltsamen Wehmut auf Reisen, die in Momenten auftritt, wenn man als Reisender realisiert, dass man nicht hier hingehört, dass man draußen bleibt, abprallt an jenen Orten und Landschaften, in die man eintauchen wollte, »denn das ›Draußen‹, das Fremde in dem objektiven Bild der Landschaft sind doch zweifelsohne die Reisenden.«[228] Dönhoff erwähnt, dass Eisenbahnfahrten sie traurig machen:

> »Es ist etwas Merkwürdiges, wenn aus dem, was eigentlich das Leben ist, eine Landschaft wird, die an einem vorbeigleitet mit Stoppelfeldern, Kartoffelfeuern und weidendem Vieh – flüchtige Bilder, die man nicht festhalten kann und für die man selber nur ein Fremdling ist.«[229]

Die Erfahrung des Reisens ist für Alexander Kinglake hingegen viel bedeutsamer als die Ankunft am Zielort; er empfiehlt dem Reisenden, die abrollenden äußeren und inneren Bilder zu genießen; diese Momente seien »eine jener seltenen und fantastischen Zeiten Deines Lebens, von welchen Du vielleicht in späteren Jahren die eigentliche Form und Bildung Deines Charakters, das heißt Deine eigentliche Identität her datierst.«[230] Neuzeitlicher formuliert Joan Didion den Rausch der Bewegung, der sich – vorausgesetzt, der Kopf ist frei für Assoziationen, die Abwehr ist gelockert – auch auf Autofahrten einstellen kann:

> »Um zu verstehen, was da vor sich ging, muss man vielleicht an der Autobahnerfahrung teilgenommen haben, der einzigen weltlichen

228 ebd.
229 ebd.
230 Kinglake, zit. n. Leed 1993, S. 71

> Gemeinschaft, die Los Angeles besitzt. Nur so auf der Autobahn dahinzufahren, ist nicht dasselbe, wie daran teilzunehmen. Jedermann kann auf der Autobahn ›fahren‹, und viele Leute, denen es an Begabung fehlt, zögern und widersetzen sich hier und da, verlieren den Rhythmus des Fahrbahnwechsels, haben im Kopf, wo sie herkommen und wo sie hinwollen. Die richtigen Teilnehmer befassen sich nur damit, wo sie gerade sind. Die Teilnahme erfordert (...) Konzentration, so intensiv, als stünde man unter einer Art Narkose. (...) Der Kopf ist leer. Nur der Rhythmus zählt. Eine Verzerrung der Zeit findet statt.«[231]

Csikszentmihaly hat dafür den Begriff des »Flow-Erlebnisses« vorgeschlagen. Es widerfährt demjenigen, der sich den auftauchenden und vergehenden Erscheinungen hingeben kann und der keine Trennung zwischen sich und der Umwelt, zwischen Stimulus und Reaktion, zwischen Vergangenheit, Gegenwart und Zukunft verspürt[232]. In Flow-Erlebnissen, die sich beim Reisenden frei jeder Intentionalität einstellen können, entsteht Gemütsruhe und verändertes Bewusstsein. Thomas Mann schildert ein solches Erlebnis in Venedig:

> »Die langsame Fahrt mit der Gondel vom Bahnhof zum Dampfer, mit fremden Menschen, durch Nacht und Wind, werde ich immer zu meinen liebsten, fantastischsten Erinnerungen zählen. Ich hörte wieder ihre Stille, das geheimnisvolle Anschlagen des Wassers an ihre schweigenden Paläste, ihre Todesvornehmheit umgab mich wieder. Kirchenfassaden, Platz und Stufen, Brücken und Gassen mit vereinzelten Fußgängern erschienen unverhofft und entschwebten.«[233]

Ähnlich erlebt Gellhorn eine Autofahrt in den Bergen:

> »Langsam fuhren wir in Serpentinen aufwärts, vorbei an Feldern und dichten Wäldern. (...) Unter uns lag, so weit ich blicken konnte, die goldene Ebene, von blauen Bergen umgeben. (...) Für mich fühlte es sich an, als hätte mein Blut andere Eigenschaften angenommen, etwas Neues, Starkes strömte durch meine Adern.«[234]

---

231 Didion, zit. n. Leed 1993, S. 29
232 vgl. Csikszentmihalyi 1985, S. 59
233 Mann, zit. n. Bender 1978, S. 120f.
234 Gellhorn 1990, S. 212

Um Flow-Erlebnisse genussvoll erleben zu können, plädieren erfahrene Reisende dafür, sich nicht selbstvergessen dem Raum hinzugeben, sondern die vorüberziehende Welt aufmerksam zu beobachten. Nur so könne der Reisende alte Ordnungsschemata aufgeben, könne sein Selbst im Tanz der Dinge bewahren, ohne sich der Choreografie ausgesetzt zu fühlen, wenn sich die flimmernden Eindrücke zu befremdlichen Bildern verdichten. So notiert Chatwin:

> »Ockerfarbene Wände glühen rot im Sonnenuntergang. Wie unwirklich und wie unglaublich schön die Akazien im goldenen Dämmerlicht sind.«[235]

Nur dafür, nicht für das Bestätigen alter Gewissheiten, sondern zur Erkundung neuer Möglichkeiten, gehen wir – nach Ansicht Stefan Zweigs – auf Reisen: »Wo wir nicht entdecken oder wenigstens zu entdecken vermeinen, wo nicht eine verborgene Energie und Sympathie uns zu neuen Dingen führt, fehlt eine geheimnisvolle Spannung.«[236] Dabei nutzt der Reisende die Bewegung im Raum, um sich selbst zu reflektieren und sich z. B. zu fragen, welches eigentlich die hauptsächlichen Sinnesorgane seiner Wahrnehmung sind und welche Kriterien bzw. Raster er dabei anlegt. Goethe fiel es nicht schwer, auf seiner »Italienischen Reise« die Kluft zwischen einem festen Standpunkt und der Offenheit der Fremde zu überbrücken: »Es ist alles, wie ich mir's dachte und alles neu.«[237]

Das Resultat dieser Aktivität kann eine Weiterentwicklung der Beobachtungsfähigkeit und eine Reflexion der Distanz zwischen dem Selbst und den Dingen sein – vielleicht noch nicht im Moment des Erlebens, aber in der späteren Verarbeitung. Es kann sich auch Enttäuschung einstellen, wenn die Freude der Bewegung an ein Ziel gelangt, dass den Fantasien nicht standhält:

> »Wir freuen uns auf eine Reise, (...) und dann besteht die Freude größtenteils darin, dass man sich um eine Erinnerung reicher weiß. (...) Man fragt sich manchmal, inwiefern eine Gegenwart überhaupt erlebbar ist. Anlässe der Ahnung, Anlässe der Erinnerung. (...)

---

235 Chatwin 1995, S. 56

236 Zweig, zit. n. Bender 1976, S. 252

237 Goethe, zit. n. Leed 1993, S. 81

Die Gegenwart bleibt irgendwie unwirklich, ein Nichts zwischen Ahnung und Erinnerung, welche die eigentlichen Räume unseres Erlebens sind; die Gegenwart als bloßer Durchgang; die bekannte Leere, die man sich ungern zugibt.«[238]

Melancholie des Hotelzimmers

Hotelzimmer sind tröstlich und feindselig, beschützend und abstoßend zugleich. Als kurzfristige Bleibe bieten sie den Reisenden nicht nur Betten zum Übernachten und Stützpunkte zum Erkunden neuer Umgebungen, sondern auch Orte der Zuflucht, »wo sie sich verstecken und verkriechen wie Mäuse oder Katzen unter einem Sofa.«[239] Endlose Stunden verbringen Reisende damit, düstere Betrachtungen über Höfe, Schächte oder über die Beschaffenheit des Zimmers anzustellen. In der »Englischen Wallfahrt« schreibt Sebald:

»Die Schatten wurden schon lang, als ich von Boulge Park nach Woodbridge hinein wanderte, wo ich im ›Bull Inn‹ über Nacht blieb. Das Zimmer, das der Wirt mir anwies, war unter dem Dach. Durch das Stiegenhaus drang das Gläserklirren aus der Bar und das dunkle Geraune der Gäste zu mir herauf, manchmal auch ein lauter Ausruf oder ein Lachen. Nach der Sperrstunde wurde es nach und nach still. Ich hörte, wie das Gebälk des alten Fachwerks, das sich in der Hitze des Tages ausgedehnt hatte und jetzt millimeterweise wieder zusammenzog, in den Fugen knackte und ächzte. Unwillkürlich gingen meine Augen in der Finsternis des fremden Raumes in die Richtung, aus der die Geräusche kamen, suchten den Riss, der gerade die niedrige Decke entlanglaufen mochte, die Stelle, wo der Kalk abblätterte von der Wand oder der Mörtel rieselte hinter der Täfelung. Und wenn ich eine Weile die Augen schloss, war es mir, als läge ich in einer Kajüte auf einem Schiff, als befänden wir uns auf hoher See, als höbe das ganze Haus sich auf den Kamm einer Welle, als zitterte es dort ein wenig und senkte

238 Frisch, zit. n. Wellmann 1998, S. 173
239 Ginzburg 1984, S. 122

> sich mit einem Seufzer in die Tiefe hinab. Eingeschlafen bin ich erst im Morgengrauen.«[240]

Zwar möchte man gegenüber Ginzburg und Sebald einwenden, dass sich nicht jeder Gast an jedem Ort zuallererst und für Stunden der dunkelsten und unheimlichsten Seite seiner Unterkunft widmet. Doch Menschen, die in der Fremde in eine krisenhafte Stimmung geraten, erleben die Trostlosigkeit und Anonymität eines Hotels bisweilen ganz dramatisch:

> »Das Fenster meines Hotelzimmers ist nicht zu öffnen. Ich kann auch nicht hinausschauen, weil das Fenster (...) vergittert ist. Unten sehe ich einen Lüftungsschacht. (...) Seit wann bin ich in diesem Zimmer? Wie viele Zigaretten habe ich geraucht, bevor ich mir beim Etagenkellner einen Salat Niçoise bestellt habe? (...) Ich muss raus aus der Stickigkeit des Zimmers. Die Hotelhalle wimmelt von Menschen, überwiegend Chinesen, die gerade anreisen. Sprachgewirr, Menschen, die in fremden Sprachen reden. (...) Ich laufe die Treppen hoch, gehe durch irgendwelche Flure. Sie sehen alle gleich aus.«[241]

Bemerkenswert an dieser Hotelzimmer-Melancholie ist, dass der Reisende es trotz seiner depressiven Verfassung lange darin aushält. Und wenn er die schützende Bastion doch verlässt, so nicht aus Entdeckerfreude, sondern weil er befürchtet, man werde sich sonst wundern, warum er sich abkapselt und einschließt[242].

Natürlich gibt es auch Reisende, die sich souverän und genussvoll in Hotels bewegen; doch ganz frei von melancholischen Erfahrungen sind vermutlich nicht viele. In der Reiseliteratur wird die Gemütsverfassung in Hotelzimmern immer wieder beschrieben;

---

240 SEBALD 1995, S. 258f.

241 ORGAẞ 1995, S. 15

242 GINZBURG 1984, S. 123; siehe auch LEAHY 1995 »Die Begriffe ›Reisen‹ (Bewegung, Freiheit) und ›Zimmer‹ (Ruhe, Geschlossenheit, Enge, Sicherheit) stehen in einem Spannungsverhältnis, in dem auch die Antonymie von Bewegung und Stillstand des Körpers mitschwingt. Die Sache verkompliziert sich noch: Die Suche nach Reisemöglichkeiten, die als Drang erlebt wird, führt, wenn man im Zimmer festsitzt, zu einer möglichen Art von ›Zimmerreise‹ – man geht buchstäblich ›die Wände hoch‹.« LEAHY 1995, S. 87

oft wird das Zimmer zum Ort des Schreckens und der Wunsch nach Rückzug, Ruhe und Entspannung erfüllt sich nicht: »Ich hatte in Rouen eine gräßliche Nacht in einem kleinen Hotel in der Nähe des Bahnhofs verbracht, wo eine Serie von Alpträumen vom Geräusch ein- und ausfahrender Züge untermalt wurde.«[243] Ob die peinigenden Geräusche von außen verursacht sind oder sich im Innern abspielen, ist nicht immer klar zu entscheiden; Millett berichtet: »So war es auch im Hotel – die Nächte waren von höllischen Geräuschen erfüllt.«[244] Jedenfalls stellen sich Gefühle der Angst und des drohenden Selbstverlustes in diesen befremdlichen Räumen ein:

> »Ich war weit fort von zu Haus, (...) müde von der Reise, in einem billigen Hotelzimmer, das ich nie gesehen hatte, (...) und ich blickte auf die hohe gesprungene Decke und wusste etwa fünfzehn seltsame Sekunden lang wirklich nicht, wer ich war. Ich hatte keine Angst, nur, dass ich jemand anders sei, irgendein Fremder. Und mein ganzes Leben war zu einem Spuk geworden, das Leben eines Geistes.«[245]

Auch ästhetische und hygienische Mängel können dem Hotelgast aufs Gemüt schlagen und die psychische Stabilität beeinflussen. Ganz benommen von den Anstrengungen der Reise, sehnt sich der Körper und die Seele nach Ruhe, um sich sammeln und neu orientieren zu können; doch nicht immer sind die Verhältnisse danach:

> »Der Fahrer ließ mich am Empfang stehen und verschwand wortlos. Dann führte mich der Mann von der Rezeption, der (...) einen blauen Turban trug, in den ersten Stock, in ein kleines Zimmer, in dem nur ein Bett, ein Tisch und ein Waschtisch standen. Wortlos zog er ein Leintuch vom Bett, unter dem aufgescheuchtes Ungeziefer panisch herumwuselte. Der Hotelangestellte wischte es mit einer Handbewegung auf den Boden. Er murmelte so etwas wie einen Gruß und ging.«[246]

---

243 Fermor 2000, S. 19
244 Millett 1996, S. 227
245 Kerouac 1959, S. 21
246 Kapuscinski 2005, S. 27

Karl König empfindet in einem Hotel in Ostende »viel Höflichkeit ohne Herzlichkeit bei schäbigem Dekor. Ungewöhnlich, daß mich (...) Dreck und herumliegendes Papier so stören.«[247] Bruce Chatwin erlebt das »Hotel Bahzad unbeschreiblich schmutzig. Pfefferminzgrüner Anstrich, scheußlich rosarote Säulen und Tischplatten aus silberfarbigem Kunststoff. Zerfetzte Speisekarten. Die Kellner sind unglaublich schlampig«[248], während Martha Gellhorn verzweifelt:

> »Wir saßen im Palast-Hotel (...) wahrhaft gründlich fest. Und fest in dem bislang schlimmsten Schmutz. Zerdrückte Bettwanzen an den Wänden, Bettwanzen, die über die Plankenbetten krochen und aus dem Holzfußboden guckten. Wir stritten uns, ob das Schlafen auf dem Fußboden sicherer sei als auf den Bretterbetten. Ich kann mir nicht vorstellen, wie wir jene Tage hinter uns gebracht haben, ohne den letzten Rest von Verstand zu verlieren.«[249]

Ob verwanzt oder geputzt, verwahrlost oder gepflegt, für Cees Nooteboom weisen Hotels grundsätzlich eine spezifische Atmosphäre auf. Es haftet ihnen eine Art von Geheimnis an, das alle Gäste mit sich tragen und das auf den Fluren oder im Lift schwebt, an jenen Orten, an denen die Hotelgäste, die einander nicht kennen, kurzfristig zu einer Intimität gezwungen werden, der die meisten hilflos gegenüberstehen[250]. Diese besondere Atmosphäre des Hotels kann auch ins Gespenstische abgleiten:

> »Wir suchen ein Hotel. Wir finden es in einer dieser traulichen Straßen. Der Eintritt ist wie in eine Begräbnishalle, (...) alles in einem sehr dunklen Zwielicht, von wenigen Glühbirnen erhellt, wie unterirdisch, wie ein Zwischenreich nach dem Tod.«[251]

Überhaupt ist für Koeppen das Hotelzimmer ein Ort der Resignation: Der Zauber der Abreise ist gewichen und ebenso die Unruhe, die »Lust nach der Fremde«, die den Aufbruch begleitet hatte. Ein Gefühl der Ernüchterung stellt sich beim Reisenden ein: »Hier wollte man hin. Hier ist man nun. Es stimmt – wie alles

---

247 König 1994, S. 9
248 Chatwin 1995, S. 142
249 Gellhorn 1990, S. 58
250 vgl. Nooteboom 2000, S. 501
251 Koeppen 1990, S. 38

Erreichte – melancholisch.«[252] In solch einer Verfassung geht die Fantasie eigene Wege, wie Albert Camus es beschreibt, der beim Betreten eines düsteren Hotelzimmers über die Möglichkeit nachsinnt, alle Beziehungen zu seinem früheren Leben ein für allemal abzubrechen, nie wieder den vertrauten Menschen ein Zeichen zu senden und stattdessen am neuen Ort in gänzlicher Anonymität weiterzuleben.[253]

Es ist die Beziehungslosigkeit der Hotel-Gegenwart, die zu solchen Fantasien Anlass gibt, die Interesselosigkeit füreinander, die Routiniertheit des Personals, die eigentlich Müdigkeit ist und sich auf keinen Gast mehr einlassen kann, die Distanziertheit der Gäste, die sich davor fürchten, zu viel von sich preiszugeben:

> »Kein Mensch kümmert sich um den anderen Menschen im großen Hotel, jeder ist mit sich allein (...), jeder wohnt hinter Doppeltüren und hat nur sein Spiegelbild im Ankleidespiegel zum Gefährten oder seinen Schatten an der Wand. In den Gängen streifen sie aneinander, in der Halle grüßt man sich, manchmal kommt ein kurzes Gespräch zustande, aus den leeren Worten dieser Zeit kümmerlich zusammengebaut. Ein Blick, der auffliegt, gelangt nicht bis zu den Augen, er bleibt an den Kleidern hängen. (...) Vielleicht schleicht nachts jemand aus seinem Zimmer in ein anderes. Das ist alles. Dahinter liegt eine abgrundtiefe Einsamkeit.«[254]

Und dennoch kann das Hotelzimmer ein Ort des Schutzes und des Auftankens sein, selbst wenn die Qualität der Regeneration oft zu wünschen übrig lässt:

> »Im Hotelzimmer liest er noch einmal, (...) aber die fremde Nacht draußen ist voller Geräusche, und er weiß, dass er genau in diesem Augenblick das Wesentliche versäumt, die Minute der Wahrheit. Dann schläft er, meistens schlecht, aber am Morgen hat ihn die Lust wieder gepackt, er geht hinaus, und dann – wenn er Glück hat – beginnt er plötzlich alles zu vergessen, (...) die Geschichte jener Fremde, die er durchstreift, (...) und dann geschieht das einzig Wichtige und Wesentliche, das ihm widerfahren kann: er wird von

---

252 Koeppen 1973, S. 14
253 Camus 1997, S. 38f.
254 Baum 1987, S. 220

> Stimmungen berührt, von Farben, von Gerüchen, von Formen, von der Essenz fremden menschlichen Lebens oder von der Substanz toter Steine. Sein flüchtiger Blick wird für Momente brennend und intensiv, und der Geist der Länder entschleiert sich ihm, ehe er sich wieder verhüllt und ihn aufs Neue zum Touristen macht.«[255]

Und am Ende erlebt der Reisende, dass die ambivalenten Gefühle von Furcht und kalter Anonymität und von Geborgenheit und persönlicher Verbundenheit mit dem Zimmer sich im Moment des Abschieds verflüchtigen. Beim letzten Einpacken wird klar, dass schon bald ein anderer es besetzen wird. Eine andere Zahnbürste wird dann im Bad auf ihren Besitzer warten, ein anderes Shampoo in der Dusche stehen, und auch der Ausblick aus dem Fenster wird einem anderen vergönnt sein:

> »Dieses Zimmer macht sich dir und mir und keinem Menschen Illusionen. Wenn ich es verlasse und noch einen Blick darauf werfe, ist es nicht mehr mein Zimmer.«[256]

Erfahrungen der Ungeborgenheit

Man könnte meinen, dass nur unerfahrene, unglückliche oder unfreiwillig Reisende, die sich in der Fremde bindungslos fühlen oder sich nur schwer von zu Hause trennen konnten, vom Affekt des »Heimwehs« – in des Wortes weitester Bedeutung – gepackt würden, sich in der Fremde nach Geborgenheit und Vertrautheit sehnen und daher die Rückkehr in die heimische Umgebung anstreben oder sie zumindest für Momente fantasieren. Maarten 't Hart, der, wie erwähnt, von der bodenlosen Melancholie am Vorabend seiner Reisen spricht, zählt noch als erwachsener Mann (wie ein unglückliches Schulkind auf Klassenfahrt) bereits kurz nach seinem Aufbruch die Zeit bis zur ersehnten Rückkehr: »Noch sechs Nächte schlafen, dann darfst du nach Hause. (...) Allmählich teilte ich die Zeit nicht mehr in Tage, sondern in Stunden ein.«[257] Schlaflos wälzt

255 Andersch 1970, S. 217f.
256 Roth 1991, S. 283
257 't Hart 1999, S. 147

er sich hin und her und lauscht der Turmuhr, die ihm wieder eine Stunde abzieht von der Zeit, die bis zur Heimreise bleibt: »Dann wiederholte ich im Geiste immer wieder die berühmten Worte: das Leben ist kurz, doch die Stunden sind lang.«[258]
Auch hoch motivierte Reisende, deren Impuls des Fortgehens gerade von dem Gefühl der Enge und Begrenztheit der Heimat beeinflusst wurde, werden bisweilen von der Sehnsucht nach dem, was sie verlassen haben, eingeholt. Ina Boesch, die sich mit der Situation reisender Frauen befasst, hält kaum einen Begriff für so »abgeschmackt und fad« wie den der »Heimat«; er sei ein häufig missbrauchter Ausdruck, der zu Vorurteilen verleite. Aber er gehöre »ins Reisegepäck – wie die Angst.«[259] Für Rüdiger Görner ist Heimat einfach das, »was einen heimsucht.«[260] Klaus Lehmann formuliert:

> »Heimat ist etwas Vertrautes, ein Ort, an dem ich mich mit meiner Geschichte wiederfinde. Das kann ein Hotelzimmer nicht. Wenn ich auf Reisen gehe, nehme ich ein Stück Heimat mit. Sorgfältig ausgewählt und eingepackt, ist es das Buch, das mich gerade beschäftigt. Es ist das spirituelle Umfeld, das ich in mir trage, die minimale Form von Heimat zwischen zwei Buchdeckeln, zu der ich mich am Ende des Tages zurückziehe. Damit überstehe ich fast alles.«[261]

Selbst Cees Nooteboom, der seit Jahren die Welt durchquert und von sich behauptet, er habe seit dem ersten Abschied von der Mutter eigentlich nie mehr mit dem Reisen aufgehört, kennt und beschreibt intensiv das Gefühl des Heimwehs. Für ihn stellt es sich ein, wenn er sich als Fremder in einem Umfeld von lauter Einheimischen bewegt, die mit der Verrichtung sinnvoller Handlungen beschäftigt sind und ihn damit, ob sie es wollen oder nicht, ausschließen. Das mache ihn nicht neidisch, aber es verursache Heimweh, »das Heimweh eines Menschen, der in etwas aufgehen möchte, es aber nicht kann und nicht darf.« [262] Für Nooteboom ist deutlich, dass

258 ebd.
259 Boesch 1996, S. 211
260 Görner 2003, S. 24
261 Lehmann 1996, S. 32
262 Nooteboom 1997a, S. 108

sich das Heimweh keineswegs auf den früheren Mittelpunkt des familiären, sozialen oder beruflichen Lebens konzentrieren muss und auch nicht unbedingt den konkreten Ort, der vor Antritt der Reise verlassen wurde, meint. Die Erfahrung von Heimweh bzw. die Fantasie von Heimat aus der Ferne resultiert ganz allgemein aus dem Verlangen heraus, sich zu Hause zu fühlen, eine vertraute Umgebung wiederzuerkennen und dorthin zu gehören. Vielleicht hat Zygmunt Bauman recht, wenn er sagt:

> »Beim Heimweh geht es nicht einfach nur um die Abwesenheit von Heimat, sondern – sei es auch unbewusst – um die Unmöglichkeit, jemals eine zu finden; es geht darum, die Hoffnung mittels eines unendlichen Aufschubs lebendig zu halten.«[263]

Monika Maron empfindet sich als nicht sehr ambitionierte Reisende: »Das Reisen an sich ist keine Sehnsucht von mir. Am liebsten reise ich dorthin, wo ich Freunde und Bekannte habe und weiß, wo im Supermarkt die Milch steht.«[264] Doch unterwegs ertappt sie sich dabei, vom Zugfenster aus sehnsüchtig kleinen Ortschaften nachzuschauen, »die sich in Mulden oder an Waldränder schmiegen und heimelig durch den Abendnebel leuchten.«[265] Sie wünscht sich dann in dieses Dorf, dessen Namen sie nicht kennt und von dem sie eigentlich weiß, dass die Glücksverheißung zerstiebt, sobald sie den Ort wirklich betreten und die erste Tür öffnen würde. Ähnliche Gedanken an Verwurzelung beschleichen auch Friedrich Gorenstein:

> »Die Station (...) ist klein, aber dennoch mehr als ein Haltepunkt. Ein eingezäunter Bahnhofsvorgarten, alles sauber und ordentlich. Mondbeschienene Stille. Hier müsste man ein achtzehnjähriges Mädchen haben und selber dreiundzwanzig sein.«[266]

Viele Reisende kennen solche Impulse des Sichniederlassens. In Ferienorten stehen sie versunken vor Immobilien-Schaukästen, auf Spaziergängen kommen sie kaum an einer Hütte, einem Strandhaus oder einem verlassenen Leuchtturm vorbei, ohne sich dort

---

263 Bauman 1997, S. 82
264 Maron 1999, S. 12
265 ebd., S. 46
266 Gorenstein 1995, S. 142 f.

hineinzufantasieren. In fremden Städten streifen sie an den Häusern vorbei und es überkommt sie ein »sehnsüchtiger, zielloser, wie um Verluste trauernder Schmerz, (...) ein archaischer Schmerz (...) des Individuums, das im Ich-Kerker schmachtet.«[267]

Wirkungen des Meeres

Lange Zeit galt das Meer als »Schauplatz der ödesten, grässlichsten Einsamkeit«[268], und kaum jemand wäre in früheren Zeiten auf die Idee gekommen, ohne zwingenden Grund das Meer aufzusuchen. Viel zu angstbesetzt war dieser Ort, der alles in die Tiefe zu ziehen und zu verschlingen drohte. Man brauchte gar nicht einmal ein tosendes Unwetter am Meer oder auf dem Meer mitgemacht zu haben, um etwas von der Gewalt des Meeres zu ahnen, um zu spüren, dass die Untiefen unberechenbar und tobsüchtig sein konnten. Das Meer galt als Totenreich, als Region der Unterwelt und konnte diesen Nimbus erst mit Beginn der Urbanisierung der westlichen Kultur und Lebensweise ablegen, als es notwendig wurde, ein Gegenbild zum engen, hektischen, staubigen und krank machenden Großstadtleben zu entwickeln. Überlegen durch seine Dauerhaftigkeit und seine unendliche Weite schien das Meer nun der Zeit und den »flüchtigen Generationen der Menschen, die an einen begrenzten Raum gebunden sind«[269], zu trotzen.
So empfinden erst die Menschen der Neuzeit das Meer als einen Ort der Kontemplation und des Lichts, der ihnen die Möglichkeit gibt, das eigene Selbst zu relativieren: »Hat man sich nicht ringsum vom Meer umgeben gesehen, so hat man keinen Begriff von Welt und von seinem Verhältnis zur Welt.«[270] Wer am Meer entlanggeht, der sieht – so Sándor Márai – in allem etwas Fernes, anders fern als nur in geografischem Sinn.[271] In seiner horizontalen Dimension symbolisiert das Meer Unendlichkeit, Verschmelzung, Einklang mit

267 Kertész 1998, S. 59
268 Henrichs 2005
269 Braudel 2001, Bd. 1, S. 53
270 Goethe 1976, S. 302 (Tagebucheintrag vom 3. April 1787)
271 Márai 2000, S. 37

allem. In seiner vertikalen Dimension steht es für Bewegtheit und Kampf, Tiefe und Grund. Bei Schiller zieht das Meer den jungen Taucher in doppelter Hinsicht in unbekannte Abgründe, wenn vom schwarzen Mund, finsteren Schoß oder gähnendem Spalt die Rede ist. Auch scheint das Meer wechselnde Charakterzüge oder Eigenarten zu haben, sich geradezu launenhaft zu verhalten:

> »Manchmal muss sich das Meer ausruhen. Es liegt dann da wie ein nasser Putzlumpen, und wer es zum ersten Mal in solcher Faulheit sieht, wird enttäuscht sein. Aber am anderen Tag kann es sich schon völlig verwandelt haben. Es hat viele Gesichter und Gewänder, kann blau sein wie die Adria oder schwarz wie die Nacht, ganz sanft und ebenso wild, heute ein Spiegel der Wolken und der Sterne, morgen wie eine tobende Menschenmenge: Masse Meer, launisch, bösartig und tief traurig.«[272]

Die besondere Wirkung des Meeres auf die menschliche Seele liegt nach Marcel Proust darin, dass es uns »bezaubert wie die Musik, die nicht wie die Sprache die Spur der Dinge trägt, uns nichts von den Menschen sagt, aber die Bewegungen unserer Seele nachahmt. Wenn unser Herz sich in diesen Wellen aufschwingt und mit ihnen zurückfällt, dann vergisst es seine eigene Schwäche und tröstet sich in der innigen Harmonie zwischen seiner Traurigkeit und der des Meeres, die sein Geschick mit dem der Dinge vereint.«[273] Proust geht davon aus, dass das Meer die Einbildungskraft erfrischt, gleichzeitig tröstet und in dunkle Erregung versetzt, vor allem aber diejenigen fasziniert, die vom Leben angewidert sind und sich vom Mysterium angezogen fühlen. Heinrich von Kleist genießt die »unendliche Einsamkeit am Meeresufer«, doch erscheint sie »wie die Apokalypse« und es kommt ihm vor, »wenn man es betrachtet, als ob einem die Augenlider weggeschnitten wären.«[274] Virginia Woolf fasziniert beim Strandspaziergang das Zusammenspiel von Himmel und Meeresoberfläche:

> »Die Luft schien auszufasern und sich von der grünen Oberfläche zu lösen, sie flackerte und flammte in roten und gelben Fasern wie

---

272 Penzoldt 1998, S. 129 ff.
273 Proust 1995, S. 352 f.
274 Kleist, zit. n. Henrichs 1998, S. 15

rauschendes Feuer. Die Meeresoberfläche wurde langsam transparent und lag gekräuselt und glitzernd da (...). Ein Feuerbogen loderte am Rande des Horizonts.«[275]

Offenbar nicht ganz unbedeutend ist der Standort, von dem aus man das Meer erlebt: Ob man es geruhsam vom Strand aus betrachtet und dabei die ungeahnte Fläche – weniger die unbekannte Tiefe – wahrnimmt und jederzeit die gesicherte Bastion eines Hotels, Ferienhauses oder Cafés aufsuchen kann. Oder ob man als Schiffsreisender »inmitten des Meeres« von Tiefe und Fläche zugleich bewegt wird, sich vielleicht darin ausgesetzt und gefährdet fühlt. Die verschiedenen Dimensionen des Meeres scheinen z. B. auf die innere Stabilität Albert Camus' in unterschiedlichem Maße zu wirken. Vom Festland aus formuliert er noch ganz gesichert: »Ich habe das Meer immer geliebt. Es hat immer alles in mir beschwichtigt.«[276] Oder an anderer Stelle:

> »Ein tanzendes, luftiges, jubelndes Licht überflutet (...) die Inseln im Meer. Wir halten eine Weile am Rand der Klippe, und die ganze Unermesslichkeit des Meeres vor uns bietet sich in einer einzigen geschwungenen Linie dar wie eine Schale, aus der wir in langen Zügen das Licht und die Luft trinken.«[277]

Auf seiner Reise nach Amerika jedoch, die ihn in eine schwere psychische Krise führt, verdichtet sich zunehmend die negative Wirkung des Meeres auf seine Verfassung. Zunächst schreibt er zuversichtlich:

> »Diese unendliche Einsamkeit tut mir einen Augenblick lang wohl, auch wenn ich den Eindruck habe, daß dieses Meer heute alle Tränen der Welt in sich wälzt«[278].

Kurze Zeit später: »Der Himmel und das Wasser sind ohne Ende. Welch gute Gesellschaft für die Traurigkeit.«[279] Und dann am folgenden Tag, als ihn starke Suizidimpulse erschüttern:

> »Der Himmel ist voll von einem umfassenden Dunst, und die Sonne

---

275 Woolf 1994, S. 7
276 Camus 1997, S. 42
277 Camus 1991, S. 201
278 Camus 1997, S. 48
279 ebd., S. 51

sieht aus wie eine Krankheit. Das Meer gleicht einer riesigen Geschwulst mit dem metallischen Glanz der Verwesung.«[280]

Ähnlich erlebt Emil Nolde die Wirkung des Meeres: Von Gefühlen der Bedrohung und der Beglückung hin- und hergerissen erkundet er das Wechselspiel von Naturerfahrung und künstlerischer Produktivität. Auf ihn übt das Meer einen Sog aus, der bis zur existenziellen Krise reicht und Gedanken der Selbsttötung nicht ausschließt:

> »Ich stand am Strand mit breiter Brust dem Meer gegenüber – und dann in die Lappen gehüllt, die wir Kleider nennen. Ich stand im Sturm mit knirschendem Sand zwischen den Zähnen. Und dann wieder war ich melancholischen Grübeleien verfallen, träumend hin und her in dumpfem Sinnen. Ich ertrug die Schwere der Einsamkeit nicht mehr.«[281]

Thomas Mann, den man sich am Ostseeufer spazierend vorstellt oder an den Stränden Italiens bzw. Kaliforniens, hat die meiste Zeit seines Lebens fern vom Meer, nämlich in München und in der Schweiz, gelebt und seine Urlaube meist in den Bergen verbracht. Dennoch kennt er von zahlreichen Reisen die Wirkung des Meeres als »sanfte Betäubung in unserem Kopfe« und beschreibt die Stimmung so:

> »Es gibt auf Erden landschaftliche Umstände, unter denen eine Verwirrung und Verwischung der zeitlich-räumlichen Distanzen bis zur schwindeligen Einerleiheit gewissermaßen von Natur und Rechtes wegen statthat: Wir meinen den Spaziergang am Meeresstrande. (...) Du bist der Zeit und sie ist dir abhanden gekommen.«[282]

Gerade dieses Phänomen des veränderten Zeitgefühls am Meer bewirkt bei ihm ein eigentümliches Empfinden: »In unangemessener Monotonie des Raumes ertrinkt die Zeit.«[283]

Deutlich erlebt Ernesto Grassi auf einer Reise durch Südamerika die seelisch bedrohliche Wirkung, die das Meer auf die Psyche ausüben kann:

---

280 ebd., S. 52

281 Nolde 1990, S. 378; siehe auch Malkowski 1990, S. 299

282 Mann 1952, S. 748

283 ebd., S. 163

»Ein trüber Tag ging zur Neige, der Himmel hing voll von sich nähernden Gewittern, am Boden schlich feuchter Nebel. Das Meer lag taub, unnahbar, war in seiner fahlen Bedeutung weder fern noch nah. Ein schreckliches Meer, hart wie eine Stahlplatte, bösartig. Die verlassene Küste schien in einen Abgrund zu bröckeln, in den das Auge zu schauen sich weigerte (...): ein tückischer Zauber, bereit, uns in die Irre zu führen und in den Abgrund zu reißen.«[284]

Kein »Oben«, kein »Unten« sei an einem solchen Ort zu unterscheiden, eine »Mitte« fehle völlig, jegliche Orientierung ginge verloren, kein Baum, kein Strauch, überhaupt keine Pflanze könne dort leben, und menschliche Kommunikation, jegliches »logische Wort« sei an einem solchen Ort wie dem fahlen Meeresstrand ganz unmöglich und vergebens.[285]

Daher denken die Menschen, die am Meer stehen, an die Endlichkeit ihres Seins, an den Tod. Vielleicht denken sie ihn sich sanfter als anderswo:

»Mondnacht am Meer. Eine vollkommene Klarheit und Stille. Bei Wegfall aller kleinen Einzelheiten und der meisten Farben magische Schönheit der Linie und Form. Man ist gleichsam versunken in einen glanzvollen Nachtfrieden. Das Meer dehnt sich und glitzert in einer verlockenden Ruheseligkeit. Stille und Glanz gewinnen mehr und mehr etwas magisch Betörendes. Eigene Müdigkeit drängt sanft zur Ruhe. Man möchte ins Meer hineingehen und sich willenlos ihm überlassen. Sind es die Lichtkräfte des Mondes in der selig befriedigten Unendlichkeit der See, die einen sanftseligen Tod vorspiegeln? Oder was sonst? Man will den Schlaf nicht, man will das Bett nicht. Beides erscheint hart, materiell, grob, verglichen mit jenem Eingehen, jenem tiefsten Vergehen in Schönheit, zu dem man hingezogen wird. Nichts hält eigentlich mehr, an nichts haftet man. Jede Fessel der Welt ist zerschmolzen.«[286]

Ähnlich heißt es bei W. G. Sebald: »Die Welt hinter sich haben und voraus nichts mehr als die Leere.«[287]

---

284 Grassi 1955, S. 93
285 ebd., S. 94
286 Hauptmann 1987, S. 117
287 Sebald 1995, S. 71

Aspekte der Fremde

»Am Fremden verlockt das Fremde,
weil es das Ungelebte und plötzlich
als das mögliche lebbare Eigene erscheint.«
Hans Bosse

Der Begriff der Fremde

Ferne Welten aufzusuchen, festgelegte Rollen hinter sich zu lassen und vorzustoßen in Räume voller Erwartungen und Versprechungen – dieser Aufschein an Möglichkeiten ist Dreh- und Angelpunkt eines zerbrechlichen Glücks und gefahrvoller Moment seelischen Scheiterns.[288] Die Konfrontation mit fremden sozialen und kulturellen Strukturen wirft für den Reisenden Fragen der eigenen Herkunft, der Zugehörigkeit und der Stellung seines Selbst in der Welt auf. Wie er unbekannte Bedeutungen zu entschlüsseln versucht, wie das Gefühl der Autonomie, welches den Aufbruch begleitet, in psychische Verunsicherung umschlagen und zur Angst vor Entwurzelung und Selbstverlust werden kann – davon soll hier die Rede sein. Was ist mit »Fremde«, diesem äußerst schwer zu fassenden Begriff, gemeint? Schon bei der Wahl des bestimmten Artikels – der Fremde, die Fremde oder das Fremde? – zeigt er seine Offenheit:

Der Fremde (althochdeutsch »fremedi«) ist jemand, der sich an einem anderen Ort befindet als an dem, aus dem er stammt. Er ist »fram«, was »entfernt« bedeutet, ein externus (ex terra = aus dem anderen Land), ein Nicht-Einheimischer, ein Ausländer.[289] Er kann Feind sein, Eindringling, Bote von Krieg und Pest, oder er kann Gast sein, der frischen Wind »in die dumpfen Verhältnisse der Einheimischen«[290] bringt. Ist er ein Wanderer, der heute kommt

288 vgl. Kristeva 1990, S. 14
289 vgl. Opaschowski 2002, S. 20
290 Erdheim 1988, S. 243

und morgen geht[291], so mag die Begegnung mit ihm folgenlos sein. Ist er einer, der heute kommt und morgen bleibt, so setzt zwischen ihm und den Einheimischen ein Balanceakt von Nähe und Distanz, von Neugier und Abwehr ein, der Verunsicherung, Infragestellung bzw. Überprüfung der eigenen Existenzform bzw. der jeweiligen Lebensweise bedeutet.
Im juristischen Gebrauch meint der Begriff Fremder denjenigen, der nicht Staatsangehöriger des Landes ist, in dem er lebt. Bei den Germanen steht der Fremde außerhalb des Rechts bzw. ist bis in die Neuzeit hinein von gewissen Rechten, z. B. des Grunderwerbs, der Berufsausübung, des Erbrechts, ausgeschlossen. Eine sichere Rechtsstellung kann er nur durch Heirat, Verschwägerung oder künstliche Verwandtschaft (Adoption, Blutsbrüderschaft) erlangen. Fremde – im Plural und ohne bestimmten Artikel – sind jene, deren Zugehörigkeit und Lokalität eine andere ist, die nicht von hier sind.[292] Im Japanischen umfasst der Begriff sowohl Ausländer als auch Wesen mit übernatürlichen Kräften und solche Menschen, die von Dämonen besessen sind.[293] Während die Germanen Fremden mit Misstrauen begegnen und Frauen und Kinder vor ihnen verbergen, da die Fremden Krankheiten oder rätselhafte Kräfte übertragen könnten, gelten im alten Griechenland Fremde als Gäste. Gastfreundschaft wird dort als Tugend und als Grundsatz des privaten und öffentlichen Lebens verstanden.[294]
Die Fremde bezeichnet unbekannte Regionen, Landschaften und Horizonte, die jenseits der heimatlichen Umgebung und Erfahrung liegen und die als Möglichkeitsräume oder als beängstigende Orte des Unvertrauten erfahren werden. In traditionellen Gesellschaften[295] verläuft oft ein Graben zwischen dem bewohnten Gebiet (ihrem »geweihten Kosmos«[296]) und dem unbekannten, chaoti-

---

291 vgl. Simmel 1992, S. 764
292 Bei Asterix heißt es in den Worten des Greises Methusalix: »Ich habe nichts gegen Fremde. Einige meiner besten Freunde sind Fremde. Aber diese Fremden da sind nicht von hier!« Zit. n. Ladwig 1997, S. 84
293 vgl. Eschbach-Szabo 2001, S. 212
294 vgl. Opaschowski 2002, S. 20
295 und ähnlich ja auch für Kinder
296 vgl. Landmann 1975, S. 181

schen Raum jenseits des Grabens, wo Gespenster und die Seelen der Toten hausen, mit denen auch Fremde, die von dort kommen, oft gleichgesetzt werden. Die Fremde spielt dort eine Rolle, wo »Lebensbereiche und Lebenswelten im Persönlichen wie im Gesellschaftlichen ihre Vertrautheit verlieren.«[297] Für Christoph Ransmayr ist dies der Ort, an den er flüchtet, um etwas zu finden, das »mich bewegt und fasziniert, unter Umständen auch verwirrt oder verletzt, mich zurückweist oder weitertreibt.«[298] Bedrohlich wird es erst, wenn keine konstruktive Abgrenzung zwischen dem Eigenen und dem Fremden mehr gelingt und die Fremde nur noch als projektive Basis dient, auf der man all das, was unverständlich und uneinfühlbar scheint, kontrollieren oder bekämpfen muss. Bauman spricht von den zwei Gesichtern der Fremde: einladend, mit Abenteuern und unendlichen Möglichkeiten lockend und zugleich mysteriös und bedrohlich.[299] Als Projektionsfläche verführt die Fremde zu unterschiedlichsten Fantasien und zu der Ahnung, dass unser Leben auch ganz anders sein könnte.

Das Fremde bildet eine Alternative zum Gewohnten und eine Bedrohung des Eigenen. Es markiert sowohl Objekte als auch Affekte der Verschiedenheit, die reizen, faszinieren und auch den Impuls auslösen, sie sich anzueignen und so ihrer Befremdlichkeit zu berauben. Durch das Fremde werden wir dazu angeregt, die kulturellen Verhältnisse, in denen wir leben, zu reflektieren und gegebenenfalls zu verändern: »Am Fremden verlockt das Fremde, weil es das Ungelebte und plötzlich als das möglich lebbare Eigene erscheint.«[300] Wolfgang Koeppen sucht auf Reisen ganz bewusst und gezielt gerade dieses Fremde:

> »Der Schein der Vertrautheit ist gewichen, die Welt ist neu, sie ist mir nicht Freund und nicht Feind, ich wohne nicht, ich bin nicht eingestuft, man erwartet mich nicht, ich habe keine Geschäfte in der Stadt, ich verstehe nichts, und das bedeutet die Möglichkeit des Begreifens. Ich reise allein und gern in Länder, deren Sprache ich

297 Waldenfels 1990, S. 58
298 Ransmayr 23.07.2001 (www.spiegel.de/0,1518,147452,00.html)
299 Bauman 1997, S. 224
300 Bosse 1994, S. 25

nicht spreche, (...) ich bereite mich nicht vor, ich will neu geboren werden, ich will vom Himmel fallen.«[301]

Bemerkenswert ist, dass der Begriff der Fremde zugleich positiv und negativ besetzt sein kann. Und es gehört zu seinem Wesen, dass er in Form einer Relation auftritt und nur in Abhängigkeit von seinem jeweiligen Kontext zu verstehen ist. Dieser Kontext kann seltsam wandlungsfähig sein: Verlässt ein Reisender seine gewohnte Umgebung, um das oder die Fremde zu suchen, so kann ihm nach einer Weile das Fremde in der Ferne vertraut werden, während bei seiner Rückkehr das Heimische eigentümlich fremd auf ihn wirkt. Oder das Heimische ist dem Reisenden bereits im Moment des Aufbruchs fremd geworden:

»Die Hoffnung, in einer bestimmten Ferne Erlösung von unseren Zweifeln zu finden, ist (...) Ausdruck dafür, dass wir uns in den Räumen unserer Geschichte nicht mehr zu Hause fühlen. So kann es geschehen, dass uns plötzlich auch die vertraute Landschaft der eigenen Heimat fremd wird. Eine unbestimmte, schmerzliche Sehnsucht nach etwas, das wir in ihren Grenzen nicht mehr finden, kann uns hinwegheben und entrücken. Der Kreis, der uns eben noch umfing und uns teilnehmen ließ an dem vertrauten, in seinen Grenzen sich abspielenden Leben, ist mit einem Male verschwunden. Wir stehen draußen und schauen als Fremde auf unsere fremd gewordene Welt.«[302]

Auf der Suche nach Synonymen für den Begriff Fremde stößt man auf Ausdrücke wie Ferne, Andersheit, Verschiedenheit, Alterität, Differenz oder Distanz. Doch sie erläutern nur ungenügend, dass in diesem Ausdruck immer eine Bewertung des Verhältnisses von Subjekt und Objekt mitschwingt. Für Krusche ist die Fremde »keine Eigenschaft, die ein Objekt für ein betrachtendes Subjekt hat; sie ist ein Verhältnis, in dem ein Subjekt zu dem Gegenstand seiner Erfahrung und Erkenntnis steht«.[303] Timm formuliert es so:

»Das Nächste ist oft das Fernste, nämlich man selbst. Und dieses Selbst, kann es denn staunen, hält es sich offen, die Wahrnehmung

---

301 Koeppen 1990, Bd. 5, S. 279 ff.; vgl. auch Dietsche 1985

302 Grassi 1955, S. 24 f.

303 Krusche 1985, S. 13

> zu korrigieren, erfährt sich in der Fremde als fremd. (...) Die Beschreibung der fremden Welt ist eben auch eine Selbstprüfung.«[304]

Dies gilt für verschiedene Dimensionen der Fremde, also für die ethnische, kulturelle oder religiöse Fremde ebenso wie für die soziale, berufliche oder geschlechtsspezifische Fremde. Immer vermischen sich darin Aspekte der realen Erfahrung (fremd ist, was wir nicht kennen und/oder nicht verstehen) mit Projektionen (was fremd ist, das reizt mehr als das Vertraute, aber es ängstigt auch). In der deutschen Sprache müssen sich all diese Dimensionen von fremd in einem einzigen Ausdruck sammeln, während andere Sprachen unterschiedliche Wörter verwenden, das Lateinische »peregrinus«, »extraneus«, »externus«, das Französische »importé«, »étranger«, »immigrant«, das Englische »foreign, »strange« und »alien« und entsprechend das Italienische »forestiero«, »straniero« und »alieno«.[305] Im Orient wiederum ist die Wahrnehmung von fremd und Fremdheit grundverschieden von jener, die für unseren Kulturraum charakteristisch ist:

> »In der islamischen Kultur wird eine ›subjektive‹ von einer ›objektiven‹ Fremdheitserfahrung unterschieden. Schwerpunktmäßig wird die Erfahrung der Fremdheit ganz vom Subjekt aus gesehen, das etwas oder jemanden als fremd empfindet, ohne Streben nach Einebnung der Verschiedenheit, wie sie die westliche Moderne kennzeichnet.«[306]

Um »fremd« näher zu fassen, verwendet die Soziologie gern eigen als Kontrastbegriff: der eigene und der fremde Raum, der eigene und der fremde Körper, das eigene und das fremde Haus, die eigenen und die fremden Kinder usw.[307] Als fremd erscheint, was sich der Zugehörigkeit, Verfügbarkeit und Vertrautheit entzieht und jenseits dessen liegt, das man die »Eigenheitssphäre«[308] nennen könnte. Fremd wirkt auf uns ferner das, was wir nicht kennen. Doch es wird erst dann zu etwas Fremdem, wenn es uns auf merkwürdige Weise betrifft, obwohl wir es nicht kennen:

---

304 Timm 1997, S. 44
305 Ladwig 1997, S. 83
306 Bauer 2001, S. 85 ff.
307 vgl. Bielefeld 1991, S. 97 ff.
308 vgl. Waldenfels 1990, S. 59

»Die Ambivalenz von Angst und Faszination prägt mein Verhalten gegenüber dem Fremden und bestimmt zugleich meine Haltung zu mir selbst. Das Fremde und das Eigene stehen also in einem ähnlichen Verhältnis zueinander wie das Unbewusste und das Bewusste.«[309]

Fremd kann eine kategoriale Entgegnung zu »selbst« sein, was in Fremderfahrung versus Selbsterfahrung, Fremdbestimmung versus Selbstbestimmung, Fremdverschulden versus Selbstverschulden zum Ausdruck kommt. Es lassen sich vier Bedeutungen unterschieden:

- fremd kann ein Ort sein, der unvertraut ist oder einem so vorkommt;
- fremd kann eine Person oder eine Gruppe von Menschen sein, der bzw. denen man sich nicht zugehörig fühlt;
- als fremd kann eine kulturelle Gemeinschaft inklusive ihrer Sprache und Rituale empfunden werden;
- als fremd kann all das erscheinen, was seltsam und andersartig, unheimlich, ungewohnt und weit entfernt ist.[310]

Wie stark diese Bedeutungsvarianten sich überschneiden und wie schwierig es ist, eine dieser Nuancen zu bevorzugen, wird daran deutlich, dass sich Fremdes in qualitativer Hinsicht differenzieren lässt: Es begegnet uns entweder im Austausch unterschiedlicher, aber gleichberechtigter Lebensformen und Kulturen; oder wir empfinden Fremdes als Normabweichung, gar als Pathologie (als Traum, als Rausch oder als Wahn); schließlich erscheint Fremdes – gerade im Kontext der europäischen Entdeckungsreisen – als frühere Entwicklungsstufe, als Primitivität gegenüber der Zivilisation – eine Einstellung, mit der Fremde als Wilde über Jahrhunderte diskreditiert wurden.[311] Es verwundert nicht, dass die Begegnung oft begleitet ist von dem Impuls, beängstigende Aspekte der Fremde durch Aneignung zu bewältigen, auch wenn fraglich ist, ob das gelingen kann:

»Wenn es eine Fremdheit gibt, die sich nicht heimisch machen und

---

309 Erdheim 1993, S. 167
310 vgl. Jostes 1997, S. 71
311 vgl. Bitterli 1991, S. 19 ff.

aneignen lässt, so dringt ein Schimmer des Fremden durch die Fugen jeder noch so festgefügten Ordnung.«[312]

Ein fremder Ort verliert an Irritation, wenn man sein Terrain strukturiert, um sich nicht im Labyrinth zu verirren. Ebenso kann man die Fremdheit einer Sprache minimieren, indem man sie lernt. Auch lassen sich Kenntnisse über kulturelle, religiöse, soziale Bedingungen eines Landes erwerben. Auf vielen Wegen mag es gelingen, Orientierung zu erlangen, eine innere Landkarte der Fremde zu entwickeln. Doch auch wenn man die Fremde zum Gegenstand des Wissens macht, wird man ihre Fremdheit nie bezwingen, weil man nicht trennen kann zwischen der konkreten Fremde (ihrer ethnischen, kulturellen und sozialen Dimension) und den Wünschen und Ängsten, die man auf die Fremde projiziert. So bietet sich die Fremde dafür an, Vorstellungsanlass zu sein für die Bearbeitung wunschhafter oder angstvoller Fantasien: Wird die Fremde als bessere Variante potenzieller Lebensformen gesehen, dann konzentrieren sich darauf die eigenen Wünsche; wird sie als schlechtere Möglichkeit angesehen, ist sie geeignet, all die Ängste auf sich zu ziehen, die das projizierende Subjekt bei der Erfahrung der Fremde empfindet.[313]

Zuletzt: Fremdheit kann nicht nach dem Grad der Ferne, der größeren oder geringeren Distanz gemessen werden. Das Verhalten eines Menschen in einem fernen Land mag uns weniger befremden als das eigentümliche Verhalten eines Nachbarn im gleichen Haus. Gäbe es eine gleitende Skala der Andersheit, die vom Nahen zum Fernen reicht, so würde die Fremdheit in der äußersten Fernzone, aber auch in der engsten Nahzone besonders deutlich wahrgenommen werden.[314] Vielleicht führt das Abprallen an der Fremde zu einem verstärkten Zurückgeworfensein auf das Eigene; vielleicht kann nur derjenige, der nicht von der Infragestellung seines Selbst absorbiert ist, dem Reiz der Fremde offen begegnen; und vielleicht gelingt dem, der sowohl Unvertrautes als auch Bekanntes in der Schwebe zu halten vermag, eine angemessene Resonanzfähigkeit

312 Waldenfels 2001, S. 41

313 vgl. Krusche 1985, S. 18

314 vgl. Weinrich 1990, S. 48 ff.

gegenüber der Fremde. Dann müsste er das als fremd Erfahrene nicht vorschnell dem Zugriff des Erkennens, Durchschauens und Einordnens unterziehen. In diesem Sinne plädiert Uwe Timm dafür, der Fremde neugierig zu begegnen:

> »Ein Staunen darüber, wie die Menschen, wie die Dinge beschaffen sind, das heißt, anders sein können als man selbst. Die Wahrnehmung dieser Differenz erst lässt eine Reflexion der eigenen Wahrnehmung zu und damit die Möglichkeit der eigenen emanzipatorischen Veränderung im Verstehen. Ein Verstehen, das sich bemüht, die eigene Wahrnehmung als vorläufig und geschichtlich bedingt anzunehmen, also auch sich selbst als fremd und abhängig zu erfahren, um so den anderen, Fremden in seiner Würde wahrzunehmen.«[315]

Fremde im entwicklungspsychologischen Kontext

Neben der Sozialpsychologie, die das Attribut »fremd« als kategoriales Merkmal zur Abgrenzung aller nicht zum eigenen Selbst gehörenden Objekte verwendet, hat sich die Entwicklungspsychologie dem Phänomen der Fremde angenommen und erkundet Erfahrungen der Fremdheit mit folgendem Schluss: Wir haben unsere Umgebung in der Regel so strukturiert, dass wir uns räumlich zurechtfinden. Geschieht es dennoch, dass wir die Orientierung verlieren (z. B. auf Reisen), so kann uns eine spezifische Angst überfallen, die nicht auf erwartete Bedrohungen zurückgeführt werden kann. Diese Angst ähnelt vielmehr frühen Kindheitserfahrungen, die aufsteigen, wenn uns Gefühle der Verlassenheit, Ausgeliefertheit, Bindungslosigkeit und Ungeschütztheit überfallen:

> »Ein Kind entwickelt diese Fähigkeit zur Unterscheidung im ersten Lebensjahr, indem es Teile der Mutter- und der Selbst-Repräsentanz abspaltet. Es beginnt zu ›fremdeln‹: Mit einem ungewohnten Menschen konfrontiert, flüchtet sich das Kind zu den Eltern, um Sicherheit und Schutz vor dem unvertraut wirkenden Menschen zu suchen. So abgesichert – gewissermaßen in Deckung gegangen – vermag es neugierig diesen anderen zu betrachten, kann es ihn in seiner

315 Timm 1997, S. 42

> Andersartigkeit vergleichen mit der gewohnten Wirklichkeit und das eigene Selbstgefühl dabei aufrechterhalten.«[316]

Körperliche Reaktionen des Fremdelns zeigen sich bei Kleinkindern in erstarrter Mimik, deutlicher Pupillenerweiterung, Versteifung des Körpers sowie erhöhtem Puls- und Herzschlag, also Anzeichen von Angst. Die Tatsache, dass Reaktionen des Fremdelns nicht von Säuglingen in ihren ersten Lebenswochen gezeigt werden, führt zu der Erkenntnis, dass ein Zusammenhang bestehen muss zwischen der Gehirnentwicklung und der Angstreaktion: Das Erleben einer Wahrnehmung als fremd setzt die Zunahme kognitiver Fähigkeiten voraus, die es dem Kind ermöglichen, neue Reize und fremde Menschen mit den bereits ausgebildeten kognitiven Schemata (Gesicht, Gestalt, Geruch vertrauter Personen) zu vergleichen.[317] Angst muss dabei nicht in jedem Fall das beherrschende Gefühl sein; es hänge – so Martin Dornes – sehr von den Bedingungen ab, unter denen der Fremde oder das Fremde erscheint:

> »Unter optimalen Umständen reagiert das acht Monate alte Kind auf einen Fremden mit einer Mischung aus Neugier und Vorsicht, nicht mit Angst. ›Stranger wariness‹ scheint eher normal und universal zu sein als ›stranger anxiety‹.«[318]

Nach Ansicht Piagets ist die Neugier Voraussetzung für die Reifung der Persönlichkeit und für die Ausbildung von Intelligenz. Neugier treibe das Kind (und den erwachsenen Menschen) dazu, sich aktiv der Fremdheit – in Bezug sowohl auf unbekannte Personen wie auch unvertraute Situationen – zu stellen, eine Interaktion mit der Fremde zu wagen mit dem Ziel, Neues daraus zu schöpfen.[319] Piaget nimmt an, dass ein etwa acht Monate altes Kind ahnt, dass Personen oder Sachen, die es nicht mehr sieht, doch weiterleben. Dem Kind wird allmählich bewusst, dass z. B. die Mutter noch existiert, auch wenn sie nicht mehr zu sehen, zu hören und zu spüren ist. Erst die Befürchtung, sie könne nicht mehr verfügbar sein, ist für das Kleinkind die kognitive Bedingung für die Entwicklung von Trennungsangst. Die Annahme der Weiterexistenz einer Person

---

316 Ruff 1993, S. 280
317 Thomas 1997, S. 149
318 Dornes 1997, S. 187
319 vgl. Piaget 1975

oder einer Sache, gepaart mit dem Zweifel, ob sich diese Fantasie als gesichert erweist, ist die Voraussetzung dafür, diese Person oder diese Sache überhaupt vermissen zu können.[320] (Es gibt für Reisende entsprechende Momente in der Fremde, wo sie nicht sicher sind, ob die heimatliche Welt und die dort lebenden Personen wirklich noch existieren. Bei ihrer Rückkehr stellen sie fast ein wenig überrascht fest, dass alle weitergelebt haben, während sie weg waren.)

Die Säuglingsforschung hat gezeigt, dass eine sichere Bindung für die Bewältigung von Fremdheitserfahrungen existenziell bedeutsam ist. Was das Kind in den ersten Jahren an Bindungsqualitäten entwickelt, davon wird abhängen, wie der erwachsene Mensch auf die Konfrontation mit der Fremde reagiert:

> »Kommt es in kulturellen Überschneidungssituationen zu Fremderfahrungen, die als emotional belastend und bedrohlich erlebt werden, so ist zu erwarten, dass im Individuum ein Vorstellungsschema aktiviert wird, das von der bereits in der Kindheit ausgebildeten Bindungsqualität bestimmt ist und ein dementsprechendes Reaktionsverhalten auf die Fremdheitssituation hervorbringt.«[321]

In diesem Zusammenhang fragt Khan, wie es dem behüteten Baby in ruhigen Phasen des Wohlbefindens ergehen mag, in Momenten also, in denen es zufriedengestellt mit sich allein ist. Schließlich verbringe der Säugling die meiste Zeit der ersten Monate in diesem Zustand. Khan geht es in seinen Überlegungen, im Gegensatz zur Bindungstheorie, weniger um Beeinträchtigungen, die aus ungenügender oder überbehütender Fürsorge entstehen könnten, sondern um die Wirkungen des Alleinseins im frühen Kindesalter. Er sieht darin wichtige Momente, in denen die biologischen Fähigkeiten Raum und Zeit zur Verfügung haben, sich zu einem personalisierten Zustand zu verdichten: »Aus dem Säugling entwickelt sich allmählich ein bestimmter Säugling: eine individuelle Person in der Besonderheit ihres eigenen Seins.«[322] Doch gerate in den Stunden des Alleinseins all das, was das Baby aufgrund mangelnder Reife noch nicht zu einer psychischen Erfahrung verdichten kann, in

---

320 vgl. Dornes 1997
321 ebd., S. 149
322 Khan 1991, S. 291 f.

Vergessenheit. Was aber dem Vergessen anheimfalle, sei nicht verloren – es taucht in »ureigenen Wahnsinnszuständen« wieder auf:

> »Ich benutze absichtlich das Wort wahnsinnig im Unterschied zu dem Begriff psychotisch, denn jeder Erwachsene ist auf eine sehr private Weise wahnsinnig – und auch allein.«[323]

Fremde im ethnopsychiatrischen Kontext

Die Ethnopsychiatrie macht sich zur Aufgabe, »den Einfluß geographischer, kultureller und gesellschaftlicher Bedingungen, unter denen Völkerschaften leben, auf ihre Normalitäts- und Krankheitsvorstellungen, auf ihre Symptomformulierungen, auf das Vorkommen und die Häufigkeit psychiatrischer Symptome und Krankheiten, auf die Wahl der Behandlungsmethoden sowie auf die Organisation der psychiatrischen Versorgung und auf deren Akzeptanz«[324] zu untersuchen. Es geht ihr um die Frage, welche psychischen Phänomene in unterschiedlichen Kulturen als verrückt bzw. als Ergebnis einer verrückt machenden Einwirkung übernatürlicher Kräfte eingestuft werden und auf welche Weise Kulturen zwischen verrückt und normal unterscheiden. Besonders erforscht die Ethnopsychiatrie in jüngster Zeit Aspekte der Migration und ihrer seelischen Bewältigung. Denn Erfahrungen mit dem »Leben in geteilten Welten«[325], mit dem Alleinsein am unvertrauten Ort, mit physischen und psychischen Belastungen in der Fremde müssen Millionen Menschen machen, die aus Gründen des Krieges, des Hungers oder der Naturkatastrophen unterwegs sind, weil sie einen Platz zum Überleben suchen.[326]

---

323 ebd., S. 292; vgl. auch Winnicott 1984, S. 36ff.

324 Wulff 1990, S. 96

325 Akashe-Böhme 2000

326 Eine Zeit lang fiel es der Psychoanalyse schwer, sich dem Phänomen der Migration und seiner seelischen Implikationen theoretisch zu nähern; die Tatsache, dass viele Psychoanalytiker selbst Migranten waren, die in ihren Aufnahmeländern einem hohen Anpassungsdruck ausgesetzt waren, führte wohl zu dieser Leerstelle im psychoanalytischen Theoriegebäude. Vgl. Zeul 1996, S. 219ff.

Für Migrantinnen und Migranten ist der Wechsel des sozialen Ortes und des kulturellen Raumes mit Anpassungen und Abwehrformen verbunden, die der Ausrichtung an die Außenwelt dienen und Folgen für das Selbsterleben haben: Rebeca und León Grinberg nennen es ein »Ich-Beben«, wenn der Wechsel der kulturellen Umgebung Menschen in einen »Zustand der Desorganisation« versetzt und der Verlust der anderen, die bislang die psychosoziale Identität teilhabend und bestätigend absicherten, das Gleichgewicht der Betroffenen unterhöhlt.[327] Maya Nadig beobachtete bei sich selbst »Erschütterungen der eigenen Rollensysteme«, als sie in einer fremden Kultur lebte; die Notwendigkeit der inneren Umstrukturierung bezeichnet sie als »soziales Sterben«.[328] Atik schildert »Entwurzelungsreaktionen und Entwurzelungsdepressionen«[329] beim Übergang aus der Geborgenheit einer Großfamilie in die schwer zu durchschauende Leistungsgesellschaft. Zeul untersuchte eine Gruppe von Frauen, die nach einer Zeit der Arbeitsmigration in ihre Heimat zurückkehrten und erhebliche psychische Erkrankungen, vor allem Depressionen, aufwiesen.[330] Über die Gefährdung des Selbst bei drastischem Wechsel der Umgebung berichtet auch Parin: Wurden Stammesmitglieder aus ihrem gewohnten Rahmen, der zum Teil ihres Selbst geworden war, gerissen und mit ungewohnten Umgebungen konfrontiert, so entwickelten zahlreiche von ihnen psychotische Zustände, die sich wieder zurückbildeten, sobald sie in ihr Dorf zurückkehrten.[331]

Politikwissenschaft, Sozialpsychologie und Psychiatrie haben Migrationserfahrungen und Erlebnisse von Fremdheit untersucht und deutlich gemacht, dass es sich bei der Migration um einen transitorischen Prozess[332] handelt, der enorme psychische Belastungen sowie diffuse Krankheitsbeschwerden ohne erkennbare organische Ursache auslöst: Arztpraxen, Allgemeinkrankenhäuser und psychiatrische Kliniken haben es mit Migrantinnen und Mig-

---

327 Grinberg u. Grinberg 1990, S. 120 f.
328 Erdheim u. Nadig 1979, S. 115 ff.
329 vgl. Atik 1990, S. 24 ff.
330 Zeul 1996, S. 225
331 Parin 1977, S. 481 ff.
332 Sluzki 2001, S. 101 ff.

ranten zu tun, die über Kopfschmerzen, Magen-Darm-Probleme, Herz-Rhythmus-Störungen, Schlafstörungen, Abgeschlagenheit und Müdigkeit klagen.[333] Darunter liegen oft posttraumatische Belastungen, depressive Störungen und psychotische Entgleisungen. De Jong gibt dafür ein Beispiel:

> »Eine 35-jährige Frau aus Surinam wird wegen unerklärlicher Anfälle und Suizidgefahr überwiesen. Während der Anfälle gerät sie in Trance, wobei ihr Körper heftig bebt, sich ihre Augen verdrehen und ihre Hände und Arme verkrampfen. Sie murmelt unverständliche Worte, ist unerreichbar und kommt nach fünf Minuten wieder zu sich, ohne sich erinnern zu können. Sie berichtet, ihr Leben beenden zu wollen, um so den bösen Geistern zuvorzukommen, und fühlt sich von Leichenwagen verfolgt. Sie beschreibt die Geister als Figuren aus der Mythologie ihres Heimatlandes, die sie ständig bedrohten. Sie sagt, dass sie genauso viel isst wie früher, aber die Geister äßen sie auf, wodurch sie schon elf Kilo verloren habe. Manchmal habe sie das Gefühl, dass sich ihr Körper verändere und sie schon nach Tod stinke.«[334]

Die Symptome psychischer Krisen mit Wahnbildern und Halluzinationen können also nur angemessen und sinnvoll gedeutet werden, wenn die lebensgeschichtlichen Aspekte und die kulturellen Hintergründe einbezogen werden. Dies gilt auch für psychosenahe Symptome von Migrantenkindern:

> »Nicht selten hinterlassen bei den ersten Gesprächen hier aufgewachsene oder hier geborene Kinder von Migranten den Eindruck einer Verwirrung und Verstörung, wie wir sie eher bei psychotischen Patienten zu finden gewohnt sind. Lässt man sich auf eine gemeinsame Arbeit ein, so löst sich oftmals die diagnostische Unsicherheit auf: Nicht psychotische Konflikte (...) haben die Verwirrung und Unruhe hervorgerufen, sondert diese rührt her von einer tiefen Unsicherheit des Patienten, wohin er überhaupt gehört, wie die der Herkunftskultur entstammenden Wünsche, Ge- oder Verbote und die anderen der Aufnahmekultur zu vermitteln sind. Meines Erachtens könnte eine Verbreitung dieser Erkenntnis manchem

---

333 vgl. die eindrucksvollen Fallgeschichten in: Schernus 2002
334 de Jong 2001, S. 130ff.

> Patienten aus einer Familie von Migranten eine Karriere in der Psychiatrie ersparen.«[335]

In der Therapie führt die Interaktion von Menschen unterschiedlicher kultureller Herkunft häufig zu Störungen in der Kommunikation, wenn differierende kulturelle Standards nicht als solche erkannt, sondern der betreffenden Person als Störung attestiert werden. Erzählt beispielsweise ein Patient aus Südostasien seine Lebensgeschichte, so tut er dies nicht chronologisch, sondern pendelt zwischen den Jahren hin und her. Dies könnte der Arzt als Sprunghaftigkeit, Zerfahrenheit, Unkonzentriertheit und Verwirrtheit, also als Krankheitssymptom, deuten. Erst in Kenntnis der Tatsache, dass die Zeit für Menschen dieses Kulturraumes nicht vergeht, sondern sich im festgelegten Rhythmus wiederholt, wird er verstehen, dass hier für die Darstellung von Lebensereignissen nicht die Chronologie, sondern die Qualität entscheidend ist.[336]

Es existieren in den einzelnen Kulturen sehr unterschiedliche Krankheitskonzepte – auch und gerade in Bezug auf psychische Erkrankungen: Westliche Vorstellungen gehen davon aus, dass unser Selbst Teil unseres Körpers sei und unsere Gesellschaft aus einer Anzahl ähnlicher, vergleichbarer Individuen mit jeweiligem Selbst bestehe, die sich in ihren Lebensgeschichten, sozialen Rollen usw. unterscheiden. Der psychiatrische Blick ist auf den Körper gerichtet, der durch individuelle Konstitution, Geschichte und Entwicklung geprägt ist; auf ihn schaut der Arzt, er ist der Ansatzpunkt für Interventionen. In anderen Regionen und Gesellschaftsformen ist die entscheidende Einheit nicht der individuelle Körper der einzelnen Person, sondern die Gemeinschaft, in der die Person lebt; die Familie stellt nach dieser Auffassung einen Gesamtkörper dar, und die seelische Störung drückt eine Disharmonie im Gefüge der sozialen Ordnung aus. Sie ist daher nicht auf individueller psychologischer Ebene, sondern nur im Kontext der gesamten Familie zu behandeln.[337] Fremde zeigt sich hier im

---

335 Scheifele 2003, S. 9

336 vgl. Wulff 1990, S. 100

337 Littlewood 2001, S. 22ff.

Zusammenhang mit Krankheitskonzepten und ihren zugrunde liegenden Vorstellungen, Traditionen, Menschenbildern, und der Schritt vom Phänomen zum Symptom kann nur in Kenntnis der Fremde und ihres kulturellen Rahmens vollzogen werden, in welchem solche Erscheinungen auftreten.[338]

Wenn Erfahrungen der Fremde vor dem Hintergrund von Flucht und Vertreibung untersucht werden, ist von erstaunlich regelhaften Abläufen im Prozess der Auseinandersetzung mit der Fremdheit die Rede: Zwar kann die Art und Weise, wie und warum die Heimat verlassen wurde, sehr unterschiedlich sein: Der eine macht sich mit seinem gesamten Hab und Gut auf den Weg, der andere nur mit einem kleinen Bündel; mancher geht an Bord eines Flugzeuges oder eines Passagierschiffes, ein anderer flüchtet im Container oder im Schlauchboot; mancher besitzt Kenntnisse von den Bedingungen und Chancen im Zielland, mancher bleibt gänzlich ohne Unterkunfts- und Arbeitsmöglichkeiten, vielleicht ziellos und in Todesangst vor Verfolgung. Trotz dieser differierenden und oft bedrohlichen Hintergründe zeigen sich im Verlaufe eines Migrationsprozesses immer wieder folgende Stadien:

1. die Phase der Vorbereitung;
2. der Akt der Migration;
3. die Phase der Überkompensierung;
4. die Phase der Dekompensation;
5. die Phase der (generationsübergreifenden) Anpassung.[339]

Für den hier untersuchten Zusammenhang über das Selbst und die Fremde sind die beiden letzten Phasen bedeutsam: Zum Aspekt der Überkompensierung in Phase drei erwähnt Sluzki, dass die Belastung der Migration nicht unbedingt in den ersten Wochen nach Ankunft am fremden Ort die größte sein muss; in dieser Zeit ist ein Höchstmaß an praktischer Tätigkeit, an schierem Überleben und an Erfüllung der Basisbedürfnisse vonnöten. Den meisten Migranten gelingt es in dieser Phase, Anpassungsmechanismen zu mobilisieren:

»Konflikte treten in den Hintergrund, allenfalls erscheinen fami-

338 vgl. Wulff 1990, S. 98
339 vgl. Sluzki 2001, S. 101 ff.

> lientypische Regeln und Stile etwas akzentuierter. Wenn sich die Mitglieder einer Familie immer sehr nah waren, physisch und emotional, erscheinen sie jetzt noch näher. Wenn sie eher distanziert waren, verstärken sie noch ihre Autonomie, auch wenn ein dürftiges soziales Netz eher das Gegenteil erwarten ließe.«[340]

Müssen Belastungen wie zusätzliche Trennungen und Verlusterlebnisse bewältigt werden, kann dies zur Desorganisation der Familie und zur Auslösung massiver psychischer Krisen führen. Meist treten solche Einbrüche erst in der vierten Phase zutage, wenn sich die Familie vor die Aufgabe gestellt sieht, die Realität in der Fremde zu gestalten und dabei einerseits Kontinuität zu erhalten, sich andererseits den ungewohnten Bedingungen der Umwelt zu stellen. Gelingt es nicht, sich in diesem Zusammenspiel von Eigenem und Fremdem zu positionieren, dann wird das, was in der Heimat zurückgelassen wurde, von den einen idealisiert, von den anderen verleugnet. Ängste und Unsicherheiten führen dann zu körperlichen oder seelischen Störungen bis hin zu psychotischen Episoden. Die erhöhte Vulnerabilität von Menschen mit Migrationserfahrung muss aber auch auf dem Hintergrund jener Faktoren gesehen werden, die Anlass für die Vertreibung aus der Heimat waren: Hunger, Katastrophen, Krieg und die damit einhergehenden physischen und psychischen Belastungen wie Entbehrung, Mangelernährung, körperliche Verletzung, Unterbringung im Flüchtlingslager, Isolation und Folter.

Der Prozess der Erfahrung der Fremde

Roland Barthes hat darauf aufmerksam gemacht, dass Erfahrungen der Verunsicherung und Verstörung nicht nur bei Migranten, sondern bei Reisenden überhaupt, ja eigentlich bei all jenen anzutreffen sind, die sich einigermaßen ernsthaft auf eine Konfrontation mit der Fremde einlassen:

> »Die Situation ist eben jene, in der eine Zerrüttung der Person eintritt, eine Umwälzung der alten Lektüren, eine Erschütterung

340 ebd., S. 107

des Sinns, der zerrissen und bis zur unerschütterlichen Leere erschöpft wird.«[341]

Anders formuliert: Wer die Fremde erfährt, muss zu einem gewissen Grad auch sich selbst fremd werden. Darin liegt der Unterschied zwischen der antipodischen und der relationalen Fremderfahrung[342]: In der antipodischen Wahrnehmung projiziert der Reisende diejenigen Aspekte auf die Fremde, die er selbst nicht als sein »Eigen« bezeichnen möchte; er ist darauf bedacht, Eindrücke zu sammeln, ohne diese wirklich in sich hineinzulassen. In der relationalen Wahrnehmung ist der Reisende in der Lage, Eigenes und Fremdes zueinander in Beziehung zu setzen und sie nicht als absolut Gegensätzliches zu definieren. So ist er bereit, Unvertrautes zu erkunden und dem Neuen im Rahmen einer »Zwischensphäre«[343] Raum zur Reflexion zu geben über Gewohntes und Unbekanntes.

Cees Nooteboom schreibt auf der Fahrt von Tanger nach Marrakesch die folgende Erfahrung nieder:

> »Ich bin hier, ich halte mich hier auf, doch jeder Schritt, den ich draußen gehe, ist ein Schritt in eine andersartige Welt. (...) Ich darf in Hotels schlafen und in kleinen Droschken fahren, doch die Stimmen, die ich höre, sind fremd, ich verstehe sie nicht. Viel mehr als europäische Länder ist Marokko ein Gebiet, das erobert werden muß, weil man hier auf viel grundlegendere Weise fremd ist, ein Fremdling ist. Bei einem oberflächlichen Besuch ist das Fremde und Exotische ein romantischer, malerischer Hintergrund, etwas, worüber man nach Hause schreiben kann. Doch je länger man bleibt, je weiter man nach Süden fährt, desto mehr läuft man in die Falle, desto fremder wird man auch sich selbst.«[344]

Es ist dieser Aufforderungscharakter der Fremde, der einlädt und abschreckt, der jedenfalls anregt, das eigene Selbst im Kontext des Ungewohnten zum Gegenstand der Betrachtung zu machen. Meist läuft der Prozess der Erkundung der Fremde vor dem Hintergrund

341 Barthes 1981, S. 14
342 vgl. Korte 1999, S. 381 ff.
343 Waldenfels 1990, S. 64
344 Nooteboom 2004, S. 59

des eigenen Selbst weder auf strikte Trennung von Eigenem und Fremdem noch auf völlige Verschmelzung hinaus. Eher lässt sich das Bemühen beobachten, die Erfahrung der Fremde so zu strukturieren und zu differenzieren, dass im ungewohnten und irritierenden Terrain der Blick für das Nichtbekannte genauso Platz hat wie für das Vertraute, das einem Sicherheit vermittelt und Angst reduziert. Nicht umsonst verweisen erfahrene Reisende auf die Wichtigkeit, sich in der Fremde einen vertrauten Raum am unvertrauten Ort zu sichern, eine Art Rückzugsbastion:

> »Sich in einem Zimmer einzurichten, für eine Woche, einen Monat, ein Jahr, ist eine rituelle Handlung, von der viel abhängen wird und deren man sich nicht mit wirrem Kopf entledigen soll.«[345]

So geht das Fremde, das dem Selbst gegenübersteht, stets aus einem Prozess der Ein- und Ausgrenzung hervor.

Manche sehen die Auseinandersetzung mit der Fremde nicht so sehr als lustvolle, sondern als notwendige und zwangsläufige Erweiterung der Grenzen des Eigenen und mutmaßen, dass allein die Furcht den Menschen danach streben lasse, das Unbekannte zu erforschen und Erkenntnis zu suchen; Nietzsche spricht in diesem Zusammenhang von dem Willen, »unter allem Fremden, Ungewöhnlichen, Fragwürdigen etwas aufzudecken, das uns nicht mehr beunruhigt.«[346] Um dem Fremden den Stachel des Bedrohlichen zu nehmen, muss der Reisende Handlungsstrategien der Assimilation entwickeln und auf dem Wege des Lernens eine affektive Teilhabe an der Fremde entwickeln. Auf diesem Wege kann er das Unvertraute überwinden, das Nicht-Dazugehörige durch Offenheit integrieren. Doch nicht jedem gelingt ein solcher Zugang: Es gibt neben dem Typus des Reisenden, der möglichst viel Fremdes sehen und erleben will, auch jenen Urlauber, der zwar das Fremde sucht, dem dieses Fremde aber nicht allzu fremd sein darf:

> »Man muss etwas Vertrautes, der eigenen üblichen Alltagswelt Vergleichbares darin entdecken können. Sonst ist es auf Dauer nicht zu ertragen. Es macht einen sich selbst fremd. Dass gerade darin eine Chance liegen kann, ist offenbar schwer zu begreifen und zu

345 Bouvier 2002, S. 29
346 Nietzsche 1988, S. 594

> ertragen. Goethe, ein großer Reisender, wie wir wissen, sagte einst zu Eckermann: ›Der Mensch muss wieder ruiniert werden.‹ Vielleicht hat er diese zerstörerische Erfahrungsmöglichkeit des Reisens gemeint mit diesem Satz.«[347]

Wenn es eine aktive und bewusste Aneignung der Fremde nur sehr bedingt und niemals vollständig geben kann, so bleibt doch zu fragen, ob nicht die Fremde, die Andersheit eher subtil und unbemerkt unter die Haut und in die Psyche des Reisenden einzudringen vermag und zur Irritation seiner Identität und seines Lebensstils oder gar zur Erosion seines Selbst führen kann. Ob als Entspannung in beruhigender Landschaft, als »Thrill« einer Abenteuer-Tour, als Bummel in einer pulsierenden Metropole, als Selbsterfahrung in asiatischer Ferne, immer wird die Fremde aufgesucht in der Hoffnung, etwas von ihr möge haften bleiben in der Seele des Reisenden – wenn nicht als Veränderung der Identität, so doch als Bereicherung, als Verzauberung. Je exotischer die Fremde, desto größer der Traum einer solchen Verwandlung.

In diesem Sinne besitzen wir in der Fremde die Möglichkeit, den eigenen Erfahrungsraum zu vergrößern, ihn in eine unbekannte Ferne zu erweitern. Doch jede tatsächliche Reise ist in gewisser Weise nur der praktische Nachvollzug bereits vorgestellter Reisen. Denn oft sind Reisende vor allem darum bemüht, gedachte und reale Bewegungen weitgehend zur Deckung zu bringen und sich nur auf Wirklichkeiten einzulassen, die ihnen entsprechen, die zu ihnen passen. In diesem Sinn reisen sie eigentlich nicht in die Fremde, sondern in das Eigene.[348] Und so gelingt es ihnen, sich auch am fernen Ort zu Hause zu fühlen, in der Fremde nicht von Angst erfüllt zu sein, sondern sich stimuliert und eigentümlich leicht zu fühlen – trotz oder gerade wegen all der Beschwernisse, Unannehmlichkeiten und Gefahren, die zu bewältigen und zu überwinden waren.

Dieser faszinierenden Seite steht allerdings eine bedrückende Seite gegenüber: Als elend wird die Fremde dann empfunden, wenn sie sich abweisend zeigt, wenn sie den Reisenden ausschließt, wenn sie unbeachtet lässt, was er ist und was ihn auszeichnet. Dann fühlt

---

347 Podak 2003, S. 47
348 vgl. Heinrichs 1992, S. 225

er sich konturlos, als sei er nichts, als hätte er nichts vorzuweisen: »Die Fremde, die wir aufsuchen, ist nicht einfach fremd, unbekannt, sondern sie ist eine Fremde, von der wir anerkannt sein wollen.«[349] Meist reicht dem Reisenden schon das Gefühl, wenn nicht anerkannt, so doch erkannt zu werden; daher sein Bemühen, in seinem Stammlokal (das er schon als ein solches wähnt, sobald er es zum zweiten Mal betritt) einen Stammplatz und ein Wort des Kellners zu ergattern und sich in seinem Selbst gestärkt zu fühlen, wenn dieser ihn wahrnimmt und wiedererkennt. Gelingt es ihm jedoch nicht, erkannt zu werden, dann kann sich die faszinierende Fremde in eine feindliche verwandeln und die Sehnsucht nach vertrauter Umgebung verstärken. Der feindlich-schlechten Fremde stellt er dann (in seiner überzeichneten Erinnerung) die freundlich-gute Heimat gegenüber, bis ihm das Motiv seines Fortgehens kaum mehr verständlich erscheint. Insofern sind Fremde und Heimat eng aufeinander bezogene Begriffe, die sich im Phänomen des Heimwehs, im Leiden am Fremdsein[350] eigentümlich verschränken.

Die desillusionierende Erfahrung der Fremde besteht darin, dass man kein Anderer wird, dass man trotz der Überschreitung von Grenzen »sich auf lächerliche und unbarmherzige Weise gleichbleibt und dass man in anderen Kulturen der Außenseiter, der Fremde, der Unwissende ist.«[351] Darin liegt die Chance, sich nicht nur von anderen, sondern auch von sich selbst zu entfernen, um mit sich selbst vertrauter zu werden: Sich in der Fremde zu erleben, in innerer Distanz zu sich selbst zu stehen, kann bereichern, weil »diese Art der Verfremdung unversehens eine tiefe Ahnung, ein wesentlicheres Begreifen in uns hervorrufen kann.«[352] Darin liegt aber auch eine Gefahr, wenn der Reisende in Übergangsstadien des Geistes gerät und realisieren muss, dass er sich von sich selbst entfremdet und nicht mehr Herr im eigenen Hause ist:

> »Wenn die Gleise unserer fest gegründeten Wahrnehmungen aufgebrochen werden, beginnen unsere entgleisten Gedanken und Gefüh-

---

349 Bosse 1994, S. 35
350 Erdheim 1988, S. 244
351 Heinrichs 1992, S. 176
352 Kaschnitz 1955, S. 116

le eine frenetische Suche nach neuen Pfaden in einem Territorium, das angsteinflößend ist.«[353]

Entfremdung und emotionale Verlorenheit

Unter Entfremdung (engl. u. franz. »alienation«) werden unterschiedliche Formen der Abwendung, Distanzierung oder Isolierung verstanden. Im soziokulturellen Sinne bedeutet Entfremdung, dass »Welt und Gesellschaft, in die der Mensch sich bisher fraglos eingebettet fühlte, ihm entweder dadurch, dass er sie als andere erkennt, oder dadurch, dass sie faktisch eine andere Gestalt annehmen, fremd werden.«[354] Noch umfassender begreift die Tradition der jüdisch-christlichen Geistesgeschichte Entfremdung metaphysisch als Fremdheit des Menschen auf der Erde, die mit der Vertreibung aus dem Paradies begann und als »alienation« fortdauert.[355] Im Kontext des Reisens führt ein Heraustreten aus vertrauten Zusammenhängen zu Gefühlen von Bedeutungslosigkeit, von Isolierung oder Selbstentfremdung und sinnloser Leere[356]. Hier deutet Entfremdung auf gewisse Seiten im Menschen selbst hin, die bisher Teil seiner Person waren, also in seiner Gewalt standen, und die sich nun seinem Zugriff, seiner Beherrschung entziehen.

Der Begriff Entfremdung, einst sowohl von Marx als auch von Weber und Durkheim in die Ökonomie und Soziologie eingeführt, durchzieht die Sozialwissenschaften während des ganzen 20. Jahrhunderts. Untersuchungen über das bindungslose Individuum zeigen, dass die Entfremdung sowohl sozial wie auch intrapsychisch verlaufen kann: Entfremdet kann man sich fühlen, wenn man Ereignisse, mit denen man konfrontiert ist, nicht mehr durchschaut.[357] Im zwischenmenschlichen Kontakt ist von Entfremdung vor allem dort die Rede, wo ein Verlust an Verständnis und Zuneigung für eine andere Person bemerkt wird. Entfremdungsgefühl nennt die

353 Mohelsky 1996, S. 126
354 Landmann 1975, S. 196
355 Wierlacher 1985, S. 13
356 von Rintelen 1975, S. 383
357 vgl. Seeman 1975, S. 368

Psychiatrie jene Veränderung des Erlebens, bei dem der Körper oder die Außenwelt als unwirklich empfunden wird.[358] Der Begriff Entfremdungserlebnis fasst Aspekte der Depersonalisation und Derealisation zusammen; Depersonalisation beschreibt Empfindungen von Fremdheit, Irrealität und Ungewohntheit dem Selbst und den Handlungen gegenüber, während Derealisation die Erfahrung von Veränderungen in räumlicher und zeitlicher Beziehung zur Umgebung meint.[359]

Störungen des Daseinsbewusstseins[360] und Verluste der natürlichen Selbstverständlichkeit[361] haben zu allen Zeiten das Interesse der Forschung geweckt. Vor einhundert Jahren stellten Deny und Camus eine Patientin vor, dir ihr Entfremdungserleben so schilderte:

> »Ich nehme mich selbst nicht mehr so wahr wie früher. Ich kann meine Arme, meine Beine, meinen Kopf und mein Haar nicht mehr fühlen. Ich habe das Gefühl, daß sich mein ganzer Körper verändert hat, und manchmal sogar, daß er nicht mehr existiert. Die Welt erscheint mir verändert. Menschen und Dinge wirken wie Phantome, als ob sie nicht wirklich wären.«[362]

Überraschend für die beiden Neurologen war, dass die Patientin gut orientiert wirkte; Deny und Camus schrieben:

> »Obwohl sie durch ihren Zustand stark behindert ist, hat Madame I. einen völlig klaren Kopf. Sie versucht, ihre Probleme zu analysieren, ohne wilde Interpretationen oder hysterische Vorstellungen. In Augenblicken, wo sie nicht von ihrer Ängstlichkeit beherrscht wird, hilft sie anderen Patienten, oder sie liest und näht.«[363]

Gegenwärtig werden solche Empfindungen der Entfremdung vor allem in Verbindung mit posttraumatischen Belastungsstörungen diskutiert. Gefühle der Distanz zu sich selbst, des verminderten Bewusstseins in Bezug auf Umgebung, Raum und Zeit, der Betäubung, der mangelnden emotionalen Reaktion, der Entfremdung

---

358 vgl. Müller 1973, S. 169
359 vgl. Fiedler 2001, S. 262
360 vgl. Jaspers 1959
361 vgl. Blankenburg 1971
362 Rosenfield 1999, S. 51 f.
363 ebd., S. 52

von anderen und des Erlebens von Unwirklichem werden in diesem Zusammenhang genannt. In dem Kapitel »Das irritierte Selbst in der Fremde« wird unter dem Begriff Dissoziation auf diese Symptome zurückzukommen sein. Hier gilt es nur darauf hinzuweisen, dass keineswegs zwingend traumatische Erlebnisse einer solchen Wahrnehmungsveränderung vorausgehen müssen. Auch die Fremde kann Momente des Unwirklichen auslösen, auch Bewegungen im Raum oder besondere Landschaften können derartige Erlebnisse auf Reisen evozieren.

Exkurs
Johann Wolfgang von Goethe: »Wie bin ich froh, dass ich weg bin!«

Schon der Aufbruch ist die reine Inszenierung: Blauer Frack, gelbe Weste, gelbe Hose – in dieser Werther-Tracht, die gerade zum Markenzeichen des »Sturm und Drang« geworden ist, zum Symbol des Aufbegehrens und der Verzweiflung, besteigen 1775 die Brüder Stolberg, der Graf von Haugwitz und der Schriftsteller Goethe (der ein Jahr zuvor mit den »Leiden des jungen Werther« schlagartig berühmt geworden war) in Frankfurt die Kutsche, um in die Schweiz zu reisen. Sie versäumen es nicht, sich vorher noch in Darmstadt, Mannheim und Karlsruhe zu zeigen, wo Goethe mit dem Erbprinzen von Weimar und dessen Braut zusammentrifft. Überhaupt: Das Auftreten der blaugelben Reisenden scheint ein öffentliches Ereignis zu sein[364], überall werden sie von Fürsten, Wissenschaftlern und Theologen empfangen. In Straßburg kommt es außerdem zum Wiedersehen mit Lenz (Goethe nennt ihn zu diesem Zeitpunkt noch einen Freund, »den ich liebe wie meine Seele«[365]), in Emmendingen schauen sie bei Goethes Schwester

364 vgl. Dewitz 1980, S. 173
365 zit. n. Damm 1989, S. 115

Cornelia vorbei, bevor sie in Zürich eintreffen, wo sie von Johann Lavater, dem Herausgeber der »Schweizerlieder« aufgenommen werden. Die Tage in Zürich verbringen sie mit Ausflügen in die Umgebung und mit Besuchen bei der literarischen Prominenz der Stadt.[366]

Gemeinsam mit Lavater und seinem Assistenten Passavant begeben sich die Freunde zum Kloster Einsiedeln. Goethe möchte von dort aus die Bergwelt erkunden, die anderen zieht es zurück nach Zürich.[367] Da Lavater weiß, dass Goethe keine Erfahrung in den Alpen besitzt, stellt er ihm Passavant zur Seite, der nun die nächsten Tage bei ihm bleibt. Ihr Weg führt sie nach Schwyz, sie rudern auf den Lauerzer See hinaus und machen sich ein Bild von der Rigi, dem Ziel ihrer ersten Bergbesteigung: »Wie es nun dämmerte und allmählich nachtete, beschäftigten ahnungsvoll zusammenstimmende Töne unser Ohr.«[368] Bei der Wanderung »in Wolken und Nebel«[369] ist Goethe froh, einen Bergführer bei sich zu haben. Bald geben die Wolken den Blick frei auf das unter ihnen liegende Land:

> »Wir fanden uns in Wolken, (...) aber als sie (...) auseinanderrissen und uns (...) eine klare, herrliche, sonnenbeschienene Welt als hervortretende und wechselnde Bilder sehen ließen, bedauerten wir nicht mehr diese Zufälligkeiten.«[370]

Drei Tage später gelangen sie nach Vitznau:

> »Von da aus zu Wasser nach Gersau. Mittags im Wirtshaus am See. Gegen zwei Uhr dem Rütli gegenüber, wo die drei Tellen schwuren, darauf an der Platte, wo der Held aussprang, und wo ihm zu Ehren die Legende seines Daseins und seiner Taten durch Malerei verewigt ist. Um drei Uhr in Flüelen, wo er eingeschifft ward, um vier Uhr in Altdorf, wo er den Apfel abschoß.«[371]

---

366 vgl. Dewitz 1980, S. 173

367 Das Bergsteigen ist zu diesem Zeitpunkt längst nicht Mode in Europa, und es werden noch Jahre vergehen, bevor die Höhen den Ansturm wohlhabender Touristen erleben. Vgl. Günther 1998

368 Goethe 1980, S. 128; siehe auch Perfahl 1993, S. 26f.

369 zit. n. Dewitz 1980, S. 174

370 zit. n. Perfahl 1993, S. 26

371 Goethe 1980, S. 128

Von den Bergen fasziniert strebt Goethe nun in Richtung Gotthard; der Weg führt durch zunehmend kargere Welten:

> »Auch hier ward sogleich alle Fruchtbarkeit vermißt; nackte wie bemooste Felsen mit Schnee bedeckt, ruckweiser Sturmwind, Wolken heran und vorbeiführend, Geräusche der Wasserfälle, das Klingeln der Saumrosse in der höchsten Öde, wo man weder die Herankommenden noch die Scheidenden erblickte. Hier kostet es der Einbildungskraft nicht viel, sich Drachennester in den Klüften zu denken.«[372]

Spät erreichen sie ein Wirtshaus, wo sie dem »sauren Wein (...) mit Wasser nachhelfen und mit vielem Zucker das Ingrediens ersetzen«[373]. Am Morgen beginnt der Aufstieg:

> »Die Felsen wurden immer mächtiger und schrecklicher; der Weg zum Teufelsstein, bis zum Anblick der Teufelsbrücke immer mühseliger. (...) Wir mühten uns weiter; das ungeheure Wilde schien sich immer zu steigern, Platten wurden zu Gebirgen und Vertiefungen zu Abgründen.«[374]

Die Nacht verbringen sie im Hospiz direkt am St. Gotthard, schlafen dort »in etwas kurzen an der Wand befestigten, eher an Repositorien als an Betten erinnernden Schlafstätten«.[375]

Goethe auf dem Gotthard – die Versuchung

Am nächsten Tag erreichen sie eine Kuppe, von der ein Pfad nach Italien zu erkennen ist. Hier setzt Goethe sich nieder und zeichnet die Felsen, »deren Seiten der herab schmelzende Schnee mit weißen Furchen und schwarzen Rücken sehen ließ.«[376] Genau dieses Panorama schwebte ihm schon aus Erzählungen seines Vaters vor. Doch das Bild will ihm nicht recht gelingen[377]. Ist er zu aufgeregt,

---

372 ebd., S. 129
373 ebd., S. 130
374 ebd.
375 ebd., S. 133
376 ebd.
377 Schütze 1998, S. 52f.

erstmals den Blick nach Italien zu richten, das gelobte Land vor Augen zu haben? Jedenfalls kommt ihm die Skizze »nach Art der Dilettanten« missglückt vor. In diesem Moment tritt Passavant an ihn heran und fragt:

> »Hast du nicht, wie ich, Lust bekommen, dich von diesem Drachengipfel hinab in jene entzückenden Gegenden zu begeben? Die Wanderung durch diese Schluchten muß herrlich sein und mühelos, und wann sich's dann bei Bellinzona öffnen mag, was würde das für eine Lust sein!«[378]

Goethe zögert, obwohl die Idee ihn lockt; aber so entscheidungsfreudig ist er nicht, »aus dem Stegreif« möchte er sich nicht überreden lassen.[379] Sein Begleiter wird forscher: »Was soll da viel Bedenken, (...) Geld haben wir genug nach Mailand zu kommen!«[380] Goethe fühlt sich nicht mehr sicher an dem Ort, an dem er eben noch zeichnete, er steht rasch auf, um von der schroffen Stelle wegzukommen, um ja nicht – wie er es im doppelten Sinne empfindet – in den Abgrund gerissen zu werden.[381] Später fügt er den Aufzeichnungen folgenden Gedanken an:

> »Mir kommt es vor als wenn der Mensch, in solchen Augenblicken, keine Entschiedenheit in sich fühlte, vielmehr von früheren Eindrücken regiert und bestimmt werde. Die Lombardei und Italien lag als ein ganz Fremdes vor mir, Deutschland als ein Bekanntes, Liebwerthes, voll freundlicher einheimischer Aussichten und, sei es nur gestanden: das was mich so lange ganz umfangen, meine Existenz getragen hatte, blieb auch jetzt das unentbehrlichste Element, aus dessen Grenzen zu treten ich mich nicht getraute.«[382]

---

378 Goethe 1980, S. 134
379 ebd.
380 ebd.
381 vgl. ebd., S. 135
382 ebd.

Goethe als Reisender – einige Fragen und Anmerkungen

Ist Goethe – nicht nur in der Zeit der geschilderten Schweizer Reise, sondern überhaupt – ein ängstlicher oder ein souveräner Reisender? Verlässt er mutig und selbstbewusst den sicheren Hafen seiner sozialen Bindungen, um sich der Fremde zu stellen und in ihr neue Erfahrungen mit sich und der Welt zu machen, oder geht er ungern von vertrauten Räumen und Menschen fort, vermisst er den Kontakt und die Rückversicherung zur Heimat? Stärkt ihn das Reisen so, wie er es in nachträglichen, oft erst Jahrzehnte später bearbeiteten Reiseaufzeichnungen postuliert? Oder erlebt er in der Fremde Augenblicke der Irritation und Hilfsbedürftigkeit, die ihn das Alleinsein kaum ertragen lassen? Darüber gehen die Meinungen weit auseinander. Folgt man der gängigen Einschätzung der Goethe-Forschung, die philologisch und statistisch argumentiert und sich dabei auf zahlreiche Selbstaussagen Goethes beruft, so bringt ihm das Reisen bis ins Alter eine Belebung für Körper und Geist und einen Gewinn an Welterfahrung. In jungen Jahren bemerkt er noch bescheiden: »Von meiner Reise in die Schweiz hat die ganze Circulation meiner kleinen Individualität viel gewonnen.«[383] Zwanzig Jahre später klingt es im Brief an Schiller schon weltmännisch: »Für Naturen wie die meine, die sich gern festsetzen und die Dinge festhalten, ist eine Reise unschätzbar: sie belebt, berichtigt, belehrt und bildet.«[384] Und in Gesprächen mit Eckermann resümiert er schließlich:

> »Die Schweiz machte anfänglich auf mich so großen Eindruck, daß ich dadurch verwirrt und beunruhigt wurde; erst bei wiederholtem Aufenthalt, erst in späteren Jahren, wo ich die Gebirge bloß in mineralogischer Hinsicht betrachtete, konnte ich mich ruhig mit ihnen befassen.«[385]

Aus anderem Blickwinkel wird bemerkt, dass Goethe sich niemals der gefährlichen Fremde wirklich ausgeliefert habe, weil ihn das

383 Brief an Anna Louise Krasch vom 17. August 1775, zit. n. GOETHE 1980, S. 176

384 ebd.

385 vgl. JESSING et al. 1999, S. 447

Reisen ins Unbekannte zutiefst ängstigte; zwar sei er in der Tat häufig unterwegs gewesen, habe dabei auch viel wahrgenommen und vom Reisen in vielerlei Hinsicht profitiert.

> »Aber Goethe war nie weg. Das Wegsein ist der Entzug der Örtlichkeit schlechthin, man ist weder hier noch dort. Man hält sich nirgendwo auf. Wenn man weg ist, kann man sich selbst nicht lokalisieren, ein utopischer Zustand. Goethe dagegen fühlte sich, wohin er auch kam, zu Hause. Goethe war überall präsent.«[386]

Stets habe er die unbekannte Fremde nur (auf-) gesucht, um in ihr Vertrautes wiederzufinden, etwas, das er sich zuvor schon im Geist vorgestellt hatte.

In diesem Sinne lässt sich begreifen, dass Goethe am dritten Tag seines Rom-Aufenthaltes (auf den er lange, aber unsicher hingearbeitet hatte) den Satz formuliert: »Es ist alles, wie ich mir's dachte.« Immerhin fügt er noch hinzu: »Und alles neu.«[387] Er muss sich in der Fremde so einrichten wie daheim und gerät in Furcht und Schrecken, wenn die Umgebung unvertraut ist; als er sich von Rom nach Neapel begibt und dort die Gewalt des Vulkans spürt, überfällt ihn das Gefühl, »wirklich in einem andern Lande« zu sein. Und als er, um nach Sizilien zu gelangen, ein Schiff betreten und sich aufs Wasser begeben muss, notiert er ahnungsvoll: »Wenn man sich einmal in die Welt macht und sich mit der Welt einlässt, so mag man sich ja hüten, dass man nicht entrückt oder wohl gar verrückt wird.«[388]

Nun ist hinlänglich bekannt, dass Goethes Seele auf Reisen keinen tieferen Schaden nahm, dass er nicht erschüttert, nicht seelisch destabilisiert, sondern eher gestärkt und bereichert nach Hause zurückkehrte – oder seine autobiografischen Reiseberichte zumindest in dieser Perspektive ausgestaltete. Auffallend ist aber auch, dass er sich der Gefahren der Fremde durchaus bewusst war und sich zum Schutz gewisser Maßnahmen bediente, um nicht »entrückt oder wohl gar verrückt« zu werden. Zu diesen gehörten fluchtartige Entfernungen von unheimlichen Orten, die Benut-

---

386 Schütze 1998, S. 16
387 vgl. ebd.
388 ebd., S. 18

zung des »Inkognito«, um mit dem Mantel des Selbstschutzes die Fremde zu erkunden, und das unbedingte Festhalten am Gegenständlichen, wenn ihm die Fremde zu diffus erschien. Bevor diese Aspekte jedoch weiter ausgeführt werden, einige Daten und Fakten zu Goethes Reisen:

Daten und Fakten zu Goethes Reisen

Als gesichert kann gelten, dass Goethe ausgesprochen häufig unterwegs war und dabei weite Wege zurücklegte: 43 größere und 140 kleinere Reisen sind dokumentiert, eine Gesamtstrecke von ca. 40 000 km ist dabei von Goethe bewältigt worden.[389] Seine weiteste Fahrt, die »Italienische Reise« von 1786–1788, erstreckte sich über 4925 km; es folgten: die Italienreise von 1790 (2550 km), die Reisen in die Schweiz von 1775 (1600 km), 1779 (2400 km) und 1797 (1400 km), nach Frankreich 1792 (1700 km) und nach Schlesien 1790 (1140). Weitere Reisen führten ihn in den Harz (1777, 1783, 1784), zu den Bädern Böhmens sowie – als Dienstreisen im Rahmen seiner Verwaltungstätigkeit am Hofe Weimars – an verschiedene Orte Thüringens (Ilmenau, Eisenach, Erfurt, Berka, Rudolstadt, Jena u. a.).[390]
Die Addition von Reisetagen ergibt, dass Goethe insgesamt fast 14 Jahre seines Lebens unterwegs war, am längsten während der »Italienischen Reise« (21 Monate). Die erste Reise in die Schweiz 1775 als Begleiter der Grafen Stolberg dauerte knapp drei Monate, die zweite Schweizreise 1779 im Gefolge Carl Augusts vier Monate; diese hatte den Charakter einer Bildungsreise, einer »Grand Tour«, diente aber auch dem Zweck, durch ein in der Republik Bern aufgenommenes Darlehen die Schulden des Herzogtums Sachsen-Weimar zu tilgen.[391] Diese Reise fand hauptsächlich zu Pferde statt, von den 2400 km verbrachten Carl August und Goethe ca. 1500 km

389 Sedlacek 1999, S. 409

390 Die meisten dieser Reisen unternahm Goethe in den Jahren 1775–1797, in einer Zeit, in der die Reiseliteratur den literarischen Markt eroberte. Vgl. Hentschel 1999, S. 71

391 Farelly 1995, S. 417 ff.

im Sattel; später reiste Goethe meist mit der Postkutsche oder mit einer Mietkutsche, ab 1792 mit eigener Kutsche. Fast immer suchte er die Begleitung von Freunden, Amtskollegen, Bediensteten, Schreibern, Sekretären. Besonders gern war er mit Herzog Carl August in diplomatischer, militärischer oder repräsentativer Mission unterwegs. Häufig besuchte er aus wissenschaftlichem oder administrativem Interesse Bergwerke, Steingruben, Gießereien, Manufakturen, Gartenanlagen, Privatsammlungen, bedeutende Bauwerke sowie Häuser der Wissenschaft und Kunst. Oft hatte er die Taschen voller Fund- und Sammelstücke, skizzierte und zeichnete Objekte oder Impressionen während der Reise oder hielt die Eindrücke und Beobachtungen in Briefen, Tagebüchern und Aufzeichnungen fest, die ihm als Material für poetische, naturwissenschaftliche und autobiografische Werke dienten.[392]

Der Aufbruch als Inszenierung oder als Flucht

»Wie bin ich froh, dass ich weg bin!«[393] Mit diesem Ausruf beginnt bekanntlich Goethes Briefroman »Die Leiden des jungen Werther«. Es wäre etwas verwegen, Werthers Ausspruch mit den inneren Empfindungen seines Autors gleichzusetzen. Auch hat Goethe glücklicherweise sein Weggehen nicht zu solcher endgültigen Form stilisiert wie Werther, der seine unglückliche Liebe schließlich mit der »Endgültigkeit eines Kopfschusses«[394] beendete. Goethe hingegen steigt – wie geschildert – mit seinen drei Weggefährten im Mai 1775 in eine Kutsche und lässt seine Verlobte Lili Schönemann ratlos und irritiert zurück. Sicher ahnt er, dass die Reise in die Schweiz den Konflikt, in dem er sich befindet, nur verdeckt, keineswegs löst.[395] Während der Ostermesse hat die Verlobung des 26-jährigen Juristen und Bestseller-Autors (dessen literarischer Erfolg mit dem »Werther« allerdings kaum nennenswerte Einkünfte bringt, denn die deutsche

---

392 Sedlacek 1999, S. 410
393 Goethe
394 Weithin 2005, S. 117
395 vgl. Farelly 1995, S. 418

Kleinstaaterei verhindert den Schutz der Urheberschaft und führt zu vielfältigen Raubdrucken) mit der 16-jährigen Bankierstochter stattgefunden, nachdem die beiden auf einem Klavierabend nicht nur Bekanntschaft geschlossen hatten, sondern (trotz argwöhnischer Blicke ihrer Brüder, die eine wohlhabendere Partie für ihre Schwester im Auge hatten) füreinander entflammt waren. Und jetzt, gerade vier Wochen später, soll schon wieder alles vorbei sein? Oder ist dem Verlobten zu trauen, dass er nur ein wenig Abstand brauche, um sich seiner Liebe zu ihr ganz sicher zu sein?

> »Sie ist die erste, die ich tief und wahrhaft liebte. Auch kann ich sagen, daß sie die letzte gewesen« wird Goethe später mit dem ihm eigenen Pathos behaupten und hinzufügen: »Ich wäre stolz gewesen, es der ganzen Welt zu sagen, wie sehr ich sie geliebt.«[396]

In der Realität aber lässt er die Braut ohne Abschied in Frankfurt zurück, bittet seine Schwester Cornelia um Rat[397], denkt ausgerechnet am Gotthard-Pass, als Passavant ihn zur Wanderung nach Italien überreden will, voller Sehnsucht an die ferne Verlobte:

> »Ein goldenes Herzchen, das ich in den schönsten Stunden von ihr erhalten hatte, hing noch an demselben Bändchen, an welchem sie es umknüpfte, an meinem Halse. Ich faßte es an und küßte es. (...) Schnell stand ich auf, damit ich von der schroffen Stelle wegkäme.«[398]

---

396 Gersdorff 2002, S. 16

397 In »Dichtung und Wahrheit« wird Goethe mit Nachdruck bemerken: »Allein beim Abschied nach kurzem Aufenthalt lag es mir noch schwerer auf dem Herzen, daß meine Schwester mir auf das ernsteste eine Trennung von Lili empfohlen, ja befohlen hatte« (Goethe 1887, Bd. X, S. 133). Nach Boyle lässt sich, wenn man dieser späteren Aussage Goethes Glauben schenken kann, annehmen, dass Cornelia ahnte, dass ihr Bruder für eine Ehe und ein Leben in Frankfurts Banken- und Anwaltskreisen kaum geschaffen war (Boyle 1991, S. 197 ff.). Eissler geht in seiner psychoanalytischen Studie hingegen davon aus, dass ein gewisses Maß an inzestuöser Verbundenheit zwischen Goethe und seiner Schwester nicht nur zwangsläufig dazu führte, dass Cornelia die Trennung von Lili befürwortete, sondern dass Goethe auf diesem Hintergrund immer wieder Schwierigkeiten hatte, Bindungen (und nicht nur schwärmerische Eskapaden) einzugehen (Eissler 1983, S. 128).

398 Goethe 1980, S. 135

In der Forschung besteht inzwischen Einigkeit darüber, dass Goethe seine Ängste und Vorbehalte gegenüber einer Ehe mit Lili Schönemann nicht anders lösen konnte als durch Flucht. Er war fasziniert von seiner Braut, aber nur aus sicherer Entfernung wirklich verliebt; in ihrer Nähe fühlte er sich bereits wenige Wochen nach der Verlobung eigentümlich unfrei und gelähmt: Einerseits beschreibt er sie als »die Schöne, Tüchtige, Neigungsvolle«, dann aber auch als »die Mäßige, sich immer Gleiche, Leidenschaftslose.«[399] Und nicht alle Augenblicke mit ihr waren so voller Zuneigung und Hingabe, wie er es sich – ihr zartes Goldkettchen auf dem Gotthard küssend – einreden möchte; im Gegenteil, schon vor seiner Abreise kommt ihm das Verhältnis »schleppend« vor: »Ich konnte nicht ohne sie, sie nicht ohne mich sein; aber in den Umgebungen und bei den Einwirkungen einzelner Glieder ihres Kreises, was ergaben sich da oft für Mißtage und Fehlstunden.«[400] Da fühlt sich der junge Goethe, der sich erst kurz zuvor aus seinen Verbindungen mit Friederike Brion und Charlotte Buff befreit hat, schon wieder so »verwickelt«[401], dass ihm das Angebot der Brüder Stolberg und des Grafen von Haugwitz zur Reise in die Schweiz sehr recht ist. (Das Resultat dieser Flucht? Sein Aufbruch bedeutet das Ende der Beziehung zu Lili Schönemann; offiziell wird die Verbindung kurz nach der Rückkehr aus der Schweiz gelöst. Und dann wird Goethe an den Hof nach Weimar gehen – wo ihn im Laufe der Zeit bekanntlich ganz neue Verwicklungen erwarten.)
Ein weiteres Mal, elf Jahre später, inszeniert Goethe seinen Aufbruch zur Italienischen Reise nicht minder dramatisch und fluchtartig. Der Schauplatz ist diesmal nicht Frankfurt, sondern Karlsbad, der böhmische Kurort, der vom Weimarer Hof zur Sommerfrische und Erholung aufgesucht wird. Akribisch bereitet er dort seine heimliche[402] Abreise nach Italien vor. Anders als bei seiner Flucht im Jahre 1775 sind die Verwicklungen, denen Goethe zu entkommen sucht, weniger der Liebe geschuldet als dem Beruf: Seit mehr als

---

399 zit. n. Farelly 1995, S. 419
400 ebd.
401 ebd.
402 zu den Details siehe Zapperi 1999, S. 7ff.

einem Jahrzehnt steht der Schriftsteller nun in Diensten des Herzogs Carl August, und seine Rolle als Mitglied des Geheimen Rates wird fast vollkommen von Verwaltungsaufgaben bestimmt.
Kaum gelingt es ihm mehr, seine Manuskripte zum Abschluss zu bringen: »Egmont«, »Torquato Tasso«, »Iphigenie auf Tauris« liegen unvollendet in der Schublade. Die Arbeit daran erfordert Zeit – was eine Vernachlässigung der politischen und administrativen Aufgaben bedeuten würde. Goethe probiert in den ersten Monaten des Jahres 1786, wie weit er sich von den Staatsgeschäften zurückziehen kann; immerhin wird er vom Herzog vor allem dafür (und weniger für seine künstlerischen Beiträge am Hofe) bezahlt. Auf der anderen Seite mahnt sein Verleger Göschen, endlich die zugesagten Werke zu liefern. Am 28. Juni legt Goethe ihm einen Plan vor, in welcher Reihenfolge die Stücke gedruckt werden sollen. Er verspricht, mehr »Freiheit und Muse« an den Tag zu legen und mit dem »letzten Fleiß«[403] die angeblich weit gediehenen Werke (in Wahrheit ist z. B. die »Iphigenie« noch völlig im Anfangsstadium) »in glücklicher Stimmung«[404] zügig zu vollenden.
Erneut verstrickt und von verschiedenen Seiten vereinnahmt, sieht Goethe nur in der Flucht die Lösung. Allerdings muss er noch klären, ob denn ein solches Unternehmen seine Position am Hofe und den Bezug seines Gehaltes gefährden könnte. Vorsichtig klopft er beim Herzog an und bittet darum, eine Weile seine Dienstgeschäfte reduzieren oder gar ruhen lassen zu dürfen, schließlich habe er »allerley Mängel zu verbessern und allerley Lücken auszufüllen, stehe mir der gesunde Geist der Welt bey!«[405] Ob der Herzog daraus schließen kann, dass es Goethe um die »Mängel« und »Lücken« seiner literarischen Stücke geht, die er zu verbessern und auszufüllen gedenkt, und dass ihm dafür genügend Zeit, Raum und Geld zur Verfügung gestellt werden müsse, bleibt unklar. Von Italien aus wird er an den Herzog schreiben: »Ich habe mich in dieser (...) Einsamkeit selbst wiedergefunden; aber als was? – als Künstler.«[406]

---

403 ebd., S. 10
404 ebd.
405 Goethe 1887, Bd. IV, 7, S. 253 f.
406 Perfahl 1993, S. 138

Im Brief vom 2. September 1786 nennt Goethe das Ansinnen eines »unbestimmten Urlaubs«, denn es gäbe verschiedene Umstände, die ihn »dringen und zwingen in Gegenden der Welt mich zu verlieren, wo ich ganz unbekannt bin, ich gehe allein, unter einem fremden Nahmen und hoffe von dieser etwas sonderbar scheinenden Unternehmung das beste.«[407]

Nachdem er, ebenfalls am 2. September, weitere Entschuldigungen geschrieben und das Ehepaar Herder um Besänftigung des Freundeskreises gebeten hat: »Saget den Überbleibenden viel Schönes und wo möglich etwas Vernünftiges in meinem Nahmen, damit sie mir den heimlichen Abschied verzeihen«[408], bittet er Frau von Stein um Reiseerlaubnis; allerdings wagt Goethe es nicht, ihr unter vier Augen seine Pläne zu offenbaren; er fordert sie vielmehr auf, die Dokumente, Berichte, Zeichnungen und Skizzen seiner Reise gewissenhaft zu sammeln, um später daraus ein Reisetagebuch zusammenzustellen.

Und dann beginnt sie, die »Italienische Reise«: In seinem Tagebuch heißt es: »3 Sept früh 3 Uhr stahl ich mich aus dem Carlsbad weg, man hätte mich sonst nicht fortgelassen.« Aufwühlender kann man sich keinen Aufbruch vorstellen. Mitten in der Nacht schleicht er sich heimlich davon, verlässt die Gesellschaft, die ihn bedrückt, sucht die Dunkelheit und Einsamkeit der Landstraße.[409]

Er befreit sich aus der Gefangenschaft, wirft sich – ganz allein und mit geringem Gepäck – in die Postchaise und bestätigt selbst in seiner Betrachtung, dass »meine Reise eigentlich eine Flucht war«.[410]

Und zu dieser Flucht passt auch die »Tarnkappe des Inkognito«. Denn Goethe liebt es, nicht nur seine Aufbrüche zu inszenieren, sondern auch die Reisen selbst mit kleinen Geheimnissen zu umhüllen, sie zu Rollenspielen auszugestalten: Schon seine ersten Fahrten im Jugendalter geschehen ohne Ankündigung – nur seine Schwester weiht er ein, denn was wäre ein Geheimnis ohne geheime Verbündete: »So sehr ich auch gegen Jedermann von diesen meinen

---

407 zit. n. Zapperi 1999, S. 9
408 ebd., S. 7
409 vgl. Schütze 1998, S. 13
410 vgl. ebd., S. 14

Vorsätzen ein Geheimnis machte, so konnte ich sie doch meiner Schwester nicht verbergen.«[411]

Am auffälligsten jedoch ist sein Verkleiden auf Reisen, sein »Inkognito«, sein Reisen unter fremden Namen (und anderer Kleidung): Seine Reise in den Harz tritt er allein und unerkannt als »Johann Wilhelm Weber« an; als »Jean Philippe Möller« reist er nach Italien. In Assisi gibt er sich als Baumeister aus. In Malcesine hält man ihn für einen Spion, weil er den Schlossturm abzeichnet.[412]

Spielt Goethe damit ein altes Spiel, das einst den höheren Ständen zugestanden wurde, um sich vor Räubern und Wegelagerern zu schützen? Oder fürchtet er, überall in Europa erkannt zu werden als Autor des »Werther«?

So weit geht seine Berühmtheit denn doch noch nicht, dass die Töchter der Alpendörfer und oberitalienischen Städte, durch die er reist, nur so zusammenströmten. Es scheint vor allem ein Spaß, den er sich machen will: In Verona lässt er sich nach einheimischer Bürgertracht neu einkleiden:

> »Heute bin ich ganz unbemerkt durch die Stadt (...) gegangen. Ich sah mir ab, wie sich ein gewisser Mittelstand hier gibt und lies mich völlig so kleiden. Ich hab einen unsäglichen Spas daran. Nun mach ich ihnen auch ihre Manieren nach.«[413]

In Vicenza besorgt er sich zusätzlich »leinene Unterstrümpfe, wodurch ich gleich einige Stufen niedriger rücke«[414], und gibt sich als Händler aus, ohne Angst, als Minister des Herzogs von Weimar oder als Dichter Goethe erkannt zu werden:

> »Nun ists mein Spas sie mit den Strümpfen irre zu machen, nach denen sie mich unmöglich für einen Gentleman halten können. Übrigens betrage ich mich gegen sie offen, höflich, gesetzt und freue mich nur so frey ohne Furcht erkannt zu werden herumzugehn. Wie lange es währen wird.«[415]

Auch darin scheint für Goethe offenbar ein gewisser Reiz zu liegen: Was passiert, wenn ihn jemand »enttarnt«? Kokettiert Goethe

---

411 ebd., S. 23
412 ebd., S. 29
413 zit. n. Zapperi 1999, S. 42
414 ebd., S. 43
415 ebd.

heimlich mit einer solchen Aufdeckung?[416] Es ist ein Spaß und zugleich ein psychologischer Trick, den er anwendet. Man kann sich hinter einem Inkognito, das einen gewissermaßen verdoppelt, gut verbergen. Aus sicherer Distanz kann man dann beobachten, welche Wirkung man erzielt, welche Bedeutung einem zugeschrieben wird. Hat man den Eindruck, in der gespielten Rolle für glaubwürdig gehalten zu werden, so kann man sich freuen, dass der Trick offenbar gelingt; wird man mehr oder minder ignoriert oder wird die Verkleidung enttarnt, so kann man sein Selbst damit stabilisieren, dass man ja eigentlich ein ganz anderer sei. Doch so vermeidet man jene Erfahrung, die eigentlich das Reisen ausmacht: sein Selbst in der Fremde wirklich zur Disposition zu stellen.

Halt am Gegenständlichen

Ein letzter Aspekt sei noch erwähnt, der auffällt, wenn man Goethe beim Reisen zuschaut: sein zunehmender Hang zur Gegenständlichkeit: Nebulöses, Undurchschaubares und auch Zielloses ist ihm suspekt. Schon das reine Zufußgehen erscheint ihm – wenn nicht gerade ein Berg zu erklimmen ist – zu melancholisch. Er liebt es nicht, ohne konkretes Ziel umherzuschweifen, sich gar zu verirren. Denn solche Promenaden des Geistes machen in Goethes Augen nur Menschen, die »sich nicht an Aufmerksamkeit, Ordnung und Regeln binden« wollen.[417] Er hingegen hegt auf Reisen die Erwartung, die unmittelbare Beobachtung einer Welt andersartiger Dinge und Menschen werde es ihm ermöglichen, jenes »natürliche« Selbst zu erkennen, das sich hinter den Dingen verbirgt.[418]
Die Erfahrung der Natur dient ihm nun nicht mehr als Resonanzraum – Höhen und Tiefen, Weite und Enge, Sturm und Hitze stellen keine Metaphern seelischer Befindlichkeit des Reisenden in der Fremde dar, sondern sind Realien, die um ihrer selbst willen erfahren und gewürdigt werden. Goethe geht es weniger um

416 vgl. dazu Schütze 1998, S. 25
417 vgl. ebd., S. 67
418 vgl. Leed 1993, S. 85 f.

ein »Erkenne dich selbst«, sondern um das Erkennen der Gegenständlichkeit der Welt und um das Ausloten der eigenen Position darin.[419] Was er Hölderlin rät, sich nämlich nicht in den Sphären des Übermenschlichen zu verlieren, sondern sich auf den kleineren, womöglich idyllischen Gegenstand zu konzentrieren[420], das beherzigt er selbst zumindest dann, wenn ihn die Fremde zu gefährden beginnt.

Von seinen Bergtouren (den Brocken besteigt er allein im November, den Furkapass bewältigt er mit Carl August und zwei Bergführern, wobei alle vier Wanderer zeitweilig bis zur Brust im Schnee versinken) kennt Goethe jenen Moment, wenn Nebel und Schneetreiben die klare Bergwelt in eine gespenstische Einöde verwandeln.[421] Sich diesen Naturgewalten zu stellen heißt für Goethe, die Dimension der eigene Größe zu prüfen, Relationen zu erkennen, den ursprünglichen Kraftquellen der Welt nahe zu sein, die göttlichen Mächte, aber auch die der Hexen (auf dem Brocken) und Teufel (am Gotthard) zu spüren. (Vielleicht sind so die wissenschaftlichen Ambitionen Goethes, die heute nur als Randphänomene seines Schaffens rezipiert werden, zu verstehen: Es geht ihm darin um die Objektivierung der Welt, um eine Theorie hinter den Dingen. Während die empfindsame Seele die Konfrontation mit der Welt in poetische Worte zu fassen versucht, um dem Selbst und seinen Erfahrungen Kontur zu geben, forscht die wissenschaftliche Seele Goethes nach den Gesetzmäßigkeiten der Natur, nach ihrer Morphologie, um dem Selbst Struktur zu geben und der Gefahr der Auflösung, des Verlustes zu entgehen; es geht ihm, in seinen Worten, um »Anschauung« der »Kraft natürlicher Ordnungen« und um deren »Bewältigung«.[422]

Insofern kann man auch sagen, dass Goethe sich nicht hinreißen lässt; er begibt sich nie dorthin, wo er nicht mehr weiterweiß, liefert sich nie der gefährlichen Fremde aus. Kommt er ihr doch einmal zu nahe, dann hält er sich am Gegenständlichen fest oder überlis-

419 vgl. Muschg 2004, S. 42
420 vgl. ebd., S. 58
421 vgl. ebd., S. 59
422 vgl. ebd., S. 76

tet die Gewalt der Fremde durch die Macht seiner Antizipation. Wenigstens in seinen Vorstellungen sollte ein Mensch immer zu Hause sein.[423] Die vielen Unbequemlichkeiten und Inkonvenienzen auf Reisen bleiben ihm lästig und werden nur selten vom Erfahrungshunger verdrängt. Größer als das häufige Unbehagen ist nur noch die Gefahr, der Welt abhandenzukommen: »Reisen ins Unbekannte sind Goethes Sache nicht.«[424]

Nur einmal geht er bis zum Äußersten. Goethe und Tischbein, der Maler, der in der italienischen Hauptstadt zunächst sein Gastgeber ist, sind aus Rom Richtung Süden aufgebrochen. Als sie sich Neapel nähern, überfällt sie das Gefühl, nun »wirklich in einem andern Lande« angekommen zu sein. Lange zögert Goethe, bis er sich tiefer in dieses Neuland wagt, steht er doch ab jetzt auf unsicherem Boden. Die Naturgewalt des Vulkans ängstigt ihn offensichtlich, ein Besuch der »völlig unmalerischen Gegend« von Paestum steigert die Unsicherheit noch: »Ich befand mich in einer völlig fremden Welt.«[425]

---

423 vgl. SCHÜTZE 1998, S. 16
424 ebd., S. 17
425 ebd., S. 18

Aspekte des Selbst

»Jeder von uns ist mehrere, ist viele,
ist ein Übermaß an Selbsten.
Deshalb ist, wer die Umgebung verachtet,
nicht derselbe wie der, der sich an ihr erfreut
oder unter ihr leidet.«
Fernando Pessoa

Zum Begriff des Selbst

In den einleitenden Kapiteln ist davon gesprochen worden, dass Menschen auf Reisen in seelische Krisen geraten und – episodisch oder langfristig – verrückt werden können. Aber was soll das heißen: verrückt? Was gerät aus der Bahn, aus dem Gleis? Was wird aus seiner Verankerung gerissen, verschoben, verrückt? Die Seele? Der Geist? Das Selbst? Im psychiatrischen Sinne mag man die Phänomene, um die es hier geht, als psychische Störungen bezeichnen (früher hätte man von Geisteskrankheiten oder – nach Griesinger – von Gehirnkrankheiten gesprochen). An den Erfahrungen der Autorinnen und Autoren wird sich jedoch zeigen, dass die Momente der Verrückung nicht nur als Erkrankung im medizinischen Sinne konzeptualisiert werden können. Es handelt sich eher um Vorgänge der Irritation des Selbst im Bedingungsgefüge des Wahrnehmungs- und Orientierungsvermögens in der Fremde. Damit wird deutlich, dass der Begriff des Selbst in diesem Zusammenhang von zentraler Bedeutung ist.
Als Leitbegriff überlagert das Selbst den Begriff der Identität[426], wenn von den inneren Strukturen einer Person inklusive ihrer bewussten und unbewussten Handlungen, ihrer Beziehungs- und Kontinuitätserfahrungen, ihrer Lebensorientierung und Zugehörigkeit die Rede ist. Zuvor war lange Zeit die Vorstellung maßgeblich, dass man eine Reihe von Entwicklungsaufgaben zu meistern

426 Frey u. Haußer 1987

habe, die zur Entfaltung eines individuellen Wesens, zu einer inneren »Gleichheit und Kontinuität in der Zeit«[427] führen. Erikson ging davon aus, dass die individuelle und die soziale Entwicklung eines jeden Menschen auf dem Wege der Identifikation mit seinen primären Bezugspersonen erfolge. Zur Entfaltung der Persönlichkeit komme es erst, wenn der Mensch gewisse phasenspezifische psychosoziale Krisen erfolgreich durchlaufen habe. So sei vor allem die Zeit der Adoleszenz geprägt von Identitätsunsicherheiten und Verstörungen, bisweilen auch von kurzen Momenten der Depersonalisation, die jedoch ohne Folgen bleiben, denn mit dem Abschluss der Adoleszenz sei in der Regel eine Identität erlangt, die sich in den folgenden Lebensabschnitten zu festigen und zu beweisen habe[428].

Heute wird bezweifelt, ob der Mensch noch in der Lage sei, eine feste Identität mit den Merkmalen der Gleichheit und Kontinuität zu erlangen – und ob dies erstrebenswert sei angesichts des rasanten gesellschaftlichen Wandels und der Notwendigkeit innerer und äußerer Flexibilität. Keupp spricht von der nie abgeschlossenen Identitätsarbeit, die zu Patchwork-Identitäten führe[429]. Für Salman Rushdie ist die Identität des modernen Menschen ein »schwankendes Bauwerk, das wir aus Fetzen, Dogmen, Kindheitsverletzungen, Zeitungsartikeln, Zufallsbemerkungen, alten Filmen, kleinen Siegen, Menschen, die wir hassen, und Menschen, die wir lieben, zusammensetzen.«[430] Kritische Stimmen weisen darauf hin, dass die Strategie der Werbung darauf angelegt sei, einige wenige, synthetisch wirkende Identifikationsfiguren mit gewissen Markennamen zu verknüpfen und so den Schein eines gestärkten Ich-Gefühls und einer Besonderheit beim Konsumenten zu erzeugen: »Identität wird zur vorgefertigten Hülle einer kulturellen Formensprache, die sich an einen bestimmten Turnschuh oder eine bestimmte Jacke binden kann.«[431]

Die Krise des Identitätsbegriffs zeigt sich auch daran, dass kaum

427 Erikson 1979
428 ebd., S. 154 ff.
429 Keupp u. Höfer 1997
430 zit. n. Geuter 2003, S. 26
431 ebd.

noch von der Identität, sondern – wenn überhaupt – von Identitäten die Rede ist[432]. In einer Zeit pluralisierter Lebenswelten[433], in der Traditionen und Rollenerwartungen in Auflösung begriffen sind und unterschiedlichste Vorstellungen darüber existieren, wie gelingendes Leben aussehen könnte, fühlt sich der einzelne Mensch mehr denn je dazu aufgefordert, Schöpfer und Gestalter seines Selbst zu sein: »Die Möglichkeitsräume haben sich explosiv erweitert. In diesem Prozess stecken enorme Chancen und Freiheiten, aber auch zunehmende Gefühle des Kontrollverlustes und wachsende Risiken des Misslingens.«[434] Täglich flimmern neue identitätsstiftende Angebote am Horizont auf, und doch ist die Gegenwart geprägt von Zukunftsängsten, Zersplitterungen, Entwurzelungen und zentrifugalen gesellschaftlichen Entwicklungen, deren Versuche der Integration immer brüchiger werden. Identität kann da nicht mehr helfen, gefragt ist eher ein dynamisches Selbst, das in der Lage ist, sich den wandelnden Anforderungen zu stellen, sich gewissermaßen ständig neu zu entwerfen.[435]
Damit wird deutlich, dass der Begriff des Selbst im Kontext sozialpsychologischer Fragestellungen heute einen größeren Raum einnimmt als das Konzept der Identität[436]. Auch der Begriff des Bewusstseins, dem im Augenblick viel Aufmerksamkeit widerfährt[437], ist von dem des Selbst und der Identität abzugrenzen: Bewusstsein meint die Vergegenwärtigung innerer Prozesse bezüglich der eigenen Wahrnehmungen, Gefühle und Gedanken[438]; das Selbst umfasst hingegen die Körper-, Sinnes- und Beziehungserfahrungen bis hin zu den Überzeugungen und Werthaltungen, die eine Person für sich vornimmt. Für Kohut zeigt sich das reife Selbst darin, »ein unabhängiger Mittelpunkt von Wahrnehmung und Antrieb« zu sein.[439] Köhler definiert: »Als Selbst wird jene Organisation

432 vgl. Schachinger 2002, S. 21
433 vgl. Bohleber 1999, S. 507 ff.
434 Keupp 1999, S. 7 ff.
435 vgl. Kraus 2000, S. 122 f.
436 Schachinger 2002, S. 7
437 vgl. Metzinger 2001; Roth 2000
438 Damasio 2000
439 Kohut 1977, S. 155

bezeichnet, die den Prozeß des Erlebens, das heißt innerer und äußerer Wahrnehmungen, bewußter und unbewußter innerer Vorgänge und Motivationen integriert und (...) zusammenhält.«[440]
Für das Phänomen des gefährdeten Selbst in der Fremde heißt das: Mit Beginn seiner Entwicklung[441] begibt sich der Mensch auf Entdeckung seiner selbst und erkundet, wer er ist und was ihn ausmacht. Er lernt zu unterscheiden (wenn er nicht dem magischen Denken verhaftet bleibt), was innerhalb und was außerhalb von ihm liegt; er entwickelt ein Gespür dafür, welche Persönlichkeitsmerkmale ihm entsprechen und welche ihm fremd sind; er bemüht sich darum, sein leibliches Empfinden, seine Aktivitäten und Fantasien einigermaßen zutreffend zu schildern. So entwirft er fortwährend ein Bild von sich, arbeitet dauernd am Konzept seines Selbst. Bisweilen ist dieses Selbst verunsichert. Besonders während der Adoleszenz, aber auch in späteren Phasen von Umbrüchen und Krisen stellt er sein Tun und seine Gefühle infrage; er prüft die kognitive Seite (wer bin ich?), die affektive Seite (wie fühle ich mich?) und die handlungsorientierte Seite (was tue ich?) seines Selbst[442]. Bei diesen Fragen, die auch Formen der Selbst-Vergewisserung sind, ahnt er, dass sein Selbst nicht ohne Widersprüche und Inkonsequenzen auskommt, von Stimmungen und Ereignissen abhängt.[443] An zwei Texten lässt sich das verdeutlichen. Von der Figur des Anton Reiser heißt es bei Karl Philipp Moritz:

> »Weil er von Kindheit an zu wenig eigene Existenz gehabt hatte, so zog ihn jedes Schicksal, das außer ihm war, desto stärker an; durch jedes fremde Schicksal fühlte er sich selbst entrissen und fand nun in anderen erst die Lebensflamme wieder, die ihm selber durch den Druck von außen beinahe erloschen war.«[444]

Friedrich Hölderlin beschreibt sein Selbst – in einem Brief an einen Freund – so:

> »Ich fürchte, das warme Leben in mir zu erkälten in der eiskalten

---

440 Köhler 1998, S. 26 f.
441 Stern 1998
442 Huppertz 2000, S. 121 ff.; siehe auch: Pinquart u. Silbereisen 2000, S. 75 f.
443 Hannover 2000, S. 227 ff.
444 Moritz, zit. n. Köhler 1998, S. 36

> Geschichte des Tags, und diese Furcht kommt daher, weil ich alles, was von Jugend auf Zerstörendes mich traf, empfindlicher als andere aufnahm, und diese Empfindung scheint darin ihren Grund zu haben, daß ich im Verhältnis zu meinen Erfahrungen, die ich machen mußte, nicht fest und unzerstörbar genug organisiert war. Das sehe ich. Kann es mir helfen, daß ich es sehe?«[445]

Das Selbst ist auf Begegnung angewiesen und zeigt sich im Zwischenraum von Eigenem und Fremdem als flüchtige, kaum festzuhaltende Erfahrung von Augenblicklichkeit und von Vergänglichkeit.[446] Auf der Suche nach Klarheit bezüglich der Genese des Selbst stößt man auf eine Vielzahl von Theorien aus unterschiedlichen Wissenschaftsbereichen: So lässt sich das sozialpsychologische Selbst Meads vom psychoanalytischen Selbst Freuds abgrenzen; ebenso zu unterscheiden ist das Selbst der Entwicklungspsychologie Mahlers vom Selbst der neueren Säuglingsforschung nach Stern; ein besonderer Blick gilt hier dem Selbst der Bindungstheorie Bowlbys und der Selbstpsychologie Kohuts.

Das Selbst in der Sozialpsychologie

Die Schriften des Sozialpsychologen G. H. Mead enthalten eine Reihe von Überlegungen zum Begriff des Selbst, zur Frage der Intentionalität menschlichen Handelns sowie zu den Dualismen Geist und Materie, Subjekt und Objekt. Mead gilt als Begründer des Symbolischen Interaktionismus und als Wissenschaftstheoretiker, der sich gegen eine Zerlegung des Erfahrungsbegriffs in ein individuelles Bewusstsein einerseits und eine objektive Realität andererseits ausspricht. Ein Selbst herauszubilden, d. h., sich gegenüber den Mitmenschen und der Umwelt zu verhalten, dies könne – so Mead – nur im Rahmen einer dynamischen Bezogenheit von erfahrendem Individuum und erfahrener Realität geschehen.
Im Zentrum des Symbolischen Interaktionismus steht ein Modell, in welchem es um die Herstellung von Bedeutungen, um die Re-

---

445 Hölderlin 1969, S. 880
446 vgl. Lévinas 1995

aktion auf solche Bedeutungen und um die Gemeinsamkeit von Bedeutungen zwischen mehreren Handelnden geht. Handeln orientiert sich nach Mead an der antizipierten Reaktion des anderen; umgekehrt konstituiert die Möglichkeit der Übernahme der Rolle des anderen das eigene Selbst, die Vorwegnahme der eigenen Reaktion auf die Erwartung des anderen. Anders formuliert: Die soziale Gruppe geht dem Einzelnen voraus, in sie wird er hineingeboren, in ihr entwickelt er ein Bewusstsein seiner selbst, indem er lernt, sich selbst durch die Augen der anderen zu sehen: Zu einem Verständnis seiner selbst zu gelangen, ist immer mit der Aufgabe verbunden, sich mit dem eigenen Anteil innerhalb des sozialen Kontextes – der Gruppe, der Gesellschaft, der Kultur, der man angehört oder in der man sich (z. B. als Reisender) gerade befindet – zu befassen und ihre jeweiligen »Weltsichten«, also die Orientierungs- und Wertschemata zu reflektieren.[447]

Das Selbst in der Psychoanalyse

Zu der Zeit, als Mead seine Überlegungen formulierte, lagen von Freud wesentliche Schriften der psychoanalytischen Theoriebildung vor; was den Begriff des Selbst angeht, ist aus ihnen jedoch kaum definitorische Klarheit zu gewinnen; zu wenig ist zu diesem Zeitpunkt in der Entwicklung der psychoanalytischen Grundlagen der Begriff des Selbst theoretisch gesichert und von dem der Identität abgeklärt. Gerade in den frühen Schriften der Psychoanalyse finden sich keine Differenzierungen dieser Begriffe: Identität und Selbst werden synonym gebraucht, und zunächst spielt das Ich – und nicht das Selbst oder die Identität – in der psychoanalytischen Konzeption die entscheidende Rolle.

In jenen Abhandlungen, in denen Freud seine Erkenntnisse über die Existenz und die Funktionsweise bewusster, unbewusster und vorbewusster Ebenen im menschlichen Erleben formulierte, wurde das Ich weitgehend mit Bewusstsein gleichgesetzt.[448] Ab 1923

447 vgl. Matter 2001, S. 43 f.
448 Freud 1999, S. 430 ff.

entwickelte Freud in der Strukturtheorie die Vorstellung von der menschlichen Seele als einem psychischen Apparat, der aus dem Es (also den Trieben), dem Ich (dem seelischen Apparat im engeren Sinne) und dem Über-Ich (der Repräsentanz der Umwelt) bestehe. Grundlage dieses Konzeptes ist ein biologisch fundiertes (empirisch wenig gesichertes) Triebmodell, bei dem das Lustprinzip vorherrscht: Jeder Triebanstieg (wie z. B. Hunger) bereite Unlust, also strebe der Organismus eine Befriedigung bzw. eine Triebabfuhr an; das Ich hat die Funktion, als Vermittlungsinstanz zwischen Wünschen und Triebkräften einerseits und den äußeren Bedingungen und Möglichkeiten andererseits zu vermitteln.
In diesem Modell wird die Entwicklung des Ichs in enger Verbindung zur Triebentwicklung beschrieben: Aus bestimmten Regungen entwickeln sich bestimmte Interessen und Aktivitäten des Ichs. Solche Funktionen, die im Dienste der Triebbefriedigung oder der -abwehr stehen, können sich später zu selbstständigen autonomen Strukturen entwickeln. Insgesamt ist im psychoanalytischen Verständnis davon auszugehen, dass sich zwischen den drei Instanzen Es, Ich und Über-Ich permanent Konflikte ergeben. Aufgabe des Ichs in solchen Konfliktsituationen ist es, Lösungen zu entwickeln und gegebenenfalls zur Verdrängung oder zu anderen Maßnahmen der Abwehr zu greifen. Im Falle der Verdrängung oder der neurotischen Symptombildung geht jedoch so viel Triebenergie verloren, dass Freud (fast könnte man sagen: aus ökonomischen Gründen) fordert: Wo Es war, soll Ich werden![449] Das Ich soll besser befähigt werden, dem Ansturm der Triebe, die aus dem Es auf Abfuhr drängen, gewachsen zu sein, um sie kanalisieren und fruchtbar machen zu können.[450] Ein gestärktes Ich zeige dann die Fähigkeit, den Trieben eine adäquate Abfuhr zu eröffnen und das Realitätsprinzip gegenüber dem Lustprinzip durchzusetzen.
Auf das Selbst kommt Freud im Kontext entwicklungspsychologischer Überlegungen zu sprechen: In seiner Vorstellung[451] unterscheidet der Säugling in den ersten Lebenswochen ausschließlich

449 Freud 1999, S. 144 ff.
450 vgl. Köhler 2000, S. 5 ff.
451 Freud 1999, S. 3 ff.

nach Lust und Unlust und entwickelt eine erste Differenzierung zwischen Selbst und Nicht-Selbst dahin gehend, dass er die Ursachen seiner Unlust außerhalb, diejenigen seiner Lust innerhalb seines Selbst lokalisiert. Bei fortschreitender Reifung gelinge es dem Kind immer besser zwischen Außen- und Innenwelt zu unterscheiden. Allerdings bestehe die Neigung, die inneren Quellen der Unlust nach außen zu verlagern und dort aggressiv zu besetzen. Damit schütze das Kind sein Selbst vor Gefühlen der Ohnmacht und Kränkung, vor aggressiven oder autoaggressiven Durchbrüchen. Im weiteren Verlauf der psychischen Entwicklung lasse das Kind die Phase des primären Narzissmus hinter sich, könne also seine psychischen Energien, die bislang nur dem Selbst galten, auch auf andere Objekte richten und diese libidinös besetzen.[452]
Ein anderes Verständnis vom Selbst formuliert Erikson. Bei grundsätzlicher Anerkennung der therapeutischen Erkenntnisse der Psychoanalyse bemängelt Erikson, dass Freud sich ausschließlich mit der neurotischen Seite des Menschen auseinandergesetzt, jedoch die gesunde Persönlichkeit und ihre normale Entwicklung vernachlässigt habe. Er postuliert den Gedanken, dass »die gesunde Persönlichkeit ihre Umwelt aktiv meistert, eine gewisse Einheitlichkeit zeigt und imstande ist, die Welt und sich selbst richtig zu erkennen.«[453] Danach verfügt das Neugeborene über keines dieser Anzeichen, während der Erwachsene der Beschreibung in jeder Hinsicht entspreche. Entwicklungsaufgabe des Kindes- und Jugendalters sei es, die äußere und die innere Welt richtig zu erkennen, zu meistern und in zunehmendem Maße Ich-Identität zu erwerben. Wichtigster Faktor im Aufbau dieser Ich-Identität ist danach die Fähigkeit, »sein Selbst als etwas zu erleben, das Kontinuität besitzt, das ›das Gleiche‹ bleibt«[454]; an anderer Stelle beschreibt Erikson die Ich-Identität als »ein dauerndes inneres Sich-Selbst-Gleichsein«[455].
Dass diese Vorstellung von Kontinuität trotz der Kritik am Identitätsbegriff heute noch diskutiert wird, zeigen die Arbeiten von

452 siehe hierzu die Ausführungen von Zepf zu Freuds Libido-Begriff: Zepf 2000, S. 52ff.
453 Erikson 1979, S. 57
454 Erikson 1976, S. 36
455 Erikson 1979, S. 124

Jürgen Straub, der in der Nachfolge Eriksons den Begriff deswegen nicht aufgeben möchte, weil er »eine spezifische Form oder Struktur des Selbstverhältnisses einzelner Personen, die sich auf der Grundlage ihrer Sprach- und Handlungsfähigkeit zu sich selbst verhalten können«[456], treffend bezeichne. Zwar sei es schwierig zu entscheiden, ob Identität als Form, Struktur oder Gestalt aufzufassen sei; wichtiger ist für Straub die Vorstellung von Identität als Ganzheit unter Einschluss von Kontinuität und Kohärenz; Identität setze zwar nicht voraus, dass im Leben alles gleich zu bleiben habe:

> »Die als Kontinuität begriffene Identität meint vielmehr, dass Veränderungen als Bestandteil eines sinnhaft strukturierten Lebenszusammenhangs begriffen werden können, und zwar auch dann, wenn sie durch kontingente Ereignisse angestoßen und vom Subjekt als heteronom bewirkte Widerfahrnisse erlebt werden. Kritische Lebensereignisse mögen einer Person neue Handlungsmöglichkeiten eröffnen oder bisherige verschütten. Sie machen jedoch aus niemandem einen ›zweiten Menschen‹.«[457]

In der psychoanalytischen Theoriebildung ist das Verhältnis des Selbst zu den identitätsstiftenden Objekten neu konzipiert worden. Der Kern unseres Selbst bedarf danach existenziell des Objektes, um sich zu erfahren; Objekte in diesem Sinne sind nicht nur die bedeutungsvollen Menschen unserer Umgebung, sondern auch Landschaften, Kunstwerke, Musikstücke und Literatur. An ihnen können sich Gefühle, Ideen, Fantasien und Selbstbilder konstellieren. »Die Objekte bilden eine Textur des Selbst. Erst der Durchgang durch den Anderen ermöglicht es, sich selbst zu erfahren.«[458] In diesem Sinne ist die Einheit des Selbst zu hinterfragen; sie ist nicht länger als Konkretion, sondern als Konstruktion zu verstehen, die das Selbstgefühl braucht, um als einheitliches Zentrum der Erfahrung wirken zu können.

---

456 Straub 2000, S. 279ff.
457 vgl. Köhler 2000, S. 5ff.
458 Bohleber 1999, S. 513

Das Selbst in der analytischen Selbstpsychologie

Für Kohut[459] stellt das Selbst das Initiativzentrum einer Person mit all ihren Erfahrungen, Kompetenzen, Gewohnheiten und Wünschen dar. Auch Erinnerungen, Fantasien und Ideale, die diese Person von sich gesammelt hat, sind darin gespeichert[460]. Dieses Selbst bezeichnet also den Ort innerhalb der psychischen Struktur, an dem bewusste und unbewusste Anteile zusammentreffen und es dem Menschen ermöglichen, sich von den Objekten der äußeren Welt abzugrenzen, sich seiner Eigenheiten gewahr zu werden und der eigenen Person einen Sinn von sich selbst zu verleihen. Das Selbst dieser Selbstpsychologie ist nicht ohne den Begriff des Selbstobjekts denkbar. Wolf[461] nennt folgende Selbstobjekterfahrungen, die das Kleinkind und auch den erwachsenen Menschen in seiner späteren Entwicklung prägen:

- spiegelnde Selbstobjekterfahrungen: Diese bestätigen das angeborene Gefühl des Kindes für Vitalität, Großartigkeit und Vollkommenheit;
- idealisierende Selbstobjekterfahrungen: Sie werden dem Kind durch Vorstellungen von Ruhe, Sicherheit und Stärke ermöglicht, mit denen das Kind verschmelzen kann;
- Alter-Ego-Selbstobjekterfahrungen: Sie werden als Vorbild gebraucht und sorgen für Erfahrungen, jemandem gleich zu sein; damit wird das Selbst gestützt, Identifikation wird ermöglicht und die Lernpotenziale werden stimuliert;
- aversive Selbstobjekterfahrungen: Sie werden für die gesunde Selbstbehauptung gegenüber Eltern (oder anderen Betreuungspersonen) gebraucht, ohne dass das Subjekt befürchten muss, damit die Beziehung zu ihnen zu gefährden.[462]

Neben Selbstobjekterfahrungen führt Kohut die Empathie als entscheidenden Aspekt seiner Überlegungen an. Aus der therapeutischen Arbeit gewann er die Erkenntnis, dass die Entwicklung des Selbst nicht nur mit der Fähigkeit zur Introspektion, dem Erfassen

---

459 Kohut 1977
460 vgl. Süsske 2004, S. 91 ff.
461 Wolf 1998
462 ebd., S. 92 f.

und Begreifen der eigenen Innenwelt zusammenhänge, sondern auch von der Empathie, also dem Beobachten, Einfühlen und Begreifen der subjektiven Bedeutungen eines anderen Menschen bzw. durch einen anderen Menschen, geprägt werde. Für den therapeutischen Prozess beschreibt Ernest Wolf dies so:

> »Dadurch, daß der Analytiker sich empathisch über lange Zeit hinweg in den Analysanden hineinversetzt und so mit der Geschichte, den Gefühlen, Gedanken, Ideen, Sorgen und Hoffnungen des Analysanden und der Art und Weise, wie er all dies erlebt, vertraut wird, erlangt er nach und nach die Fähigkeit, einen Zugang zur inneren Welt des Analysanden zu finden: die Fähigkeit, empathisch mitzuschwingen oder sich emotional einzustimmen.«[463]

Im Konzept der Selbstpsychologie stellt die Empathie (anders als in der humanistischen Psychologie bzw. der Gesprächspsychotherapie, die den Begriff der Empathie durch Carl Rogers geprägt hat) nicht nur jenen Modus der Beobachtung dar, die es einem Menschen (einer Mutter, einem Therapeuten, einem Freund) ermöglicht, sich in einen anderen hineinzuversetzen und die Welt aus dessen innerem Bezugsrahmen wahrzunehmen und zu interpretieren; für Kohut ist Empathie darüber hinaus ein wesentlicher Faktor zur Entwicklung und Aufrechterhaltung eines »kohäsiven« Selbst[464]. Fehlt die Empathie, so kann ein Mensch in Zustände ängstlicher Verwirrtheit oder narzisstischer Wut geraten; häufig würden psychosomatische Symptombildungen auf diesem Hintergrund entstehen[465]. Der Begriff der Kohäsion bezeichnet in der Selbstpsychologie die innere Festigkeit des Selbst:

> »Für das auftauchende Selbst ist mehr erforderlich als die angeborene Tendenz, innere und äußere Erfahrungen zu organisieren. Erforderlich sind auch Selbstobjekterfahrungen, die das Selbst hervorrufen, seine Entwicklung fördern und ihm Widerstandskraft verleihen. Angemessene Selbstobjekterfahrungen begünstigen die strukturelle Kohäsion und die vitale Kraft des Selbst. Fehlen Selbstobjekterfahrungen, sind sie nicht verlässlich oder unzureichend,

---

463 ebd., S. 34 f.
464 Milch 2001, S. 49 u. S. 78 f.
465 Kohut 1977, S. 338 ff.

> so kann die Kohäsion des Selbst verloren gehen und es kommt zu einer Fragmentierung des Selbst.«[466]

Unter »Fragmentierung« werden hier Vorgänge der Regression verstanden, bei denen das Selbst die Kohäsion verliert und Gefühle der Instabilität, der Leere und der Angst entstehen. Betroffene erleiden Zustände durchlässiger Grenzen, nachlassender Vitalität, gestörten inneren Gleichgewichts[467]. Die Dimensionen solcher Fragmentierungen können unterschiedlich sein: Der innere Zusammenhalt des Selbst kann sich langsam verändern, z. B. im Rahmen einer Entwicklung im Lebenszyklus, kann aber auch plötzlich zusammenbrechen, wie nach traumatisierenden Erfahrungen oder Verlusterlebnissen. Interessant ist auch folgender Hinweis:

> »Schwankungen in der Selbstkohäsion können wir an uns beobachten, wenn wir im Urlaub regressiver werden und uns z. B. weniger kontrollieren und stärker körperlichen Bedürfnissen nach Versorgung und Pflege nachgehen. Darüber hinaus können unsere Grenzen deutlich spürbar durchlässiger werden, bis hin zu leichten Identitätskrisen. Es kann sich das Gefühl einstellen, nicht mehr der- oder dieselbe zu sein, die eigenen Reaktionen können befremden oder es kommt eine Empfindung des schon Erlebten, Gehörten, Gesehenen auf.«[468]

Erfahrungen der Fragmentierung, also des Verlustes der Kohäsion und der vitalen Kraft des Selbst können sich steigern bis zu Empfindungen des gänzlichen Selbstverlustes bzw. der Auflösung des psychischen Gefüges:

> »Wird die Fragmentierung als erschreckende Gewissheit erlebt, dass der eigene Tod unmittelbar bevorsteht, dann bedeutet dies, dass das Selbst sich allem Anschein nach in einem unwiderruflichen Prozess der Auflösung befindet. Es ist so schrecklich zu erleben, wie sich das Selbst auflöst, dass die betroffenen Menschen alles Erdenkliche unternehmen, um sich vor den mit Fragmentierung verbundenen Gefühlen zu retten. (...) Tritt eine vollständige Regression ein, die nicht mehr kontrollierbar ist, so kommt es zu dem psychischen

466 Milch 2001, S. 78
467 Wolf 1998, S. 61
468 Milch 2001, S. 79

Zustand, den wir im Allgemeinen als Psychose bezeichnen. In den meisten Fällen endet eine Fragmentierung aber nicht in einer Psychose, sondern sie zeigt sich darin, dass bestimmte Aspekte des Selbst und seines Funktionierens regredieren. Jeder durchlebt von Zeit zu Zeit regressive Phasen als Reaktion auf bestimmte Erfahrungen, die in jeweils typischer Weise unsere Selbststruktur, die unser Erbe ist, belasten.«[469]

Noch einmal zusammengefasst: Im Rahmen der Selbstpsychologie stellt das »Selbst« gewissermaßen den Dreh- und Angelpunkt eines tiefenpsychologischen Konzeptes dar, das sich auf den Kern der Persönlichkeit bezieht und verschiedene Anteile integriert, die vor allem mit Selbstobjekterfahrungen sowie mit Momenten empathischen Verstehens bzw. Verstandenseins verknüpft sind. Diese Anteile streben danach, sich zu kohärenten, im Grundsatz dauerhaften, im Detail entwicklungs- und anpassungsfähigen, wandelbaren Strukturen zu verbinden[470]. In der aktuellen Lehre der Selbstpsychologie wird die Kernaufgabe des Selbst darin gesehen, das »Zentrum der Initiative zu sein, Empfänger von Eindrücken und Ort individueller Konstellationen von Ambitionen, Idealen, Talenten und Fertigkeiten.«[471] Wirklich erfasst werden könne dieses Selbst nicht im direkten Zugang, sondern nur über Manifestationen. Ähnlich dem Sehen, dem Atmen oder dem Wahrnehmen des eigenen Herzschlags bedürfe es besonderer Augenblicke, in denen die automatisierten Abläufe ins Bewusstsein drängten:

»Das bedeutet, dass das Selbst im Zustand von Vitalität nicht erlebbar ist. Lediglich bei verminderter Kohärenz bis hin zur Fragmentierung ist das Selbst über seine pathologischen Manifestationen erfahrbar, wie bei Angstzuständen, narzisstischer Wut, dissozialen Störungen, Perversionen, suizidalem Verhalten, psychosomatischen Symptomen oder psychotischen Zuständen.«[472]

---

469 Wolf 1998, S. 61 f.
470 Milch 2001, S. 57
471 ebd., S. 58
472 ebd.

Exkurs
Sigmund Freud: »... froh, dass man irgendwo zu Hause ist«

Welche Anforderungen das Reisen an Sigmund Freud stellte und wie er die Konfrontation mit der Fremde empfand, davon soll jetzt die Rede sein. Aus den gut dokumentierten Reiseerfahrungen wird deutlich: Auch Freud sah sich Gefahren des Selbstverlustes auf Reisen ausgesetzt, hatte die Spannung zwischen Bindungs- und Autonomiewünschen zu ertragen und beängstigende Fantasien sowie unbewusste Triebregungen abzuwehren. Aus Briefen und Reisenotizen wie aus dem Reiseverhalten selbst lässt sich erkennen, dass er viel Energie darauf verwenden musste, seine Ängste auf Reisen unter Kontrolle zu halten, von denen folgende bedeutsam waren: die Furcht vor Bindungslosigkeit, vor Einsamkeit, vor dissoziativer Verstörung und vor sexuellen Impulsen in der Fremde.

Zunächst eine Anmerkung zu den Quellen: Glücklicherweise liegen neben Briefen, die Freud von unterwegs an Kollegen wie Carl G. Jung, Lou Andreas-Salomé, Karl Abraham, Wilhelm Fliess oder Theodor Reik schrieb[473], auch zahlreiche Postkarten, Telegramme und andere Dokumente[474] vor, die er an seine Frau und seine Kinder richtete und die in der Schilderung der Reiseempfindungen besonders beeindrucken. Freud erscheint darin nicht als der angestrengte Denker, der auf Reisen fortwährend in Arbeit und psychoanalytische Deutungsbemühungen verstrickt ist – im Gegenteil, Reisen bedeutet für ihn Abstand von seiner Tätigkeit. Er möchte »ein paar Wochen (...) irgendwo untertauchen, wo es gar nichts von Wissenschaft gibt«, und albert mit seinem Bruder durch Venedig: »Du würdest uns beide kaum erkennen, (...) wir lachen und amüsieren uns wie zwei Schulbuben auf Ferien.«[475] Ebenso genießt er den Urlaub mit der Familie in den Bergen: »Hier in

---

473 Freud 1968

474 siehe die Auswahl an Reisebriefen, die Ch. Tögel zusammengestellt hat: Freud 2002; vgl. auch Tögel 1989; weitere Hinweise bei Gay 1989 und Kopetzki 1988

475 Freud 2002, S. 46

unserem schönen Obertressen liegen wir von zehn Uhr früh bis sechs Uhr abends auf verschiedenen Unterlagen herum, ohne einen Schritt über die Grenze unseres kleinen Gutes zu wagen«, heißt es im Brief an Wilhelm Fliess aus dem Jahre 1898; und weiter: »Scheinbar allem Nachdenken entrückt (...) beschäftige ich mich jetzt wesentlich mit der Kränkung darüber, daß die Ferien schon so weit aufgezehrt sind.«[476]

Selbst in Gesellschaft von Fachkollegen – so während seiner USA-Reise, die Freud 1909 auf Einladung der Universität von Massachusetts mit Carl G. Jung und Sándor Ferenczi unternimmt – scheint seine Strebsamkeit zu schwinden:

> »Wir meinen, der Wind höhle uns aus. Gestern nachmittag waren wir zu anderem als zum Essen eine Weile ganz unfähig und sind wie andere Reisende auf unseren Stühlen eingeschlafen. Alle Gedanken waren betäubt.«[477]

Die drei hatten geglaubt, die Überfahrt von Bremerhaven nach New York zur Vorbereitung ihrer Vorträge nutzen zu können. Doch dann beobachten sie lieber das Leben an Bord:

> »Die anderen spielen auf Deck Bewegungsspiele oder im Café alle möglichen Kartenspiele, liegen den ganzen Tag auf ihrem Streckstuhl, gehüllt in Plaids, Shawls, Tücher, Bandagen, geschützt von kleinen Polstern. Die Frauen unglaublich gepflegt, selbstbewußt zum Flirt aufgelegt.«[478]

Zu ihrem Wohlbehagen tragen auch die kulinarischen und alkoholischen Angebote an Bord bei: Wein und Bier erhält man gegen kleine Checks, die man mit seinem Namen unterschreibt. Jung hat die Abstinenz abgelegt und säuft wacker mit.«[479]

Auf dem Schiff, am Meer und überhaupt unterwegs kann Freud, wenn das Wetter milde, der Wein gut und die Unterkunft ansprechend ist, in Glückszustände verfallen und der Familie daheim, nicht ohne Schuldgefühl, sein Wohlbefinden eingestehen: »Kaum zu sagen, wie ein Tag vergeht. Jedenfalls sehr behaglich, mit viel

---

476 Freud 1968, S. 250
477 Freud 2002, S. 293
478 ebd., S. 291 f.
479 ebd.

Gespräch, Gelächter und etwas innerer Beschämung, dass ihr es so viel schlechter und ernsthafter habt.«[480]

Es gibt Orte, an denen er auch seine kulturellen Ambitionen, seine Besuche von Museen und Ausgrabungen zugunsten der Entspannung aufgibt; an der ligurischen Küste im Sonnenstuhl liegend, beichtet er seiner Familie:

> »Man kommt zu nichts, die himmlische Sonne und das göttliche Meer – Apollon und Poseidon – sind Feinde aller Leistungen. Ich merke, was uns sonst noch aufrecht erhalten, war das bischen ernste Pflicht, mit dem Baedeker in der Hand neue Gegenden, Museen, Paläste, Ruinen zu verificiren; da dies hier und diesmal wegfällt, gehe ich ganz im Wohleben unter.«[481]

Beim Reisen zeigt Freud also ganz unterschiedliche Seiten: Er ist zu erleben als aufmerksamer Familienvater, als interessierter Bildungsreisender mit Vorliebe für Archäologie und Kunstgeschichte, als ängstlicher und bisweilen verwirrter Neurotiker (was noch zu schildern sein wird) und eben auch als humorvoller Genussmensch.

Grundsätzlich lässt sich sagen, dass Freud im Laufe seines Lebens zunehmend begeistert auf Reisen geht. Schon als Kind spürt er eine »glühende Sehnsucht, die Welt zu sehen«[482], doch dauert es Jahre, bis er jene Orte besuchen kann, die ihm seit der Schulzeit vor Augen stehen. Während seiner Studien- und Assistenzarztjahre in Wien reist er nur einmal für vier Wochen nach Hamburg, um seine Verlobte Martha Bernays zu besuchen, und für vier Monate nach Paris, wo er im Krankenhaus Salpêtrière die neurologische Arbeit Charcots kennenlernt. Er ahnt schon dort, welche Bedeutung der Aufenthalt für ihn haben wird; an seine Braut schreibt er (nicht ohne Selbstironie):

> »O wie schön wird das sein! Ich komme dann mit einem großen Nimbus nach Wien zurück, und dann heiraten wir bald, und ich kuriere alle unheilbaren Nervenkranken.«[483]

---

480 ebd., S. 331
481 ebd., S. 205
482 Freud 1999, S. 253
483 zit. n. Freud u. Grubrich-Simitis 1989, S. 15

Auch seine erste Reise nach der Hochzeit mit Martha gilt der therapeutischen Arbeit in seiner gerade eröffneten Arztpraxis: Da sein Wirken (bei den vielleicht doch nicht so leicht heilbaren Nervenkranken) weniger zufriedenstellend verläuft als erhofft, zieht es ihn nach Nancy, um sich bei Liébeault und Bernheim in der Hypnosetechnik fortzubilden.

Erst mit 39 Jahren – als Vater von sechs Kindern, beruflich erfolgreich und finanziell endlich gesichert – beginnt für ihn die Zeit des Reisens. Regelmäßig im Sommer verlässt er die Stadt (Wien ist für ihn seit dem vierten Lebensjahr das Zuhause, hier lebt er 78 Jahre, davon allein 47 Jahre in der Berggasse 19, von wo er 1938 nach London emigrieren muss), um mit Frau und Kindern zunächst in den Bergen einen Urlaub zu verbringen und dann zu größeren Reisen nach Italien, in die Schweiz, nach Griechenland, England oder in die USA aufzubrechen. Gern ist er mit dem Schiff unterwegs, der Zug behagt ihm wenig, und nur einmal, aus Anlass einer kieferchirurgischen Behandlung, benutzt er das Flugzeug (von Wien nach Berlin). Die intensive Phase seines Reisens endet 1923, als er mit seiner Tochter Anna ein letztes Mal Rom besucht, dort aber vom Krebsleiden schon gezeichnet ist. Nur schwer kann er auf die Fremde verzichten, wie ein Brief an Ferenczi aus dem Jahre 1928 zeigt, in dem es heißt:

> »Dem einstigen Reisegefährten, der sich jetzt auf eigene Faust die Erfüllung meiner nicht gesättigten Reisewünsche gestattet, will ich einen herzlichen Gruß aus neidvoller Teilnahme nicht versagen.«[484]

Seine letzten Reisen sind dann der Teilnahme an Tagungen, Kuren zur Verbesserung des Gesundheitszustandes oder Besuchen seiner Kinder gewidmet.

---

484 ebd., S. 247

Die Angst vor dem Verlust der Verbundenheit

Es fällt auf, dass Freud möglichst nicht allein, sondern meist mit einem Familienmitglied auf Reisen geht. Nach Versuchen mit seiner nicht sehr reisefreudigen Ehefrau begleitet ihn entweder sein zehn Jahre jüngerer Bruder Alexander oder seine Schwägerin, später seine Kinder Oliver oder Anna. Bisweilen ist auch der Fachkollege und Freund Ferenczi mit ihm unterwegs, nicht nur auf Dienstreisen zu Kongressen und Fachtagungen, sondern auch auf Urlaubsreisen nach Italien. Lässt es sich nicht vermeiden, allein unterwegs zu sein, dann zeigt Freuds Reiseverhalten durchaus neurotische Züge: Akribisch ist er darauf bedacht, fern von zu Hause nicht den Kontakt zur Familie zu verlieren. Um mit seiner Familie in Verbindung zu bleiben, entwickelt er ein intensives Kommunikationsnetz: Täglich schreibt er eine Postkarte (manchmal sind es auch zwei, oder er sendet noch ein Telegramm hinterher), versieht sie mit fortlaufenden Nummern, avisiert per Telegramm seinen Aufenthaltsort und erbittet dorthin postlagernd die Briefe. In jeder fremden Stadt führt sein erster Gang auf das Post- und Telegrafenamt.

Erhält er dort die erhofften Mitteilungen, fühlt er sich erleichtert und entspannt: »Ich habe zu Mittag Euern combinierten Brief Mama, Mathilde, Martin und Anna erhalten u bin so dankbar für alle Nachrichten.« Liegt kein Brief, keine Karte, kein Telegramm von der Familie vor, so muss er seiner Enttäuschung Luft machen: »Ärgerlich, daß ich so wenig Nachricht von Euch habe, eine Karte jeden zweiten Tag«[485], schreibt er am 12.9.1901 aus Rom an seine Frau und fügt leicht verbittert hinzu: »Auch von Minna habe ich nur eine Karte aus Budweis. Es wird jetzt bald alles vorüber sein. Reise Samstag nachts.«[486] Und selbst wenn er am Vortag einen Brief erhalten hat, wartet er doch schon wieder auf den nächsten; so schreibt er am 6.9.1897 aus Siena: »Eben deinen Brief erhalten. Hoffentlich noch morgen mehr, Donnerstag reisen wir nach Orvieto, wo ich an dem einen Tag wieder Brief zu finden hoffe.«[487]

485 ebd., S. 148
486 ebd.
487 ebd., S. 80

Die Postkarte vom folgenden Tag, immer noch aus Siena, ist der Frage des Briefwechsels gewidmet:

> »Morgen früh geht es nach S. Gimignano, von wo dann mittags weiter bis Orvieto, wo ich bereits abgeschickte Briefe zu finden hoffe. Den nächsten Brief bitte ich nach Perugia zu schicken. Heute hat mich die Post enttäuscht.«[488]

Um das Bedürfnis nach Verbundenheit zu stillen und den Kindern Anreize zum Schreiben zu geben, verspricht er für Briefe im Gegenzug größere Geschenke; aus Palermo meldet er: »Heute früh angekommen, nur Sophies Brief vorgefunden, für den ich ihr etwas Schönes mitbringen werde. (...) Ich habe dir sofort telegraphiert, aber es war eine heiße schwere Sache.«[489] Auch seine Frau ermahnt er, ihn nicht zu vergessen: »Leb wol, mach es Dir angenehm, grüße die Fratzen (...) und schreib regelmäßig Deinem Sigm.«[490]
Unruhig wird er, wenn sein Bedürfnis nicht gestillt werden kann. So klagt er während der Amerikareise: »Man ist vom Schreiben abgeschreckt durch die Gewißheit, daß man nichts Geschriebenes zu erwarten hat. Die Abgeschiedenheit auf dem Ozean ist höchst merkwürdig und hat tiefe Wirkungen.«[491] Während einer Reise mit seinem Bruder ist er tagelang auf See ohne die Möglichkeit der Korrespondenz mit Frau und Kindern – im Erleben Freuds ein Zustand von erschreckender Unverbundenheit:

> »Natürlich wird mir die Trennung von Euren Nachrichten nicht leicht. Ich hoffe ihr schreibt nach Athen und telegraphiert selbständig nach Corfu. Von Athen telegraphiere ich sofort mit Rückantwort; das Ganze ist halt ein Abenteuer ...«[492]

Glücklich ist er, als er bei einem Zwischenaufenthalt doch Nachrichten von seiner Frau erhält: »Meine Theure! Ich danke sehr für das Telegramm, das ich gestern zu ungewöhnlicher Stunde (2 Uhr nachts) in Brindisi erhalten habe.«[493] Umso enttäuschender dann die Situation bei der Ankunft: »Endlich in Athen (...) sofort zur Post,

---

488 ebd., S. 81
489 ebd., S. 343
490 ebd., S. 341
491 ebd., S. 290f.
492 ebd., S. 182
493 ebd., S. 190

nichts gefunden.«[494] Erst zwei Tage später wird sich die Anspannung legen, als endlich das ersehnte Telegramm eingetroffen ist. In Italien ergeht es ihm einige Jahre später ganz ähnlich. Kaum in Rom eingetroffen, eilt er zur Post und dann ins Hotel: »Meine Lieben. Angekommen, Briefe empfangen, Telegramm im Hotel, dann selbst telegraphiert. Froh, daß ich irgendwo zu Hause bin.«[495]

Einsam und allein: »... kaum auszuhalten«

Doch Freud braucht mehr als nur das Gefühl der Verbindung und Verbundenheit. Nicht nur Briefe und Telegramme von der Familie sind ihm wichtig, sondern auch die leibhaftige Präsenz einer Reisebegleitung, die seine kommunikativen Bedürfnisse erfüllt und seine Reiseerlebnisse teilt. In Momenten, in denen er der Fremde allein ausgesetzt ist, legt sich ein depressiver Schatten auf sein Handeln bzw. sein Nichthandeln. Ohne Begleitung und Ansprache schwindet sein Elan, seine Initiative, sein Interesse, das ihn sonst so beschwingt und begeistert. Land und Leute irritieren ihn, wenn er allein ist, Ausstellungen, Konzerte, Theateraufführungen können ihn nicht reizen, selbst der Appetit geht ihm verloren.[496] Solche depressiven Verstimmungen erlebt er beispielsweise im September 1907 in Rom, nachdem er zuvor vier Wochen mit seiner Familie in den Alpen verbracht und sich dann mit seiner Schwägerin Minna in der Toskana getroffen hat. Nun aber, allein in Rom, bedauert er, niemanden an seiner Seite zu haben. Obwohl er in das städtische Treiben direkt vor seinem Hotel eintauchen könnte, fühlt er sich »doch zu einsam im Gewühl«[497] und empfindet die Tage und Nächte als »öde«[498]. Allein kann er sich nicht zum Bummel durch die Straßen aufraffen. Erst als er seinem Freund Max Eitingon begegnet und mit ihm durch das nächtliche Rom streift, geht es Freud besser. Umso schwerer aber seine Stimmung am nächsten

494 ebd.
495 ebd., S. 213
496 vgl. ebd., S. 246
497 ebd., S. 225
498 ebd., S. 229

Tag: »Seither fühle ich die Einsamkeit noch viel mehr. Wir werden es doch so einrichten, daß ich immer jemand von Euch (...) auf die Reise mitnehme«[499], schreibt er der Familie.
Auf seiner Reise durch England im Jahre 1908 erlebt Freud die Stadt London ähnlich irritierend und deprimierend. Wieder geht ein Urlaub mit Frau und Kindern in den Alpen voraus, wieder steht zunächst eine familiäre Begegnung auf dem Programm: Nachdem er Berchtesgaden verlassen hat, geht die Fahrt über Köln, Amsterdam und Den Haag nach Hoek van Holland, von wo aus er per Schiff nach Harwich gelangt. Freud reist weiter nach Manchester, um seinen Halbbruder Emanuel zu besuchen (der seit Jahren in England lebt, den Kontakt nach Wien aber nie abreißen lässt). Zunächst genießt Freud die Eindrücke von England und die Gastfreundschaft Emanuels. In London aber, ganz auf sich allein gestellt, fühlt Freud sich »erdrückt und verwirrt«[500]. Trotz bester Bedingungen – das Wetter ist »wunderschön«, die Menschen »gutmütig, eigentlich großmütig«, das Hotel »vornehm, geradezu behaglich«[501] – kann er die Tage kaum sinnvoll gestalten: »Wenn die Einsamkeit nicht so drückend wäre ...«, klagt er am 10.9.1908 und setzt später hinzu: »Morgen werde ich kaum etwas anderes thun können als im Hydepark, von dem ich sehr nahe bin, spazieren gehen u dort Pfeife rauchen. Die Einsamkeit ist unerträglich.«[502] Wie ein Kind zählt er die Stunden bis zur Abreise: »Nun muß ich bis Dienstag aushalten – also noch dieselbe Zeit, die ich schon hier bin, aber gewiß keine Stunde länger.«[503] Je einsamer er ist, desto melancholischer werden die Studien, die er in solchen Zeiten verfasst: in Rom die Abhandlung »Der Moses des Michelangelo« (als Untertitel setzt Freud hinzu: »Geschrieben in drei einsamen Septemberwochen«); in London die »Bemerkungen über Gesichter und Männer«[504]. Sein Fazit der Londoner Tage: »Ich würde, so behaglich ich hier untergebracht bin, lieber heute als morgen abreisen und weiß, daß

499 ebd., S. 220
500 ebd., S. 244
501 ebd., S. 243f.
502 ebd., S. 245
503 ebd.
504 vgl. ebd., S. 259

dies mein letzter Versuch ist, allein die Freiheit zu genießen. Es war schon in Rom voriges Jahr kaum auszuhalten.«[505]

Reiseängste, Phobien, dissoziative Verstörungen

Eigenartige Verunsicherungen und Verstörungen ereignen sich auf einer Italienreise, die Freud zusammen mit seinem Bruder Alexander im Jahre 1895 unternimmt. Sie führt ihn zunächst nach Venedig, wo Freud sich schon am Ankunftstag ganz verwirrt fühlt und erst über seinen Gemütszustand berichten möchte, »wenn ich gefaßter bin.«[506] Tagelang fühlt er sich »höchst merkwürdig, (...) wie im Taumel«[507] und macht bezüglich der Weiterfahrt die unklare Bemerkung: »Wir gedenken am Samstag abzureisen, der Mond fehlt nämlich noch.«[508] Freud trifft in dieser Zeit wichtige Entscheidungen in Einklang mit den Mondphasen. Häufig erwähnt er Erfahrungen der Derealisation und Depersonalisation. Während mehrerer Schiffsreisen können dissoziative Verstörungen ihn verwirren, so z. B. auf der Fahrt nach Amerika:

> »Am Abend saßen wir (...) und hatten plötzlich vergessen, wo wir waren, es war eine Situation wie auf einem verregneten Ausflug im Gebirge. Als wir dann zur Besinnung kamen, wir seien auf einem Schiff und das nächste Stück Land hieße Labrador, war es eine sonderbare Empfindung.«[509]

Die Macht des Unbewussten lässt sich nach Freud auf Reisen besonders gut beobachten. So ist das Fahren im Zug für ihn unangenehm bis peinigend und steigert sich fast zu einer Eisenbahnphobie. Von seiner zweiten Italienreise im Jahr 1896, wieder in Begleitung des Bruders, heißt es: »Eisenbahnfahrten sind gräßlich, unendliche Tunnels, schlechte Wagen, Rauch zum Ersticken.«[510] Als er einen Kongress in Breslau besuchen will, gesteht er einem Freund:

---

505 ebd.
506 ebd., S. 41
507 ebd.
508 ebd., S. 46
509 ebd., S. 296
510 ebd., S. 67

»Breslau spielt auch eine Rolle in meinen Kindheitserinnerungen. Im Alter von drei Jahren habe ich dort den Bahnhof passiert auf der Übersiedlung von Freiberg nach Leipzig, und die Gasflammen, die ich zum ersten Mal sah, haben mich an brennende Geister in der Hölle gemahnt.«[511]

Neben solchen frühkindlichen Fantasien mögen jedoch auch reale Ereignisse für seine Eisenbahnangst eine Rolle gespielt haben. Vor seinem Sommerurlaub 1897 schreibt er an Wilhelm Fließ: »Martha freut sich sehr auf die Reise, obwohl die täglich berichteten Eisenbahnunfälle einem Familienvater- und -mutterpaar nicht gerade viel Lust dazu machen können.«[512] Heftig wurde zu jener Zeit diskutiert, ob Eisenbahnfahrten zu Zerrüttungen des Rückenmarks (»railway spine«) und in deren Gefolge zu psychischen Störungen führen könnten.[513] Erst in seiner Selbstanalyse kann er sich von Reiseängsten lösen, kann er den Zusammenhang von aktuellen Ängsten in der Fremde und seiner Grundangst vor dem Verlust der Heimat erkennen.

Freuds besonderes Verhältnis zu Rom

Gespannt zwischen Sehnsucht und Furcht ist Freuds Wunsch, Rom zu sehen. Es lässt sich über viele Jahre eine regelrechte Hemmung dieser Stadt gegenüber beobachten. Diese Scheu, die Freud mit Carl Gustav Jung und manch anderem Zeitgenossen teilt[514], plagt ihn lange Zeit und lässt ihn unruhig schlafen:

»Ich träumte, daß ich in Rom bin, in den Straßen spazierengehe und mich über die große Zahl von deutschen Straßen- und Geschäftstafeln wundere. (...) Somit hatte der Traum meinen Wunsch erfüllt, Dich lieber in Rom als in Prag zu treffen. Meine Romsehnsucht ist übrigens tief neurotisch.«[515]

---

511 zit. n. Tögel 1989, S. 25; vgl. auch Richter 2003, S. 156 ff.
512 ebd., S. 26 ff.
513 vgl. Schivelbusch 1977
514 vgl. Richter 2003, S. 156; siehe auch Kopetzki 1988, S. 35 ff.
515 Freud 1970, S. 231

Erst spät kann er sich überhaupt zu Reisen in den Süden entschließen. Der erste Versuch führt nach Venedig; der zweite über Venedig und Ravenna bis nach Florenz; der dritte hat Umbrien und das nördliche Latium zum Ziel. Im September 1901 ist es dann doch endlich so weit: Freud trifft in Rom ein. Erleichtert, dass alles gar nicht so schlimm sei wie zuvor ausgemalt (»Davor habe ich mich also Jahre lang gefürchtet!«), schreibt er rasch eine Postkarte an Martha und findet es »unbegreiflich, dass wir nicht früher gekommen sind.«[516] Er legt die Hand in die Bocca dell verità (die Marmorscheibe mit der Tritonenmaske und dem steinernen Mund, in dem die Römer die Wahrheit wähnen) »mit dem Schwur, dass ich wiederkomme!«[517] (Sechs Rom-Besuche werden folgen.) Diesen ersten Aufenthalt genießt er in vollen Zügen: »Heute wieder die herrlichsten Sachen im Vatikan gesehen, von denen man wie im Rausch weggeht.«[518] Auch vom Pantheon ist er ganz begeistert: »Heute Nachmittag einige Eindrücke, an denen man Jahre lang zehren wird. (...) Es ist zu herrlich und ich war noch nie so wohl«, schreibt er am 6.9.1901 seiner Frau. Allerdings gelingt es Freud in Rom nicht, dem Vergnügen des Essens und Trinkens und ziellosen Bummelns nachzugehen: »In Rom ist man beständig von seinen Aufgaben erdrückt«, schreibt er nach Hause. Oder: »Man arbeitet schwer« – als müsse er sich dafür entschuldigen, dass auch er in Arcadia sein darf. Des Glücks teilhaftig geworden, wird der Rom-Besuch doch zur Bewältigung einer großen Aufgabe.

Die Angst vor sexuellen Impulsen in der Fremde

Über die Frage, ob Reise und Sexualität in Zusammenhang stehen, gibt ein Dokument der Psychoanalytischen Vereinigung Auskunft. Die Mittwochsgesellschaft, jener Kreis, der regelmäßig bei Kaffee und Tabak in der Berggasse zusammenkommt, um Methoden der psychoanalytischen Behandlung zu diskutieren, befasst sich 1912

516 Freud 2002, S. 135 f.
517 ebd., S. 137
518 ebd., S. 146

mit diesem Thema. Auf dem Programm steht »Die psychoanalytische Bedeutung des Reisens«. Alfred Freiherr von Winterstein hält den einleitenden Vortrag und stellt fest:

> »In der Mehrheit der von uns zur Analyse herangezogenen Fälle konnten wir den spontan und in scheinbar unerklärlicher Weise auftretenden Trieb zum Reisen (...) auf seine psychosexuellen Wurzeln zurückführen, mochte es sich nun um den Wunsch nach wie immer gearteter Befriedigung der Libido, um die Verwirklichung infantiler Phantasien und Regungen, um eine reale Darstellung der (...) inneren Ablösung von den Eltern oder um Todeswünsche handeln.«[519]

Wintersteins Vortrag wird angeregt diskutiert; dabei sieht Sabina Spielrein die Wurzeln des Reisens in der Sucht nach Ablösung und in dem Bedürfnis, etwas Neues zu finden, worunter nach ihrer Ansicht stets die Abwehr des Inzestwunsches verborgen sei. Theodor Reik merkt an, dass die »Paternianer« den Unterleib als Sitz der Sexualität und der Reiselust betrachteten; und Gaston Rosenstein weist darauf hin, dass der Wandertrieb bei Tieren dazu diene, die Befruchtungsmöglichkeiten der Artgenossen zu erweitern.[520]
Die vorgebrachten Hypothesen und Assoziationen liegen an diesem Abend nicht auf Freuds Linie. Der Meister lässt lediglich die Ansicht gelten, im Reisen die Lösung aus elterlichen Bindungen zu sehen – als Flucht, als Wunscherfüllung oder als Heldentat. Den Aspekt der psychosexuellen Bedeutung des Reisens greift er hingegen nicht auf, und man fragt sich, ob er vor seinen Schülern und Kollegen eine Seite des eigenen Unbewussten verbergen muss, die er noch nicht ergründet hat und die ihm gefährlich erscheint. Einige Jahre später gibt er in der Arbeit über das »Unheimliche« ahnungsvoll darüber Auskunft:

> »Als ich einst an einem heißen Sommernachmittag die mir unbekannten Straßen einer italienischen Kleinstadt durchstreifte, geriet ich in eine Gegend, über deren Charakter ich nicht lange in Zweifel bleiben konnte. Es waren nur geschminkte Frauen an den Fenstern der kleinen Häuser zu sehen, und ich beeilte mich, die enge Straße

---

519 Winterstein 1912, S. 489ff.
520 Nunberg u. Federn 1976, S. 60f.

> durch die nächste Einbiegung zu verlassen. Aber nachdem ich eine Weile führerlos herum gewandert war, fand ich mich plötzlich in derselben Straße wieder, in der ich nun Aufsehen zu erregen begann, und meine eilige Entfernung hatte nur zur Folge, dass ich auf einem neuen Umwege zum drittenmal dahin geriet.«[521]

Besser als in dieser fast surrealen Szene lässt sich kaum zum Ausdruck bringen, wie sehr die Regentschaft des Unbewussten die Erfahrung der Fremde bestimmen kann und wie nahe – nicht nur in dieser engen, heißen Straße der Frauen – Reiselust und Reiseangst beieinanderliegen.

---

521 Freud 1999, S. 249

DAS SELBST UND DIE FREMDE

Eine Analyse autobiografischer Texte

Die folgenden Kapitel gehen der Frage nach, auf welche Weise Menschen in der Fremde ihr Selbst als gefährdend erleben und wie sie die Stufen ihrer Entgleisung beschreiben. Bei allen ausgewählten Texten über psychische Krisen handelt es sich um autobiografische Schilderungen des Reisens, d. h., die Autorinnen und Autoren befinden sich an Orten, die ihnen fremd sind, weit entfernt von ihrer heimischen Umgebung und ihrer vertrauten Sprache. Sie sind Reisende, nicht Migranten oder Flüchtlinge; ihr Unterwegssein hat sie an Plätze geführt, an denen sie auf die Geografie der eigenen Einsamkeit zurückgeworfen werden.

Die Erfahrung der Fremde führt – wie sich zeigen wird – zu sehr unterschiedlichen Varianten seelischer Verstörung: Angst- und Panikattacken treten auf, schreiben sich in die Psyche ein und beeinflussen das spätere Reiseverhalten nachhaltig. Dissoziationen verändern die Wahrnehmung des eigenen Selbst und lassen den Reisenden mit der Frage zurück, ob er noch Herr im eigenen Hause sei. Depressionen machen fast handlungsunfähig, konfrontieren mit Schwierigkeiten der inneren und äußeren Abgrenzung und führen an den Rand des Suizids. Jugendliche Reisende erfahren, wie der Abschied von der Kindheit und die Suche nach dem eigenen Selbst zu Situationen der Bindungslosigkeit und der psychischen Auflösung führen. Und auch welterfahrene Erwachsene erleben auf Reisen, dass manche ihrer Empfindungen in Regionen steigen, die so sonderbar sind, dass sie kaum mehr zwischen ihrem Selbst und der Außenwelt zu unterscheiden vermögen.

Der erste Abschnitt enthält Textauszüge, die das bedrohte Selbst auf Reisen thematisieren: Die Schriftsteller Imre Kertész und W. G. Sebald sowie der Psychiater Erich Wulff schildern Angstattacken in der Fremde, die bei Kertész und Wulff kurzfristig auftreten, jedoch deutliche Narben des Erlebens hinterlassen: Imre Kertész reist von Ungarn nach Deutschland, um dort einen Literaturpreis in Empfang zu nehmen. Auf den Straßen Leipzigs erfasst ihn eine Panik, die ihn zur Verzweiflung treibt. Erich Wulff gerät bei einer Reise durch Vietnam, das er aus früheren Jahren kennt, in eine angstvolle, wahnhafte Stimmung, fühlt sich verfolgt und vernichtet. Die Angstattacken, die W. G. Sebald auf einer Reise durch Italien erlebt, enthalten ebenfalls wahnhafte Momente und sind anhaltender als die von Kertész und Wulff.

Im zweiten Abschnitt über das irritierte Selbst auf Reisen finden sich Aufzeichnungen von Dolf Sternberger, Rolf Dieter Brinkmann und Nicolas Bouvier. Besonders Brinkmann zeigt in der Schilderung seines Aufenthaltes in Rom seelische Irritationen, die er den Verhältnissen Roms zuschreibt; hinter seiner zivilisationskritischen Bestandsaufnahme werden jedoch auch dissoziative Momente einer persönlichen seelischen Krise deutlich. Bouvier erlebt am Ende einer Reise durch Indien und Ceylon eigentümliche Veränderungen seiner Wahrnehmung, und zwar sowohl bezüglich seiner Umgebung als auch seiner eigenen Person. Seine Furcht drückt sich in Zuständen der Derealisation und Depersonalisation aus.

Der dritte Abschnitt über das erschöpfte Selbst auf Reisen befasst sich mit Darstellungen der Verlorenheit in der Fremde. Bei Max Dauthendey handelt es sich nicht nur um eine melancholische Episode, sondern um eine unumkehrbare Not in der zunächst selbst gewählten, dann unfreiwilligen Isolation in der Südsee. Ein Text von Albert Camus zeigt, wie eine Reise die depressive Disposition der Seele in Bewegung setzen kann und den Reisenden in die Nähe eines Suizids bringt. Bei Annemarie Schwarzenbachs korrespondiert auf ihrer Reise durch Persien die Darstellung der äußeren Topografie mit der inneren Landschaft der Schriftstellerin, die von Verzweiflung und Ausweglosigkeit geprägt ist.

Die Berichte des vierten Abschnitts von Lori Schiller und Everett Ruess dokumentieren das verunsicherte Selbst auf Reisen und schildern, welche Besonderheiten bezüglich der Konfrontation mit der Fremde in der Adoleszenz auftreten können.

Allein oder in der Gruppe unterwegs, zeigen hier zwei Jugendliche, wie sich Gefühle der Verbundenheit zur Familie und zu ihrer bisherigen Lebenswelt lockern; sie verlieren das Vertrauen in die Menschen, ihre Ungebundenheit schlägt in Bindungslosigkeit

und Selbstauflösung um, bis sie an ihrer Einsamkeit und Isolation scheitern.
Die beiden Autoren in dem Kapitel »Das entgleitende Selbst auf Reisen« schildern wahnhafte Turbulenzen in der Fremde: Ortrud Grön entfernt sich bei einem Aufenthalt in Rom von der Realität und gerät in wahnhafte, einer Psychose ähnliche Zustände. August Strindberg erlebt nach der Abreise aus seiner Heimat den Beginn einer psychischen Krise, die sich in fremder Umgebung zum wahnhaften Erleben steigert und Symptome einer psychotischen Erkrankung zeigt – wobei Strindberg auch während seiner akuten Krise in der Lage ist, präzise über seine Denk- und Wahrnehmungsveränderungen Rechenschaft abzulegen.

Das bedrohte Selbst in der Fremde: Angst und Panik

»Höhlen von Düsternis und Grauen
öffnen sich um mich herum,
dass ich nicht hineinzusehen wage.«
Virginia Woolf

Angst dient der Antizipation von Gefahren und kennzeichnet das Empfinden bei realen oder eingebildeten Zuständen existenzieller Bedrohung; sie ist nicht in erster Linie ein psychopathologisches Phänomen, sondern eine elementare Befindlichkeit und Reaktionsform, die zur biologischen Ausstattung des Menschen gehört und das Überleben sichert. Angst ist bei jedem Menschen auch Teil seiner individuellen und psychosozialen Lebensgeschichte, und ihre Bewältigung ist eine Aufgabe, die sich in verschiedenen Lebensphasen unterschiedlich stellt und bis hin zu Panikattacken führen kann. In diesen Fällen steht das Gefühl der Angst so stark im Vordergrund, dass das Leben völlig eingeschränkt ist. Von Angststörungen ist zu sprechen, wenn die Angst in besonderem

Maße auftritt und die Umstände den Grad der Angst nicht erklären können, wenn Dauer und Häufigkeit der Angstzustände mit der Zeit zunehmen und die Fähigkeit abhandenkommt, die Angst aus eigener Kraft zu überwinden.

Angst tritt als gerichtete Emotion oder als diffuser Affekt in Erscheinung und teilt sich auch körperlich mit: Das Gesicht wird blass, die Pupillen weiten sich, Schweiß bricht aus, die Hände zittern, Puls und Herzschlag sind beschleunigt, die Brust engt sich ein, dem Magen wird übel und die Blase wird schwach. Angst ist also gleichzeitig ein seelisch und körperlich empfundenes Erleben des Unheimlichen und Bedrohlichen, das nicht verlässlich erkannt und abgeschätzt werden kann und dem man sich hilflos ausgeliefert fühlt.[522] Angstvolle Reaktionen reichen von leichten Gefühlen des Unbehagens bis zu Panikstörungen und beziehen sich auf Vorgänge in der Umwelt, auf psychische Vorstellungen und Fantasien oder auf Wahrnehmungen von Prozessen im Körper. Die Betroffenen können oft keine konkreten Auslöser erkennen, ihre Attacken scheinen aus heiterem Himmel zu kommen und sich innerhalb von wenigen Sekunden zu verdichten. In diesen Momenten werden die Symptome als Bedrohung sowohl der physischen als auch der psychischen Integrität erlebt. Der Druck auf der Brust, das Gefühl der Enge, die Atemnot und der Schwindel werden schnell zur Angst vor dem Sterben oder zur Angst, verrückt zu werden. Oft stehen bei Angstsyndromen traumatische Erfahrungen, unbewusste Trennungsängste oder ungelöste aggressive Konflikte im Hintergrund. Die daraus resultierenden Gefühle sind so bedrohlich und so wenig bewusstseinsfähig, dass sie sich nur auf dem Weg von Angstattacken entladen können.[523]

522 vgl. Tölle u. Windgassen 2003
523 vgl. Senf 1996, S. 269

Beklemmung: Imre Kertész

Geboren am **9. November 1929** in Budapest – im Juli **1944** deportiert nach Auschwitz – im April **1945** aus dem KZ Buchenwald befreit – **1948** Abitur, erste journalistische Arbeiten – **1951** Militärdienst – **1953** als Schriftsteller (Musicals, Theaterstücke) und freier Journalist in Budapest – **1960** Beginn der Arbeit an »Roman eines Schicksallosen« – **1975** erste, weitgehend unbeachtete Veröffentlichung des Romans in Ungarn; Übersetzung der Werke von Nietzsche, Freud, v. Hofmannsthal, Canetti, Wittgenstein, Schnitzler u. a. – **1988** erscheint der Roman»Fiasko« – **1992** »Kaddisch für ein ungeborenes Kind« – **1995** erscheint der »Roman eines Schicksallosen« in neuer Übersetzung in Deutschland – **1997** Buchpreis für Europäische Verständigung in Leipzig – **1998** »Ich – ein anderer« (autobiografische Notizen) – **2002** erhält Kertész den Nobelpreis für Literatur – **2006** »Dossier K. Eine Ermittlung«

Der Schriftsteller Imre Kertész reist im Jahre 1997 anlässlich der Verleihung des Buchpreises zur Europäischen Verständigung nach Leipzig. Nicht sonderlich erfahren im Reisen und Erkunden der Fremde (Kertész hat viele Jahre sehr zurückgezogen in seiner Wohnung in Budapest gelebt und diese nur selten verlassen – erst mit der Öffnung des Ostblocks und dem beginnenden literarischen Erfolg wird das Reisen für ihn Bestandteil seines Lebens), will er nach einer Fahrt durch die Stadt zu seiner Unterkunft, dem Gästehaus des Bürgermeisters, zurückkehren, um sich in Ruhe auf die abendliche Lesung und Preisverleihung vorzubereiten. Doch er findet das Haus nicht wieder:

> »Ich stehe auf der Straße, es ist dunkel, gießt in Strömen, ich habe keine Ahnung, was los ist, offenbar hat mich der Taxichauffeur falsch abgesetzt, an der Häuserecke, wo ich mich befinde, entdecke ich kein Straßenschild, es gibt weit und breit keine Telefonzelle, kein Café, kein Geschäft, kein Restaurant.«[524]

So irrt er herum »in dieser düsteren, nunmehr offen feindlichen Stadt (...), die mich mit der Indifferenz eines hungrigen Tieres zu packen und zu verschlingen droht.«[525] Als er endlich das Haus

524 Kertész 1998, S. 38
525 ebd., S. 40

findet und erschöpft sein Zimmer betritt, hört er entsetzliches Geschrei:

> »Eine furchterregende Männerstimme, die auf Deutsch droht und fordert, wohl beides zugleich, in einer endlosen Tirade. Wieder fühle ich meine Einsamkeit, das Personal ist weg, ein Telefon gibt es zwar, doch die Nummer der Polizei zum Beispiel weiß ich nicht, Telefonbuch und sonstige Informationen fehlen, zur Sicherheit schließe ich meine Zimmertür ab.«

Doch die Angst lässt sich nicht besiegen, das Gefühl von Schutz stellt sich nicht ein. Kertész entscheidet sich, das Haus zu verlassen. Er schleicht zur Treppe. An der untersten Stufe steht der »Tobsüchtige« und schreit ihm entgegen: »Komm, komm! Komm runter, du Gauner, komm mal, los, komm!« Entsetzt flieht Kertész zurück in sein Zimmer. Doch allzu lange kann er dort nicht bleiben, denn der Zeitpunkt der Lesung rückt näher. Als die wütende Stimme für eine Weile verstummt, verlässt er sein Zimmer:

> »Das Haus ist still und leer; ich gehe die Treppe hinunter bis zur Eingangstür – nichts. Jetzt folgt der heikelste Moment, der mein Ausgeliefertsein unerträglich steigert: Während ich mich mit dem verschlossenen Haustor herumplage, das ich von innen öffnen muss, ist mein Rücken ungeschützt, dahinter gähnt der Raum. Endlich bin ich draußen.«[526]

Kann man – so wurde schon zu Beginn dieser Studie gefragt – auf Reisen in ganz neue, psychisch gefährdende Regionen der Wahrnehmung geraten? Ist es möglich, dass die Fremde sich als so abweisend und feindlich zeigt, dass sie dem Reisenden jegliche Sicherheit nimmt und er nicht mehr in der Lage ist, Gefühle der Angst, der Hilflosigkeit und Bindungslosigkeit abzuwehren? Dass er sich gänzlich ungeschützt, existenziell bedroht fühlt? Dass sich das Selbst auflöst und die Fähigkeit verliert, reflektiert und effektiv zu handeln? Solche Fragen scheinen angemessen, wenn man sich Texten zuwendet, die von Angst und Panik, von seelischen Krisen und psychischen Zusammenbrüchen in der Fremde handeln. Was Kertész erlebt und in der vorangestellten Reiseszene schildert, lässt sich, wenn man eine autobiografische Lesart wählt, unschwer mit

526 ebd., S. 42f.

den Lebensumständen des Autors in Verbindung bringen. Kertész reist nach dramatischen Erfahrungen als KZ-Häftling in Auschwitz und Buchenwald fünfzig Jahre später in das Land seiner einstigen Peiniger. Wer so traumatisiert und in Hinblick auf tragende Beziehungen gegenüber den Menschen in Deutschland so tief verletzt ist, bei dem tauchen wohl zwangsläufig Gefühle nicht nur der Unsicherheit und Einsamkeit, sondern vor allem der Lebensbedrohung wieder auf.

Als Kertész in der Dunkelheit des frühen Abends vor seiner Unterkunft in Leipzig abgesetzt wird, fühlt er sich verunsichert: Ist dies die richtige Straße, das angesteuerte Haus? Etwas scheint nicht zu stimmen: Das Misstrauen gegenüber der eigenen Wahrnehmung wandelt sich in ein Misstrauen gegenüber dem Taxifahrer, dann auch gegenüber seinen Gastgebern und der Stadt insgesamt, die nicht nur unvertraut, sondern zunehmend feindlich erscheint: Niemand ist da, der für Schutz und Orientierung sorgt, kein verlässlicher Mensch, nicht einmal ein Straßenschild, eine Telefonzelle, ein Geschäft oder Restaurant. Ein Gefühl des Ausgesetztseins, der Hilflosigkeit und abgrundtiefen Verlassenheit stellt sich ein und steigert sich zu einer Bedrohung, als würde ein Raubtier im nächsten Augenblick den schutzlosen Reisenden verschlingen.[527]

Glücklicherweise erkennt Kertész nach einiger Zeit doch das Eingangstor seiner Unterkunft und begibt sich in sein Zimmer, wo ihm allerdings eine weitere Bedrohung widerfährt: Die »furchterregende Stimme« eines Mannes (später wird sich herausstellen, dass es die eines Dirigenten ist, der sich auf ein Konzert vorbereitet und jede Bewegung im Haus als Störung empfindet) dringt durch alle Räume; es ist eine deutsche Stimme, die »droht und fordert«, und unschwer lässt sich denken, dass Kertész ähnliche Worte in einem ähnlichen Tonfall schon einmal gehört hat – und sich davon extrem bedroht fühlt. Erneut ist er ungeschützt, keine Hilfe ist zu erwarten, niemand steht bereit, um die Bedrohung abzuwehren. Das Abschließen des Zimmers bietet keine ausreichende Sicherheit, und so ist auch das Gästehaus als der Ort des Rückzugs zu einer Gefahr geworden, der Kertész schleunigst zu entkommen sucht.

527 vgl. ebd., S. 41

Zuvor muss er die Begegnung mit dem »Tobsüchtigen« und dessen eigentümliche Aufforderung (»Komm, komm! Komm runter, du Gauner, komm mal, los, komm!«) ertragen; und schließlich gilt es, beim Verlassen des Hauses den »heikelsten Moment« zu überstehen, nämlich dem offenen Raum den Rücken zuzuwenden: Für Kertész bedeutet dies, an Situationen des »unerträglichen Ausgeliefertseins« erinnert zu werden.

Verlässt man die biografische Ebene, die Kertész' Reise nach Leipzig als Rückkehr an die Stätte des Naziterrors und folglich als Wiederbelebung traumatischer Erfahrungen versteht, so kommen Aspekte ins Blickfeld, die von der Wirkung der Fremde auf das Selbst berichten. Dem angstvollen Reisenden kann eine Erkundung der Fremde in einem solchen Zustand der Verunsicherung nicht gelingen. Zu sehr versucht das Selbst, seine Kohärenz zu wahren, als dass es die Welt der Objekte gelassen in Augenschein nehmen kann. Im Gegenteil, so wie das Selbst die Gefahr der inneren Fragmentierung spürt, so nimmt es das Außen nur noch verzerrt wahr. Kertész' erste Krise ist dafür ein Beispiel: Er hat das Gefühl, vom Taxifahrer an der falschen Straße abgesetzt worden zu sein – und wird später bemerken, dass er mit dem Rücken zum Eingangstor des Gästehauses stand, als er sich so orientierungslos fühlte.

Ein weiterer Aspekt, der dem obigen Textauszug seine exemplarische Bedeutung verleiht, ist der Moment der Verlorenheit. Meist begegnen Reisende diesem Gefühl durch Strukturierung der Situation; sie machen sich kundig, studieren Stadtpläne, verleiben sich die Objekte ihrer Angst gewissermaßen ein: »Sobald ich irgendwo ankomme, packt mich eine wahre Gefräßigkeit – ich muß wissen, wie alles zusammenhängt, ich muß das ›System‹ der Stadt kennenlernen, ich muß losziehen, riechen, schauen, in Bussen und Straßenbahnen sitzen, die Stadt erobern«[528], erklärt Cees Nooteboom. Kertész' Wahrnehmung geht über diesen Wunsch nach (kognitiver und sensitiver) Orientierung hinaus, sie weist einen größeren Angstfaktor auf. Ihm erscheint die Stadt nicht nur unstrukturiert, sondern »feindlich«, lebensbedrohlich gar, als hätte

528 Nooteboom 2004, S. 9

er bereits den Kopf verloren, ihn in den Rachen eines »hungrigen Tieres«[529] gelegt – als ginge es bei der Erkundung der Fremde und der Bewältigung der Angst nicht um das Fressen (Nooteboom), sondern das Gefressenwerden (Kertész).
Das Selbst eines Reisenden, so wurde bereits gesagt, konturiert sich im Zwischenraum von Eigenem und Fremdem. Es ist in der Regel auf Begegnung angewiesen. Selbsterfahrungen vollziehen sich an Objekten, wozu nicht nur Menschen zählen, sondern auch Landschaften oder kulturelle Phänomene. Hier jedoch fehlt jegliche Bezogenheit, für Kertész gibt es in der geschilderten Szene keine Begegnung, die angstfrei und bereichernd verläuft; kein Passant taucht auf, der auf den dunklen und abweisenden Straßen Leipzigs Vertrauen erwecken und Orientierung bieten kann; für eine Begleitung des Reisenden ist offenbar nicht gesorgt. Ihm fehlt die Möglichkeit, die Irritationen zu überprüfen, sie einem Vertrauten zu schildern. In solchen Situationen sind die Antennen des Reisenden in besonderer Weise auf ungewohnte Bedeutungsgehalte gerichtet: Hochsensibel werden Geräusche, Gerüche, Worte und Gesten gedeutet, werden wahrgenommene oder auch fantasierte Botschaften zu entschlüsseln versucht – wie auch das nächste Beispiel zeigt.

Verstörung: Erich Wulff

Geboren am **6.11.1926** in Tallin (Estland) – **1947** bis 1953 Studium der Medizin und Philosophie in Köln und Paris – **1954** bis 1960 psychiatrische Ausbildung in Marburg und Freiburg – **1961** bis 1967 als Arzt und Universitätsdozent in Hué (Vietnam) – **1968** bis 1974 psychiatrische Tätigkeit in Gießen und Professeur associé an der Universität Paris-Vincennes – **1969** Habilitation – **1972** Veröffentlichung: »Psychiatrie und Klassengesellschaft« – **1974** bis 1992 Professor für Sozialpsychiatrie an der Medizinischen Hochschule Hannover – **1979** erneute Reise nach Vietnam – **1990** Veröffentlichung: »Psychiatrie im Wandel« – **1995**

529 Kertész 1998, S. 40

Veröffentlichung: »Wahnsinnslogik« – **2001** Veröffentlichung: »Irrfahrten. Autobiografie eines Psychiaters« – **2005** Veröffentlichung: »Das Unglück der kleinen Giftmischerin«

Vier Jahre nach Ende des Vietnamkrieges, im Jahre 1979, reist der Psychiater Erich Wulff in das von Kämpfen gezeichnete Land, das er von früheren Aufenthalten als Arzt und Dozent an der Universität kennt. Die kulturellen Gepflogenheiten und die klimatischen Bedingungen sind ihm vertraut, in Saigon und Hué kennt er sich aus. Auch glaubt er, als renommierter Wissenschaftler und Mitbegründer einer Solidaritätsbewegung willkommen zu sein. Doch schon bald muss er feststellen, dass ihm von amtlicher Seite nur Bruchstücke dessen präsentiert werden, was er eigentlich zu sehen hofft. Die neuen Kader des Landes entscheiden nun, was aktuelle vietnamesische Realität zu sein hat bzw. sie zu zeigen bereit sind. Offene Gespräche, freie Reisen, selbstständige Erkundungen sind unmöglich. Die Sicherheitsorgane kontrollieren und observieren Erich Wulff auf Schritt und Tritt. Nur bei einem kurzen Treffen mit vietnamesischen Freunden aus früheren Hué-Zeiten gelingt es für Augenblicke, die Informationsblockade zu umgehen und kritische Aspekte der Entwicklung des Landes zu erörtern:

> »Dies waren eigentlich auch damals keine so außergewöhnlichen Informationen. Erst durch den Versuch, sie mir um jeden Preis vorzuenthalten, gewannen sie den Charakter eines Staatsgeheimnisses – und durch mein Durchbrechen des Kontaktverbotes den Charakter von Spionage. (...) Als ich nach diesem Gespräch in mein Hotelzimmer zurückkehrte, geriet ich in eine panische Angst: ich hielt es plötzlich für möglich, man könne mich als ›Geheimnisträger‹ oder gar als Spion im Land behalten, vielleicht sogar ganz zum Schweigen bringen. Immer tiefer geriet ich in diese Angst, in diesen Argwohn hinein. (...) Will man mich einen Tag, zwei Tage hier einfach schmoren lassen? Im leeren Hotel, wo niemand weiß, was mit mir geschehen soll, wo ich auf Anrufe keine Antwort bekomme? Bis schließlich zwei freundliche Herren an der Tür stehen, die einen Augenblick mit mir sprechen wollen? Wohin kann ich entkommen? (...) Erhitzt, ermattet trinke ich im Speisesaal vor dem Abendessen noch ein Glas Bier. Plötzlich wird mein Gesichtsfeld enger, durch-

> mischt sich mit grauen Flocken, der Raum schiebt sich zusammen, die Stimmen am Nebentisch, die klappernden Geräusche in der Küche rücken in die Ferne. ›Zyankali‹ durchfährt es mich, diesmal haben sie es geschafft ...«[530]

Erich Wulffs retrospektive Schilderung einer Reiseerfahrung beginnt klar und reflektiert, zeigt aber schon nach wenigen Zeilen, wie die Wahrnehmung und Deutung befremdlicher Ereignisse ins Wahnhafte gleitet. Ungewissheit, Angst und Panik gestalten die Beziehungen zur Außenwelt, für einen Augenblick gewinnt eine paranoide Sichtweise die Oberhand, die nah an psychotisches Erleben reicht. Der Autor fühlt sich in der Fremde nicht nur eigentümlich distanziert und abgeschnitten von dem, was um ihn herum passiert, er bezieht physische und psychische Irritationen (die Leere des Hotels, der Geschmack des Bieres, die visuellen Besonderheiten) ganz auf sich und auf die Möglichkeit, als Spion wahrgenommen zu werden – was nach seiner Deutung zu seiner sofortigen Liquidierung führen kann. Immer stärker scheinen sich die Indizien der Vermutung zu verdichten. Er sucht nach Fluchtmöglichkeiten und weiß doch, dass er das Land nicht verlassen kann. Die zwei »freundlichen Herren« stehen in seiner Wahrnehmung schon vor ihm, und der Wahn wird, als sich die Realität im Speisesaal verschiebt, zur Gewissheit: »Diesmal haben sie es geschafft« – so nah wähnt er sich seinem eigenen Ende.

Nun müssen derartige Angststörungen, wie Erich Wulff sie beschreibt, nicht immer von finalen Todesfantasien unterlegt sein; häufiger tauchen Beklemmungs-, Erstickungs- und Entfremdungsgefühle auf, die einer psychotischen Episode bzw. einer Depersonalisation oder Derealisation nahekommen; Befürchtungen, die Kontrolle zu verlieren und wahnsinnig zu werden, führen »zu einem meist fluchtartigen Verlassen des Ortes«[531]. Ist dies nicht möglich, muss die Angst ertragen werden – so wie Albert Camus es erlebt, der sich auf Reisen oft in dramatischer Weise bedroht fühlt: »Im Bett. Fieber. Nur der Geist arbeitet beharrlich weiter. Furchtbare Gedanken. Das unerträgliche Gefühl, Schritt für Schritt einer

---

530 Wulff 1995, S. 20ff.
531 Dilling 1999, S. 160

unbekannten Katastrophe entgegenzugehen, die alles um mich und in mir zerstören wird.«[532] So sind auch die Texte von Sebald ein Beispiel für eine zwar »nur« fantasierte, aber doch existenziell bedrohliche Erfahrung in der Fremde.

Flucht: W. G. Sebald

Geboren **1944** in Wertach im Allgäu – Besuch der Oberrealschule in Oberstdorf – **1963** Abitur – **1963** bis 1966 Studium der Literaturwissenschaft in Freiburg i. Br. und in Fribourg (CH) – **1967** bis 1968 als Dozent an der University of Manchester; Veröffentlichung einer Arbeit über Carl Sternheim – **1969** Schullehrer in St. Gallen – ab **1971** Dozent an der University of East Anglia, Norwich (GB) – **1973** Dissertation über Alfred Döblin – **1975** am Goethe-Institut in München – ab **1976** Dozent und ab **1984** Professor in Norwich – **1988** »Nach der Natur. Ein Elementargedicht« – **1990** »Schwindel. Gefühle« (Erzählung) – **1991** »Unheimliche Heimat« (Essays) – **1992** »Die Ausgewanderten« (Erzählungen) – **1995** »Die Ringe des Saturn« (Reisebuch) – **1998** »Logis in einem Landhaus« (Autorenporträts) – **1999** »Luftkrieg und Literatur« (Essays) – **2001** »Austerlitz« (Roman) – 14. Dezember **2001** tödlicher Autounfall bei Norfolk (GB) – posthum erscheinen: **2003** »Unerzählt« (33 Texte) – **2003** »Campo Santo« (Prosa und Essays)

Die Schriften W. G. (Winfried Georg) Sebalds stellen eine Mischung aus Erinnerungsstücken, Reiseberichten und Geschichtsmosaiken dar.[533] Besonders seine autobiografischen Texte enthalten geheimnisvolle und beängstigende Ereignisse sowie Erfahrungen der Befremdung und Selbstgefährdung, die dieser »rastlose Autor«[534] auf seinen Zugreisen durch Europa[535] bzw. auf seinen Fußwanderungen durch England[536] erlebt und erleidet. Oft verdichten sich in seinen Schilderungen (im Laufe einer Reise, manchmal auch im Verlauf ei-

532 Camus 1997, S. 87
533 Görner 2003, S. 27
534 Klüger 2003, S. 95
535 Sebald 2005
536 Sebald 1995

nes einzigen Tages) diffuse Gefühle der Unsicherheit und Irritation zu massiven, körperlich spürbaren Symptomen der Angst und des Schreckens. In einem Hotel in Venedig ist Sebald überrascht, dass der Morgen nicht lärmend, sondern ganz ruhig beginnt:

»Es ist in dieser Stadt ein anderes Aufwachen, als man es sonst gewohnt ist. Still bricht nämlich der Tag an, durchdrungen nur von einzelnen Rufen, vom Hinauflassen eines blechernen Rolladens, vom Flügelklatschen der Tauben. Wie oft, dachte ich mir, bin ich nicht schon in so einem Hotelzimmer gelegen, in Wien, in Frankfurt oder in Brüssel, und habe, die Hände unter dem Kopf verschränkt, nicht wie hier auf die Stille, sondern mit wachem Entsetzen auf die Brandung des Verkehrs gehorcht. (...) Ich bin im Verlaufe der Jahre zu dem Schluß gelangt, daß aus diesem Getöse jetzt das Leben entsteht, das nach uns kommt und das uns langsam zugrunde richten wird, so wie wir das langsam zugrunde richten, was da war lange vor uns. Ganz und gar unwirklich, als müßte sie gleich zerrissen werden, dünkte mich darum die Stille über der Stadt Venedig an diesem frühen Morgen des Allerheiligtentags, an dem die weiße Luft durch die halboffenen Fenster meines Zimmers hereindrang und alles verhängte, so daß ich wie mitten in einem Nebelmeer lag.«[537]

Was für andere Reisende der Beginn eines entspannten Urlaubsmorgens sein könnte, löst bei Sebald hingegen Assoziationsketten aus, in denen die Begriffe Allerheiligen, schwarze Kleider, Gräber, heilige Märtyrer, arme Seelen, dunkle Gestalten[538] die Verfassung des Autors kennzeichnen. Er versinkt in düstere Stimmungen und fühlt sich an diesem Tag nicht in der Lage, seinen Zustand zu ändern:

»Umfangen von einer vollkommenen Leere, habe ich an diesem ersten November (...) mein Zimmer nicht ein einziges Mal verlassen; es schien mir (...), als könne man sich tatsächlich ohne weiteres durch Nachdenken und Sinnieren allein ums Leben bringen, denn obschon ich die Fenster geschlossen hatte und der Raum ein wenig geheizt war, wurden meine Glieder aufgrund meiner Bewegungslosigkeit doch immer kälter und starrer, so daß ich mir, als der Hauskellner,

537 ebd., S. 72
538 ebd., S. 73f.

> den ich gerufen hatte, schließlich mit dem Rotwein und den Butterbroten hereintrat, schon vorkam wie ein Bestatteter oder doch zumindest wie ein Aufgebahrter.«[539]

Später fällt er in einen leichten Schlaf, sieht im Traum die Nebel sich heben, kann die Lagune erkennen sowie grüne Inseln, die »wie Krauthäupter auftauchen aus der ruhigen Weite des Wassers.«[540] Dann erscheint ihm »die Krankenhausinsel La Grazia mit einem runden panoptischen Bau, aus dessen Fenstern winkend, als befänden sie sich auf einem großen, davonfahrenden Schiff, aus dem Tausende von Irren herausschauten.«[541] Kaum hat er den Entschluss gefasst, Venedig zu verlassen, weil ihm die Stadt keine Erleichterung von seinen Assoziationen und Träumen verschafft, da gewinnt er den Eindruck, von zwei Männern verfolgt zu werden. Im Bahnhofscafé fühlt er die fremden Blicke auf sich gerichtet und glaubt, dass diese beiden seit seiner Ankunft in Venedig schon mehrfach seinen Weg gekreuzt hätten. Umso hastiger sein Aufbruch: Er besteigt den nächsten Zug nach Verona, wo er seine Anspannung zu kontrollieren versucht, indem er die Arena aufsucht. Inzwischen ist es Abend:

> »Sehr flach fiel das Licht nun hinein über den Rand der Arena, und lange saß ich (...) ganz allein umgeben von dem rötlichen Schimmern des Marmors, oder so wähnte ich wenigstens, denn erst nach Ablauf einer geraumen Zeit wurde ich der beiden Gestalten gewahr, die im tiefen Schatten der jenseitigen Hälfte der Arena auf den Steinen saßen. Es bestand kein Zweifel, es waren wieder dieselben beiden jungen Männer, die am Morgen früh in der Ferrovia in Venedig ihr Augenmerk auf mich gerichtet hatten. Zwei Wächtern gleich verharrten sie reglos auf ihren Plätzen.«[542]

Nur unter Anstrengung kann Sebald sich von der Stelle rühren. Er sieht sich, von Angst und Kälte gelähmt, die Nacht in der Arena verbringen, und muss all seinen Mut zusammennehmen, um zum Ausgang zu gelangen:

---

539 ebd., S. 75
540 ebd.
541 ebd.
542 ebd., S. 83

> »Zwanghaft drängte sich mir, als ich etwa die halbe Strecke des Wegs hinter mich gebracht hatte, das Bild auf von einem den grauen Luftraum sausend durchfliegenden Pfeil, der jeden Augenblick mein linkes Schulterblatt durchschlagen und mit einem eigenartig satten Geräusch mitten in meinem Herzen sich festsetzen würde.«[543]

In den nächsten Tagen, während er sich mit Studien des Malers Pisanello befasst und Fresken studiert, verlässt ihn die Angst nicht. Selbst Restaurant-Besuche verunsichern ihn. Er fragt sich, warum er stundenlang durch Gassen streift, sich aber für kein Gasthaus entscheiden kann, bis er wahllos irgendwo hineingerät und dort »in trostloser Umgebung und unter Unbehagen ein mir auf keine Weise zusagendes Gericht« verzehrt. An diesem Tag ist es eine als Fischerboot dekorierte Pizzeria:

> »Der Bodenbelag und die Wände waren in einem gräßlichen maritimen Blau gehalten, das in mir jede Hoffnung, je wieder festes Land sehen zu dürfen, zunichte machte. (...) Mehr und mehr wurde ich von einem Gefühl des Unwohlseins ergriffen. Ich mußte den Teller mit der kaum zur Hälfte gegessenen Pizza beiseite schieben und mit den Händen mich an der Tischkante einhalten wie ein Seekranker an der Reling. Ich spürte, wie meine Stirn kalt wurde vor Angst, vermochte aber nicht, den Kellner herbeizurufen und die Rechnung zu verlangen.«[544]

Stattdessen vertieft er sich in die Lektüre der Zeitung. Sein Blick landet bei einem Artikel, der von einem Bekennerschreiben einer Gruppe mit Namen »organizzazione ludwig« handelt. Es geht um eine Reihe von Mordtaten, die sich in den letzten Jahren in Venedig und in anderen italienischen Städten zugetragen haben und allesamt noch unaufgeklärt sind. Die Opfer wurden erstochen, meist mit einem Küchenmesser. In diesem Augenblick hat Sebald das Gefühl, dass er das Restaurant sofort verlassen muss; er bittet den Kellner um die Rechnung, doch da läutet das Telefon:

> »Der Kellner trocknet ein Glas ab und hält es ans Licht. Erst als ich glaube, das Läuten nicht mehr aushalten zu können, hebt er ab. Dann geht er, den Hörer mit schräg geneigtem Kopf gegen die

543 ebd., S. 84
544 ebd., S. 88f.

Schulter geklemmt, hinter der Theke hin und her (...). Nein, sagt er, Vittorio sei nicht da. Er sei auf der Jagd. (...) Wer sonst? (...) »Un inglese«, sagt er und blickt, mit einiger Verächtlichkeit, wie mir vorkommt, zu mir herüber. (...) Mein Herz setzt einen Schlag aus. Ich lege 10 000 Lire auf den Teller, raffe die Zeitung zusammen, stürze auf die Straße hinaus, laufe zur Piazza hinüber, gehe dort in eine hellerleuchtete Bar, lasse mir ein Taxi rufen, fahre ins Hotel zurück, packe in aller Eile meine Sachen und flüchte mit dem Nachtzug nach Innsbruck. Auf das Allerfurchtbarste gefaßt, sitze ich, unfähig, etwas zu lesen, unfähig auch, die Augen zu schließen, in meinem Abteil und höre auf den Rhythmus der Räder.«[545]

Zur Dynamik von Angststörungen

Obwohl Angstsymptome, wie sie hier beschrieben werden, jedem vertraut sein können, lässt sich der Begriff der Angst nicht leicht definieren und seine Dynamik nur schwer fassen. Psychiatrisch wird heute beim Thema Angst unterschieden zwischen Panik-Erkrankungen und generalisierten Angststörungen; ferner sind posttraumatische Belastungsstörungen und Somatisierungsstörungen in diesem Zusammenhang zu nennen.[546] Das Wort »Angst« selbst lässt sich herleiten aus dem Lateinischen »angustia«, was »Enge« bedeutet; darin drückt sich aus, dass Angst meist mit körperlichen Begleiterscheinungen verbunden ist, vor allem mit dem Gefühl der Enge im Brustbereich. Dieses Gefühl beeinträchtigt die Atmung und führt dazu, dass einem vor Angst die Luft wegzubleiben droht. Diese Enge hat eigentlich mit einer wichtigen körperlichen Reaktion zu tun: In bedrohlichen Situationen spannt der Mensch die Muskeln an, um den Körper vor einem Angriff zu schützen, egal, ob ein realer oder ein fantasierter Angriff, eine aktuelle Bedrohung oder eine Reaktion auf frühe Erfahrungen den Anlass dafür gibt.[547]

545 ebd., S. 91
546 vgl. Rahn u. Mahnkopf 1999, S. 487
547 vgl. Sauter et al. 2004, S. 655

Daher ist es sinnvoll, drei Angstformen zu unterschieden, die bisweilen ineinander übergehen:
Die *Realangst* stellt sich bei tatsächlicher äußerer Bedrohung, bei nahenden Gefahren und bei Katastrophen ein; natürliche Reaktionen darauf sind: Flucht, Ausweichen, Verstecken. Im Nachhinein können Realängste mit Aggression und Verzweiflung verknüpft sein. Als Vitalangst tritt das Gefühl des Bedrohlichen und Unheimlichen bei dramatischen Situationen auf, die bewusst herbeigeführt sein können (Bungee-Jumping, Achterbahnfahrt), ferner bei schweren Erkrankungen, bei Sauerstoffmangel bzw. Herzinsuffizienz. Das Ausmaß der Ängste ist von frühen Erfahrungen, Gefühlen der Einsamkeit und aktuellen psychovegetativen Verfassungen (z. B. dem Grad der Erschöpfung) abhängig.
Die *Existenzangst:* Da der Mensch bei Geburt schutzlos ist, bleibt er in seinen ersten Jahren auf Personen angewiesen, die Pflege und Geborgenheit vermitteln. Ist er von Vernachlässigung und Verlassenheit bedroht, fühlt er sich ungeliebt und missverstanden, so entwickelt er Ängste, die sich später in harmlos und unspektakulär erscheinenden Lebenssituationen wiederholen. Auch der Verlust der naturhaften Geborgenheit, der Schwindel der Freiheit zieht nach Kierkegaard[548] existenzielle Angst nach sich. Eigentlich ist es daher gar nicht erklärungsbedürftig, dass ein Mensch Angst hat, sondern eher verwunderlich, wenn er angstfrei ist (oder zu sein scheint).
Die *neurotische Angst* zeigt sich dann, wenn der Durchbruch innerer Impulse zu Fantasien, Gefühlen oder Verhaltensweisen führt, die mit anderen Strebungen der Persönlichkeit nicht vereinbar sind: Auf der einen Seite haben wir es mit einer Angst aus dem »Es«, auf der anderen Seite mit einer Gewissensangst aus dem »Über-Ich« zu tun. Solche Ängste können als Warnsignal angesehen werden, wenn Konflikte nicht bewältigt wurden bzw. Bedürfnisse oder Strebungen abgewehrt werden müssen.[549]
In der Internationalen Klassifikation psychischer Störungen (ICD-10) finden sich weitere Differenzierungen und Abgrenzungen:

---

548 Kierkegaard 1965
549 Mentzos 1984, S. 76

Dort wird von frei flottierender Angst bzw. von generalisierten Angststörungen gesprochen, wenn für die Angst keine begründbare Ursache angegeben werden kann. Panikstörungen werden jene Attacken genannt, die als abgrenzbare angstvolle Episoden entstehen und meist nur wenige Minuten andauern; sie sind in der Regel begleitet von somatischen Symptomen und oft auch von dem Gefühl, sich von der Realität oder von sich selbst zu entfernen, verrückt zu werden oder zu sterben. Panikstörungen und generalisierte Angststörungen sind die Gegenstücke zu den Phobien, welche vor allem als Agoraphobie (Furcht vor freien, großen Plätzen oder vor Menschenmengen), als Klaustrophobie (Furcht vor geschlossenen Räumen, Fahrstühlen), als Sozialphobie (Furcht vor der Gegenwart anderer Menschen, vor dem Sprechen in der Öffentlichkeit), als Tierphobie (Spinnen, Hunde, Schlangen) oder als weitere spezifische Phobie (z. B. Angst vor Gewitter, vor Infektionen, vor Zahnärzten, vor Höhen und Tiefen) in Erscheinung treten.[550]

Die Tatsache, dass die Ängste nicht immer klar voneinander abzugrenzen sind, zeigt sich daran, dass Formen der Realangst, die von einem konkreten Gegenstand der Bedrohung ausgehen, sich ausbreiten und das Selbst überfluten können. Nichts scheint dann mehr sicher, die Pfeiler der Existenz wirken auf einmal brüchig, die Gegenwart wird unerträglich, an eine Zukunft ist nicht mehr zu denken. Mentzos spricht von der Angst des Neurotikers vor dem Selbstverlust, während nach seiner Auffassung der Psychotiker eine Angst vor der Fragmentierung, vor dem Auseinanderfallen oder dem Verschmelzen entwickelt und daher die Nähe mehr fürchtet als die Distanz und die Trennung.[551]

Nach John Bowlby wird Angst erst dann auffällig, wenn ein Mensch zu viel oder zu wenig davon hat.[552] Kleine Kinder reagieren in Angstsituationen meist mit Angstabfuhr durch Festklammern, durch Schreien oder Weglaufen. Die Macht der Angst wird im Säuglingsalter in günstigen Fällen durch die Zuwendung der Mutter

---

550 Dilling 1999, S. 155 ff.

551 ebd., S. 16

552 Bowlby 1976

bzw. der wichtigsten Bezugsperson neutralisiert. Gleichwohl gibt es Kinder und Jugendliche, die ausgeprägt und anhaltend unter Ängsten leiden, wobei gerade im Kindesalter Trennungsängste und Phobien von Bedeutung sind.[553] Schreckensreaktionen auf akustische Eindrücke, plötzliche Bewegungen oder ungewohnte optische Eindrücke finden sich bereits in den ersten Lebenswochen. Daran schließt sich eine besonders sensible Phase für die Entwicklung von Trennungsangst an, die meist erst im Alter von drei oder vier Jahren abklingt, wenn das Kind eine innere Objektkonstanz entwickelt hat bzw. die Abwesenheit der Mutter kompensieren kann. Im psychoanalytischen Verständnis gelten Trennungsängste und Vernichtungsängste als die elementarsten Ängste, vor allem dann, wenn es um den Verlust eines Objektes geht, von dem eine existenzielle Abhängigkeit besteht. Ängste und Phobien im Erwachsenenalter weisen auf ungelöste Konflikte im Zusammenhang mit Verlusterlebnissen hin. Hinter der Angst ist der Wunsch nach Zuwendung, nach Anwesenheit einer vertrauten Person spürbar.

Ängste und Phobien in weiteren Reisetexten

Schon Marco Polo berichtete in seiner »Beschreibung der Welt«[554] aus dem 13. Jahrhundert von Situationen der Angst und Verzweiflung, die ihm in der Wüste widerfuhren und in denen er visuelle und akustische Halluzinationen erleben musste.[555] Auch Goethes Reiseberichte, oft in einem naturwissenschaftlichen Grundton formuliert und weniger auf mystische Dimensionen ausgerichtet, enthalten Momente des Fantastischen:

> »Es wurde dunkler, wir kamen dem Thale Chamouni näher und endlich darein. (...) Wir bemerkten über den Gipfeln der Berge, rechts vor uns, ein Licht, das wir nicht erklären konnten. Hell, ohne Glanz, (...) wie eine Pyramide, von einem inneren geheimnisvollen Lichte durchzogen.«

---

553 Heinemann u. Hopf 2001, S. 89
554 Polo 2004
555 ebd., S. 13 ff.

Goethe und seine Begleiter begreifen nur allmählich, dass es sich bei dieser fantastischen Lichterscheinung um den Gipfel des Montblanc handelt – und selbst als sie es staunend erfassen, will ihre Ergriffenheit nur schwer weichen: der »Gipfel aller Berge (...) schien zu einer höheren Sphäre zu gehören und man hatte Müh, in Gedanken seine Wurzeln wieder an die Erde zu befestigen.«[556]
Wie Goethe erleben Reisende besonders nachts in der Fremde Momente des Unheimlichen und sind dem Abergläubischen gegenüber entschieden offener als in vertrauter Umgebung. So warnt Carl von Salis-Marschlins davor, auf Fahrten in den Schlaf zu fallen; man solle sich tunlichst wach halten, um nicht von Geistern heimgesucht zu werden und mitten im »unbefangenen Schlummer den Tod einzuhauchen.«[557] Zu Beginn des 19. Jahrhunderts weist Johann Schütze in seiner »Abentheuerlichen Wanderung von Weimar nach Carlsbad« alle Reisenden darauf hin, dass man sich genau merken müsse, wer oder was einem zu Beginn einer Reise begegne, weil man daraus Schlüsse auf den zukünftigen Reiseverlauf ziehen könne; ein gutes Zeichen sei es beispielsweise, wenn »zuerst ein Kind, oder eine hübsche Jungfrau vor uns hergehe, dahingegen eine alte Frau, besonders wenn sie einen Topf in der Hand trage, selten etwas Gutes bringe.«[558]
Im letzten Jahrhundert ist es Heinrich Harrer, der sich selbst als rationalen Beobachter jener Völker sieht, die mit Schutzgeistern, übersinnlichen Wesen und bewusstseinsverändernden Drogen umgehen. Doch während er magischen Erfahrungen in fremden Ländern auf der Spur ist, muss er sich eingestehen, dass er Momente der Angst, der Irritation und Dissoziation auch in sich verspürt. So glaubt er einmal, dass sein Filmgerät, seine Fotokamera und seine

---

556 Goethe 1887, Bd. 1/19, S. 246 f.; vgl. auch: Matt 1999. Ähnlich »elektrisiert« erlebt Brigitte Kronauer die Bergwelt: »Ich erinnere mich an das allenfalls halb bewusste Wahrnehmen eines durch Höhe und Lichtbedingten, nicht nur psychischen Zustandswechsels. Es war, als spürte der ungeschützte, deckungslose Körper die verstärkte, überall anwesende Strahlung durch sich hindurchgehen.« Kronauer 2006, S. 32

557 von Salis-Marschlins 1793, Bd. 1, S. 224

558 Schütze 1804, S. 7

Tonbänder verhext worden seien, als diese gleichzeitig »den Geist aufgeben«[559]. Harrer berichtet in diesem Zusammenhang von einer Forschergruppe, die nach Benutzen einer angeblichen Hexensalbe von wilden Träumen heimgesucht wurde, in denen grauenhaft verzerrte Gesichter aufgetaucht seien und sich dann die eigenen Körper aufgelöst hätten, meilenweit durch die Luft geflogen und schließlich abgrundtief gestürzt seien.[560]

Der Schriftsteller Bruce Chatwin, der seinen Hang zur Rationalität fast beklagt, erwähnt in diesem Zusammenhang: »Mein ganzes Leben bin ich auf der Suche nach dem Wunderbaren gewesen; doch kaum weht mich etwas Unheimliches an, neige ich zu wissenschaftlichem Denken.«[561] Doch bisweilen gibt es Momente, wo Gefühle des Spukhaften und Unheimlichen auch ihn peinigen: Als er im Himalaya auf Spuren stößt, die von einem Yeti zu stammen scheinen, hört er ein sonderbares Poltern und rechnet jeden Moment damit, eine riesige behaarte Hand zu spüren, die das Zeltdach zerreißt.[562] Michael Ondaatje beschreibt auf ähnliche Weise seine Ängste in einem Hotel auf Ceylon und schildert dabei Gefühle des Geisterhaften:

> »Als ich das klamme Zimmer betrat, sah ich die Moskitonetze wie die Kleider erhängter Bräute in der Luft schweben, sah die Skelette der Betten ohne ihre Matratzen und verließ das Zimmer, ohne mich noch einmal umzudrehen.«[563]

In Kenntnis ihrer phobischen Ängste hat Ingeborg Bachmann lange auf die Konfrontation mit der Fremde verzichtet, bevor sie eine Einladung zu einer Reise nach Ägypten annahm. Dort wurde sie von Angst- und Panikattacken heimgesucht, z. B. im Dachrestaurants des Cairo-Towers: »Das Betreten des engen Aufzugs und das starre Gesicht des livrierten Liftboys, der an einen Sargträger erinnert, könnten selbst bei einem ganz und gar Unsensiblen ein Gefühl von Klaustrophobie auslösen.«[564]

---

559 Harrer 1969, S. 101
560 ebd., S. 105
561 Chatwin 1991, S. 294
562 ebd., S. 295
563 Ondaatje 1992, S. 17
564 Bachmann, zit. n. Opel 1996, S. 93

Oben im Restaurant angekommen beginnt sich der Turm zu drehen und versetzt sie in Schrecken; sie muss sich auf den Boden legen, um wieder zu sich zu kommen, und kann den Rest des Tages nur noch im abgedunkelten Hotelzimmer verbringen. Phobische Ängste kennt auch Eric Ertl, der in der Fremde von eigentümlichen Fantasien gepeinigt wird, die ihn besonders im Gebirge ereilen:

> »Ich bin einer, auf den ich mich nicht verlassen kann. Mein Herzflimmern verrät, daß ich den Sinnen nicht traue. Und diese, so scheint es, haben zu kämpfen mit einer unbewußten Lust, in die Tiefe zu stürzen.«[565]

Das Charakteristische der Phobien ist, dass sie sich auf Situationen oder Objekte beziehen, die gemieden oder mit Angst ertragen werden:

> »Phobische Angst ist subjektiv, physiologisch, reicht von leichtem Unbehagen bis zu panischer Angst. Befürchtungen des Patienten treten häufig zusammen mit sekundären Ängsten vor dem Sterben, Kontrollverlust oder dem Gefühl, wahnsinnig zu werden, auf.«[566]

Ob die Schreckensfantasien, die Bartholomäus Grill auf seinen Reisen durch Afrika erlebt, noch zur Gruppe der spezifischen Phobien gehören oder Realängste darstellen, ist schwer zu entscheiden. Wie viele Europäer muss er ständig an Krankheitserreger denken, »an die Killerviren, die Innereien auffressen. An die bösartige Hirnmalaria. An Gelbfieber, Typhus, Bilharziose, Aids. An Seuchen wie Cholera und Pest, die nach Mittelalter stinken. An namenlose, tückische Erreger, die im Urwald Jahrhunderte überdauern. Sie sind überall, sind oft tödlich – und weit und breit kein sauberes Krankenhaus, kein kundiger Doktor, kein rettendes Serum.«[567]

Auch wenn nicht immer nachvollziehbar erscheint, an welchem Ort und in welcher Weise sich Zustände der Angst und Panik in die Gefühlswelt des Reisenden einschleichen und dort ihr Eigenleben beginnen, so sind doch reale oder fantasierte Ängste keinem, der in der Fremde unterwegs ist, gänzlich unbekannt.

V. S. Naipaul wird regelmäßig von Panik erfasst, er könnte all seine

---

565 Ertl 1984, S. 196
566 Dilling 1999, S. 155
567 Grill 1999, S. 256 f.

»Papiere« und notwendigen Reisedokumente verloren haben und den Grenzbeamten und Bürokraten mit ihren unverständlichen Ritualen gänzlich ausgeliefert sein. Er entwickelt die Vorstellung, am Steuer eines geliehenen Pkw einen Unfall zu begehen, womöglich mit Personenschaden, und nun in den Klauen der Justiz oder gar einer lynchenden Bevölkerung zu stecken. Und ihn erschreckt das Szenario, in einen Bürgerkrieg zu geraten und – schutzloser als jeder Einheimische – keinen Ort der Zuflucht, keinen Vorrat an Nahrung und Wasser und auch keine Verbündeten zu haben.[568]
Anders die Angst, die sich in den Aufzeichnungen Werner Herzogs findet – sie ist eher frei flottierender Art[569]:

> »Zum erstenmal wieder etwas Sonne, ich dachte das tut dir gut, aber dann lauerte da neben mir mein Schatten, oft war er auch vor mir, weil ich nach Westen ging. Zu Mittag, da kauerte er, der Schatten, um meine Beine herum und das machte mir eine solche Angst.«[570]

Furcht in der Fremde kann auch in Form einer generalisierten Angststörung auftreten, wie Virginia Woolf sie kennt, die im Hotel von einer diffusen Vorahnung heimgesucht wird, welche sich im Laufe ihrer Ferientage immer mehr verdichtet:

> »Solche Höhlen von Düsternis und Grauen öffnen sich um mich herum, dass ich nicht hineinzusehen wage. (...) Ist es die beständige Angst, die ich vor der unbekannten Macht habe, welche gleich unter dem Boden lauert? (...) Keine Atmosphäre um mich herum. Keine Worte. Voller Angst. Als ob etwas Kaltes und Furchtbares, ein brüllendes Gelächter auf meine Kosten gleich losbrechen werde. Und ich habe keine Macht, es abzuwehren; ich habe keinen Schutz. Und diese Furcht und dieses Nichts umgeben mich mit einem Vakuum.«[571]

Einen dramatischen Angstschub enthält das »Tagebuch einer Schizophrenie«: Eine junge Frau schildert ihre Reise ans Meer, wo die Dinge in ihrem Zimmer sie zu »schikanieren« beginnen:

---

568 Naipaul 1995, S. 175 ff.
569 Dilling 1999, S. 161
570 Herzog 1978, S. 44
571 Woolf, zit. n. Amrain 1992, S. 217 f.

> »Ich litt entsetzlich darunter. Dabei taten sie gar nichts Besonderes, sie griffen mich nicht direkt an, sie redeten nicht. Was mich sagen ließ, daß sie mich ›schikanierten‹, war ihre Gegenwart. Ich sah die Gegenstände so ausgeschnitten, so voneinander losgelöst, so glatt, ähnlich wie Mineralien, so erleuchtet und angespannt, daß sie mir irrsinnige Angst machten.«[572]

Diese Angst, die zum Erlebnis der Auflösung und des Verlustes an psychischer Integrität und innerer Kohärenz in der Fremde führt, wird in den folgenden Abschnitten noch genauer zu ergründen sein.

Das irritierte Selbst in der Fremde: Dissoziation

»Nicht dort, nicht hier: auf dieser zweifelhaften Grenzscheide, überschritten nur von Luftspiegelungen, Ahnungsschimmern, wo die Sprache sich selber aufhebt, gehe ich zur Begegnung mit mir selbst.«
Octavio Paz

Momente der Dissoziation

Dissoziationen, also Empfindungen der Umdämmerung, Unwirklichkeit oder Verlorenheit, sind dadurch gekennzeichnet, dass die Funktionen der Wahrnehmung, des Gedächtnisses und des Selbsterlebens gelockert sind. Diese Destabilisierung des inneren Zusammenhangs vollzieht sich schleichend, kaum wahrnehmbar: Dinge geraten auseinander und verlieren ihre Verbindung; doch sie zerstören sich nicht und werden nicht zerstört. Daher trifft auch der Begriff Fragmentation[573] zu: Das Fühlen, Denken oder

---

572 Sechehaye 1972, S. 41
573 Scharfetter 1999 a, S. 52

Handeln verselbstständigt sich, löst sich ab von der zuvor festen Beziehung zur übrigen Persönlichkeit und tritt eigenständig in Erscheinung. Meist sind davon spezifische Bereiche betroffen: die Einschränkung kognitiver Fähigkeiten, der Verlust von Gefühlen, das Auftreten traumaspezifischer Erinnerungen[574] oder die isolierte Wahrnehmung einzelner Körperteile[575]. Verstärken sich diese Empfindungen, so tritt eine Depersonalisation[576] ein, die nicht weit entfernt ist vom psychotischen Erleben.

Auf Reisen kann der intrapsychische Mechanismus der Dissoziation als flüchtige, wunderliche Erfahrung, aber auch als quälendes Symptom erlebt werden, wenn der Reisende in seinem Verhältnis zur Welt irritiert ist und die Fremde als unzugänglich, abweisend und feindlich erlebt. Bei solch einer Erschütterung verliert das Selbst die Kohärenz und wird brüchig. Der Verlust der integrativen Funktionen verändert die Erfahrung des Innen und des Außen: Bei einer Fahrt im Auto oder im Flugzeug kann sich die Dimension von Nähe und Distanz verschieben, als würde der Nachbar durch ein Vergrößerungsglas betrachtet. Damit wächst Intimität und Anziehung wie umgekehrt das Gefühl des Unbehagens. Oder es tritt ein gewisses Gedankenrauschen im Kopf ein, das sich während der Reise nicht abstellen lässt:

> »Von Zeit zu Zeit paßt es sich dem Summen des Motors an, dann wieder stimmt es nicht mit ihm überein, mal wird es intensiver, vibrierend, mal stumpf und widerspenstig, als fürchten die Gedanken, plötzlich sichtbar zu werden, weil sie die Luft in einem so engen Raum durchdringen.«[577]

In Situationen des Wartens kann es geschehen, dass man bei der Betrachtung von Menschen und Dingen in einen Schwebezustand gerät. Im »Indischen Nachtstück« von Antonio Tabucchi heißt es:

> »So schaute ich (...) und gab mich völlig dem Gefühl hin, nur aus zwei schauenden Augen zu bestehen, während ich selbst woanders war, ohne zu wissen, wo. Ich betrachtete die Frauen und die Juwelen,

574 vgl. Sachsse 1999, S. 47
575 Streeck-Fischer 2004, S. 31
576 vgl. hierzu die frühe Arbeit von Meyer 1959
577 Brilli 1999, S. 73 f.

die Turbane, die Fez, die Schleier, die Schleppen, die Abendroben, die Moslems und die amerikanischen Millionäre, die Ölscheichs und die schneeweiß gekleideten, lautlosen Bediensteten: ich hörte dem Lachen, den verständlichen und unverständlichen Sätzen, dem Flüstern, dem Rascheln zu. Dann legte ich den Kopf auf die Kissen des Diwans ...«[578]

Roland Barthes berichtet von einer Nordafrika-Reise:

»Eines Abends, als ich auf einem Barhocker halb eingeschlafen war, versuchte ich alle Sprachen aufzuzählen, die an mein Ohr drangen: Musik, Konversation, Geräusche von Stühlen, Gläsern, eine ganze Stereophonie, deren exemplarischer Ort ein Platz in Tanger ist; (...) auch in mir redete es, und dieses sogenannte ›innere Reden‹ ähnelte ganz dem Geräusch des Platzes, jener Abstufung leiser Stimmen, die mich von außen erreichten.«[579]

Nach psychiatrischer Auffassung stellen Dissoziationen, vor allem dann, wenn sie anhaltend oder häufig wiederkehrend sind, seelische Störungen[580] dar, deren Bedeutung gegenwärtig stark diskutiert wird. Fiedler[581] schlägt vor, Dissoziationen zu unterteilen in a) Phänomene des Alltags – wie das zeitweilige Versinken in Gedanken oder Handlungen, den Verlust des Zeitgefühls bei konzentrierten Denkprozessen oder bei routinehaften Handlungen – und b) solche psychischen Störungen, die sich auf der Ebene der Depersonalisation, der Derealisation, der Identitätsstörung, der Amnesie oder der Fugue abspielen. Im ICD-10 wird als Kennzeichen dafür »der Verlust der normalen Integration von Erinnerungen an die Vergangenheit, des Identitätsbewusstseins, der unmittelbaren Empfindungen sowie der Kontrolle von Körperbewegungen«[582] verstanden.

Richard Wagner schildert ein Erlebnis von einer Italienreise, auf der er mit dem Schiff La Spezia erreicht:

»In allererschöpftestem Zustande, kaum mich fortzuschleppen fähig, suchte ich den besten Gasthof auf, welcher zu meinem Schre-

---

578 Tabucchi 1990, S. 38

579 Barthes 1981; vgl. auch Freud 1999, Bd. VII, S. 213 ff.

580 vgl. Dilling 1999, S. 173 ff.

581 vgl. Fiedler 2001

582 Dilling 1999, S. 173

cken in einer engen geräuschvollen Gasse lag. Nach einer in Fieber und Schlaflosigkeit verbrachten Nacht zwang ich mich des anderen Tages zu weiteren Fußwanderungen durch die hügelige, von Pinienwäldern bedeckte Umgegend. Alles erschien mir nackt und öde, und ich begriff nicht, was ich hier sollte. Am Nachmittag heimkehrend, streckte ich mich todmüde auf ein hartes Ruhebett aus, um die lang ersehnte Stunde des Schlafes zu erwarten. Sie erschien nicht; dafür versank ich in eine Art von somnambulen Zustand, in welchem ich plötzlich die Empfindung, als ob ich in ein stark fließendes Wasser versänke, erhielt.«[583]

Es sind solche Unterbrechungen der Bewusstheit, des Gedächtnisses oder der Wahrnehmung sowie kurze, oft nur wenige Sekunden anhaltende Empfindungen der Unwirklichkeit und Verlorenheit, die dissoziativen Charakter haben. Sie können von körperlichen Empfindungen oder Wahrnehmungseintrübungen begleitet sein – wie bei Gustav Frenssen, der folgendes Erlebnis von einem Spaziergang am Strand schildert:

»Es erschienen wie in der Ferne in dieser Landschaft die Gestalten von Männern und Frauen, erst einzeln, dann mehrere, undeutlich, in Nebel zurücktretend und wieder hervorkommend. Sie haben Gesichter ohne Bewegung und Ausdruck. Der Gang ist schwer, als hätten sie rostige Eisenschienen an den Beinen. Und dennoch kann man von diesen Erscheinungen, die da so gleichgültig und faul im Nebel gehen, die Augen und die Gedanken nicht abwenden.«[584]

Dissoziationen, die psychische Störungen darstellen, weil sie »normale« Phänomene des Alltags überschreiten, lassen sich laut »Diagnostischem und Statistischem Manual« (DSM-IV) in vier Gruppen einteilen:

Die *dissoziative Amnesie* zeigt sich in der Unfähigkeit, sich an Ereignisse zu erinnern, die belastender Natur sind; das Ausmaß der Störung ist zu umfassend, um durch gewöhnliche Vergesslichkeit erklärt zu werden.

Die *dissoziative Fugue* ist gekennzeichnet durch plötzliches Weggehen von zu Hause oder vom Arbeitsplatz, verbunden mit ei-

583 Birnbaum 1920, S. 108
584 ebd., S. 75

ner Verwirrung der Identität bzw. mit der Annahme einer neuen Identität.

Die *dissoziative Identitätsstörung* (früher: multiple Persönlichkeitsstörung) ist charakterisiert durch das Vorhandensein von mehren Identitäten oder Persönlichkeitszuständen, die die Kontrolle über das Verhalten der Person übernehmen.

Bei der *Depersonalisationsstörung* kommt es zu einem ständigen oder wiederholt auftretenden Gefühl von Losgelöstsein von den eigenen geistigen Prozessen oder vom Körper kommt. Eine intakte Realitätskontrolle bleibt aber erhalten.

Das ICD-10 zählt – anders als das DSM-IV – zu den dissoziativen Störungen auch solche Symptomatiken, die sonst als Konversion oder als Hysterie bezeichnet werden, z. B. die dissoziative Bewegungsstörung: sie ist gekennzeichnet durch den Verlust der Bewegungsfähigkeit eines oder mehrerer Körperglieder. Die Lähmung kann partiell, mit schwachen oder langsamen Bewegungen oder vollständig sein. Unterschiedliche Formen und verschiedene Grade mangelnder Koordination kommen besonders in den Beinen vor, so dass ein bizarres Gangbild entstehen kann. Ferner tritt ein starkes Zittern oder Schütteln der Extremitäten bzw. des ganzen Körpers auf. Unter dissoziativen Empfindungsstörungen werden Verluste verschiedener sensorischer Modalitäten verstanden, die keine Folge neurologischer Läsionen darstellen. Zumeist wird von einer Gefühllosigkeit der Haut, von nicht endenden Kribbelgefühlen oder von visuellen Störungen berichtet, die zum »Tunnelsehen« oder zum zeitweiligen Verlust der Sehfähigkeit führen. Ein dissoziativer Stupor wird beim Ausbleiben willkürlicher Bewegungen auf äußere Reize wie Geräusche, Licht, oder Berührung diagnostiziert. Der Patient liegt oder sitzt lange Zeit bewegungslos da. Trotz einiger Hinweise auf eine Bewusstseinsstörung verraten Muskeltonus, Atmung, Haltung und koordinierte Augenbewegungen, dass er weder schläft noch bewusstlos ist.[585]

---

585 Dilling 1999, S. 173 ff.

Isolation: Nicolas Bouvier

Geboren am 29. März **1929** in Genf (im Hause Bouvier sind Robert Musil, Thomas Mann, Marguerite Yourcenar und Hermann Hesse zu Gast) – Besuch des Gymnasiums, Freundschaft mit Thierry Vernet – **1945** erste Reisen nach Italien und Frankreich – **1947** Fahrt nach Finnland und Lappland – **1949** Reisen nach Algerien, Frankreich, Spanien und Jugoslawien – Juni **1953**: Start zur Asienreise – Winterquartier in Täbris – Oktober **1954** alleinige Weiterreise nach Bombay – Mai **1955** auf Ceylon – Oktober **1955** Weiterreise nach Japan – November **1956** Rückkehr in die Schweiz – **1958** Hochzeit mit Elaine Petitpierre – Tätigkeit bei der WHO in Genf; in den folgenden Jahren: Geburt zweier Kinder – **1963** »Die Erfahrung der Welt« erscheint – **1964** bis 1966 Aufenthalt in Kioto und Tokio – ab **1970** Reisen nach Korea, China, Vietnam – **1981** »Der Skorpionsfisch« erscheint – ab 1982 zu Vorträgen in den USA und Mexiko – **1997** letzte Reise mit Ehefrau Elaine nach Japan – 17. Februar **1998** Tod in Genf

Im Jahre 1953 startet Nicolas Bouvier mit seinem Freund Thierry Vernet auf eine Reise, die sie von der Schweiz bis nach Indien und Ceylon führt. Sie nehmen sich vor, ihre Reisekasse durch Musikmachen, Bilderausstellungen, Sprachunterricht oder Ähnliches zu finanzieren. Daher muss im Fiat Topolino neben ihrem Reisegepäck auch Platz für eine Gitarre und eine Ziehharmonika, eine Staffelei, eine Schreibmaschine und ein Tonbandgerät bleiben. Nach einigen Wochen treffen sie in Belgrad eine befreundete Malerin, die für Thierrys Bilder eine Ausstellung organisiert. Anfang September geht es »in langsamer Fahrt« (mehr als 30 km/h wollen sie dem Auto auf den unbefestigten Straßen nicht zumuten) über Griechenland und die Türkei bis nach Täbris, wo sie den Winter verbringen. Ihr Auto trägt eine Inschrift des persischen Dichters Hafis, was ihnen auf ihrem weiteren Weg manche Freundschaft und Hilfestellung einbringt:

»Kein sicheres Dach für die Nacht
und dein Ziel ist noch weit
doch wisse, es ist kein Weg ohne Ende
sei nicht betrübt!«

Im Frühjahr 1954 erreichen sie Teheran, können dort Bilder ausstellen, Vorträge halten und Reiseberichte an Tageszeitungen in der Schweiz schicken, sodass ihre Kasse für die nächsten Monate gefüllt ist. Unter schwierigen Bedingungen geht es weiter über Isfahan, Schiras, Persepolis, durch die Wüste Lut bis nach Quetta und schließlich nach Kabul.

Beide Reisende leiden unter schweren Erkrankungen: Bouvier muss eine Malaria behandeln lassen, Vernet fiebert an einer Gelbsucht; glücklicherweise bietet ihnen eine französische Archäologen-Gruppe Hilfe an. Bald ist das Verhältnis der Freunde nicht mehr frei von Spannungen, da Thierry Vernet darauf drängt, die befreundete Malerin wiederzusehen. So trennen sich die beiden im Oktober 1954: Der Freund reist per Flugzeug und Schiff nach Ceylon, glücklich darüber, die »lieblose Kriegerregion« Afghanistan zu verlassen. Bouvier fährt über den Khaiber-Pass nach Peschawar in Pakistan, dann nach Neu-Delhi, Agra und Bombay, wo er in der Fiat-Vertretung im Januar 1955 als Anerkennung für seine Reise einen neuen Motor für den »Topolino« geschenkt bekommt. Einige Wochen später trifft Bouvier auf Ceylon ein, um Trauzeuge der Hochzeit von Thierry Vernet und der Malerin Floristella Stefani zu sein. Mitte Mai verabschieden sich die Freunde endgültig: Während Thierry und Floristella in die Schweiz zurückkehren, bleibt Nicolas Bouvier weitere neun Monate auf Ceylon.

Hier nun setzt die dissoziative Störung Bouviers ein. Über die Ankunft im armseligen, von Ungeziefer besetzten Hotel notiert er: »Sich in einem Zimmer einzurichten, für eine Woche, einen Monat, ein Jahr, ist eine rituelle Handlung, von der viel abhängen wird und der man sich nicht mit wirrem Kopf entledigen soll.« Er steht vor der Aufgabe, die Impressionen und Begegnungen der letzten Reisejahre zu rekonstruieren, denn ein Hotelboy in Pakistan hatte all seine Notizen in den Müll geworfen. Nun also die Reise ein zweites Mal zu »durchleben«, gleichzeitig die Trennung vom Freund und Reisegefährten zu verarbeiten und auch noch den neuen Ort zu erkunden – dieser Situation ist er kaum gewachsen. Eine Stimmung erfasst ihn, die den »Keim von Wahnsinn«[586] trägt,

586 zu Goethes Begriff »Keim von Wahnsinn« vgl. Leed 1993, S. 45

der nach Goethe jeder Trennung anhaftet: »Ich machte mich an die Arbeit, eine Lache Schweiss unter jedem Ellenbogen, und ich wusste wohl, dass ich mogelte, dass ich Angst hatte, dass ich mich wie Odysseus am Mast festband.« Kleinste Irritationen wie Käfer und Kakerlaken bringen ihn um sein seelisches Gleichgewicht, auf der Veranda sieht er riesige Schatten schwanken, die tanzenden Leuchtkäfer über seinem Kopf machen ihn ganz schwindelig: »Einer dieser Momente, wo der Reisende vor Müdigkeit den Verstand verliert. Ich irrte ein wenig ab und fragte mich, was ich eigentlich hier machte.«

Später beschreibt Bouvier seine Wechselbäder zwischen Euphorie und Todesangst, in denen ihm das Zeit- und Raumgefühl abhandenkommt und er sich der Realität des Wahrgenommenen nicht mehr sicher ist:

> »Die Zeit vergeht, man verliert den Faden – und wenn man ihn wiederfindet, sieht man den Wirt mit langen, drohenden Schritten ein Huhn verfolgen, dem er die Gurgel durchschneiden will, und seine Hände zucken wie Flammen hinter dem verschreckten Federvieh her. Dann interessiert man sich für das Gewebe des Teppichs unter den Schultern oder für den kleinen Muskel, der in der Wange zuckt wie ein Tier in der Falle. Doch wenn sich die Nerven allmählich entspannen und die Sonne untergeht, überkommt einen eine selige Ermattung, man gerät in Verzückung, will sein Schicksal in die Waagschale werfen – und erfährt plötzlich und heftig und aus ungeahnten Tiefen quellend ein Übermass an Lebenskraft, mit der man gar nichts anzufangen weiss.«[587]

Bouvier beschreibt Ängste und Fieberfantasien, die ihn in der Fremde überfallen und denen er mit Ritualen und Zwangshandlungen zu begegnen versucht; so zählt er in einer Nacht all die fremden Zimmer, in denen er seit Beginn der Reise genächtigt hat (er kommt auf einhundertsiebzehn). Solche Abwehrmaßnahmen schützen ihn jedoch nicht davor, dass »durch die Watte des Fiebers alte verwirrte Gesichter aufleuchten wie Bahnhöfe.«[588] Auch die Begrenztheit der Insel, der er sich ausgeliefert fühlt, bestimmt sein

---

587 Bouvier 2002 a, S. 282
588 Bouvier 2002 b, S. 48

Empfinden: »Ich hatte keine Erfahrung mit Inseln, die die Probleme auf ihre Weise stellen. Eine Insel ist wie ein auf einen unsichtbaren Mund gelegter Finger, und man weiß (...), dass die Zeit da nicht wie anderswo abläuft.« Er fühlt sich wie ein unvorsichtiger Vagabund, der mit seinem Schiff in eine Ruhezone geraten ist, »in eine dieser Windstillen, wo die hängenden Segel eine ganze Mannschaft dem Wahnsinn oder dem Skorbut ausliefern«. Er streift durch den Ort und es ist, als würde ihm – anders als auf all den Etappen zuvor – nur Abweisung, Unwille, Verweigerung entgegenströmen. Türen scheinen sich zu schließen, sobald er vorbeigeht, ein eigentümlicher Brandgeruch liegt in der Luft:

> »Ich weiß nicht, wie ich mich soviel Leere entgegenstellen soll mit dem wenigen, das ich geworden bin.« Seinen Wahrnehmungen kann er bald nicht mehr trauen: »Vorgestern morgen, als ich mein Brot aß, stellte ich fest, dass das Brot mir den Mund aß.«

Seine Verfassung nimmt immer bedrohlichere Formen an: Er fühlt sich von der Buddha-Figur auf seiner Kommode ausgelacht, glaubt, dass der Raum sich immer enger um ihn herumschließen würde, hört aus einer Mistkugel, in der Larven ausgebrütet werden, eine »Höllenmaschine« ticken und weiß, dass er das Zimmer dringend verlassen muss. Er nennt dies »die Stunde, wo in meinem Kopf etwas kaputtging.«[589]

Gefühle der Verlassenheit und Einsamkeit treiben Bouvier an den Rand der Verzweiflung und mitten hinein in eine schwere psychische Krise. Nach all den Monaten der gemeinsamen Reise, der vertrauten Gespräche, der »Komplizenschaft des Schweigens«[590] ist der Autor nun ganz auf sich selbst, auf die Zwiesprache mit seinen inneren Instanzen angewiesen. Bilder des Unbewussten steigen in ihm auf, realitätsnahe Erinnerungen an die vergangene Reise lösen sich ab mit fantasienahen Empfindungen bezüglich seiner jetzigen Situation, an der nichts vertraut und geborgen zu sein scheint: Die Fremde zeigt sich abweisend, unwillig zur Beziehungsaufnahme, verweigert dem Fremden jegliche Nähe, lässt ihn abprallen, außen vor bleiben, wirft ihn auf sich selbst zurück. Von den zwei Gesichtern der Fremde

---

589 ebd., S. 19ff.
590 Bauman 1997, S. 78

zeigt Ceylon nicht das einladende, zu neuen Abenteuern und unendlichen Möglichkeiten lockende – für Bouvier erweist sich das Land als mysteriös, einschüchternd, bedrohlich.
Meist gelingt es ja nach kurzer Zeit, fremden Orten das Irritierende zu nehmen, indem man sie erkundet, sich mit ihnen vertraut macht. Doch für Bouvier erschließen sich die Straßen und Plätzen nicht, sie bleiben undurchschaubar, er verliert sich im Labyrinth. Und die Menschen, denen er begegnet, scheinen keine Notiz von ihm zu nehmen. Er zieht daraus die Konsequenz, sich auf die Rekonstruktion seiner Reisenotizen zu konzentrieren, um die Reise in Form eines Berichtes zu dokumentieren, auch wenn die Hälfte seiner Notizen vernichtet ist. Gerade weil er sich nicht ablenken will, bleibt er im Zimmer, vermeidet jeden Kontakt zur Fremde. Doch die psychische Irritation und dissoziative Verstörung nimmt immer mehr zu, bis er an dem Vorhaben (ver-) zweifelt, die Aufzeichnungen rekonstruieren zu können. Am Ende scheint ihm diese jahrelange Reise überhaupt fragwürdig:

> »Erwache, du Wirrkopf, mit deiner Reiserei, deinen Plänen, deinem ewigen Kommen und Gehen, deiner Sucht nach immer neuen Horizonten. Was du nie aufgehört hast zu suchen, ist vielleicht hier, jetzt, in diesem brutheißen Zimmer, in Reichweite, kauert im Dunklen, und nur im Dunklen.«[591]

Endlich entdeckt er ein Café, in dem er sitzen, schreiben, »Gespenster und Schatten kommen lassen kann«, ohne dass es ihn oder sonst jemanden stört. Als dann ein Brief eintrifft und die Funkstille, das Kommunikationsembargo kurzzeitig durchbricht, kann er ihn nicht sofort öffnen – auch jetzt muss er gewisse Rituale einhalten, sich erst duschen und rasieren, das Zimmer wischen »wie ein Mönchlein«, bevor er sich traut, den Brief zu lesen. Ein paar Tage später ertappt er sich dabei, wie er auf dem Weg zum Markt laut mit sich selber spricht – ohne kurze Zeit später noch den Inhalt des Gesprächs zu erinnern – und wie er von einem Dutzend Jungen verfolgt wird, die ihn nachäffen und sich lustig über ihn machen.[592] Immerhin ist dieses Nachäffen für Bouvier

591 Bouvier 2002b, S. 95
592 ebd., S. 136

ein Zeichen, dass er wahrgenommen wird, dass er noch da ist, sich nicht aufgelöst hat. (Das Fertigstellen seiner Reisechronik kann er schließlich erst zu Hause vollbringen – es wird viele Jahre dauern und deutlich unter dem Handicap stehen, dass eigentümliche seelische Irritationen zurückbleiben von diesen einsamen Monaten auf der abweisenden Insel.)

Abgrenzung: Rolf Dieter Brinkmann

Geboren **1940** in Vechta – Besuch der Volksschule und des Gymnasiums, **1957** Tod der Mutter – Aufenthalt bei Verwandten im Emsland – **1958** Abbruch der Schule und einer Verwaltungslehre – **1959** Buchhändlerlehre in Essen; Brinkmann lernt seine Frau Maleen kennen – **1962** Umzug nach Köln; Gedichtband »Ihr nennt es Sprache« – **1963** Beginn des Studiums an der Pädagogischen Hochschule in Köln – **1964** Förderpreis des Landes NRW für junge Künstler; Heirat, Geburt eines Sohnes – **1965** Aufenthalt in London; Prosaband »Die Umarmung« – **1968** Filmarbeiten, Fernsehspiele, autobiografischer Roman »Keiner weiß mehr« – Eklat mit dem Kritiker Reich-Ranicki[593] – **1969** Hinwendung zur amerikanischen Szene: Anthologie »Acid« – ab **1971** Hörspiele (»Auf der Schwelle«, »Der Tierplanet«, »Besuch in einer sterbenden Stadt«), Übersetzungen (z.B. Frank O'Haras »Lunch Poems«), Essays, weitere Gedichtbände (»Gras«, »Westwärts 1 & 2«) – **1972** Stipendiat der Akademie Villa Massimo in Rom – **1974** Gastlektor an der Universität in Austin (Texas) – **1975** Unfalltod in London; posthume Verleihung des Petrarca-Preises für den Gedichtband »Westwärts 1 & 2«

Im Oktober 1972 reist Rolf Dieter Brinkmann von Köln nach Rom, um dort ein Stipendium in der Villa Massimo anzutreten und seine schriftstellerischen Arbeiten fortzusetzen. Die Wochen

593 Die Kritik würdigt sein »außerordentliches« Talent und lädt ihn – zusammen mit Thomas Bernhard – zu einer Podiumsdiskussion in die Berliner Akademie der Künste, wo er Reich-Ranicki auf dessen Ausführungen antwortet: »Wenn dieses Buch ein Maschinengewehr wäre, würde ich Sie über den Haufen schießen!«

seines Aufenthalts dokumentiert Brinkmann in einem fortlaufenden Arbeitsprozess und stellt eine 448 Seiten starke Collage aus Reisebeobachtungen, Reflexionen und Briefen zusammen, bebildert mit Fotografien, Postkarten, Fahrscheinen, Restaurantquittungen. Erst 1979, vier Jahre nach Brinkmanns Unfalltod in London, werden die Aufzeichnungen unter dem Titel »Rom, Blicke« veröffentlicht.[594]

Brinkmanns Aufenthalt in Rom ist geprägt von einer existenziellen Spannung, fast schon von einer »Gewissheit des Verlorenseins«[595]. Jeder Gang in die Stadt, jede Szene, die Brinkmann beschreibt, ist verdichteter Eindruck – selbst wenn es sich um tausendfach aufgesplitterte Eindrücke handelt, um sinnlich genau geprüfte und notierte Betrachtungen über das fremde und befremdliche Leben in den Straßen und auf den Plätzen Roms. Die Präzision, mit der Brinkmann den Zustand des urbanen Alltags zu erfassen sucht, gleicht einem unerbittlichen (Kamera-) Auge, das in den hintersten Winkel der erschreckend maroden Zivilisation blickt und dort vor allem eines findet: Müll, auch und gerade in Rom:

> »Manchmal dachte ich, daß meine guten scharfen Augen mir nur hinderlich waren beim Umherblicken, denn jede schäbige unbedeutende Einzelheit mußte ich auch sehen. Dasselbe ist mit den Gerüchen und dem Tastsinn. (...) Das genaue Erfassen der Gegenwart mit den Augen sperrt den, der sieht, auch mächtig in der Gegenwart ein.«[596]

Das Werk aus Splittern und Bruchstücken, ungeglätteten Wahrnehmungen und Reflexionen über die kaputten urbanen Zustände in Rom entsteht aus dem Versuch heraus, die Welt um sich herum verstehen zu wollen. »Und wenn es da nichts zu verstehen mehr gab, dann wollte er eben dies verstehen. Das bedeutet auch: er war – und sei es in der Negation – fixiert auf Inhalt und Sinn. Er wollte begreifen, was es mit der Realität, in der die Menschen lebten, auf sich hat.«[597] Wenn man heute »Rom, Blicke« in die Hand nimmt und der Frage nachgeht, welche Erfahrungen der Bewältigung des

---

594 Brinkmann 1979
595 Vormweg 1995, S. 14 ff.
596 Brinkmann 1979, S. 407
597 Vormweg 1995, S. 26

In-der-Fremde-Seins sich in Brinkmanns Text finden lassen, welche psychischen Prozesse der Autor während seines Aufenthaltes in Rom erlebt und dokumentiert, so ist augenscheinlich, dass das Werk den Grenzgang eines Autors zwischen Außenwelterleben und Innenweltverarbeitung abbildet und dem stilisierten Rom-Bild deutscher Bildungsreisender den Kampf ansagt. An die Stelle des bürgerlichen Reisens setzt Brinkmann die authentische Erfahrung: Schreiben wird zur Spurensicherung des momentanen Erlebens unter Verwendung einer assoziativen, springenden, stichwortartigen Sprache, die den Eindruck des Unbearbeiteten und Alltäglichen machen könnte, wäre sie nicht sehr präzise auf Unmittelbarkeit ausgerichtet. Ähnlich hat Gottfried Seume Rom als »Kloake der Menschheit«[598] empfunden. Auch er macht keine antiquarischen Entdeckungen, keine Besichtigungsfahrten durch Ausgrabungsstätten und Museen, ihn interessiert das Leben der Menschen und es wunderte ihn, dass man so viel Lärm um die toten Überreste des alten Roms macht und »die Lebendigen im Elende verhungern«[599] lässt.

Die Motive für Brinkmanns Reise nach Rom sind vielfältiger Art; sein bisheriger Lebensmittelpunkt in Köln (er nennt diese Stadt sein »Schreckgespenst«) ist ihm zu eng geworden. Die Beziehung zu seiner Frau und zu seinem (behinderten) Sohn, die angespannte finanzielle Situation und die Überprüfung seiner schriftstellerischen Ambition verunsichern ihn, lassen eine konzentrierte Arbeit kaum zu: »Alles, was ich mir wünsche, ist ein einfacher Ort, wo ich leben und arbeiten könnte und das Minimum der Versorgung geregelt ist, was zum täglichen Leben notwendig ist«[600]. Das Stipendium in der Villa Massimo scheint genau eine solche Möglichkeit der Konzentration, Reflexion und Produktion zu eröffnen. Brinkmann erlebt den Aufbruch und die ersten Stunden in der Fremde allerdings viel irritierender, als er es sich ausgemalt hatte: »während der Fahrt ein Ansturm der Bodenlosigkeit, keinen Ort zu haben (...), eine grauenhafte Unsicherheit, die ich begreifen lernte: also wohin jetzt? (...) Und wie weiter? – Weiter! Ein dünner Gedanke«[601].

---

598 Seume 1985, S. 295
599 ebd., S. 297
600 Brinkmann 1979, S. 6
601 ebd.

In Rom angekommen, sondiert er in den ersten Tagen das Terrain, beschränkt sich jedoch auf das Gelände der Villa (die Stadt Rom erscheint ihm noch zu kolossal, zu ungeheuerlich). Er schreitet sein Atelier ab und »vermisst« es am eigenen Körper-Schritt-Maß, durchstreift den Park, besieht sich die Anlagen, Bäume, Statuen, muss sie sorgfältig und wiederholt zählen. Diese Zwangshandlungen geben ihm jene Sicherheit, die er benötigt, um sich zu einem ersten Rundgang durch die Innenstadt durchzuringen. Das Resultat:

> »Von dem pausenlosen Verkehr war ich in feinem Schweiß am ganzen Körper gebadet und nach dem Gang hatte ich das Gefühl totaler geistiger Leere im Kopf (...), körperlich taub und ohne Empfindung bis auf eine graue, poröse Müdigkeit, die mit körperlicher Erschöpfung nichts zu tun hatte, sondern mit einem Zustand des Ausgewrungenseins.«[602]

Wo andere Reisende in einer solchen Phase den Kontakt zu Mitmenschen suchen, um sich nicht zu verlieren, lehnt Brinkmann es ab, jemandem nahezukommen oder nahe zu sein. Auch die anderen Stipendiaten meidet er. Dieser Wunsch nach Abgrenzung und seine konsequente Verweigerung der Benutzung der fremden Sprache ist für ihn geradezu Programm: Das Fremde soll fremd bleiben, nur so »schult der Zustand die Wachsamkeit und die Augen.«[603] Diese Vermeidungstechnik verdeutlicht die Bedingungen seines Seins, eine Wahrnehmungs- und Reflexionsfähigkeit, die durch Abgrenzung zur Öffnung nach außen gelangt. Er will sich im wahrsten Sinne des Wortes »aussetzen« – als notwendige Bedingung für die Ermöglichung von unmittelbarer Erfahrung der Fremde.
Ähnliches gilt für Brinkmanns Wahrnehmung des alten Roms: Während der touristische Rundgang in der Regel von den Bemühen geprägt ist, die Kirchen, Statuen und Tempelreste zurück in ihren einstigen Rahmen zu betten, sich in das Damals zu versenken, Ursprünge und Bedeutungen herauszuarbeiten und alles aktuelle Geschäftige, das sich gerade im Moment der Betrachtung um einen herum abspielt, auszublenden, blickt Brinkmann gnadenlos auf

602 ebd., S. 34
603 ebd., S. 33

den lärmig-dreckig-alltäglichen Kontext der römischen Kulturrelikte:

> »Also am Platz Barberini raus, und zuerst eine überdimensionale große Unterwäsche-Reklame, da kniet eine Nuß, streckt den Hintern raus gepanzert in ›Loveba‹ ..., darüber Disney On Parade und Mickey Mouse. 1 Mann mit weißem Hemd und Schlips holt sich Wasser aus einem Brunnen, Flugblätter auf dem Asphalt, Flugblätter im Brunnen, dann Berninis Triton schwarz angelaufen der Brustkorb, als hätte der'n inneren Brand, die Ränder gelb, trug irgendwas Krümeliges auf dem Triton-Stein-Haupt. Rundum geparkte Wagen.«[604]

Diese Technik, das historische Rom nicht im klassischen, sondern im erlebten Zusammenhang einer modernen, hektischen, staubigen Großstadt zu sehen, dient ihm weniger dazu, die Kluft zwischen den fantasierten Bildern des antiken Roms und den aktuellen Eindrücken zu schließen, als vielmehr sich seiner eigenen Identität zu vergewissern:

> »Ich war allein, ungestört, und fühlte mich als jemand, der durch Gerümpel ging, ganz deutlich. (...) angesichts dieser Reste von Zivilisation wie auch von Kunstwerken: immer komme ich deutlicher zu mir zurück und immer schwerer fällt es mir, mich, mein eigenes Dasein, meine Anwesenheit in diesem Körper unberücksichtigt zu lassen.«[605]

Nach einigen Wochen wagt er es, seinen Schutzmantel der Einsamkeit abzulegen und mit zwei anderen Stipendiaten der Villa Massimo die Piazza Navona aufzusuchen. Doch dieser Besuch verunsichert ihn tief: Die Menschenmassen auf der abendlichen Piazza wecken in Brinkmann Aggressionen, die sich in der Darstellung des Brunnens »mit Fischen, die Wasser kotzen«, widerspiegeln; andererseits ist er erleichtert von der Weite des Platzes: »Weit, das ist gut, da sind die Menschen nicht so dickfällig zu spüren.«[606] Sein gesteigertes Empfinden, begleitet von agoraphobischen Ängsten, mündet in Momente der Fragmentierung:

---

604 ebd., S. 51
605 ebd., S. 58
606 ebd., S. 69 f.

»Ich bin ja eigentlich gar nicht da – wie kann man dasein vor soviel Kolossalität! Doch, doch, ich bin gegenüber solcher Kolossalität immer da, aber der Platz ist so weitflächig und groß«[607]. Atemlos reiht er nun Gedanken aneinander:

> »Eis Tartuffo schokoladenschwarz 350 Lire im Stehen essen mit bitteren Schokoladenstückchen das Halbrund Eis eingepackt im Sitzen kostet sofort das Doppelte Gedanken an Maleen die gern Eis ißt und besonders exotisches die Portion ist zu groß die Bar heißt Tre Scaline der Lyriker stellt Vermutung an, es möchte 3 Stockwerke heißen ich spüre die körperliche Schwerfälligkeit durch das fette starke Eis die Zeit ist 20 vor 9 der Kunststoff-Schwengel saust Berninis Brunnen rauscht der Obelisk ragt hoch der Kunststoff-Vogel klackert noch das ist die Piazza Navona gewesen an einem Donnerstagabend.«[608]

Im weiteren Verlauf wird deutlich, dass dieser Piazza-Navona-Abend für Brinkmanns Aufenthalt in Rom eine Schwellensituation darstellt, bei der ungewiss bleibt, ob es ihm gelingt, die Spannung zwischen Entgrenzung und Abgrenzung zu bewahren und (nicht zuletzt durch den Prozess des Schreibens) sein Selbst vor Auflösungstendenzen zu schützen; oder ob gerade das zurückgezogene Schreiben ihn noch stärker gefährden, auflösen wird. Brinkmann löst diese Spannung insofern, als er die äußere Umgebung nach diesem Abend nun noch mehr ausblendet; es ist der Beginn einer eigentümlichen Entrückung, einer Hinwendung von der äußeren zur inneren Landschaft. Die Darstellung der Realität des Alltags in Rom schwindet, er begibt sich nun in das Labyrinth seiner eigenen Innenwelt:

> »Meine Gedankenmaschine geht und geht. Haha, Knurren, Verzückung, ein Aufwallen anderer Bereiche, Entgrenzung, Mißfallen, ich tippe allein in meinem Zimmer, und das Knattern der Schreibmaschine erfüllt den Raum«[609].

Seine weiteren Erkundungsgänge sind von fast manischer Gelöstheit, ganz anders als zuvor, wo oft ein aggressiver Grundton

---

607 ebd., S. 70
608 ebd.
609 ebd., S. 85

dominierte. Er kann den riesigen Kitsch des antiken Roms weder ernst nehmen noch dabei ernst bleiben; an der Fontana di Trevi notiert er:

> »Ich mußte wieder kichern, denn das war so monströs im Verhältnis zu dem geringfügig zur Verfügung stehenden Platz, der die Monströsität des Brunnenaufbaus noch einmal verstärkte und wie eine gigantische Wahnidee wirken ließ«[610].

Brinkmann bemerkt an sich die Veränderung, braucht bei seinen Streifzügen nun Objekte, an die er sich klammern kann (ein Brief seiner Frau, das ausgeliehene Buch über Giordano Bruno), gleitet ab in Tagträume und beginnt an einer Straßenecke plötzlich eine Filmszene zu fantasieren: »Musikeinsatz aus: Cavalleria Rusticana 1890, durchsetzt mit Schüssen. – Schwenk auf den Rasierwasserverkäufer ... Schnitt zur Straßenecke: ein Polizist wälzt sich blutend im Rinnstein, ein Mann torkelt blutend aus dem Wagen.«[611] Der Schmutz Roms, der ihn zuvor noch »ansprang«, vor dem er sein Selbst nur durch Aggression schützen konnte, bedrängt und gefährdet ihn nicht mehr, sondern löst sich dissoziativ auf:

> »Kam in einem sanften, rauchigen Spätoktober-Nachmittagslicht (...) weiches gedämpftes Sonnenlicht, das oft in helle, klare frühe Augenblicke hereingeschienen hat, jedenfalls Augenblick, in denen sich jeder am stärksten allein konturiert (...). Und weiter weiches gedämpftes Sonnenlicht jetzt, eine milde Sanftheit, die den Körper erfüllt, inmitten furioser Architekturschinken (...). Also sanfte weiche und zartgefilterte Nachmittagshelligkeit, in der ich dort ging, für mich, hellwach, sehr bewußt (...) und weiter durch das zarte Nachmittagslicht in kleinen engen vergammelten Straßen mit erbärmlichen Fiats, mit Gurkendosen, in denen Blumen stehen, an abblätternden Mauern entlang, hellwach-verträumt.«[612]

Als er in dieser Stimmung ein Buch aufschlägt, erlebt er einen jener magischen Momente, die häufig Episoden der Dissoziation begleiten: »Die Stelle paßte so ganz zu dem Augenblick, sie fügte sich so lückenlos in meine Gedanken und meine Aufnahme des Ortes ein

---

610 ebd., S. 120
611 ebd., S. 126
612 ebd., S. 133f.

und setzte mich doch gleichzeitig total von dem Leben ringsum ab«.[613] Er kann sein Selbst von außen wahrnehmen: »Ich kam mir bald vor, als sei ich ein menschliches Fossil, das hier herumging«[614], und er wähnt sich konturlos, beziehungslos, geschichtslos: »Wer bin ich schon?: gefesselt, zufällig, eingesperrt in der Gegenwart, die Rückwege habe ich mit bewußt zugemauert, keine Vergangenheit mehr«[615]. Doch gerade in solchen Momenten sucht das Verdrängte sich eine Bahn zurück ins Bewusstsein, und die Vergangenheit, die eben noch zugemauert schien, wird wieder sichtbar, spürbar: Brinkmann erinnert sich plötzlich – mitten in Rom – an einen Bombenangriff, den er als dreijähriges Kind voller Angst durchstehen musste, und dann taucht vor ihm ein Nachkriegsbild aus dem Jahre 1947 auf:

> »Die geborstene Asphaltbrücke, grauschwarze, zackige Massen, in einem kleinen Bachgerinnsel (...) Was ging von diesen zerrissenen Asphaltbrocken aus, die wahllos durcheinanderlagen? Was für ein lautloser Eindruck prägte sich ein und brannte Angst lautlos in das Empfinden?«[616]

Es gibt in »Rom, Blicke« eine ganze Reihe solcher Episoden der Dissoziation: Angesichts weiter Plätze entgleitet Brinkmann die konkrete Gegenwart, er rutscht unmerklich in Tagträume hinein, die von Erinnerungsspuren seiner Geschichte durchsetzt sind:

> »Ich sah plötzlich vor mir eine italienische Landschaft – locker gefügt mit Bäumen, Steinbrüchen, sanften Hügeln und einzelnen Häusern, klar und durchsichtig, wie geträumt – und ich erinnerte mich an Abende in einer schäbigen, schrägen & engen Dachkammer, armselig & still, total ausgeliefert.«[617]

Zunehmend steigen Ängste in ihm auf; das Gehen durch die Stadt, das ihm zuvor Sicherheit gab, kann ihn nicht mehr stabilisieren; in den Straßen Roms wird er von depressiven Schüben und von Befürchtungen des Selbstverlustes heimgesucht: »Heftige Wehmut

---

613 ebd., S. 137
614 ebd., S. 138
615 ebd., S. 164
616 ebd., S. 173
617 ebd., S. 242

ergriff mich, wonach?«[618]; »Wer bin ich? Wer ist man, wenn man so geht und schaut?«[619]

Rettung erfährt er zunächst in seinem Atelier in der Villa Massimo, nur dort kann er Schutz vor der drohenden Auflösung finden: »Erstens war es still, erträglicher, und dann taute auch langsam wieder das Gefühl für mich selber, von meinem Körper wieder auf«[620]. Nach einigen Tagen der Stabilisierung verlässt Brinkmann die Stadt und verbringt die Weihnachtstage in dem kleinen Dorf Olevano, wo er zwar ähnliche Verwahrlosungen und Zivilisationsschäden wie in Rom wahrnimmt, sich dennoch psychisch erholt: »Nichts von einer Atmosphäre, die an die Gurgel greift«[621]. Anders als in Rom gelingt es ihm in nun, Nähe zu den Menschen und ihren Lebensbedingungen herzustellen:

> »Ich bin weit davon entfernt, diese Menschen als besonders anzusehen, auch weit davon entfernt, mich für diese Menschen zu engagieren, sie kommen ganz gut auf ihre Weise zurecht – aber sie sind mir nicht fremd.«[622]

Spürbar ruhiger und entspannter als in der Hauptstadt ist sein Blick auf langen Spaziergängen in der Umgebung wieder auf Entdeckungen ausgerichtet; der Schreibprozess als Verdichtung dieser Sinneseindrücke führt ihn wieder angstfreier zu sich zurück, gibt ihm die Möglichkeit, sich den Lichtschattierungen, Lichtfärbungen, neuen Raumerfahrungen unter dem geöffneten Himmel hinzugeben, immer noch ähnlich »ungeerdet« wie zuvor, doch nun ohne Furcht: »Jetzt bewege im mich darin, fern, umher, dringe weiter ein, tiefer vorwärts zwischen den Lichtmassen«, er möchte »weiter hineingehen: in flammende Höhlen«[623]. Diese neu gewonnene Freiheit, das Abstreifen der Ängste macht ihn fast schon wieder übermütig:

> »Ich fühlte mich sowohl bei mir selber wie außer mir. Ich war da und ich war nicht da, hatte mich vergessen, und konnte beliebig, in

618 ebd.
619 ebd., S. 245
620 ebd., S. 302
621 ebd., S. 373
622 ebd.
623 ebd., S. 392

jedem Augenblick zu mir zurückkommen. (...) Vielleicht war ich einsam in dem Augenblick, ich hätte es aber nicht sagen können, denn ich selber hatte kein Verlangen und war ohne Vorhaben.«[624]

Nachdem Brinkmann auch in Olevano ein Gefühl der Enge erlebt, stürzt ihn die Rückkehr nach Rom in eine neue »Konfusität«[625]. Zum Schluss der Dokumentation seines Aufenthaltes in Rom – nach einem ungeheuren Verbrauch an Erlebnis- und Schreibenergie – bleibt ihm nur ein sehr bescheidenes Fazit: »Vielleicht ist das der Zweck meines Hierseins in Rom, über einige Details mir selber Klarheit zu verschaffen«[626]. Welche Details er meint, ob sie mit der Reflexion seiner psychischen Disposition bzw. mit der Schreiberfahrung in der Fremde zu tun haben, erwähnt Brinkmann nicht. So endet ein Prozess, der mit dem Aufbrechen gewohnter Wahrnehmungsstrukturen und dem Infragestellen des antiquierten Rom-Bildes beginnt, der Authentizität angesichts der äußeren und inneren Erfahrungen sucht und der in identitätsgefährdende, dissoziative Verunsicherung und Verwirrung führt.

Besonders in jener Phase seines Aufenthaltes, wo die Realität der Stadt ihm kein kohärentes Wahrnehmen und Empfinden mehr ermöglicht, wo seine Verarbeitungsmechanismen – auch das Schreiben – das äußere und auch das innere Chaos nicht mehr zu ordnen vermögen, löst er sich oder grenzt sich ab gegen die bedrohliche Umwelt. Etwas in ihm fühlt sich nicht mehr imstande, die Fremde in all ihren Ausprägungen mit offenen Sinnen auszuhalten; der Gefahr der gänzlichen Auflösung seines Selbst entgeht Brinkmann, indem er seine subjektive Welt zur einzig gültigen Realität und die Außenwelt zur Imagination verwandelt. Doch so wird er mit verdrängten Spuren seiner Vergangenheit konfrontiert, die ihn furchtsam und depressiv machen und ihn phasenweise in ernste dissoziative Störungen treiben: »Wie in eine Halluzination blickt Brinkmann in eine Gegenwart der Kontrolle, (...) wo sich Körper in Konkurrenz zu Motoren befinden. Ihn befällt das Gefühl großer Unwirklichkeit, in der sich der Zustand emotionalen Gleichgewichts nicht

624 ebd., S. 407
625 ebd., S. 441
626 ebd., S. 448

einstellen kann. Er beschreibt das Phänomen der Ortlosigkeit und das Phantasie- und Traumvermögen beschädigter Identitäten in einer psychotischen, sinnentleerten Umwelt.«[627]

Fremdheit: Dolf Sternberger

Geboren **28.07.1907** in Wiesbaden als Sohn eines Revisors – **1925** Beginn des Studiums der Theaterwissenschaften und Germanistik – **1928** Wechsel nach Heidelberg zu Karl Jaspers – **1930** in Freiburg bei Martin Heidegger – **1932** Promotion in Frankfurt bei Paul Tillich über Heideggers Existenzialontologie – ab **1934** Redakteur der Frankfurter Zeitung – ab **1945** Herausgeber der Zeitschrift »Die Wandlung« (zusammen mit Karl Jaspers und Werner Krauss) – ab **1950** Herausgeber der Zeitschrift »Die Gegenwart« – **1957** Herausgeber des »Wörterbuchs des Unmenschen« (zusammen mit G. Storz und W. Süskind) – **1960** Ernennung zum Professor am Fachbereich Politik in Frankfurt a. M. – ab **1970** verantwortlich für die »Politische Vierteljahresschrift« – **1978** »Drei Wurzeln der Politik« – ständiger Mitarbeiter des Hessischen Rundfunks und der Frankfurter Allgemeinen Zeitung – gestorben **1989** in Darmstadt

> »Eines frühen kahlen Morgens vor Sonnenaufgang, wenn dich der Diener weckt, und du antwortest ihm in der Sprache des Landes, flüsternd, und du erhebst dich, kleidest dich halb an, begibst dich zum Waschraum, wählst deinen Platz und machst dich stumm ans Werk – durchs geschlossene Fenster fällt dein Blick auf die braune Prärie oder auf eine schlafende Siedlung mit niederen weißen Holzhäusern, wirr an der Straße aufgereiht, die voller Pfützen ist, kein Name ist am Bahnsteig angeschrieben, aber Schilder preisen Branntwein und Treibstoff an, und niemand ist zu sehen, nur abgestellte Wagen, vergessen alles, kein vertrautes Wesen, aber auch nicht unvertraut, weil du es schon so oft gesehen hast, gleichgültig also, mag das heißen wie es will – und die Luft ist trocken und heiß im Wagen, und du gehst und füllst dir einen Becher mit Eiswasser aus dem Kränchen an der Wand und trinkst und richtest dich ein mit

---

627 Vormweg 1995, S. 25f.

Seife und Pinsel, und ein anderer Mann kommt herein und tut das gleiche, grußlos, jeder gleichmäßig, er wie du und du wie er, ohne Gespräch, weil noch die Diskretion der Nacht gilt (später wird man sich begrüßen, wenn alle angekleidet sind, und es ist heller Tag, und man sitzt wieder im Sessel, die Strecke ist uneben, der Zug rattert und schwankt durch die Prärie, und das Waschwasser schwankt im Becken, und du spreizest die Beine, um die Stöße aufzufangen), und du schaust in den Spiegel in dumpfer Aufmerksamkeit, deiner selbst nicht bewußt und nicht gewahr: und mit einem Male bemerkst du deine eigenen fremden Hände, mit denen du dein eigenes fremdes Gesicht behandelst, und es tut sich eine Öde auf in deinem Innern, ausgesogen ist es und dürftig und verlassen von aller Erinnerung, und du siehst, du bist verloren. Du hast dich verloren an die Fremde.«[628]

Sternbergers Text stellt ein Dokument der dreifachen Fremdheit und Verlorenheit dar: Zum einen lassen die Objekte der Fremde in ihrer Unbedeutsamkeit den Reisenden gleichgültig und kalt. Zu oft hat er vermutlich schon schlafende Siedlungen, in denen sich kein Mensch zeigt, Bahnsteige ohne Namen, Schilder von Branntwein und Treibstoff, abgestellte Wagen und Pfützen vom geschlossenen Zugfenster aus vorbeifliegen sehen, als dass diese Objekte und Szenarien sich irgendwie mit Leben oder mit Fantasien füllen ließen. Im Gegenteil, sie lösen keinerlei Assoziationen aus, sondern bleiben gänzlich stumm. In solchen Augenblicken wird das Denken leer und das Fühlen schal, wie Sternberger weiter ausführt: »Fast gar kein Gefühl überhaupt, unscheinbar und flüchtig.«[629]

Zum Zweiten besitzt der Reisende, der hier seine Empfindungen schildert, keinen Zugang mehr zu den Objekten, die er verlassen hat. Sie tauchen nicht auf und sind nicht wieder zu beleben, auch wenn die Landschaften und Szenen, die sich im fahlen Morgenlicht zeigen – so gleichgültig sie auf den ersten Blick sein mögen –, immerhin Erinnerungen auslösen könnten. Aber nichts dergleichen passiert, und fast will es scheinen, als sei für den Reisenden nicht

---

628 Sternberger 1958, S. 10f.
629 ebd., S. 11

nur der Zugang zur Gegenwart, die ihn umgibt, sondern auch zur Vergangenheit, die ihm doch eigentlich in Assoziationen präsent bzw. repräsentierbar sein müsste, versperrt. (Mancher mag entsprechende Momente in der Fremde kennen, wo man sich nicht mehr sicher ist, ob die heimatliche Welt wirklich noch existiert, oder ob die, die dort leben, mit dem eigenen Fortgang selbst von der Bildfläche verschwunden sein könnten.)

Drittens ist neben der Vergangenheit und der Gegenwart auch er selbst sich fremd geworden. Zunächst mag der frühe Morgen daran schuld sein, dass der Reisende trotz der Aufmerksamkeit, mit der er sich seiner Morgentoilette widmet, nicht zu sich selbst gelangt, sich seiner selbst nicht richtig bewusst und nicht gewahr wird. Doch dann wird deutlich, dass er nahe daran ist, dissoziativ zu entgleiten und sich von sich selbst zu entfernen, die Integrität von Körper, Geist und Seele zu verlieren, sich abzulösen von seinen physischen Realitäten. Er bemerkt, wie die eigenen Hände ihm fremd werden und er plötzlich ein fremdes Gesicht berührt, behandelt.

Auch die anderen Personen, die hier auftauchen, können dem Entgleiten in die Leere keinen Halt entgegensetzen – der Diener nicht, der nur schemenhaft auftaucht, offenbar nur die Sprache des (fremden) Landes spricht und sofort wieder verschwindet; und auch zu dem anderen Reisenden ist (noch) keine Beziehung möglich, grußlos die Begegnung, ohne Gespräch der Vorgang im Waschraum. Vielleicht, so deutet der Text an, wird dieses Gefühl des Selbstverlustes nur ein vorübergehendes sein. Ein wenig ist es dem frühen Morgen geschuldet. Wenn die Nacht abgestreift ist, alle Reisenden gewaschen und angekleidet in ihren Abteilen sitzen – dann wird eine Beziehungsaufnahme wieder möglich sein. Und dann bleibt vielleicht nur ein blasser Hauch der Erfahrung, sich selbst zu verlieren in der Fremde bzw. (für einen Moment) sein Selbst verloren zu haben.

Das Gefühl der Verlorenheit muss nicht auf die eigene Person beschränkt bleiben, es kann sich auch beziehen auf ein umfassenderes Zeitgefühl, ein Moment der Bewusstwerdung über die Bindungslosigkeit des Menschen in der Moderne. Zugfahrten scheinen solche kulturkritischen Reflexionen in besonderer Weise anzuregen; so schreibt Uwe Schweikert:

»Wie ein lautlos absurrender, endlos sich abspulender Film stürzt am Fenster die zerschundene, zerfurchte Landschaft vorbei, deren Brand- und Wundmale sich niemals wieder schließen (selbst das Weltall haben sie zur Kloake gemacht), dieses unablässig vorbeijagende Band aus Wäldern, Wiesen, Flüssen, Dörfern, Städten, das wechselnde Spiel der Farben und Wolken, und jedesmal war es eine Fahrt in immer tiefere Dunkelheiten. Während meine Blicke, meine Gedanken sich in dem Buch festhakten, das vor mir auf den Knien, immer wieder auch weggeschoben neben mir auf den Plastiksitzen lag, saugte draußen die Nacht die über die Straßen huschenden Autoscheinwerfer, die Lichter in den Fenstern und die verlorenen Menschen dahinter auf.«[630]

Weitere dissoziative Störungen in der Fremde

In der »Erinnerung an eine Pariser Straße«[631] beschreibt Siegfried Kracauer die Erlebnisse einer Reise in die französische Hauptstadt und schildert seine Streifzüge durch die Quartiere der Stadt. Viele Stunden am Tag ist er auf den Beinen, beseelt von einem »Straßenrausch, der mich in Paris immer ergreift.«[632] Er nennt es »Besessenheit«, der er nicht zu widerstehen vermag. Müde, aber von der Aussicht auf neue Eindrücke verführt, gerät er in tranceartige Zustände, in Nebel der Dissoziation. Seinen Wahrnehmungen kann er bald nicht mehr trauen, die Seitenwände und Pflasterböden der Straßen sieht er zusammenwachsen, wie im Traum entschwebt er »über senkrechte Mauern bis zu den Dächern und weiter, immer weiter ins Dickicht der Schornsteine hinein«[633]. Dabei hat er die »deutliche Empfindung«, dass er sich nicht nur im Raum bewegt, sondern Grenzen überschreitet und in die Zeit eindringt.
Auf einem solchen Streifzug landet er in einer Gasse, die ihn besonders irritiert, geradezu aus dem Gleichgewicht bringt. Er

630 Schweikert 1981, S. 83
631 Kracauer 1964
632 ebd., S. 9
633 ebd., S. 9f.

spürt Furcht, möchte diesen Ort wieder verlassen, doch wie im Angsttraum, wenn man entfliehen will und die Füße – als wären sie einbetoniert – den Dienst verweigern, scheint für Kracauer kein Entkommen möglich: »Wie ein Schwimmer, der gegen den Strom ankämpft, strebe ich mit einer verzweifelten Anstrengung der Straßenmündung zu«[634]. In allen Fenstern wähnt er geheime Beobachter, er glaubt den Boden unter den Füßen zu verlieren und bemerkt, wie seine verstörten Wahrnehmungen sich zu optischen Halluzinationen verdichten:

> »Wie ich nach oben blicke, rückt die Theaterwand langsam auf mich zu. Sie, die doch fensterlos war, ist jetzt mit richtigen Mietshausfenstern besetzt, aus denen die stumme Gesellschaft wieder auf mich herabschaut. Die Theaterwand wird immer größer und schleicht mit ihren weißen Zimmern durchs Dunkel. (...) Ich entdecke, dass die Kinder weggefegt sind. Nur ihr Lachen dringt noch zu mir.«[635]

Erlebnisse ähnlicher Art kennt auch Klaus Böldl, der auf einer Reise durch Island das Fossvogurtal durchwandert, dort ein einsames Schulgebäude entdeckt und sich »mit geradezu halluzinatorischer Deutlichkeit« erinnert,

> »dort einmal im Unvordenklichen zur Schule gegangen zu sein. Der kleine Pausenhof mit der Sandkiste, der Schaukel und der Rutsche, ja selbst der kindgerechte Griff an der Eingangstür, all das verströmte eine irritierende Vertrautheit, und mir kam immer gleich der Blick aus dem Klassenzimmer in den Sinn, der die Gras- und Heideflächen des Talgrunds absuchte bis hinüber zu den Wohnblöcken mit den tausend leeren Fensteraugenhöhlen (...). Und etwas später auf meiner Wanderung, im Tal des kleinen Flusses Ellidaá, war mir wiederum, als hätte ich einmal in genauso ferner Zeit der Kinderschar angehört, die dort auf den Steinen am Wasserlauf balancierte, vier oder fünf Jungen und zwei blonde Mädchen mit herausfordernd hellem Lachen«[636].

Anders geprägt ist das dissoziative Erleben von Bernard Moitessier, der in den Jahren 1952 bis 1966 mehrere Atlantik-Überquerun-

---

634 ebd., S. 12
635 ebd., S. 15
636 Böldl 2003

gen unternimmt, dann in Kapstadt eigene Boote baut, über viele Monate in der Karibik kreuzt und schließlich eine Segelschule im Mittelmeer betreibt. Als die »Sunday Times« einen Preis für eine Non-Stop-Weltumseglung für Alleinsegler ausschreibt, ist Moitessier dabei: Bereits am Start in England setzt er sich an die Spitze des Feldes und wird, nachdem er auch am Kap Hoorn vorn liegt, schon als Sieger gehandelt. Doch anstatt den Atlantik zurück nach Plymouth zu segeln, um den Preis in Empfang zu nehmen, läuft er nach Kapstadt ein, wirft dort, ohne anzulegen, eine Nachricht ab, in der er mitteilt, nicht wieder nach Europa zurückzukehren, und segelt ohne Zwischenstopp nach Tahiti, wo er sich endgültig niederlässt. Berühmt wird er mit der Schilderung seiner Erfahrungen auf See in dem Buch »Der verschenkte Sieg«:

> »Die Luft ist eisig. Ich horche hinaus. Ich spüre mit jedem Nerv und einer erschreckenden Klarheit, daß das Segel verkleinert, die Fahrt verlangsamt werden muß. (...) Und zur gleichen Zeit gibt es dieses Etwas, das ich in mir wahrnehme, dieses Etwas, das singt, das ich weiter und weiter hören möchte, die große leuchtende Woge, von der man sich in die Ewigkeit tragen lassen möchte.«[637]

Nicht immer euphorisierend, sondern auch beängstigend nah ans psychotische Erleben können Dissoziationen reichen: Kenneth White, erfahrener Reisender und seit seiner Kindheit auf der Suche nach den Weiten Labradors, kennt solche Momente: »Plötzlich war da nichts mehr als eine Welt von Wolken, und wir waren allein, mitten auf einer riesigen weißen Ebene, und hohe, schneebedeckte Berge schauten uns an. Es herrschte eine große Stille, aber da war ein Flüstern.«[638] Jon Krakauer, Autor des Buches »In eisige Höhen«[639], beschreibt den Tod mehrerer Bergsteigerkollegen am Mount Everest: Als er am frühen Morgen zum Camp zurückwankt, wird für ihn all das, von dem er sich gar nicht vorstellen kann, dass es wirklich passiert ist, allmählich zur lähmenden Gewissheit. Er hat eine Stunde lang den Südsattel nach dem Bergführer Andy Harris abgesucht und ist physisch und psychisch am Ende:

637 Moitessier 1973, S. 158
638 White 1984, S. 170
639 Krakauer 1998

»Immer wieder führte ich mir diese Verluste vor Augen, bis mein Verstand schließlich streikte und sich in einen sonderbaren, beinahe roboterhaften Zustand der Teilnahmslosigkeit flüchtete. Ich fühlte mich emotional betäubt, bei gleichzeitiger äußerster Konzentration, so als wäre ich in einen Bunker im tiefsten Inneren meines Schädels geflohen und blickte nun durch einen schmalen gepanzerten Schlitz nach draußen auf die Trümmer um mich herum. (...) Der zackige Horizont war mit einer glühenden Aureole bemalt, die vor meinen Augen flackerte und zuckte. Allmählich überkam mich das Gefühl, mich auf einer Spirale zu befinden, die sich sonst abwärts wand, in das alptraumhafte Reich des Wahnsinns.«[640]

Der traumatische Verlust, die gesuchte Einsamkeit, das überraschende Déjà-vu-Erlebnis, die Verirrung und Verwirrung in einer fremden Stadt – all das kann bei Menschen, die auf Reisen sind, zur Dissoziation beitragen. Manche Schilderungen erinnern an Beschreibungen psychischer Dekompensationen, wie sie Charcot in Paris der Fachöffentlichkeit präsentierte. Zu jener Zeit griff auch Pierre Janet, ein Schüler Charcots, dissoziative Phänomene auf, in denen er mehr sah als »hysterische Zerstreutheiten«, nämlich den Verlust der bewussten Kontrolle über Verhaltensweisen und Erinnerungen. Als Auslöser der Dissoziation (den Begriff verwendet bereits Janet) vermutete er belastende Lebenskrisen[641]. Heute nimmt man an, dass dissoziative Phänomene häufig eingebunden sind in die Verarbeitung traumatischer Erfahrungen; aber auch bei anderen Störungen gehören sie gelegentlich zur Symptomatik; dies gilt für Depressionen, Schizophrenien, Borderline-Störungen ebenso wie für Phobien, Angstzustände oder Folgeerscheinungen des Substanzmissbrauchs.[642] Noch ist in der Fachdiskussion umstritten, ob Dissoziationen in solchen Fällen als Nebenerscheinungen dieser Störungen aufgefasst werden sollen – dann würden z. B. die Schizophrenie oder die Borderline-Persönlichkeitsstörung als Hauptdiagnose gelten, und Dissoziationen fänden eher als Begleitsymptome Beachtung. Es gibt allerdings gute Gründe dafür,

640 ebd., S. 309
641 Fiedler 2001, S. 31
642 vgl. Putnam 2003, S. 36

dissoziative Phänomene – auch im Kontext anderer Störungsbilder – nicht als Begleitsymptome oder randständige Merkmale zu betrachten, sondern ihnen einen eigenständigen Status zuzusprechen. Versteht man nämlich Dissoziationen als den partiellen oder völligen Verlust der normalen Integration von Erinnerung, Identitätsbewusstsein, unmittelbarer Empfindung und Kontrollmöglichkeit der Körperbewegungen[643], so deutet sich an, dass hier Phänomene zusammentreffen, die mehr sind als kurze Absencen: Es sind Erfahrungen der Fremdheit und Gefährdungen des Selbst, die bei den einen zu deutlichen seelischen Irritationen führen, auch wenn sie nicht in eine Psychose münden, bei den anderen eine Intensivierung der Wahrnehmung bewirken:

> »Ich weiß nicht, wie lange ich hier schon stehe, mitten auf der Brücke, im Strom der Passanten, und hinuntersehe auf das dunkle Gedränge der Kähne, dem außer mir niemand Beachtung schenkt. Zeit und Weg und Abendessen sind gleichgültig geworden. Das Wasser glänzt und funkelt wie nasser Teer. (...) Um mich streben die Leute nach Hause. Sie sehen nicht, was ich sehe, sie sprechen ihre Sprache, als gäbe es nichts anderes. Aber ich bin fremd hier und will fremd sein an jedem Ort.«[644]

In dem hier beschriebenen Sinne ließen sich dissoziative Momente vielleicht auch als Formen von Konzentration begreifen, die zwar das Alltagsgeschehen (die sogenannte Realität) ausblenden, sich dafür aber den Empfindungen des eigenen Selbst umso intensiver zuwenden.

---

643 Dilling 1999, S. 73
644 Röckel 1999, S. 99

Das erschöpfte Selbst in der Fremde: Depression

»Die wahre Reise führt uns zum Kern unseres Wesens.
Man könnte aber auch sagen,
sie führt uns in die Mitte der Leere.
Das ist dasselbe.«
Hans-Jürgen Heinrichs

Jedes Verlassen setzt Trennung voraus, jede Reise enthält die Erfahrung des Verlustes. Momente des Abschieds können unterschiedlich gestaltet, verdrängt oder verleugnet werden – doch wer aus vertrauter Umgebung fortgeht, geliebte Menschen, gewohnte Räume und soziale Bezüge zurücklässt, der kann in der unbekannten Welt, die er betritt, denen, die er verlassen hat, nicht ewig verbunden bleiben. Er muss Platz schaffen für Neues, das auf ihn einströmt, während das Alte im Prozess der Entfernung nebelhaft verblasst. Und doch bleibt es abrufbar, in der Psyche gespeichert, repräsentiert. Die Art und Weise, wie verlassene Objekte verinnerlicht werden, und die Verfassung, in die der Reisende gerät, wenn er die Erinnerung daran wachruft, ist sehr verschieden: Manche empfinden Erleichterung, dass die Lösung aus familiären Fesseln oder alltäglichen Umklammerungen geklappt hat (»Wie bin ich froh, dass ich fort bin!«); bei anderen klingt die Hoffnung durch, bald wieder im vertrauten Kreis aufgehoben zu sein (»froh, dass man irgendwo zu Hause ist«); und wiederum andere halten den inneren Verlust kaum aus und entwickeln Formen der Trauer oder fallen in einen Zustand tiefer Depression, der sie leer, antriebslos und handlungsunfähig macht.

Zur Dynamik depressiver Störungen

Die gegenwärtige psychiatrische Lehre versteht unter einer Depression einen eingetretenen oder drohenden innerpsychischen Stillstand, einen Zustand der Niedergeschlagenheit und der Lähmung vitaler Kräfte[645]. Menschen in depressiven Krisen können sich zu nichts aufraffen, fühlen sich ausgebrannt, müde und schwer. Ihr Energiehaushalt ist eingefroren, ihre Initiative blockiert, ihr Selbstwertgefühl auf den Nullpunkt gesunken; sie empfinden sich als minderwertig, nutzlos, schlecht und glauben, dass alle Unfähigkeit und Schuld in ihnen vereint sei. Es schwindet ihr Zeitgefühl, alle Zeit reduziert sich auf die unerträgliche Gegenwart, und die scheint ewig zu währen.[646]

Auf ihre Umwelt wirken depressiv erkrankte Menschen angespannt, unberührbar, fast versteinert. Ihr Gesichtsausdruck verbietet jede Ermunterung und jeden Scherz. Freude, Begeisterung oder Mitleid können sie kaum empfinden, sie fühlen sich unendlich allein, weit weg vom wirklichen Leben. Jegliches Streben auf Zukunft hin ist ihnen verloren gegangen, ihr Dasein erscheint ihnen sinn- und perspektivlos. Nur das Gefühl der Gefühllosigkeit und der eigenen Leblosigkeit nehmen sie deutlich wahr. In ihrer Verlorenheit ist jedoch die tiefe Sehnsucht nach einer Rückkehr in die Beziehungsfähigkeit spürbar.[647]

Sigmund Freud hat darauf hingewiesen, dass die psychische Dynamik der Depression (Freud spricht in der Regel von Melancholie) eine andere ist als die der Trauer: »Bei der Trauer ist die Welt arm geworden, bei der Melancholie ist es das Ich selbst.«[648] Nach Verlusterlebnissen kann der entstandene Mangel in der Trauer durch schrittweise Übertragung der libidinösen Bindung vom entschwundenen auf ein neues Objekt verlagert und so der Schmerz kompensiert werden; bei der Depression bzw. Melancholie hingegen gelingt die Ersetzung des verlorenen Objektes nicht ausreichend. Das, was verlassen wurde, rückt in weite Ferne, als wäre es für immer verloren und hätte jegliche Kontur eingebüßt. Am Ende verschwimmt die Vorstellung davon, was eigentlich so schmerzhaft vermisst wird. Während sich im Falle der Trauerarbeit das Subjekt allmählich aus der Blockierung lösen kann und wieder

---

645 Bock 2004, S. 77
646 ebd.
647 vgl. Dörner u. Plog 2002, S. 198
648 Freud 1999, S. 431

frei und ungehemmt bewegt, wendet sich im Falle der Depression das Gefühl der Trauer und der Wut gegen das eigene Selbst und verwandelt die Klage über das, was entbehrt wird, in eine bittere Selbstanklage.[649]

Nun wird oft von Depressionen gesprochen, wenn es sich um vorübergehende Momente der Verstimmung oder der Verlassenheit handelt. Möglicherweise werden Menschen heute auch eher depressiv, weil sie in der Illusion leben, dass ihnen eigentlich alle Türen offenstehen müssten, sie aber an der Realisierung der vermeintlichen Möglichkeiten scheitern: Nach Ehrenberg verkörpert die Depression nichts anderes als »die Spannung zwischen dem Bestreben, nur man selbst zu sein, und der Schwierigkeit, dieses Projekt zu verwirklichen.«[650] Angeblich unbegrenzte Möglichkeiten fordern dazu auf, sich als »integrierter Massenmensch« und gleichzeitig als »eigener Souverän« zu präsentieren. Die Konsequenz dieser Norm sei, so Ehrenberg, eine ungeheure Verantwortlichkeit für ein gelingendes Leben: »Der Depressive ist nicht voll auf der Höhe, er ist erschöpft von der Anstrengung, er selbst werden zu müssen.«[651] Es sind ungeheure Spannungen, die den depressiv erkrankten Menschen quälen; sein Streben nach Anerkennung, nach Perfektion steht der Erfahrung realer Unzulänglichkeit gegenüber. So entsteht ein Konflikt zwischen dem idealisierten Selbstbild und dem untauglichen Handlungsvollzug, der dauernd selbst entwertet wird. Von solchen depressiven Spannungszuständen berichten die Reisetexte von Max Dauthendey, Albert Camus und Annemarie Schwarzenbach.

Trennungsverlust: Max Dauthendey

Geboren am 25. Juli **1867** in Würzburg – **1873** Tod der Mutter – **1888** Auslandsaufenthalte in Frankreich und der Schweiz – **1889** Reise nach Russland – **1891** Aufenthalt in einer Nervenklinik – **1893** erster Gedichtband:

649 ebd.

650 Ehrenberg 2004, S. 157

651 ebd., S. 4

»Ultra Violett«; Reisen nach Venedig und Schweden; Freundschaft mit dem Dichter Richard Dehmel – **1894** Reisen nach England, Frankreich, Griechenland, Mexiko – Rückkehr nach Würzburg – Tod des Vaters – **1896** Heirat der Schwedin Annie Johannsen – **1897** gemeinsame Reise nach New York und Mexiko; »Die schwarze Sonne« (Gedichte) – **1898** gemeinsame Reise nach Griechenland – **1899** bis 1905 lebt das Paar in ärmlichsten Verhältnissen in Paris – **1906** Rückkehr der Ehefrau nach Schweden; Aufbruch Max Dauthendeys zur Weltreise: Ägypten, Indien, China, Japan, Nordamerika – **1911** »Die acht Gesichter am Biwasee« (Erzählungen) – **1912** Bau eines »Dichterhauses« in Würzburg – **1914** Reise in die Südsee (Neu-Guinea, Sumatra, Java), wo Dauthendey vom Ausbruch des Ersten Weltkrieges überrascht wird – **1915** »Geschichten aus den vier Winden« (Erzählungen) – 29. August **1918** Tod auf Java nach verzweifelten Bemühungen, auf einem neutralen Schiff nach Europa zurückkehren zu können (**1930** Überführung der sterblichen Überreste nach Würzburg)

> »Ich glaube, es kann nicht länger so fortgehen. Mein Hirn schmerzt, es ist, als trocknete mein Leben ein und wimmerte und wehrte sich gegen das langsame Absterben. (...) Es ist sehr traurig, dass nun die Schiffe nicht mehr gehen. Ich leide so sehr an der Sehnsucht, von Dir etwas zu hören. Du weißt, für mich ist das Leben ohne Dich kein Leben. Ich arbeite, ich esse, ich schlafe. Aber meine Seele ist nicht hier.«[652]

Diese Zeilen Max Dauthendeys, im Juli 1918 – also wenige Wochen vor seinem Tod auf Java – geschrieben, wurden im Nachlass gefunden. Sie stellen ein letztes Lebenszeichen dieses Reisenden dar, der buchstäblich an der Einsamkeit der Fremde zugrunde ging. Dabei ist diese Einsamkeit zunächst selbst gewählt. Dauthendey gehört zu jenen Dichtern und bildenden Künstlern des frühen 20. Jahrhunderts, die rastlos die Ferne absuchen nach dem ultimativen Ort ihrer künstlerischen Produktivität. Ähnlich wie Gauguin oder Rilke verspricht er sich von der Fremde jene Inspiration, die ihm in vertrauter Umgebung nicht möglich scheint. Doch seine Versuche, in der Fremde heimisch zu werden, scheitern: So überredet er seine

---

652 Dauthendey 1990, S. 324 f. u. S. 351

Frau eines Tages, Europa aufzugeben und nach Mexiko überzusiedeln, um bereits im Moment der Ankunft zu spüren, dass Fantasie und Realität sich nicht decken. Genauso wenig gelingt es ihm, wieder in seiner Heimatstadt Würzburg Fuß zu fassen: Ein für seine schriftstellerische Tätigkeit konzipiertes Haus, das er trotz massiver Geldnot realisiert, bringt ihm nicht die schöpferische Ruhe, die er benötigt: »In der Fremde vermisste er das Eigene und in der eigenen Welt das Fremde.«[653] Auf all seinen Fahrten durch Skandinavien, Frankreich, Griechenland, Indien oder Ägypten findet er nicht den »richtigen« Platz für sein künstlerisches Schaffen.

Schließlich, in den letzten Monaten seines Lebens, muss er einsehen, dass auch die Südsee ihm nicht geben kann, was er sich erhofft. Im Brief an Helene Drießen vom 8. Juni 1918 heißt es:

> »Ich suche mich mit viel schriftstellerischer Arbeit zu betäuben. Aber die Abendstunden voll Leere reißen immer alles ein, was ich am Tage am Arbeitstisch an Willenskraft zusammengerafft habe. (...) Ich komme mir oft als der Einsamste auf Java vor. Alle Menschen haben hier ihren alten Bekanntenkreis oder Wirkungskreis, der ihnen Java heimisch macht. Nur ich gehöre nicht hierher.«[654]

Und als grundlegende Erfahrung des Reisens bemerkt er:

> »Das ist der Fluch und zugleich die Wollust des Reisens, daß es dir Orte, die vorher in der Unendlichkeit und in der Unerreichbarkeit lagen, endlich und erreichbar macht. Diese Endlichkeit und Erreichbarkeit zieht dir geistige Grenzen, die du nie mehr loswerden wirst.«[655]

Dauthendeys einsames Leben auf Java ist geprägt von Krankheit, Heimweh und der Sehnsucht nach seiner Frau. Nur manchmal nähert er sich dem Ziel seines Aufenthaltes, dem unbedingten Schreiben. Wie im Rausch produziert er an drei Tagen das Lied vom inneren Auge, ein mehr als hundert Seiten starkes Epos, an dem er in den folgenden Tagen noch fieberhaft weiter arbeitet, »wie ein Weib aus seinem Leib mit Schmerzen ein Kind gebärt.«[656] Er

---

653 Ganeshan 1994, S. 171
654 Dauthendey 1990, S. 345
655 Dauthendey 1978, S. 3
656 Dauthendey 1990, S. 328

bekennt, dass er dieses Werk nur verfassen konnte »in der Einsamkeit auf diesem hohen Berg, wo ich über den Wolken wohne«[657], und er ist vom Produkt seines Schaffens ganz euphorisiert: »Es ist, glaube ich, das größte gedankliche Lied, das seit langer Zeit für die Menschheit geschrieben wurde.«[658] Doch trägt ihn diese Begeisterung nicht weit – er kann sie nicht teilen, seine Dichtung bleibt ohne Echo. Er findet weder auf Java noch sonst unter den gegebenen Zeitumständen eine Leserschaft, die ihm Halt geben könnte:

> »Es ist jetzt abends halb zehn Uhr, und ich bin wie immer, wie jeden Abend auf meiner Veranda so allein, so allein. Es ist ja ganz gleich, ob ich hinunter in den Pavillon gehe und mit ein paar Deutschen politisiere, ich wäre doch allein. Ach, wenn ich nur schreien dürfte! Es wird jeden Abend schlimmer, jeden Abend unmöglicher. Ach, diese Abende! Was soll ich nur tun, wenn das so weitergeht?«[659]

Bei der Frage, ob sich Dauthendeys Einsamkeit in der Fremde als Form der Depression begreifen lässt, ist folgender Gedankengang vielleicht hilfreich: Menschen in depressiven Krisen sehen ihre Bedürfnisse nach Geborgenheit und Bindung nicht ausreichend erfüllt, fühlen sich von ihrer Umgebung nicht genügend anerkannt und getragen. Sie mobilisieren daher Abwehrmaßnahmen, um einer Bedrohung ihres Selbst zu entgehen. Denn das Empfinden des Getrenntseins von dem, was das Leben und das In-der-Welt-Sein ausmacht, scheint beim depressiv Erkrankten jegliches Streben auf Zukunft hin zu untergraben. Davon kann bei Dauthendey nur bedingt die Rede sein, denn sein Antrieb ist nicht völlig gelähmt, es gelingen ihm trotz (oder gerade in) seiner Einsamkeit ernsthafte literarische Produkte. Auch seine Selbsteinschätzung ist nicht herabgesetzt – im Gegenteil: Das Gefühl der eigenen Wertlosigkeit, das sonst häufig Ausgangspunkt der Depression ist[660], ersetzt Dauthendey durch einen ausgeprägten, fast messianischen Glauben an die eigene Bedeutsamkeit. Während depressive Men-

657 ebd.
658 ebd., S. 327
659 ebd., S. 307
660 vgl. Bauer 2004, S. 83

schen in der Regel eine schlechte Meinung von sich haben und davon ausgehen, dass alle anderen sie negativ einschätzen (und daher die Äußerungen ihrer Umgebung negativ aufnehmen, sie bis ins Wahnhafte umdeuten[661]), bleibt Dauthendeys Selbst- und Fremdeinschätzung – zumindest in Bezug auf das, was sich aus den autobiografischen Texten erkennen lässt – klar und ungestört. Auf körperlicher Ebene (auch darüber finden sich zahlreiche Textstellen in den Briefen) sind die Symptome der Depression bei Dauthendey allerdings unverkennbar: Bekannt ist ja, dass bei depressiven Menschen oft Appetit und Verdauung, Herz bzw. Kreislauf und Atmung beeinträchtigt sind; oder es stellen sich diffuse Schmerzen und Schlafstörungen ein, bei denen die Erkrankten schwer zur Ruhe kommen und mit Druckgefühlen auf der Brust aufwachen. Dauthendey schreibt: »Tag und Nacht schleicht die Sehnsucht und das Heimweh wie eine Schlange um mein Herz und drückt mir die Adern zu. Ich halte den Druck bald nicht mehr aus.«[662] Und an anderer Stelle:

> »Ich habe ein Brett in der Brust, ein Brett im Magen, ein Brett im Kopf vor Einsamkeit, vor Qual, vor Sehnsucht. (...) O Gott, gib mir doch ein Zeichen im Traum, das mir sagt, ob ich jemals heimkomme, ob ich jemals Annie wiedersehe und die Heimat. Ich bin so furchtbar allein hier hoch oben im Gebirge, und ich bin zugleich dem Himmel so nahe.«[663]

Hier deuten sich Suizidvorstellungen und Todesängste an, verstärkt durch infektiöse Erkrankungen. Dauthendey fühlt sich »in diesen letzten Monaten (...) ganz dünnblütig. (...) Ich hoffe immer, dass diese Wartezeit meine Kräfte nicht übersteigen wird, wenn Du mir die Erleichterung des regelmäßigen Briefaustausches zukommen lässt. Ein Posttag ohne Brief erfüllt mich jetzt, wo ich schon ganz überempfindlich durch die langen Wartemonate geworden bin, mit Selbstmordgedanken. (...) Es wird heißer Mittag draußen, und die Berge legen sich ein wenig flacher hin. Der Schwung des Morgens ist von den Berglinien verschwunden. Das denke ich auch immer,

---

661 siehe dazu Bock u. Koesler 2004, S. 219 ff.
662 Dauthendey 1990, S. 305
663 ebd., S. 324 f.

wenn ich mein jämmerliches Gesicht im Spiegel suche. Es ist Spätnachmittag in meinen Gesichtszügen. Ich bin mager und verhärmt. Wenn ich meine Finger wasche, so ist mir, als fühlte ich die Finger eines Kindes an meiner Hand, so winzig und glattschlank sind die Hände geworden. Es ist, als wollte der ganze Leib verschwinden, weil er keine Bedeutung mehr findet in der Leere hier.«[664]

Das ICD-10 nennt unter dem Begriff der affektiven Störungen unterschiedliche Erkrankungs- und Verlaufsformen: depressive Episoden, die phasenweise auftreten, zu einem bestimmten Zeitpunkt beginnen und sich nach Wochen oder Monaten zurückbilden; rezidivierende depressive Störungen mit oder ohne somatische Begleiterscheinungen bzw. mit/ohne psychotische Symptomatik, die trotz medikamentöser und psychotherapeutischer Behandlung immer wieder auftreten und das Denken auf subjektive Überzeugungen der eigenen Schuld und der Wertlosigkeit einengen; die Zyklothymia, die in Form instabiler Stimmungen zwischen Euphorie und Niedergeschlagenheit pendelt; die Dysthymia als chronisch depressive Verstimmung[665], die nicht vergeht, sondern ein durchgehend beeinträchtigtes Lebensgefühl hervorruft.

Bei Dauthendey finden sich in seinen Briefen und Aufzeichnungen oft Formulierungen, die in regressiver Weise den Wunsch nach Rückkehr zu seiner Ehefrau bzw. nach einem Wiedersehen zum Thema haben. Aber auch Aspekte der Zyklothymia wie der Dysthymia schimmern aus den Texten hervor: Begeisterung und Größenfantasie bezüglich der schriftstellerischen Bedeutsamkeit – und dann, zum Ende hin, die chronisch depressive Verstimmung, die zum körperlichen Abbau führt. Hier zeigt sich, wie sehr die psychische Balance eines Menschen nach belastenden Lebensereignissen, Verlusten und Erfahrungen des Getrenntseins auf Bindung angewiesen ist. Aus autobiografischen Schilderungen[666] und psychiatrischen Untersuchungen[667] weiß man, dass depressive Erkrankungen oft durch Erfahrungen der Ungeborgenheit ausgelöst werden und

---

664 ebd., S. 302 f.
665 vgl. Dilling 1999
666 Noy 2000
667 vgl. Kipp 1996; siehe auch Mentzos 1991

Gefühle der verzweifelten Hilflosigkeit aus vergangenen Lebensphasen wieder wachrufen. Im späteren Verlauf spielen dann Erfahrungen der Beziehungslosigkeit eine Rolle, die zum Zusammenbruch psychischer und auch physischer Funktionen führen: »Mein Hirn schmerzt, es ist, als trocknete mein Leben ein und wimmerte und wehrte sich gegen das langsame Absterben.«[668]

So lässt sich die Depression als Signal verstehen, den Kerker der Einsamkeit zu verlassen und jene Bindungen aufzusuchen bzw. wiederherzustellen, die das Selbst stabilisieren.[669] Da aber Affekte wie Wut und Enttäuschung gerade jene Bindungen gefährden, die der Mensch in der depressiven Krise sehnlichst erhofft, bleibt ihm nichts als das Gefühl der Gefühllosigkeit. Im Sinne der Selbstpsychologie handelt es sich um ein Dilemma der Kontaktambivalenz, das darin besteht, Beziehungen dringend zu brauchen und Nähe sehnlichst zu wünschen, sie im Alltagskontakt jedoch nicht annehmen zu können.[670]

Dauthendeys Heimweh ist ähnlich gelagert: »Wird das entfremdete geisterhafte Dasein unerträglich, so füllt sich der Schatten mit dem Blut der Sehnsucht«, sagt Sternberger[671] und fügt hinzu: »Niemand ist heimatloser, als der am Heimweh krankt.«[672] Ernst Bloch kennt auch ein Heimweh, das die Landschaft, die Familie, den Kreis der Freunde, jene »verlassene, längst abgestumpft erfahrene Umgebung« aus der Distanz wieder »farbig, ja utopisch«[673] erscheinen lässt. Dann wird Heimweh »von einem Wunschbild getragen wie die Fremde vor Antritt der Reise. Und es wird von der vergoldeten Erinnerung getragen, die den Reisegang selber nachher vollendet, und die die utopischen Länder im Exotischen kennzeichnet. Mit dem Unterschied freilich, daß die Vergoldung des Heimwehs bei der Rückkehr verschwindet, während das Reisebild (...) noch exotischer wird.«[674]

---

668 Dauthendey 1990, S. 325
669 Kratzsch 2001, S. 191 ff.
670 ebd., S. 195
671 Sternberger 1958, S. 14
672 ebd., S. 15
673 Bloch 1959, S. 433
674 ebd.

Zerrissenheit: Albert Camus

Geboren **1913** in Mondovi (Algerien) als Sohn eines elsässischen Landarbeiters und einer Spanierin – **1914** Tod des Vaters als Soldat im Ersten Weltkrieg; die Mutter zieht mit ihren beiden Kindern nach Algier – **1930** Abitur an einem Gymnasium in Algier; erster Tuberkulose-Anfall – **1932** Beginn des Studiums der Philosophie an der Universität Algier – **1933** Ehe mit Simone Hue; die Ehe wird ein Jahr später geschieden – **1934** Eintritt in die Kommunistische Partei, aus der er ein Jahr später wieder austritt – **1935** Theatertournee durch Algerien, erste schriftstellerische Arbeiten – **1936** Diplomarbeit über Augustinus; aus gesundheitlichen Gründen wird Camus vom Staatsexamen in Philosophie ausgeschlossen – **1937** Gründung des Théâtre de l'Equipe; journalistische Arbeiten gegen die kolonialen Ungerechtigkeiten in Algerien – **1940** Heirat mit Francine Faure – **1942** Veröffentlichung des Romans »Der Fremde« und des Essays »Der Mythos von Sisyphos« – **1943** als Mitglied der Widerstandsgruppe Combat in Paris – **1944** Befreiung von Paris – **1945** Geburt der Zwillinge – **1946** Vortragsreise in die USA – **1947** Veröffentlichung des Romans »Die Pest« – **1949** Reise nach Südamerika – **1951** Veröffentlichung der Essaysammlung »Der Mensch in der Revolte« – **1956** Reise nach Algerien, wo seit 1954 Krieg herrscht – **1957** Erhalt des Nobelpreises für Literatur – **1960** Tod bei einem Autounfall in der Nähe von La Chapelle (Frankreich)

Eine Passage aus Albert Camus' »Reisetagebüchern« soll bei der Klärung der Frage helfen, welche Auslöser für die Gefährdung des Selbst des Reisenden ausschlaggebend sind und in welchem Bezug die depressive Krise und die Erfahrung der Fremde zueinander stehen. Der Verlust innerer Objekte und die Unfähigkeit, diesen Mangel durch libidinöse Besetzung der Fremde auszugleichen, scheint hier das Kernstück der depressiven Problematik zu sein. Sie trifft den Menschen in seinem Mark und verändert jegliche Beziehungen, die er zu anderen und zu sich selbst hat. Aus solchen Irritationen der eigenen Person ergeben sich für depressive Menschen oft Zustände äußerster Qual, die nicht lange erträglich erscheinen.[675]

675 Bauer 2004, S. 96

Die Folge sind suizidale Krisen, die auch einen Schriftsteller wie Albert Camus treffen können, der zuvor nicht unter Anzeichen einer Depression litt, dessen Gleichgewicht aber durch Erlebnisse der Trennung und des Verlustes ins Wanken gerät.[676] Stehen in solchen Momenten keine kompensatorischen Mechanismen zur Verfügung, d.h., gelingt es nicht, die Kränkung auszugleichen und in einer Bindung wieder Halt zu finden, dann kann es zu – bisweilen sehr violenten, nicht vorhersehbaren – Suiziden, zumindest zu erheblichen Suizidfantasien kommen.[677]

»Ich verabschiede mich und gehe. Am Heck, wohin ich mich flüchte, trinken ein paar Emigranten Wein aus Schläuchen und singen. Ich bleibe bei ihnen, unerkannt und glücklich (für zehn Sekunden): Und dann gehe ich das Meer betrachten. Ein zunehmender Mond steigt über den Masten auf. So weit das Auge reicht in der noch nicht undurchdringlichen Nacht, das Meer – und ein Gefühl der Ruhe, eine starke Wehmut steigt von den Wassern empor. Auf dem Meer ist immer alles in mir besänftigt, und diese unendliche Einsamkeit tut mir einen Augenblick lang wohl, auch wenn ich den Eindruck habe, daß dieses Meer heute alle Tränen der Welt mit sich wälzt.

Anschließend gehe ich in meine Kabine, um zu lesen, dann ziehe ich mich zum Abendessen um. Traurig. Ich trinke Wein. Nach dem Essen Konversation, aber ich betrachte das Meer und versuche wieder einmal, das Bild festzuhalten, das ich seit zwanzig Jahren für diese Ranken und diese Muster suche, die das vom Vordersteven verdrängte Wasser auf das Meer zeichnet. Wenn ich es erst einmal gefunden habe, wird alles vorbei sein. Zweimal hintereinander der Gedanke an Selbstmord. Beim zweitenmal, während ich immer noch das Meer betrachte, spüre ich plötzlich ein furchtbares Brennen an den Schläfen. Ich glaube, daß ich jetzt verstehe, wieso man sich umbringt. Wieder Konversation – mit ausgehakten Kiefern. Ich steige im Dunkeln auf das obere Deck und beschließe meinen Tag,

---

676 Camus ist kurz zuvor Vater von Zwillingen geworden, seine Frau vielleicht ganz von der Versorgung der Babys absorbiert; ob er sich nun allein, am Rande stehend fühlt und daher in dieser Situation den Entschluss zur Reise über den Atlantik fasst, ist der Camus-Forschung bislang nicht erwogen worden.

677 vgl. Böker 2001, S. 170ff.

> nachdem ich angesichts des Meeres, des Mondes und der Sterne Vorsätze für meine Arbeit gefaßt habe. – Die Wassermassen sind an der Oberfläche kaum beleuchtet, aber man ahnt ihre tiefe Dunkelheit. So ist das Meer, und deshalb liebe ich es! Ruf des Lebens und Einladung zum Tod.«[678]

Depressive Krise und Todessehnsucht: Die Wirkung des Meeres selbst kann es eigentlich nicht sein, die Camus in so verzweifelte Stimmung versetzt. Denn grundsätzlich ist ihm kaum etwas so vertraut und seiner Seele so wohltuend wie das Meer. Meist kann es ihn besänftigen, ein Gefühl der Ruhe erzeugen. So hat er es an zahlreichen Stellen formuliert; in seinen späteren Tagebüchern aus den Jahren 1951–1959 findet sich z. B. die Notiz: »Nun senkt sich eine eigenartige und umfassende Beschwichtigung auf das Meer. Endlich Glück, ein den Tränen nahestehendes Glück.«[679] In Camus' frühen Aufzeichnungen heißt es: »Und aus der Ferne – ist es das Rauschen des Meeres? – strömt mir in gedehntem Rhythmus der Hauch der Welt entgegen und bringt mir die Gleichgültigkeit und die Ruhe des Unvergänglichen.«[680] Geradezu erotisch beschreibt Camus sein Verhältnis zum Schwimmen im Meer:

> »Nackt muß ich sein und muß dann, mit allen Gerüchen der Erde behaftet, ins Meer tauchen, mich reinigen in seinen Salzwassern und auf meiner Haut die Umarmung von Meer und Erde empfinden (...). Und dann der Schock im Wasser, das Steigen der dunkelkalten klebrigen Flut; das Untertauchen und das Sausen in den Ohren. die strömende Nase und der bittere Mund; das Schwimmen, die wasserglitzernden Arme, die auftauchend sich in der Sonne bräunen und mit einer Drehung aller Muskeln wieder eintauchen in das Meer.«[681]

Nichts davon ist auf dieser Reise zu spüren. Die Psyche des Autors scheint immer labiler zu werden, tiefe Traurigkeit umgibt ihn. Er verlässt die Gesellschaft im Speiseraum, dann die Gruppe der Emigranten, denen er sich für einen Moment verbunden fühlt. Das

---

678 Camus 1997, S. 48 f.
679 Camus 1991, S. 210
680 Camus 1973a, S. 37 f.
681 Camus 1973b, S. 79

Verweilen an der Reling und das Betrachten des Meeres hilft nicht; mehrmals schießen ihm suizidale Gedanken durch den Kopf, er verspürt ein furchtbares Brennen an den Schläfen, glaubt zu verstehen, warum jemand die Selbsttötung wählt. Ein denkbarer Grund für diesen Zustand kann der Verlust des Gefühls der Selbstwirksamkeit sein, der zu depressiven Verstimmungen führt.[682] Während der Überfahrt gerät er auch deswegen in einen so defensiven Zustand, weil er sich dem Schiff und seinen Begrenzungen völlig ausgeliefert fühlt und ihm der Glaube an die Wirksamkeit eigenen Handelns verloren geht. In solchen Fällen können suizidale Impulse dazu dienen, den Zustand des Selbst zu regulieren. (So haben im Strafvollzug oder an Orten der geschlossenen Unterbringung Selbsttötungsfantasien ein ähnliches Motiv, nämlich in dieser letzten Form der Selbstbestimmung doch noch Herr seiner selbst zu sein.)
Auch sind es Gefühle der Fragmentierung, die Camus ereilen: Mit dem Verlassen der vertrauten Umgebung lockert sich die Kohärenz des Selbst. Gefühle von Sinnlosigkeit und Hoffnungslosigkeit steigen auf, Momente der Niedergeschlagenheit und Angst machen sich breit. Camus kennt diese Empfindungen: Schon als 20-Jähriger hatte er auf einer Reise nach Prag erlebt, wie sein Bild von der Welt und von seiner eigenen Position in der Welt ins Schwanken geriet:

> »Ich trat aus dem Bahnhof, ging Gärten entlang und befand mich auf einmal in der Wenzelstraße mitten in dem um diese Tageszeit dichten Gedränge. Ich war von einer Million Menschen umgeben, die schon vor meiner Ankunft gelebt hatten, von deren Dasein jedoch nichts bis zu mir vorgedrungen war. Sie lebten. Ich war Tausende von Kilometern von der Heimat entfernt. Ich verstand ihre Sprache nicht. Sie schritten alle rasch aus. Und indem sie mich überholten, lösten sie sich alle von mir ab. Ich verlor den Boden unter den Füßen.«[683]

Eindrücklich beschreibt Camus in diesem Bericht seine Suche nach einem geeigneten Hotel und nach einem günstigen Restaurant. Doch alles, was er findet, ist teuer und abweisend, sodass ihm bald der Kopf schmerzt:

---

682 Kipp 1996, S. 90 ff.
683 Camus 1973a, S. 48

»Im übrigen breitete meine Beklemmung sich aus. Der scharfe Stachel in meinem Gehirn nahm meine Aufmerksamkeit zu stark in Anspruch. Ich beschloß, meine Zeit einzuteilen, sie mit zahlreichen Stützpunkten zu versehen. Ich blieb möglichst lange im Bett, und meine Tage wurden entsprechend kürzer. Dann kleidete ich mich sorgfältig an und erforschte planmäßig die Stadt. Ich irrte in den prunkvollen Barockkirchen umher, in denen ich eine Heimstätte wiederzufinden suchte, und wenn ich sie verließ, fühlte ich mich nach dem enttäuschenden Zusammensein mit mir selbst noch leerer, noch verzweifelter.«[684]

Die Szene erinnert an das Stendhal-Syndrom und lässt sich im Sinne der Selbstpsychologie so erklären:

»Die Erfahrung eines sich auflösenden Selbst in der Fragmentierung, also der Furcht vor dem Verlust der inneren Struktur, kann so unerträgliche Ausmaße annehmen, dass Menschen nahezu alles unternehmen, um den quälenden Wahrnehmungen, die das fragmentierte Selbst hervorruft, zu entgehen.«[685]

Camus beschreibt, wie er in den Tagen in Prag sich (in sich selbst) verkriecht, früh ins Bett geht, vor dem Einschlafen noch einmal alle besuchten Kirchen, Paläste und Museen in Erinnerung ruft, um sein Selbst zu strukturieren, zusammenzuhalten: »Aber umsonst. Sobald ich ins Freie trat, war ich ein Fremder.«[686] Beim Gehen durch die engen Gassen hört er den Widerhall seiner Schritte und erschrickt; er weiß, dass er nicht hierhergehört, von niemandem erkannt und erwartet wird und bald Gefahr läuft, sich selbst zu verlieren: »Sobald ich mir dessen bewußt wurde, fühlte ich mich wieder von Panik gepackt.«[687] Später wird Camus den Gedanken daraus ableiten, dass Angst die eigentliche Gemütslage des Reisens sei, und zwar eine unbestimmte, diffuse Angst, die einen fern der Heimat und fern der vertrauten Sprache überfalle:

»In diesem Moment (...) sind wir durchlässig. Der geringste Stoß erschüttert uns bis auf den Grund unseres Wesens. Läßt uns einen

---

684 ebd., S. 51
685 vgl. Milch 2001, S. 240
686 Camus 1973a, S. 52
687 ebd.

> Sturzbach des Lichts begegnen, und wir stehen vor der Ewigkeit. Deshalb darf man nicht sagen, man reise zu seinem Vergnügen. Es gibt kein Vergnügen des Reisens.«[688]

Zurück zum Verlauf der Reise: Als Camus sich im März 1946 in die USA aufmacht, ist seine Popularität als Schriftsteller, zumindest jenseits des Atlantiks, noch begrenzt. Zwar liegt seit 1942 sein Roman »Der Fremde« in einer Übersetzung vor und das Außenministerium Frankreichs hat sich bereit erklärt, die Kosten der Überfahrt zu tragen, während in New York die Frau seines amerikanischen Verlegers als Gastgeberin auftritt – aber berühmt ist Camus in den USA zu diesem Zeitpunkt (noch) nicht. Nach Verlassen der Schiffes ist er der Letzte, den der Zoll einreisen lässt; immerhin liegt ein FBI-Dossier über ihn vor[689]; besonders die Frage, ob er der kommunistischen Partei angehört habe, führt zu Schwierigkeiten. Schließlich darf er mit einem Touristen-Visum doch das Land betreten.

Nicht nur die Schiffsreise hatte eigentümliche Empfindungen in ihm hervorgerufen, auch die Tage in New York irritieren und erschöpfen ihn. Er ist müde, fast leichenblass, leidet unter Schweißausbrüchen und starken Fieberschüben und glaubt in manchen Momenten, bald sterben zu müssen.[690] Er irrt mehrmals allein durch die Straßen New Yorks, fühlt sich verloren in den Schächten aus Stein und Stahl:

> »Der Eindruck, in der Falle dieser Stadt gefangen zu sein und daß ich (...) stundenlang laufen könnte, ohne etwas anderes zu finden als neue Betongefängnisse, ohne Hoffnung auf einen Hügel, einen richtigen Baum oder ein verstörtes Gesicht.«[691]

Er hat »das schreckliche Gefühl der Verlassenheit. Selbst wenn ich alle Geschöpfe der Welt an mich drückte, ich wäre vor nichts geschützt.«[692]

Daran ändert sich auch nichts, als Claude Lévi-Strauss – zu dieser Zeit französischer Kulturbeauftragter in New York – sich bereit

---

688 Camus 1972, S. 14
689 vgl. hierzu Todd 2001, S. 435ff.
690 ebd., S. 446
691 Camus 1997, S. 41
692 ebd., S. 42

erklärt, Camus die Stadt zu zeigen. Ein entspanntes Verhältnis zwischen den beiden will sich nicht einstellen, Lévi-Strauss hält Camus für einen »angepassten tugendhaften Linken.«[693] Wichtiger wird die Bekanntschaft mit der 20-jährigen Studentin Patricia Blake, Tochter eines Arztes und einer Pianistin, mit der Camus Konzerte und Theateraufführungen besucht. Doch auch diese Beziehung kann seine seelische Krise nicht beheben – im Gegenteil, er fühlt sich in ihrer Gegenwart alt und sehnt sich nach der Intensität seiner Jugend zurück. Seinem Tagebuch vertraut er an: »Aber warum nicht (...) dieses stürmische Verlangen, (...) das ungeduldige Herz, das ich mit 20 Jahren hatte, wiederfinden? Ich kenne das Heilmittel, ich werde lange auf das Meer hinausschauen.«[694]

Nur aus Pflichtgefühl seinen amerikanischen Gastgebern gegenüber lässt er Patricia in New York zurück und begibt sich zu einer Fahrt in Richtung Montreal: Doch schon in den Adirondacks, einer Gebirgslandschaft im Norden des Staates New York, möchte er umkehren.[695] An Patricia schreibt er:

> »Dir würde dieser verlorene Ort gefallen, in dem wir nach zwei Tagen des Umherirrens in den umliegenden Bergen gelandet sind. Ein altes abgelegenes Haus, das normalerweise von Anglern und Jägern benutzt wird, zur Zeit aber leer steht. Ich sitze im Wohnraum vor einem großen Kamin unter einer Balkendecke. Gerade gab es ein Unwetter, und nun ist die Stille der Nacht erfüllt von den Rufen der Kröten, Vögel und Grillen.«[696]

Was mancher Reisende begeistert als Refugium erleben würde, ist Camus' Sache nicht. Er fühlt sich dort, als sei er der Welt und sie ihm verloren gegangen.

Bald hat er genug von der Fremde, genug von der Einsamkeit in den Bergen, genug von den Städten mit ihren unverbindlichen Begegnungen und Konversationen, vielleicht auch genug von der Affäre mit Patricia. Sehnsüchtig denkt er ans Abreisen: »Meine Neugier auf dieses Land hat mit einem Schlag aufgehört – wie bei

---

693 zit. n. Todd 2001, S. 437
694 Camus 1997, S. 43
695 vgl. Todd 2001, S. 446
696 ebd., S. 447

gewissen Menschen, von denen ich mich ohne Erklärung und ohne weitere Anteilnahme abwende – mein Herz hat schlicht aufgehört zu sprechen.«[697] Seinen Freunden in Paris teilt er mit: »Ja, ich bin jetzt so weit, dass ich dieses Amerika verlassen will (...), mein Geist hat es schon verlassen, nur die seelenlose Hülle ist zurückgeblieben.«[698] Nach zehn Wochen geht Camus wieder an Bord, freut sich auf Frankreich und Europa, auch wenn die schrecklichen Wirkungen des Krieges dort das Leben prägen. Zurück in Paris zeigt seine Bilanz der Reise die Spuren der psychischen Krise:

> »Ehrlich gesagt verliere ich den Boden unter den Füßen, wenn ich an New York denke. (...) Von dieser Stadt sind mir nur diese überwältigenden und flüchtigen Gefühle geblieben, ungeduldige Sehnsucht, Momente der Zerrissenheit.«[699]

Die Reise hat offensichtlich an seinen Grundfesten gerüttelt: »Ich kann mein Gleichgewicht nicht wiederfinden. Ich kann nicht sagen, dass mein Leben vor der Amerikareise glücklich war, aber ich ertrug es. Jetzt interessiert es mich nicht mehr.«[700]

Hoffnungslosigkeit: Annemarie Schwarzenbach

Geboren **1908** in Zürich – Studium der Geschichte in Zürich und Paris – **1931** Promotion über die Geschichte des Engadins – Freundschaft mit Erika und Klaus Mann – zu Beginn der 30er Jahre als freie Schriftstellerin in Berlin – **1933** erste Reise nach Vorderasien – **1934** mit der deutschen Delegation beim internationalen Schriftstellerkongress in Moskau – **1935** Ehe mit dem französischen Diplomaten Claude Clarac in Persien; nach Suizidversuch Klinikbehandlung in Samedan/Engadin – **1936** bis 1938 als Journalistin auf Reportagereisen (Danzig, Moskau, Wien, Prag, USA) – **1938** einige Wochen in der geschlossenen Abteilung der Binswanger-Klink in Kreuzlingen (Bodensee) – **1939** Reise mit Ella Maillart nach Afghanistan – **1940** Aufenthalt in den USA; Einweisung in

---

697 Camus 1997, S. 36f.
698 Todd 2001, S. 447
699 ebd., S. 449
700 ebd., S. 451

die Psychiatrie – **1942** in Belgisch-Kongo – **08.09.1942** Unfall bei einem Fahrrad-Ausflug nach Pontresina – **15.11.1942** Tod in Sils (Engadin)

»Was geschieht, wenn ein Mensch am Ende ist mit seiner Kraft? (Es ist keine Krankheit, kein Schmerz, kein Unglück, es ist schlimmer.) Er sitzt (...) vor seinem Zelt und sieht über den Fluss hinweg. Drüben stehen die Maultiere im tiefen Ufergras. Ein wenig Wind biegt es, wie ein Ährenfeld, und trägt den Rauch aus der Tür der Tschaikhane zum Pass hinauf. Die Pferdehüter des Schahs kommen auf ihren weissen und scheckigen, abgehetzten Pferden von den Weiden her und treiben sie mit Geschrei im Galopp über die Kiesbank. Die Sonne ist schon stark, weiss und mittäglich. Es ist, als trage der Wind sie vor sich her wie Wolken oder Staubgarben. Die Augen werden müde vom Hinüberschauen. Grauer Fels, Basalt im Blau, hoffnungslos schmerzhaft. Sieht man lange auf das (...) gebrochene Wasser, wird einem schwindelig, und man fühlt so etwas wie Furcht.
Aufstehen, denkt man, den schmerzenden Rücken aufrichten. In den Nachmittagsstunden, wenn man im warmen und halbdunklen Zelt auf dem Feldbett ausgestreckt ist, merkt man, dass es kein Ausruhen gibt. Und dann der aussichtslose Schrecken der Nachtstunden! Es wird ja vorbeigehen, und ein anderer Tag wird beginnen, mit grauer, gelber, goldener Dämmerung, und die wunderbare Verwandlung des Flusses wird beginnen: des Nachts ein Mondstrom, schwarz und doch wie ein Spiegel, alles weit verzweigt, flach, so dass die Hügel sich verziehen und die Felsen zur Seite weichen; weit, ausgebreiteter Mondfluss, in dem die Fische schlafend gleiten – oder verendet? –, die Bäuche aufwärts gekehrt.
Am Tag: schnelles Gebirgswasser, silbern über Steinen, mit Sonnenflecken. Ein anderer Tag! Aber was beginnen? Gab es nicht, gestern noch, tausend Dinge zu tun? Über Wiesen gehen und den Fluss abwärts treiben, im Fels klettern, den rauhen, brennenden Stein in den zerschürften Händen spüren; weiter Blick über das Tal mit seinen Hirten und Herden und Nomadenzelten, seinen hundertfünfzig Pferden, seinen weissen Sandbänken; schwebend leichte Wolke (oder Rauch) um den Demawend, Schlaf und Traumwärme, und während der Abendstunden den Fluss entlang waten und die Leine auswerfen. Das war Leben!

> Wind und Berge ringsum sind nicht einmal feindlich, nur zu gross. Man ist nur verloren darin, und alles ist sinnlos, und die Anstrengungen werden vom Wind weggetragen ... Ob man fliehen könnte, denkt man, und es ist nur noch Selbsterhaltung, dass man sich zwingt, weiterzugehen. Man beginnt die Namen der Menschen zu stammeln, die man zu lieben meint. Entsetzlich, wie auch sie weggetragen werden, ihr Antlitz in Fetzen zerrissen, ihre Augen blicklos, ihr Körper weit, weit entfernt, unangreifbar, verloren ... Nein, denkt man, plötzlich zum Letzten entschlossen – das kann nicht mehr dauern, (...) man muss etwas finden, man muss Abhilfe schaffen, und greift mit den Fäusten in den Gürtel, in die Hüften, presst sich zusammen, schüttelt sich. Plötzlich merkt man, dass man die ganze Zeit, während man lief, die Kiefer aufeinandergebissen hatte. Man ist schweissüberströmt, atemlos, doch schon wieder mit der Angst im Herzen, fast ist es schon Übelkeit, und man ist am Ende, am Ende.«[701]

Für Annemarie Schwarzenbach ist das Reisen eine Konfrontation mit der Fremde und zugleich eine Suche nach dem eigenen Standort in der Welt.[702] Sie braucht die Erfahrung der Ungebundenheit, um das Geheimnis des äußeren wie des inneren Raumes erkunden zu können. Ihr scheint »die Reise weniger ein Abenteuer und Ausflug in ungewöhnliche Bereiche zu sein als vielmehr ein konzentriertes Abbild unserer Existenz.«[703] Von allen bereisten Ländern stellt Persien ein geradezu symbolhaftes Reiseziel für diese Autorin dar – als würde die Topografie Persiens mit ihrer »inneren Landschaft« übereinstimmen. Unter all ihren autobiografischen Texten gelingt ihr in »Tod in Persien« ein besonderes Dokument der Selbstsuche wie auch der Schilderung ihrer depressiven Verzweiflung. Leere und Hitze, Einsamkeit und Angst, grenzenlose Traurigkeit und Todesnähe wirken in gewisser Weise anregend auf sie; eigentlich erhofft sie, dort Heilung zu finden von ihren seelischen Krisen und ihrer Morphiumsucht, anders als im »Garten Schweiz« mit dem blühenden Leben im kühlen Schatten: »Ich würde, bliebe ich

---

701 Schwarzenbach 1995a, S. 37 ff.
702 vgl. Uhlenhaut 1995, S. 267
703 Schwarzenbach 1995b, S. 207

im Silser Frieden oder im vertrauten Umkreis, anlehnungsbedürftig bleiben und ein halbes Krisendasein fristen.«[704] Sie nimmt die Beschwerden der Reise von Europa nach Persien auf sich, sucht Grenzerfahrungen am Rande menschlichen (Über-) Lebens, um am Ende zu der Einsicht zu gelangen:

»Die Natur hier ist so stark, dass sie einen tötet. Man müsste aufhören, ein Mensch zu sein, müsste ein Stück Wüste und ein Stück Gebirge werden können, und ein Streifen am Abendhimmel. Man müsste sich dem Land anvertrauen und darin aufgehen. Dagegen zu leben ist ein solches Wagnis, dass man vor Angst umkommt.«[705]

Die Geräusche der Umgebung zerren an ihren Nerven. Vom langsamen Rauschen des Flusses fühlt sie sich zermürbt, die Glocken der Karawanen und die Schreie der Treiber dringen in sie ein, nicht einmal die Mauer des kleinen Hauses, in dem sie lebt, kann sie bewahren vor der »namenlosen Furcht«, von der sie heimgesucht wird.[706]

In Rhages, der »toten Nachbarstadt Teherans«, überkommt sie das Gefühl, vom Staub des Friedhofs überdeckt zu werden. Von den großen Ebenen des Landes bestürmt und verschlungen, von den Gebirgen erdrückt, fühlt sie sich ausweglos allein: »Und wohin sich flüchten? Es gibt keine Geborgenheit, kein Aufatmen.«[707] Tage und Nächte verbringt sie wie gelähmt im Zelt oder am Flussufer; ihre Aufzeichnungen kreisen um Öde und Verlassenheit, um die Nutzlosigkeit ihres Seins und ihres Tuns; die zentralen Begriffe depressiver Störungen wie »Trostlosigkeit«, »Hoffnungslosigkeit« und ähnliche finden sich auf unzähligen Seiten:

»Die entsetzlich ermattende Krankheit der Lustlosigkeit, schlimmer als Malariafieber, ist schon im Rücken, in den Knien, im Genick. Die Hände werden feucht, sprechen kostet viel Überwindung. Auf-

---

704 zit. n. Fleischmann 2001, S. 163 ff.

705 Schwarzenbach 1995a, S. 126

706 ebd., S. 65 f. Ähnliches schildert auch Marie-Luise Kaschnitz: »Die Schwermut des Karawanenreisens ist unermeßlich, da wird, was Freude bedeuten, ja manchmal ein Leben krönen soll, zur Bestätigung des eigenen Unwerts und damit zur äußersten Einsamkeit.« Kaschnitz 1955, S. 279

707 Schwarzenbach 1995a, S. 80

stehen und gehen! Schnelles Herzklopfen, und man geht dem Ufer entlang, schneller, um nicht der Versuchung zu erliegen, sich auf den Boden zu werfen und zu weinen vor Mattigkeit und Trostlosigkeit. Ach, man wird ja nicht weinen. Es ist ja viel schlimmer. Man ist allein.«[708]

In ihrer Dünnhäutigkeit quellen Erfahrungen der Verlassenheit und Schutzlosigkeit hervor, während sie tief in sich hineinhorcht.[709] Sie begreift, dass ihr turbulentes Leben in Zürich, Paris und Berlin ein hilfloser Versuch war, ihre Bindungslosigkeit zu kaschieren. Was andere für das Verhalten einer verwöhnten Millionärstochter hielten, ist existenzielles Leid: Am Ende der Welt, nur noch von Kahlheit umgeben, »basaltgraue Felsränge, lepragelbe Wüsten, tote Mondtäler, Kreidebäche und Silberströme, in denen verendete Fische abwärts treiben«[710], wird ihr klar, dass sie an ihren inneren Grund geraten ist und ihre »Leiden und die Furcht und alle Schmerzen echt sind.«[711]

Vielleicht wirken die Erfahrungen der Fremde, die Annemarie Schwarzenbach beschreibt, wie Variationen eines zentralen Motivs der europäischen Literatur im ersten Drittel des 20. Jahrhunderts: Impressionen eines einsamen Individuums, das sich, selbst gebrochen, der gebrochenen Welt stellen muss. An manchen Stellen scheinen Hoffmannsthal oder Rilke aus Schwarzenbachs Texten zu treten – doch dann wird deutlich, dass in erster Linie die innere psychische Struktur der Autorin selbst zum Ausdruck kommt: Reisend und schreibend versucht sie, die depressiven und selbstzerstörerischen Impulse zu bändigen, ohne sie wirklich unter Kontrolle zu bringen: »Ich sitze am Schreibtisch ganz versoffen in Papieren, Büchern, schwarzem Kaffee, Rauch und Melancholie«[712], schreibt sie 1931, und »die Welt ist mir vollständig unbegreiflich, ein Chaos ohne Halt, und das setzt sich bis in das Leben des Einzelnen fort, dessen Sinn und Richtigkeit in keiner Weise einzusehen ist.

708 ebd., S. 38f.
709 siehe dazu Schlieker 2003
710 Schwarzenbach 1995a, S. 11
711 vgl. Wehrmann 1996, S. 34
712 Schwarzenbach 2001, S. 51

(...) Zuweilen fühle ich mich gleichsam blind und lebe als sei alles ringsum von grosser Gleichgültigkeit.«[713]

Aufsuchen und Verlassen, Begegnen und Verlieren – so stellt sich das Leben Annemarie Schwarzenbachs dar:

> »Die Wirklichkeit von gestern brennt noch im Abschiedsschmerz, die von vorgestern ist eine abgeschlossene, nie wiederkehrende Episode, was vor einem Monat war, ist Traum und Vorleben. Und endlich begreift man, dass der Ablauf des Lebens nicht mehr enthält als eine beschränkte Anzahl solcher Episoden.«[714]

Was sie als anthropologische Konstante verstanden wissen will, als Schicksal des Menschen, ist im Grunde ihre ganz eigene Suche nach Orten und Personen, an denen bzw. mit denen sie »es aushält«. Immer neuen, intensiven Beziehungswünschen stehen meist heftige Beziehungsabbrüche gegenüber. Sie erwähnt einmal, dass sie sich dann einsam zu fühlen beginnt, wenn die Person, mit der sie zusammen ist, gerade »ankommt« und das erreichte Ziel genießt[715], während sie dieses Ankommen und Entspannen als »toten Punkt« empfindet.

Sie braucht das Gefühl des Provisorischen, braucht die äußeren Spannungen einer Reise mit der Aussicht, einen Ort und eine Person wieder verlassen zu können. An Klaus Mann schreibt sie:

> »Dass ich in der so oder so gearteten Umgebung mich zwar leicht adaptiere, auch nichts entgegen zu setzen habe, aber unglücklich bin, weil ich noch nicht sesshaft, auch wiederum von keiner Umgebung überzeugt bin, sie sei die meinige. Und vielleicht ist es wirklich so, dass ich unglücklich sein will, die Spannungen von aussen brauche, und darum schon wieder auf die Landstrasse möchte. Wohl aber ist in mir der Verdacht wach, dieses Weggehen sei eine Neigung, dem Schicksal auszuweichen. – Nein, ich kann mich nicht darauf einlassen, der Sache nach- und auf den Grund zu gehen. Jedenfalls ist doch klar, dass für den Anderen (...) nur übrig bleibt: ich sei zum Zusammenleben und zur Liebe nicht fähig und nicht bereit.«[716]

---

713 ebd., S. 61
714 Schwarzenbach 1995b, S. 208f.
715 vgl. Georgiadou 1995, S. 34
716 ebd., S. 199

Schwarzenbachs Beschreibungen Persiens lassen sich auch lesen als Verknüpfung von äußeren und inneren Landschaften, die bei ihr in enger Wechselwirkung stehen: Der hoffnungslos depressive Seelenzustand der Autorin führt dazu, das bereiste Land als öde, verlassen und abweisend zu erleben – die Kargheit der Landschaft ruft aber auch Gefühle der Einsamkeit und Hoffnungslosigkeit hervor. In den Schilderungen verschmelzen diese Ebenen miteinander. Sie sieht »Scharen von schwarzen Geiern«, die sich ebenso schnell vermehren wie »gewisse schreckliche Bilder im Traum«[717], und glaubt, auf dem Fluss nur verendete Fische wahrzunehmen, »die silbernen Bäuche aufwärts gekehrt.«[718] In vielen Varianten verknüpft sie die Bilder, die sie wählt, mit ihrer inneren Verfassung. Schwarz, Grau und Gelb sind die bestimmenden Farben, Hoffnungslosigkeit, Krankheit und Tod die bedrängenden Assoziationen. Es fällt auf, dass die Autorin kaum noch in der Lage ist, die Situation aktiv zu gestalten; sie ist keine Reisende mehr, die bewusst und zielgerichtet handelt, sondern eine Erleidende, die antriebslos allen Bildern und Emotionen, die auf sie einströmen, ausgesetzt ist. Sie fühlt sich am Ende ihrer Kräfte, spürt Schwindelgefühle und Furcht – als stände sie an einem Abgrund.

Hitze und Fieber, Krankheit und Einsamkeit sind die Erfahrungen dieser Reise. Doch es ist kein Zustand der Trance, keine Dissoziation, kein psychotisches Erleben. Das Selbst hat den inneren Zusammenhalt, die Kohärenz nicht verloren, hat sich nicht aufgelöst. Es ist blockiert, vom Leben ausgeschlossen, handlungsunfähig. Das »Werden« ist gehemmt, Entwicklung findet nicht statt, Erwartungen sind kaum mehr zu antizipieren. Auch das Zeiterleben von Annemarie Schwarzenbach ist verändert, die Zeit steht für sie still. Dieser Zustand der Leere und der Zukunftslosigkeit kann nur noch vom Tod abgelöst werden – wobei »Tod« weniger ein reales Sterben der Person, des Körpers meint, sondern eher den Zustand der Seele beschreibt. »Tod« steht aber auch für die Lethargie der Landschaft mit der Erfahrung, dass dem Reisen keinerlei Ankunft (an irgendeinem Ort der Zufriedenheit, des Glücks) vergönnt ist:

---

717 Schwarzenbach 1995a, S. 60
718 ebd., S. 64

»Denn die Hoffnungslosigkeit, die schreckliche Vergeblichkeit jeder Auflehnung, die hier niedergeschrieben wurde, hat mit dem Kainsmal der Flucht, die am Anfang stehen mag, nichts mehr gemein.«[719]

Es spricht Todesangst aus diesen Worten und gleichzeitig Todessehnsucht: Der Endpunkt der Depression scheint erreicht, die Hoffnungslosigkeit ist umfassend, Möglichkeiten der Veränderung sind offenbar ausgeschlossen: Wohin das Selbst auch reisen mag, es kommt immer dort an, wo das Ende markiert ist: am Fluss, der nicht Quell des Lebens ist, sondern direkt in den Hades führt, ins Unglück. Kein Zustand der Befreiung schimmert am Horizont auf. Was bleibt, ist eine Form der blockierten und der autodestruktiven Depression, verbunden mit einer Art Bilanz-Melancholie mit großer Nähe zum Suizid.[720]

Auf den weiteren Stationen ihres Lebens bleiben Depressionen und auch psychotische Episoden stets an ihrer Seite. Reisen und Fotoreportagen führen sie in den Jahren 1936–1938 nach Wien und Prag, ins Baltikum und in die USA; begleitet von der Journalistin Hamilton-Wright lernt sie in Industriestädten des Nordens wie in Plantagengebieten des Südens das »andere Amerika« kennen und beschreibt die Situation von Bergleuten, Stahlarbeitern, Farmern und ihren Familien; zahlreiche dieser Sozialreportagen werden in der Schweiz und in Deutschland veröffentlicht und sorgen für Diskussionen.[721]

Bald sieht sie sich gezwungen, ihre Reportagen mit »Annemarie Clark« zu zeichnen, da ihr Journalismus all dem entgegengesetzt ist, was im Haus ihrer Familie (auf Gut Bocken bei Zürich) für ehrbar gehalten wird: Die Mutter sympathisiert mit den Nationalsozialisten, für den Großvater (General Ulrich Wille, verheiratet mit Ines von Bismarck) sind sämtliche Gewerkschaftsführer »Schweinehunde«. Derweil ist es gerade das soziale Elend in den USA und der Kampf gegen den Faschismus in Deutschland bzw.

---

719 ebd., S. 10

720 »Jetzt bin ich leicht, jetzt fliege ich, jetzt sehe ich mich unter mir, jetzt tanzt ein Gott durch mich«, heißt es an anderer Stelle; Willems 2001, S. 259

721 vgl. Schwarzenbach 1995b

in Europa, der Annemarie Schwarzenbach zum politischen Engagement zwingt.[722]
In Journalisten- und Künstlerkreisen endlich anerkannt und erfolgreich, von ihrer Familie als Aussätzige behandelt (nur ihre Schwester unterstützt ihre Arbeit), seelisch angespannt und getrieben pendelt Annemarie Schwarzenbach in dieser Zeit zwischen Ländern und Kontinenten, zwischen manisch-depressiven Phasen, Magersuchtssymptomen, Drogenkonsum und der Aufarbeitung ihrer Reiseerlebnisse in heftigen Schreibphasen. Die Arbeit an ihrem Buch »Tod in Persien« kostet sie so viel Energie, dass sie sich psychiatrisch behandeln lassen muss (Thomas Mann, den sie in Küsnacht besucht, notiert ins Tagebuch: »Annemarie Schwarzenbach: verödeter Engel«)[723]. Ein Klinikaufenthalt führt sie an den Neuenburger See. Im Brief an Klaus Mann schildert sie ihre dortige Situation so:

> »Ich schreibe morgens, mittags, abends, treibe nichts anderes, und bringe auf diese Weise täglich nur zwei Seiten fertig; (...) es ist alles wie ein Notschrei und schrecklich mühsam. Allmählich werde ich auch närrisch dabei: jetzt schliesse ich schon die Vorhänge, verstopfe die Ohren mit Watte, und weine, wenn mich eine sanfte Schwester stört.«[724]

Unerwartet erhält sie Besuch von der Genfer Reiseschriftstellerin Ella Maillart, die zwei Jahre zuvor Afghanistan erkundet hat und nun über die Idee nachdenkt, eine gemeinsame Reise dorthin zu unternehmen. Gleich nach der Klinikentlassung treffen die Frauen in Schwarzenbachs Haus im Engadin erneut zusammen, um den Plan zu konkretisieren. Ein Ford Roadster wird ihnen von Annemaries Vater zur Verfügung gestellt, und auch die Mutter gibt ihr Einverständnis; schließlich handelt es sich bei der Reisegefährtin Ella Maillart um eine berühmte Frau, die sich nicht nur als Weltreisende, sondern zuvor schon als Seglerin, Hockeyspielerin und Skifahrerin einen Namen gemacht hat. Eine Weile zögert Maillart noch, da sie die Anstrengungen einer solchen Reise angesichts der

---

722 ebd., S. 346
723 zit. n. Heintz-Gresser 2001, S. 92
724 Schwarzenbach 2001, S. 172

angeschlagenen Verfassung Annemaries und ihres nicht gänzlich überwundenen Morphiumkonsums für bedenklich hält. Es überwiegt schließlich das Fernweh, die Sehnsucht nach den Weiten Asiens, nach Entdeckung und Kontemplation.[725]
Ausgerüstet mit Schreibmaschine, Fotoapparat und Filmkamera, finanziell unterstützt von der »Zürcher Illustrierten« und der »Weltwoche«, brechen die beiden Frauen im Juni 1939 in Genf auf und erreichen sieben Wochen später Afghanistan. Sie machen Station bei Archäologen und erfahren dort vom Ausbruch des Zweiten Weltkrieges. Im Verlaufe der Reise treten immer mehr Spannungen zwischen ihnen auf: Politisch fühlt Annemarie Schwarzenbach den Impuls, nach Europa zurückzukehren und gegen Hitler Partei zu ergreifen, während Ella Maillart dem buddhistischen Gedankengut zustrebt und sich dem Chaos einer brennenden Welt entziehen möchte. Persönlich empfindet Ella Maillart es als Niederlage, dass die kaum von ihrer Sucht genesene Gefährtin nun wieder Morphium und andere Substanzen konsumiert. Als Annemarie Schwarzenbach sich schließlich von den gemeinsamen Unternehmungen mehr und mehr entfernt, trennen sich die Frauen im Oktober 1939; Maillart reist weiter nach Südindien in die Obhut des Weisen Ramana Maharsi, um Anleitung für ein meditatives Leben zu erhalten; Schwarzenbach schifft sich von Bombay aus zur Rückfahrt nach Europa ein. Die Tage und Nächte an Bord verbringt sie höchst produktiv; die meisten ihrer Artikel und Reportagen werden in der »Neuen Züricher Zeitung« und der »Weltwoche« veröffentlicht – und das zu einem Zeitpunkt, als die Öffentlichkeit anderes gespannter wahrnimmt als die Reise zweier Frauen durch Afghanistan.
Nur kurze Zeit bleibt sie in der Schweiz. Sie nimmt wieder Kontakt zu Erika und Klaus Mann auf, reist im Frühsommer 1940 zusammen mit Margot von Opel nach New York, engagiert sich im »Emergency Rescue Committee« für Verfolgte des Hitler-Regimes und sammelt Geld für Klaus Manns neue Zeitschrift »Decision«. Erneut schreibt sie über ihre Eindrücke in Amerika Artikel für Schweizer Zeitungen, wobei jetzt weniger die sozialen Probleme

725 vgl. Schwarzenbach 1995 b, S. 342; siehe auch Maillart 2003

als die Themen Krieg und Antisemitismus, Entwurzelung und Emigration im Vordergrund stehen. In New York taucht in diesen Tagen auch die 22-jährige Schriftstellerin Carson McCullers auf, die gerade mit ihrem ersten Roman »The heart is a lonely hunter« für eine literarische Sensation gesorgt hat. Carson ist begeistert von der Gruppe um Erika und Klaus Mann und von Annemarie Schwarzenbach. Sie unternimmt viel, um mit der Schweizerin zusammen zu sein, doch die ist vom Überschwang der Gefühle so erschlagen ist, dass sie auf Distanz zu Carson geht. (In »The ballad of the sad café« wird Carson McCullers diese Begegnung literarisch verarbeiten.) Häufiger treffen die beiden dann noch in Brooklyn zusammen, wo sich im Haus eines Verlegers eine ganze Künstlerkolonie versammelt: Neben Carson McCullers sind auch Benjamin Britten oder Salvador Dali zu Gast, dort gewinnt Klaus Mann den Dichter Somerset Maugham zur Mitarbeit an seiner Zeitschrift, und schließlich zieht Golo Mann in dieses Haus, nachdem er zusammen mit seinem Onkel Heinrich Mann im Oktober 1940 Europa verlassen konnte.[726]

Annemarie Schwarzenbachs physischer und psychischer Zustand wird in New York immer bedenklicher. Aus der Schweiz erreicht sie die Nachricht, dass ihr Vater an einem Herzinfarkt gestorben ist. Verlust- und Schuldgefühle führen zu einer dramatischen Verschlechterung ihrer Verfassung und schließlich, nach einem weiteren Suizidversuch, zu einer massiven psychotischen Dekompensation. Was folgt, sind turbulente und höchst bedrohliche Wochen für die Autorin: zunächst die Einweisung in das Doctor's Hospital in New York, dann Verlegung in eine psychiatrische Klinik nach Greenwich (Conneticut), Flucht in Nachthemd und Hausschuhen, nächtliches Herumirren durch Wälder und auf Landstraßen, Festnahme durch die Polizei, Einweisung in die psychiatrische Abteilung des berüchtigten Stadthospitals in New York, Verlegung in die Privatklinik White Plains, wo die Ärzte sie und ihren aus der Schweiz herbeigeeilten Bruder vor die Alternative stellen, sich auf eine lange Behandlung einzurichten oder bei Entlassung die sofortige Abreise aus den USA vorzunehmen. 48 Stunden später sitzt Annemarie

726 vgl. Schwarzenbach 1995b, S. 346

Schwarzenbach an Bord eines Schiffes, das sie und ihren Bruder nach Lissabon bringen wird. Erschöpft und enttäuscht schreibt sie an Klaus Mann:

> »Mein Bruder hat das Äußerste getan, um mich herauszuholen. Sonst habe ich in diesen drei Wochen von Niemandem gehört. Ich habe mich manchmal gefragt, was Du, auch was Eri Euch wohl vorgestellt haben mögt – wer sich meiner wohl annehme, – wer mich aus den Händen der Polizei hole, – oder gibt es solche Grenze der Freundschaft – dass, wenn einer wirklich in trouble ist, man ihn in solchem Elend einfach umkommen lässt.«[727]

Kaum in Portugal angekommen trifft sie auf Henri Martin, den sie aus Ankara kennt. Er ist beeindruckt von ihren Reiseerfahrungen, knüpft Kontakte zu Schweizer Zeitungen und öffnet Türen, damit sie journalistisch arbeiten kann. Das Thema ihrer Artikel, die sie aus der portugiesischen Hauptstadt schreibt, bleibt die Emigration, das Leben zwischen den Kontinenten. Doch trotz vielfältiger Begegnungen zieht es die Autorin in die Schweiz, um am Grab ihres Vaters Abschied zu nehmen. Zu Hause muss sie erfahren, dass die Mutter ihre politischen Ansichten, ihre Liebesbeziehungen, ihre Morphiumsucht und ihre Krisen nicht verstehen kann. Vom Familiensitz vertrieben, kann sie auch im Engadin nicht zur Ruhe kommen. So bricht sie wieder auf und lernt auf ihrer letzten Reise Afrika kennen, allerdings unter den Bedingungen des Krieges und der Unklarheit darüber, welche Zonen der französischen Kolonien nun zur Vichy-Regierung und welche zum freien Frankreich gehören. In diplomatischen Kreisen stößt sie zunächst auf Interesse, schnell jedoch auf Ablehnung; sogar Gerüchte, sie sei eine Spionin, führen dazu, dass sie ein Manuskript ihrer politischen und kulturellen Einstellungen aufsetzen und schließlich Belgisch Kongo verlassen muss.[728]

Noch einmal lädt sie die Schauspielerin Therese Giehse in die Schweiz ein und verbringt mit ihr den Sommer in ihrem Haus in Sils im Engadin, macht Pläne für eine Korrespondententätigkeit in Lissabon, arbeitet an Gedichten und an der Übersetzung ei-

---

727 zit. n. Schwarzenbach 2001, S. 186

728 vgl. Georgiadou 1995

nes Romans von Carson McCullers. Am 7. September 1942 stürzt sie bei einer Fahrt von Sils nach Silvaplana vom Fahrrad, verliert das Bewusstsein und liegt drei Tage im Koma. Nach der ersten Notversorgung durch eine Ärztin aus Sils lehnt die Mutter eine Klinikbehandlung ab, zieht auch keinen Chirurgen, sondern nur den Psychiater Forel hinzu und lässt ihre Tochter von Pflegerinnen in ihrem Haus betreuen. Die Ärztin aus Sils ist besorgt über die mangelnde medizinische Versorgung und benachrichtigt Annemaries Schwester Suzanne Ohlmann in Schweden, die umgehend aufzubrechen versucht, jedoch die Reisedokumente nicht sofort erhält. Als sie endlich reisen kann, kommt die Todesnachricht aus Sils. Am 15. November 1942 stirbt Annemarie Schwarzenbach im Alter von 34 Jahren.

Das verunsicherte Selbst in der Fremde: Adoleszente Krisen

»I was standin' on the side of the road,
Rain fallin' on my shoes
Heading out for the East Coast
Lord knows I've paid some dues gettin' through
Tangled up in blue.«
Bob Dylan

Die Adoleszenz ist ein »komplexer Balanceakt«[729] psychischer Entwicklung und Reifung. Jugendliche verwenden große Anstrengungen darauf, unabhängig von ihren Bindungspersonen zu werden[730], Vertrautes hinter sich zu lassen und die Fremde zu erkunden. Denn erst aus der Distanz lassen sich frühe Prägungen überprüfen und gegebenenfalls abstreifen, andere Lebensformen erproben und die eigene Gestaltung der Zukunft fantasieren. Doch oft ist das Verlas-

729 Bohleber 2004, S. 229
730 Seiffge-Krenke 2004, S. 156–175

sen sicherer Häfen von Sehnsüchten, aber auch von Ängsten und Schuldgefühlen begleitet. Es bedeutet, sich aktiv aus der Familie zu lösen, Unabhängigkeit zu erleben, um am Ende – für eine Zeit – ohne Eltern zu sein. Der Gedanke der Trennung wird auf Reisen zum Ausgangspunkt eines Freiheitsgefühls von fast »halluzinatorischer Verwegenheit.«[731] Auf der Suche nach Grenzerfahrungen schwanken die Jungendlichen zwischen Allmachtsfantasien und panisch empfundener Einsamkeit. Gefährdungen des Selbst sind in dieser Altersspanne groß, wie die Geschichte des jungen Philippe Daudet zeigt, die Stefan Zweig[732] dokumentiert hat:

Danach steht am 20. November 1923 der vierzehnjährige Philippe Daudet zur üblichen Stunde auf, packt anstelle seiner Bücher ein paar Reiseutensilien in seinen Rucksack, verabschiedet sich unauffällig, begibt sich jedoch nicht in die Schule, sondern zum Bahnhof Saint Lazare, um nach Le Havre und von dort nach Kanada zu reisen. Seine Habe besteht aus wenig Wäsche und aus 1700 Francs, die er dem elterlichen Schrank entwendet hat. In Le Havre steigt er in einem Hotel ab und schreibt sich unter dem Namen Pierre Bonchamps ein. Er hofft, von diesem Augenblick an sein eigenes Leben zu beginnen, nicht mehr der behütete Familiensohn Philippe Daudet zu sein.

Doch in der Schiffsagentur erfährt er zu seinem Schrecken, dass sein Geld nicht ausreicht und er einen Ausweis und eine Legitimation benötigt: »Verstört kehrt er zurück in das kleine Hotel. Die Welt hat ihn zurückgestoßen, zum ersten Mal tut der romantisch umleuchtete Begriff Fremde sich ihm auf als Abgrund von Dunkelheit und Öde.« In seiner Angst klammert er sich an den Hausdiener und das Stubenmädchen, die Sympathie für den Jungen empfinden. Abends schließt er sich ein in sein Zimmer und liest. Am nächsten Tag irrt er am Hafen umher, kommt nachmittags wieder ins Hotel und schreibt einen Brief, den er zerreißt. Am Morgen reist er ab, nachdem er dem Diener gesagt hat, er möge die im Zimmer zurückgelassenen Bücher als Andenken behalten. Beim Aufräumen findet das Zimmermädchen im Papierkorb die Fetzen jenes

---

731 Kristeva 1990, S. 30

732 Zweig 1943, S. 99 ff.

Briefes. Sie informiert den Hausdiener. Aus Neugierde setzen sie die Fragmente zusammen und lesen:

> »Geliebte Eltern, verzeiht mir, o verzeiht mir den ungeheuren Schmerz, den ich euch angetan habe. Ich bin ein Elender, bin ein Dieb, aber ich hoffe, dass meine Reue dies mein Vergehen gutmacht. Ich sende von dem Geld zurück, was ich noch nicht ausgegeben habe, und bitte Euch, mir zu verzeihen. Wenn ihr den Brief empfangt, bin ich nicht mehr am Leben. Lebt wohl, ich verehre Euch mehr als alles, Euer verzweifeltes Kind Philippe.«

Dazu noch ein kleiner Nachtrag: »Umarmt für mich Claire und Franz, aber sagt ihnen niemals, daß ihr Bruder ein Dieb war.«[733] Ihr erster Gedanke ist, zur Polizei zu gehen, um den Selbstmord zu verhindern und die Eltern zu verständigen. Aber die Adresse jagt ihnen Schrecken ein: Léon Daudet ist weit über Paris hinaus gefürchtet wegen seiner aggressiven Art – ihm mitzuteilen, dass sein Sohn ein Dieb sei, könnte zu Verwicklungen führen. Sie verstecken den Brief: »Und wie tausendmal in unserer Welt geht ein Mensch zugrunde wegen der Feigheit der anderen, wegen ihrer Angst vor einer kleinen Unannehmlichkeit, aus Trägheit des Herzens.«[734]

Adoleszenz als Begriff und Entwicklungsstadium

Mit dem Begriff »Adoleszenz« ist die Zeit der Pubertät und des jungen Erwachsenenalters gekennzeichnet, in der die innere Welt Jugendlicher zum Zerreißen gespannt erscheint, weil ihre psychische Organisation einer umfassenden Transformation unterworfen ist.[735] Im komplizierten Zusammenspiel von biologischen Veränderungen, seelischen Irritationen und sozialen Strukturbildungen werden Kindheitskonflikte wiederbelebt und aufgrund der Erweiterung sozialer und kultureller Horizonte in veränderte Beziehungskonstellationen und Lebensentwürfe transformiert.[736] Die Zeit vom

---

733 ebd., S. 102
734 ebd.
735 vgl. Bohleber 2004, S. 229 ff.
736 vgl. Bohleber 1996b, S. 41 ff.

13. bis zum 23. Lebensjahr führt – vor dem Hintergrund vielfältiger entwicklungspsychologischer und körperlicher Reifungsvorgänge – zu Ablösungskonflikten von den Bindungspersonen. Die Labilisierung des Selbst zeigt sich in Stimmungsschwankungen und Unsicherheiten: Euphorische Erlebnisse werden von Gefühlen tiefer Deprimiertheit abgelöst, Wünsche nach Versorgung stehen neben Tendenzen der Abgrenzung. Die Jugendlichen sind leicht kränkbar, Momente von rasender Wut sind ebenso zu beobachten wie rasche Wechsel von Idealisierung und Abwertung. Das Selbst besitzt noch wenig Kohärenz, auch das Erleben des Fremden ist unstrukturiert, diffus, bisweilen dissoziativ und ganz auf die eigene Person bezogen.

Ursprünglich in einem Wir-Gefühl mit der Familie verbunden, suchen Jugendliche nun nach einem Verständnis ihrer Position in der Welt. In ihnen reift die Fähigkeit zum abstrakten und operativen Denken; sie können sich selbst zum Gegenstand der Reflexion machen.[737] Ihr Identitätsspektrum dehnt sich aus: Familiäre Gewohnheiten werden kritisiert, Weltanschauungen überprüft, religiöse Überzeugungen und politische Ideologien hinterfragt.[738] Sie distanzieren sich von vielem, was ihnen bislang unzweifelhaft erschien, entfremden sich von ihrer Umgebung, von sich selbst und ihrem veränderten Körper. Sie müssen ihre »widersprüchlichen Identifizierungen einer inneren Umwandlung unterziehen und aus ihnen in einer sowohl bewussten wie unbewussten Restrukturierung ein einzigartiges und einigermaßen zusammenhängendes Ganzes machen.«[739]

Ihr Selbst gerät durch die Entidealisierung der Eltern in ein Vakuum, das erst langsam durch die Schaffung eines neuen Wertesystems[740] und eines Bewusstseins von der eigenen Persönlichkeit gefüllt wird. Andere Überlegungen werden bedeutsam wie: Wer bin ich? Wo gehöre ich hin? Wer will ich sein? Mitunter scheint es, als müssten diese Fragen täglich neu gestellt, das Selbst täglich

737 Piaget 1975
738 Bohleber 1999, S. 520
739 ebd., S. 510
740 Milch 1991, S. 271

in Besitz genommen werden. Bisherige Strukturen werden »einem komplizierten Umarbeitungsprozess unterzogen, im Lichte der sexuellen Reife neu gelesen und entlang der bewussten und unbewussten Identitätsthemen neu interpretiert und erzählt.«[741] Verfügen Adoleszente bei der Klärung ihrer Position über ein kohärentes Selbst, dann können sie durch Probehandeln ihre Möglichkeiten ausloten. Werfen sie frühere Krisen und aktuelle Ängste in die Unselbstständigkeit zurück oder lähmt ein fragmentiertes Selbst ihre Initiative, dann ziehen sie sich aus den unvermeidlichen Entwicklungskonflikten zurück oder beantworten diese mit Versorgungswünschen. Dabei erleben sie das Scheitern der Bestrebungen nach Eigenständigkeit, was nicht selten zur Diffusion führt. Andrea Köhler beschreibt dies als »Verrückung, in der jeder Gemütsausschlag Absolutheit beanspruchen will. Nie wieder – außer vielleicht in der ersten Verliebtheit – sind wir so kompromisslos unglücklich, nie wieder so jubelbereit wie in dieser haltlosen Zeit. Dabei ist die Fremdheit vor dem eigenen Ich ja nicht bloss das Resultat eines Hormonstosses, nicht nur das angsteinflössende Fuchteln der Triebe. Sie entsteht auch durch die Erfahrung, dass das Kind, das man war, dabei zuguckt, wie man sich gänzlich abhanden kommt, durch das Unheimlichwerden des Selbst.«[742]

Manchen gelingt es nicht (oder nur unzureichend), die körperliche, geistige und soziale Reifung zu verknüpfen mit der Möglichkeit und Fähigkeit, autonome Erfahrungen sowie Auseinandersetzungen mit der Umwelt psychisch unbeschadet zu bestehen; bei manchen stellt sich kein realistisches Gespür für eigene Kompetenzen und Schwächen, Persönlichkeitsmerkmale und Charaktereigenschaften ein; und manche schaffen die Ablösung von den Eltern nicht ohne Irritationen, zu denen Stimmungsschwankungen, Depressionen oder Ess-Störungen gehören können. Auch Erlebnisse der Entfremdung sind in diesem Zusammenhang keine Seltenheit[743]; die verstärkten Impulse der Selbstbezogenheit können z. B. nicht mit den Leistungserwartungen der Eltern oder Lehrer vereinbart werden. So kann es zu aggressiven Verweigerungen oder zum Rückzug

---

741 Bohleber 1999, S. 520
742 Köhler 2005, S. 30

mit Derealisationserlebnissen kommen, die auf eine beginnende Adoleszenzkrise hinweisen.
Die Suche nach einem neuen Selbst ist mit Unsicherheit verknüpft. Adoleszenz heißt aber nicht nur seelische Not und familiäres Drama, sondern bietet auch die Chance einer Begegnung mit der Fremde[744]: Entfernungen von der Familie, Aufenthalte bei Freunden, Schüleraustauschprogramme, Reisen ins Zeltlager oder ins Ausland dienen der Selbsterfahrung und der Selbstfindung. Die Gruppe der Gleichaltrigen hat hier die Funktion eines Übergangsraumes zwischen Familie und Gesellschaft. Sie gibt Orientierung, übernimmt Stützfunktionen und ermöglicht den Umbau des Wertesystems.[745]
Accessoires wie Sprache, Kleidung, Haare, Musik, Piercing u. Ä. sichern als Symbole der Einheit die Zugehörigkeit zu einer bestimmten Gruppe. Häufig ist ein gesteigerter Narzissmus zu beobachten: Unzulängliches wird an sich selbst oder an anderen verleugnet oder überscharf wahrgenommen und bekämpft, differenzierte Einstellungen werden nicht selten zugunsten von Schwarz-Weiß-Malereien aufgegeben. Die Fähigkeit zur Integration und zur Herstellung komplexerer Wahrnehmungen scheint verloren zu gehen: Personen des sozialen Umfeldes werden von den Jugendlichen nur in Teilaspekten gesehen und entweder idealisiert oder entwertet. Die Realitätsprüfung ist geschwächt, vor allem bei Kränkungen und Konflikten werden unliebsame Anteile des Selbst externalisiert.[746]
Das Erleben des Fremdseins beunruhigt, es mobilisiert die Abwehr in Form von Tagträumen oder Fantasien der Omnipotenz, die als Ausgleich für Unvollkommenheiten eingesetzt werden. Solche Lösungsversuche können fördernd sein und als Entwicklungsprogramm zum Großwerden[747] dienen, solange es gelingt, reale Fähigkeiten mit idealen Ansprüchen zu verknüpfen. Sie können aber auch bei Jugendlichen, die ihre persönliche, soziale und berufliche

743 vgl. Machleidt et al. 1999, S. 40
744 vgl. Bosse 1994, S. 28
745 vgl. Milch 2001, S. 261
746 vgl. Fend 1994
747 vgl. Chasseguet-Smirgel 1995

Situation als desolat und perspektivlos erleben, zur Manipulierbarkeit führen – besonders dann, wenn ihnen Auswege suggeriert werden, die per sofortiger Befriedigung die Verwirklichung ihrer Größenfantasien versprechen.[748]
In schwereren Zuständen der Depersonalisation erlebt der Betroffene eine Fremdheit in sich und um sich herum, als sei er nicht mehr er selbst. Er glaubt, jede Lebendigkeit und Selbstverständlichkeit seiner Existenz verloren zu haben. Zugleich scheint die Umwelt sich von ihm zu entfernen. Eigentümliche Verzerrungen können im Bereich sinnlicher Wahrnehmungen[749] auftreten und zu psychotischen Verstörungen führen, wie die folgenden Textpassagen und biografischen Informationen von Lori Schiller und Everett Ruess zeigen.

Auflösung: Lori Schiller

Geboren **1959** in Michigan als erstes Kind des Psychologen Marvin Schiller und seiner Frau Nancy, Tochter eines Kaufhausbesitzers – **1962** Umzug nach Chicago; Geburt des Bruders Mark – **1965** Umzug nach Los Angeles; Geburt des Bruders Steven – **1970** Umzug nach Scarsdale bei New York – **1976** erste psychotische Episode während eines Ferienlagers – **1978** bis 1981 Studium romanischer Sprachen in Medford (Massachusetts) – **1982** Suizidversuch; Einlieferung ins Bellevue Hospital in Manhattan – **1983** bis 1985 mehrere stationäre Aufenthalte in der Payne-Whitney-Klinik und im White-Plains-Hospital (New York) – **1985** Einzug in ein Übergangswohnheim – **1989** Umzug in eine eigene Wohnung; Arbeit am Buch »Wahnsinn im Kopf«; Leitung von Gesprächsgruppen für Psychiatrie-Betroffene und Angehörige

748 Streeck-Fischer 1998, S. 35
749 Die Schauspielerin Milla Jovovich, die in Wim Wenders Film »Million Dollar Hotel« eine psychisch erkrankte junge Frau spielt, erlebt als Jugendliche in einem Sommercamp ihre erste existenzielle Krise: Wie gebannt muss sie stundenlang auf ein riesiges Mosaikbild schauen, in dem sie Jesus, Maria und andere heilige Figuren zu erkennen glaubt, aber auch sich selbst und ihren Bezug zu diesen Heiligen (vgl. Jovovich 2000, S. 3).

»Ich war damals siebzehn Jahre alt und hatte nur noch ein Jahr High School vor mir. Mein letzter Sommer im Ferienlager hatte begonnen. Bald würde ich aufs College gehen, einen Beruf ergreifen, erwachsen sein und Verantwortung tragen. Erst einmal aber blieb mir noch ein Sommer voller Spaß. (...) Tagsüber betreute ich die Neun- und Zehnjährigen beim Segeln, Kanufahren und Bogenschießen. Abends, wenn die Kleinen sicher im Bett lagen, saßen wir Betreuer immer in den langen, flachen Bungalows aus Holz, die wir ›Motels‹ nannten, spielten Karten, aßen Kekse und tranken ein Gebräu, das wie Kool-Aid schmeckte. Wir nannten es Käfersaft. Manchmal fuhren die älteren Leiter auch mit uns in die Stadt zum Roscoe-Imbiß. Wir lachten, erzählten uns Witze und alberten herum. Es war ein ganz normaler Sommer, und ich war ein ganz normales Mädchen. Doch irgendwann in diesem Sommer begann sich alles zu verändern. Anfangs war die Veränderung ganz angenehm. Irgendwie kam mir alles viel schöner vor als bisher, aber ich wußte nicht, warum. Der See schien blauer, die Schaufelräder größer und die Segelboote schnittiger als zuvor. (...) Ich hatte das Gefühl, ich müsse schneller laufen, weiter schwimmen und länger aufbleiben, um all das in mich aufnehmen (...) zu können. Ich war voller Energie, aktiv und überschäumend vor Glück, und jedermann mochte mich. Um mich herum war die Welt hell, rein und klar. Und ich fühlte mich als ein Teil dieser Schönheit, stark und attraktiv, interessant und mächtig. Mir kam es vor, als müßten mich alle anderen nur ansehen, um mich ebenso zu lieben, wie ich sie liebte.

Außerdem lebten meine Erinnerungen wieder auf. Auf der Lincoln Farm hatte ich mich vor zwei Jahren verliebt. In jenem Sommer – ich war damals fünfzehn – war Otto als Austauschstudent hier. Er war ein attraktiver junger Mann, blond und schlaksig, hatte helle, blaue Augen und sprach mit einem leichten Akzent. Da ich klein und dunkelhaarig war, kam er mir besonders exotisch vor. Ich mochte ihn wirklich und konnte kaum den Blick von ihm wenden. (...) Einige Wochen später, als die Zeit im Camp vorbei und ich wieder in Scarsdale war, tauchte Otto bei mir zu Hause auf. Er hatte eine hübsche Frau dabei, die er meinen Eltern als seine Verlobte vorstellte.

Die Erinnerung an diesen Augenblick vor zwei Jahren verfolgte mich von morgens bis abends. Allmählich veränderte sich meine Stimmung, und die Heiterkeit begann aus der Welt um mich herum zu schwinden. Ich dachte an die Vergangenheit, und meine Gefühle verdüsterten die Gegenwart. Dann kamen schrecklichen Gedanken: vielleicht machten sich alle in meiner Umgebung nur über mich lustig und mochten mich in Wahrheit gar nicht. Vielleicht lachten sie mich aus, während ich mir einbildete, sie lächelten mich an. Meine Stimmung schlug um. Ein Schleier senkte sich auf mich. Das Sommerlager widerte mich plötzlich an, es wurde von etwas wunderbar Schönem zu etwas furchtbar Bösem. Um mich herum bewegten sich Schatten, und ich war in einen dunklen Schleier gehüllt. Eines Nachts, mitten in diesem Chaos, dröhnte eine mächtige Stimme durch das Dunkel: ›Du mußt sterben!‹ Andere Stimmen fielen ein: ›Du mußt sterben! Du wirst sterben!‹ (...) Ich sprang aus meinem Bett und rannte barfuß hinaus. (...) Ich dachte, wenn ich schnell und weit genug rannte, könnte ich den Stimmen entkommen. (...) Verzweifelt lief ich auf die weite Rasenfläche in der Mitte des Camps hinaus. Das Gras unter meinen Füßen war feucht. Ich raste auf das große Trampolin zu, auf dem die Kinder tagsüber herumsprangen und Salto rückwärts übten. Ich kletterte hinauf. Mein Kopf war angefüllt mit wilden, seltsamen Gedanken. Wenn ich schnell und hoch genug springe, dachte ich, kann ich dadurch vielleicht die Stimmen loswerden.

Ich sprang und sprang, und dabei klangen ständig die quälenden Stimmen in den Ohren: ›Du mußt sterben! Du wirst sterben.‹ Ich sprang stundenlang, bis die Sonne über den Hügeln aufging. Ich sprang, bis ich erschöpft und völlig außer Atem war. Aber sie riefen und riefen, sie beherrschten mich, sie hämmerten in meinem Kopf. Sie begannen mich zu beschimpfen: ›Du Hure, du bist keinen Pfifferling wert!‹ Ich versuchte, ihnen zu widersprechen und sie zum Schweigen zu bringen. ›Das ist nicht wahr‹, verteidigte ich mich. ›Laßt mich in Ruhe, das ist nicht wahr.‹ Schließlich brach ich erschöpft zusammen.«[750]

750 Schiller 1995, S. 24 ff.

Die Gefahr seelischer Krisen mit dissoziativer Verstörung oder psychotischer Entgleisung ist, wie man weiß[751], in der Übergangsphase vom Kind zum Erwachsenen besonders groß[752]. Die Dekompensation Lori Schillers kann als Scheitern jenes entscheidenden Lebensabschnittes bezeichnet werden, in dem es um das Verlassen und Verlassenwerden geht, um die Erprobung, sich ohne die sorgende Familie der Welt auszusetzen. Wie bei jedem anderen Jugendlichen, so ist die Entwicklung eines Selbst auch für Lori Schiller verknüpft mit der Lösung aus Abhängigkeiten und der Reifung von Objekt-Beziehungen. An diesem Punkt steht die Autorin, die ihr Gleichgewicht verliert in einem Augenblick, als ihr erwachsenes Leben, ihre eigenständige Gestaltung von Freundschafts- und Liebesbeziehungen, ihre Verantwortung für Ausbildung und Freizeit gerade beginnen soll.

In der Regel ermöglicht ja die Entdeckung eines Selbst, dass der Adoleszente beginnt, sich als ein Eigener, von anderen zu Unterscheidender zu begreifen. Er differenziert nun zwischen Menschen, die er gern aufsucht bzw. die ihn suchen, und solchen, die er ablehnt oder von denen er sich abgelehnt fühlt. Er braucht dazu die Akzeptanz einer Peergroup, eines Freundeskreises, um die Fremdheit neuer Lebensbereiche (die erste Liebe, die neue Ausbildung, die geografische Fremde nach einem Umzug oder während einer Reise) ertragen zu können. Nicht immer muss diese Peergroup, müssen diese Selbstobjekte real vorhanden und direkt in der Nähe sein; doch sie müssen in guter Weise internalisiert sein, müssen einen festen Platz im Selbst des Adoleszenten einnehmen.

Zunächst scheint Lori Schiller sich ihren neuen Kreisen zugehörig und von diesen getragen zu fühlen: Sie sitzt mit den gleichaltrigen und etwas älteren Betreuerinnen und Betreuern nach der Arbeit zusammen, spielt, trinkt und macht Ausflüge in die nächstgelegene Stadt. In ihrer kindlichen Rückgewandtheit und träumerischen Fan-

---

751 Schon 1863 sprach Kahlbaum in seiner ersten Systematik psychischer Krankheiten von einer Gruppe von »Paraphrenien«, die in der »Übergangsphase der Entwicklung« entstünden (vgl. Bräunig 2000, S. 112 ff.).

752 auch der finnische Psychiater Alanen weist auf diesen Sachverhalt hin: Alanen 2001, S. 41

tasie fühlt sie sich für den Moment »stark und attraktiv, interessant und mächtig«. Doch schon bald ergreifen Stimmen von ihr Besitz, schieben sich Zweifel in ihre fast überschäumende Verfassung: Sie erinnert sich an eine frühere Trennung, die Kränkung lebt wieder auf, und plötzlich unterspült der Gedanke, doch nicht bewundert und geliebt zu sein, ihr eben noch großartiges Selbstbild. In ihrer schwankenden Wahrnehmung wird der »Sommer voller Spaß« zu einem Angsterlebnis, und das Camp wandelt sich von »etwas wunderbar Schönem zu etwas schrecklich Bösem«.
An solchen Sätzen wird deutlich, wie ein Mensch in der akuten Krise jede differenzierte Realitätswahrnehmung verliert und zurückfällt auf frühe Kategorien der Welterfahrung. Denn was sich in ihrem Inneren abspielt, nämlich der Wechsel von einem euphorischen, starken zu einem gedrückten, verletzten Selbstgefühl, das muss im Moment des Erlebens nach außen projiziert werden. Als sich, fern von ihrer heimischen Welt, eine innere Fremde auftut, ein unbekanntes Feld ihres Selbst, das Anforderungen an sie stellt (z. B. die Verarbeitung einer früheren Kränkung), verlagert sie das Gefühl der Befremdung in ihre räumliche und emotionale Umgebung. Die Schilderung ist nun nicht mehr geprägt von Begriffen wie heiter oder albern, die Welt ist nicht mehr hell, rein und klar und sie selbst nicht mehr voller Energie, aktiv und überschäumend. Schlagartig werden die Bilder trüb, von Schatten und dunklen Schleiern ist jetzt die Rede, Furcht und Schrecken machen sich breit, die Stimmen, die sie nun bedrängen (und für viele Jahre bedrängen werden, wie die weitere Beschreibung ihres Krankheitsverlaufes mit mehreren Klinikaufenthalten, ambulanten Behandlungen und den akustischen Halluzinationen deutlich macht), weisen sie gar auf den nahen Tod hin. Am Ende beschreibt sie in drastischen Bildern die Verzweiflung und Erschöpfung, die ein solcher Krankheitsschub hinterlässt.

Entrückung: Everett Ruess

Geboren am 28. März **1914** als jüngerer von zwei Brüdern in Oakland, Kalifornien – **1915** Umzug nach Fresno – **1918** Umzug nach Los Angeles – von **1919** bis 1927 weitere Ortswechsel (zunächst nach Boston, dann nach Massachusetts, weiter nach New York, New Jersey und Valparaiso, Indiana) – **1928** die Familie lässt sich in Südkalifornien nieder – **1930** Abschluss der Schullaufbahn – **1931** im Winter Aufbruch zur ersten Wanderung ins Monument Valley – **1931/32** zum Jahreswechsel Rückkehr zur Familie – **1932** zweite Trennung vom Elternhaus, Wanderung durch Arizona, New Mexico und Colorado – **1933** Rückkehr ins Elternhaus, Einschreiben an der Universität von Los Angeles – im Sommer **1933** mehrjährige Wanderung durch die Sierra Nevada und den Grand Canyon – Sommer **1934** bei den Navajo-Indianern in Utah – Herbst **1934** Ruess zieht zum Bryce Canyon – 21. November **1934** Ruess wird das letzte Mal von Schäfern am Escalante River gesehen

Ein bewegendes Dokument autobiografischer Reiseliteratur ist das Werk von Everett Ruess, einem jugendlichen Vagabunden des frühen 20. Jahrhunderts. Seine Briefe, Tagebücher und Gedichte[753] zeigen das Schicksal eines adoleszenten Selbstsuchers, der auf seinen einsamen Streifzügen durch die Welt der Canyons an den Rand äußerer und innerer Abgründe gerät und dessen Existenz sich schließlich – ohne genauere Spuren seines weiteren Weges oder seines Todes – auflöst.

Die Kindheit von Everett Ruess ist geprägt von zahlreichen Ortswechseln und Umzügen. Als es der Familie nach langen Wanderjahren endlich gelingt, südlich von Los Angeles Fuß zu fassen, hat sich bei Everett bereits ein Gefühl des Getriebenseins eingestellt. Gegen den Rat seines Vaters zu solider Berufsausbildung und Gründung einer bürgerlichen Existenz – wobei der Vater selbst mit seinen zahlreichen Berufswechseln nicht gerade als Vorbild taugt – erklärt Everett Ruess, Künstler werden zu wollen. Inspiration dazu will er in der schroffen Landschaft der Canyons finden, die er allerdings nie zuvor gesehen hat. Er bricht mitten im Winter in Richtung Monument Valley auf, allein, ohne Klettererfahrung und ohne Ortskenntnisse, mit nur wenig Proviant und noch weniger Geld ausgestattet. In den folgenden Jahren verschwindet er immer wieder für Monate in den Wäldern des amerikanischen Südwestens. Allein durchwandert er Felsgebirge und verlassene Täler. Wie ein

753 Niederstadt 2001

Gläubiger sucht er die Erhabenheit der Natur. Tagelang lauscht er dem Wind und beobachtet die über die Schluchten hinwegziehenden Wolkenfetzen. Er versucht, die Landschaft der Canyons in Holzschnitten und Ölgemälden einzufangen und schreibt Gedichte und Essays über sein Leben in Steilhängen und Pinienwäldern. Er legt sich den Namen »Lan Rameau« zu und nennt seinen Esel jetzt Everett – um sich an den Menschen zu erinnern, der er einmal selbst gewesen ist, wie er seiner Familie erklärt. An seinen Freund Bill Jacobs aus Los Angeles schreibt er:

> »Was mein Pseudonym angeht – es ist wirklich ein Künstlername. Ich bin immer noch ganz aufgewühlt, doch ich denke, dass ich allen Missverständnissen und falschen Aussprachen heldenhaft trotzen kann. Ich muss nun ein Doppelleben führen.«[754]

Irritiert über die Entwicklung ihres Sohnes beabsichtigen die Eltern, ihn im Monument Valley aufzusuchen, was er ihnen ausredet, indem er dramatisch beschreibt, wie ihr Wagen im Sand versinken, in Flussläufen stecken bleiben, von Felsplatten rutschen und zerbrechen würde.[755] Zwischen Begeisterung und Ermüdung hin- und hergerissen notiert er, dass er das Schreiben als unsinnig empfinde, da nicht in Worte zu fassen sei, was er erlebe; zwei Tage später dann wieder euphorisch:

> »Mein Leben nimmt einen wunderbaren Gang. Allein, in der offenen Wildnis, habe ich Lieder voll wilder, ergreifender Freude und Melancholie geschrieben. Ich war eins mit der Welt. Ich war so froh, unterwegs zu sein, umherzuziehen. Tief im Inneren fühlte ich eine große Erhabenheit, ich schaute in die Glut meines Lagerfeuers und sah weit durch sie hindurch.«[756]

Im gleichen Brief schreibt er, dass er nun den Kontakt zu den Menschen abgebrochen habe, um gänzlich allein zu sein. Und so zieht er mit seinem Esel weiter, in der Hoffnung, irgendwann den Horizont zu erreichen.[757] Schon einige Wochen später ändert er erneut die Namen für sich und für seinen Esel, nennt Letzteren

754 ebd., S. 34
755 ebd., S. 38
756 ebd., S. 47
757 ebd., S. 47f.

nun »Pegasus« und sich selbst »Evert Rulan«, einen Namen, den er für unverwechselbar und leicht zu merken hält. Die vollständige Abkehr von der Zivilisation gelingt ihm allerdings nicht: Eine schwere Vergiftung zwingt ihn sechs Tage in ein kleines Hospital. Seine Eltern erfahren davon nichts, er will ihnen keine schlechten Nachrichten zumuten. Nur dem Freund teilt er am 27. August 1931 mit:

> »Zwei Tage wusste ich nicht, ob ich tot oder lebendig war. Ich krümmte und wand mich in der Hitze, während Schwärme von Ameisen und Fliegen über mich krochen und mir das Gift aus allen Poren trat und auf Gesicht, Armen und dem Rücken verkrustete. Ich konnte nicht essen, ich konnte nichts tun, als alles in stillem Leid ertragen.«[758]

Dass er unter der Isolation leidet, deutet Everett Ruess im gleichen Brief an, wenn er sein Vagabundenleben bereits in die Vergangenheit transferiert[759] und berichtet, dass er seine Niedergeschlagenheit mit kalten Duschen unter einem Wasserfall oder mit Bädern in eiskalten Flüssen zu bekämpfen sucht. Auch resümiert er, dass er nur schwer sichere Beziehungen zu anderen Menschen eingehen könne, weil er launisch sei und niemanden finde, der zu ihm passe und seine Interessen teile. Solche nüchternen Selbsteinschätzungen werden abgelöst von lyrischen Naturbeschreibungen:

> »Der Ahorn färbt sich dunkelrot, jeder Windstoß wirbelt Büschel von gelbem Espenlaub auf. An vielen Hängen sind die Blätter schon braun geworden, und die Bäume stehen kahl und still. Bald wird es schneien, aber dann werde ich nicht mehr hier sein.«[760]

Nach elf Monaten in der Wildnis kehrt Ruess im Dezember 1931 für einige Wochen zu seiner Familie nach Los Angeles zurück. Doch kurze Zeit später bricht er wieder auf in Richtung Arizona, nun begleitet vom zunehmenden Unverständnis seiner Familie und seines Freundes für seinen bizarren Lebenswandel. Als Lektüre

---

758 ebd., S. 61

759 »Ich, der ich die Wildnis liebte, wanderte und strich durch das Gebirge. Ich, der ich dem Klang des Meeres lauschte, sang mein Lied, wenn der Wüstenwind pfiff« (ebd., S. 63).

760 ebd., S. 64

trägt er Dostojewskis »Brüder Karamasow« im Gepäck und bittet seine Eltern, ihm Thomas Manns »Zauberberg« und Dos Passos' »Manhattan Transfer« zu schicken[761]. Diese Wanderung wird für ihn zur schweren Prüfung und zur bitteren Erfahrung, dass keiner mehr seine Flucht in die Einsamkeit nachvollziehen kann – auch er selbst bisweilen nicht:

> »Ich hätte so gern einen Gefährten, jemanden, der sich für mich interessiert. Ich will, dass mich jemand führt, mich an die Hand nimmt; aber ich glaube nicht, dass es auf dieser Welt einen Menschen gibt, der genug weiß, um mir Ratschläge zu geben. Nirgends finde ich mein Ideal. Ich habe langsam vor mir selber Angst.«[762]

Diffuse Schuldgefühle begleiten ihn nun; es plagt ihn der Gedanke, nicht für die »gute Tat« eines Mitmenschen gedankt zu haben; als ein gewisser Luther Jackson ihm hilft, den Sattelgurt enger zu schnallen, hat er noch Stunden danach ein schlechtes Gewissen wegen seiner Undankbarkeit. Und er erinnert sich an Jahre zurückliegende Situationen, in denen er ebenfalls vergessen habe, »danke« zu sagen. Kurz darauf läuft ihm sein Hund Curly, der ihn nun schon hunderte von Meilen begleitet hatte, davon; Ruess fühlt sich am Rande der Erschöpfung, die Vorräte gehen aus, er muss sich kurzfristig bei Farmern als Erntehelfer verdingen, um seine kargen Lebensmittelbestände und die Ausrüstung zu erneuern. Doch eine Rückkehr zur Familie kommt nicht infrage.

> »Das wäre ein Eingeständnis meines Scheiterns. (...) Ich bin so ganz anders als die anderen Leute, habe mich schon zu weit von den Menschen entfernt. Ich bin einfach anders und will auch anders sein, aber es gibt mir keine Befriedigung. Alle Freuden, die andere Leute haben, sind mir versagt.«[763]

Mit schlechtem Schuhwerk und zerrissener Kleidung zieht er weiter und lebt in ständiger Ambivalenz zwischen dem Genuss der selbst gewählten Unabhängigkeit und dem Leid der Verlassenheit. Er begeistert sich für die Schönheit des Landes und bedauert gleichzeitig, solche Anblicke mit niemandem teilen zu können. Doch nur

761 ebd., S. 73 f.
762 ebd., S. 81
763 ebd., S. 83

wenn er allein ist, kann er seine Seele »furchtlos entblößen«, wie er schreibt: »Wenn ich niedergeschlagen bin, dann ist es so schlimm, dass ich fast Angst bekomme. Doch ich weiß inzwischen, dass diese Stimmungen auch wieder vergehen, und wenn ich ein paar schöne Momente erlebe, kann ich sie vollständig vergessen«, berichtet er seinem Bruder am 12. Juli 1932, wo es auch heißt:

> »Der einsame Weg ist am Ende der beste Weg. Ich werde nie aufhören zu wandern. Und wenn meine Zeit gekommen ist und ich sterben muss, werde ich mich auf das wildeste, einsamste und verlassenste Fleckchen in dieser Wildnis zurückziehen.«[764]

Everett Ruess ist 18 Jahre alt, als er dies schreibt. Inzwischen liest er Ibsens »Gespenster« und notiert ins Tagebuch:

> »Ich bekomme immer mehr das Gefühl, dass ich nicht in diese Welt gehöre. Ich verliere die Verbindung zum normalen Leben. (...) Wahrscheinlich habe ich schon zu viel gesehen und zu viel erlebt, so viel, dass ich nun in einem Traum lebe, aus dem ich nicht mehr erwachen kann wie andere Menschen. (...) Eigentlich habe ich genug von der Einsamkeit, aber ich will die Unabhängigkeit nicht aufgeben, an die ich inzwischen gewöhnt bin.«[765]

Zu einer schriftlichen Auseinandersetzung mit dem Vater kommt es im Sommer 1932; der Vater hofft noch immer, seinen Sohn ins bürgerliche Leben zurückholen zu können. Der betont, dass er sich nicht dafür geschaffen fühle, täglich einer »stumpfsinnigen Arbeit« nachzugehen. Wenn er seinen Horizont nicht erweitern könne, erscheine ihm das Leben nicht lebenswert. Dennoch verbringt er – weniger aufgrund der Argumente seines Vaters als wegen seiner materiellen und vielleicht auch schon spürbaren körperlichen und seelischen Not – den Winter 1932/33 bei seiner Familie in Los Angeles. Er schreibt sich auf Drängen des Vaters sogar an der University of California in Los Angeles ein, doch treibt es ihn schon während seiner ersten lustlos besuchten Vorlesungen zurück in die Wildnis:

> »Wie kann ein Mensch mit so hochtrabenden Plänen, einer so unbezwingbaren Seele wie ich sich freiwillig in den toten Wassern der

764 ebd., S. 102
765 ebd., S. 104 f.

> Gelehrsamkeit gefangen halten. Mein Leben gleicht immer noch einem Strudel, wenn auch mit weniger Wirbeln.«[766]

Spätestens mit dem erneuten Aufbruch in die Einsamkeit im folgenden Sommer kann der weitere Weg des Everett Ruess – psychiatrisch ausgedrückt – als Selbstheilungsversuch einer affektiven Störung angesehen werden. Er durchwandert die Sierra Nevada und ist von Momenten der Euphorie wie von Phasen der Depression hin- und hergerissen. Im Sequoia Park, bekannt durch seinen imposanten Baumbestand, durchlebt er geradezu manische Momente; in seinen Aufzeichnungen heißt es am 12. Juni 1933:

> »Dann stieg ich im Sternenschein zwischen den säulenartigen Mammutbäumen bergauf. (...) Ich sang Dvorak-Melodien, so laut ich konnte. Der Wald hallte wider von meinem übermütigen Gesang und den Variationen von Beethoven und Brahms, auch der ›Bolero‹ schallte durch die Stille. Ich hüpfte von einer Seite der Straße zur anderen, wirbelte im Kreis herum, hob den Blick zu den Sternen und tanzte frohlockend auf dem weißen Weg ins Abenteuer. Das Abenteuer ist für die Abenteurer da. Ich bin jung und dumm. Verzeiht mir (...). Ich denke, es gibt zwei Lebensregeln: Denke nie an die Folgen und tu alles, was du tust, nur dann, wenn du es von ganzem Herzen tust. Jetzt ist die Zeit um zu leben.«[767]

Vier Tage später ist – im Brief an die Eltern – die Begeisterung verflogen. Er gesteht, dass er sich am Rande eines Nervenzusammenbruchs befinde; zu kurz seien die Momente seiner Hochstimmung. Drei Wochen später reitet er, nun wieder in besserer Verfassung, von den Redwood Meadows hinunter, beugt sich aus dem Sattel und hebt die Feder eines Blauhähers auf, die er sich an den Hut steckt. Er ist außer sich vor Glück, Jubelgesänge sprudeln aus ihm heraus, lauthals stimmt er Melodien aus Beethovens Symphonien an, Stücke von Brahms, Motive aus der »Götterdämmerung« sowie durchdringende Melodien von Sibelius, wie er begeistert notiert.[768] Im gleichen Tagebuch-Eintrag heißt es aber auch: »Ich verfalle sehr leicht in Melancholie«, und wenig später:

---

766 ebd., S. 122f.
767 ebd., S. 129
768 ebd., S. 134

»Ich hatte seltsame Gedanken. Meine Sehnsucht nach der Wüste wird immer größer. (...) Stundenlang sah ich ins Feuer. Zu schlafen behagt mir gar nicht. Mir fällt es schwer, das Bewusstsein kampflos aufzugeben, vor allem weil ich so schlecht schlafe. Der Schlaf ist für mich ein zeitweiliger Tod.«[769]

Dann zwei Tage später:

»Mein Leben ist so schön, dass ich überschäume vor Freude. (...) Es ist wie ein goldener Traum – geheimnisvolle, rauschende Winde wehen herab und liebkosen mich; warme, vollkommene Farben offenbaren sich meinem Auge. Die Zeit ist stehengeblieben, ich brauche keine Uhr mehr. Mein Herz ist wie mit einem traumgleichen Dunst gefüllt.«[770]

Solche Schwebezustände bezeichnen aber auch die Einsamkeit, die Ruess auf den Wanderungen durch die Canyons des amerikanischen Südwestens in der Nacht oder im Morgengrauen erlebt, wenn der Täler und Schluchten durchstreift:

»Der Halbmond schien orangerot, als ich den Weg in die Berge hinaufritt. Hinter uns grollte der Donner über der offenen Wüste, schwarze Wolken zogen über den Himmel. Heulende Winde folgten durch die Schlucht (...). Verdrehte, verzerrte Umrisse der Bäume ragten in den dunkler werdenden Himmel.«[771]

In Phasen der Euphorie ist er so überschwänglich, dass er kaum an sich halten kann: Die Farben seien einmalig, die Wälder prächtig, und die Wildbäche tosen und schäumen, dass die Welt eine einzige Orgie sinnlicher Freuden sei. Drei Tage lebe er nun schon in einem Rausch, so trunken mache ihn die erhabene Schönheit und die vollkommene Einsamkeit, so berichtet er seinen Eltern; am gleichen Tag hält er jedoch in seinem Tagebuch fest, dass er am Abend vergeblich geangelt habe und deprimiert an die kalte Feuerstelle zurückgekehrt sei:

»Im Moment lasse ich den Schmerz zu, doch das gegenteilige Gefühl ist weniger stark. Das Leben hält mich gegenwärtig nicht sehr gefangen, doch ich hoffe, dass sich das wieder ändert. Ich will gar

---

769 ebd., S. 140 f.
770 ebd., S. 142
771 ebd., S. 190 f.

keine negative Haltung einnehmen, doch es überkommt mich einfach.«[772]

Seine Schlafstörungen nehmen zu; er versucht, sie zu bagatellisieren: »Ich schlafe sowieso nicht gerne« oder zu rationalisieren: »Warum sollte ich ins Nichts oder in quälende Träume abgleiten ...?«, und als er sich einmal im Museum des Yosemite-Village wäscht, schaut ihn plötzlich ein Geist, ein Ungeheuer an – sein eigenes Spiegelbild.[773] Irritierend empfindet er selbst inzwischen seine Innenwelt: »Ich habe an mir neue Stimmungen kennengelernt, neue Tiefpunkte und sehr beunruhigende Gefühle für mich selbst und für andere Menschen, ja für die Menschheit als Ganzes.«[774] Er hält dies für das Zeichen eines Planes, den er undeutlich vor sich sieht, wie er seinem Bruder mitteilt.[775] Offenbar besorgt über den seelischen Zustand seines Sohnes bemüht sich der Vater, ihn zur Rückkehr nach Kalifornien und zur Wiederaufnahme des Studiums zu bewegen, doch seine Antwort ist eindeutig:

> »Ich weiß, ich werde immer ein Wanderer sein, ich werde immer aufbrechen zu neuen Horizonten und jene Welten zu verachten wissen, die ich kenne und die wie halb heruntergebrannte Kerzen bei Sonnenaufgang ihren Zweck verlieren. (...) Ach, das Leben ist wild und schön! Es kann so erfüllend sein, dass man fast überquillt. Ich bin so glücklich, dass ich kaum an mich halten kann, (...) und taumle singend durch diesen Rausch der Freude, wo nichts und niemand sich schert, ob ich lebe oder sterbe.«[776]

Zwischenzeitlich lernt er eine junge Frau in einer kleinen Ortschaft kennen und verliebt sich in sie. Irritiert von solcherlei Gefühlen weiß er mit der Situation nicht anders umzugehen, als sich rasch wieder auf einsame Wanderschaft zu begeben:

> »Da ich gestern so unzufrieden mit dem Leben war und keine Lust hatte, meinen Geist durch Schlaf zu betäuben, sattelte und belud ich die Esel in der Dämmerung und zog weiter am Rande der Wüste an einem rauschenden Bach entlang. Der Halbmond schien orange-

---

772 ebd., S. 146 f.
773 ebd., S. 149 ff.
774 ebd., S. 168 f.
775 ebd.
776 ebd., S. 185

rot, als ich den Weg in die Berge hinauf ritt. Hinter uns grollte der Donner über der offenen Wüste, schwarze Wolken zogen über den Himmel. Heulende Winde fegten durch die Schlucht und bogen die Wipfel der hohen Kiefern und Tannen, die Wolken verbargen den Mond. Still trug mich Cockleburrs, mein Reittier, bergauf durch die Nacht, Leopard folgte lautlos mit dem Gepäck. Verdrehte, verzerrte Umrisse der Bäume ragten in den dunkler werdenden Himmel und wurden schließlich ganz von der Nacht geschluckt.«[777]

In den nächsten Wochen kämpft er noch einmal mit der Frage, warum er diese strapaziöse Verlassenheit auf sich nehme, warum er gegen raue, tosende Böen ankämpfe, die ihm »wie kalter Stahl« ins Gesicht schlügen – und kommt zu folgendem Schluss: »Ich bin dazu verdammt, das Feuer der Schönheit auszuhalten, das mich versengt. Und ich bin zerrissen von dem Wissen, dass ich niemals einem anderen Menschen weitergeben kann, was ich fühle. Ich kann diese lodernden Flammen nicht ertragen und ich kann sie auch nicht aus mir herauslassen. Ich frage mich, wie ich überhaupt weiterleben und mich so gleichgültig wie nötig geben soll.«[778]

Einige Zeit nähert er sich den Navajo-Indianern der Canyons, wird zum Rasten in ihre Hütten eingeladen und darf im Sommer an einigen ihrer Rituale teilnehmen. Doch auch von ihnen trennt er sich wieder, fühlt sich »ganz losgelöst vom Leben« und hofft, »immer weiterfliegen« zu können, ohne von seinem »erbarmungslos geschundenen« Körper im Stich gelassen zu werden.[779] Im Herbst 1934 verlässt er dann den Grand Canyon und macht sich auf in Richtung Utah zum Bryce Canyon, bekannt durch die Säulenlandschaften aus Fels. Noch zwei Briefe an seine Eltern und an seinen Bruder sind erhalten, in denen er sich mit Christus vergleicht, der wie er auf einem Esel geritten sei.

In den letzten Dokumenten schreibt er vom »traumgleichen Prickeln«, das er auf seinen Wanderungen erlebe, »wenn das Leben so schrecklich eigenartig und unwirklich scheint. Ich glaube, dass die Sinne der meisten Menschen so abgestumpft sind, dass sie das gar

777 ebd., S. 190 f.
778 ebd., S. 194
779 ebd., S. 204 f.

nicht wahrnehmen.«[780] Nun wolle er weiter durch Seitenschluchten ziehen, dorthin, wo niemand lebt, wie er im letzten Brief seinem Bruder mitteilt. Doch diese Region der Schluchten und Bergrücken mit Namen wie »Schreckensgraben«, »Skelett-Canyon« oder »Todessattel« ist nicht ohne ausreichend Trinkwasser und Proviant für viele Tage zu durchqueren. Zuletzt sahen ihn am 21. November 1934 zwei Schäfer, mit denen er ein paar Tage lang am Rande des Canyons campte. Ihnen sagte er, dass er dem Escalante River bis zum Colorado folgen wolle. Er belud seine zwei Esel mit Proviant und Büchern, schulterte Staffelei und Leinwand und stieg in die Schlucht hinab. Seitdem gilt Everett Ruess als verschollen. Er war zwanzig, als er für immer in den Canyons verschwand.

Das entgleitende Selbst in der Fremde: Wahn und Psychose

»Was in der Psychose geschieht,
ist wohl die extremste Ausdrucksform eines Menschen.
Es ist wie eine Reise zu sich selbst,
auf der man unterwegs
das Ich verloren hat.«
Anne Rüffer

Wahnerkrankungen und Psychosen sind die verwirrendsten und oft folgenreichsten aller psychischen Störungen. Sie beginnen meist im frühen Erwachsenenalter[781] und treten als Veränderung der inneren und äußeren Wahrnehmung[782], als Störung der Kohärenz[783], als Destruktion der unmittelbaren situativen Erfahrung[784], als Auftauchen

780 ebd., S. 222
781 vgl. dazu Finzen 1993, S. 25
782 Häfner 2005, S. 27
783 Scharfetter 1999b, S. 45
784 Huppertz 2000, S. 206

einer zweiten Wirklichkeit[785] oder als Zusammenbruch des Selbst[786] in Erscheinung. Zu ihren Kennzeichen gehören Veränderungen der Persönlichkeit sowie Tendenzen, soziale Kontakte zu meiden und sich in eine Welt von Halluzinationen und Wahnideen zurückzuziehen. Zentraler Aspekt der psychischen Desorganisation ist der Verlust der Realitätsprüfung: Es geht die Fähigkeit verloren, zwischen der äußeren Welt und der inneren Erfahrung differenzieren zu können. Solch ein Verlust kann unterschiedliche Formen und Ausmaße annehmen: Mancher leidet darunter, wie eine Marionette gelenkt, in Gedanken und Handlungen von außen (z.B. von Geheimdiensten) gesteuert zu werden.[787] Vielleicht meint er auch, er sei selbst der Sprecher, den er gerade im Fernsehen sieht, und müsse wichtige Botschaften verkünden. Oder er starrt ununterbrochen auf eine Teekanne, nimmt diese entgeistert wahr[788], weil er ihre Funktion einfach nicht mehr erfassen kann.

Gerade auf Reisen sind psychische Grenzerfahrungen wahnhafter und psychotischer Art nicht selten: Eine junge Frau schildert, wie das Spazierengehen am unbekannten Ort zum Drahtseilakt werden kann:

> »Hier kann ich gehen. Eine stille, geheimnisvolle Bewegung herrscht auf diesem glatter werdenden Weg. Meine Augen scheinen einen straff gezurrten Lichtblitz vor mir her zu werfen. Wie elektrisiert ziehe ich mich daran entlang. Ich sehe meine Gestalt vor mir wie auf Eis, ich sehe auf meine Füße und darunter, ja, jetzt zeigt es sich mir, dehnt sich ein Meer in der Tiefe, ein weites Gewässer. (...) Da höre ich es zischen unter mir im Nebel. Es zischt aus den Fluten, es klingt nicht mehr so fern, es ist wie mein Lebenssaft, es nebelt mich jetzt gänzlich ein. Ich kann gar nichts mehr sehen, ich muss atmen, ich kann nur so, ich muss weiter. Ich lebe noch, ich muss weiter.«[789]

Ein Betroffener behauptet, er müsse im Schlamm des Meeres leben, und es sei schwer, sich in »irgendeinem Sektor« zu bewegen, weil

---

785 Bäuml 1994, S. 3
786 Milch 2001, S. 227
787 vgl. Alanen 2001, S. 42
788 Wulff 1995
789 Erlenberger 1977, S. 236f.

die »Meridiane« so eng seien, dass er sich kaum umdrehen könne.[790] Ein Reisender erlebt die Auflösung seines Selbst vor allem körperlich und glaubt, er würde das Gesicht des Menschen annehmen, der ihm begegnet. Einer Frau kommt es auf einer Bahnfahrt so vor, als würde der Zug zu heißem Eisen schmelzen und sie selbst würde zerfließen, sich verflüssigen.[791] Sie fühlt ihre Organe verschoben, versteinert und glaubt, ihr Körper sei entblößt, geradezu hautlos:

> »Ich sehe entsetzt auf meine Hände. Sie sind rot und blutig. Muskeln, Sehnen und Knochen liegen frei. Ich sehe an meinem Körper herunter – das Gleiche wie an den Händen. Es gibt nur noch eine rohe Masse Fleisch, ein entstelltes Monstrum. Ich habe keine Haut mehr. Ich habe schreckliche Angst, jemand könnte hereinkommen. Dieser Mensch beträte nicht nur das Zimmer, er stünde direkt in meinem Körper.«[792]

Rainer Maria Rilke beschreibt ähnliche Empfindungen und bringt sie mit Fieberträumen in Verbindung. Im Hotel in Paris wird er – im Moment des Erinnerns – von früheren Erlebnissen heftig überschwemmt:

> »Jetzt war es wieder da, (...) wuchs es aus mir heraus wie eine Geschwulst, wie ein zweiter Kopf, und war Teil von mir, obwohl es doch gar nicht zu mir gehören konnte, weil es so groß war. Es war da, wie ein großes totes Tier, das einmal, als es noch lebte, meine Hand gewesen war oder mein Arm. Und mein Blut ging durch mich durch und durch es, wie durch einen und denselben Körper. Und mein Herz mußte sich sehr anstrengen, um das Blut in das Große zu treiben: es war fast nicht genug Blut da. Und das Blut trat ungern ein in das Große und es kam krank und schlecht zurück. Aber das Große schwoll an und wuchs mir vor das Gesicht wie eine warme bläuliche Beule und wuchs mir vor den Mund, und über meinem letzten Auge war schon der Schatten von seinem Rande.«[793]

---

790 vgl. Alanen 2001, S. 44
791 Benedetti 1986, S. 227
792 Rudolf 2004, S. 26
793 Rilke 1982, S. 60

Begriff und Dynamik des Wahns

Die Psychiatrie versteht den Wahn als »lebensbestimmende und in der Regel unkorrigierbare Überzeugung eines Menschen von sich selbst und seiner Welt.«[794] Wahnerkrankte entwickeln ein verändertes Bewusstsein der Bedeutungen: Ihr Denken und Erleben beeindruckt dadurch, dass sie sich nicht veranlasst sehen, ihre Vorstellungen auf Gültigkeit hin zu überprüfen. Sie wehren alles ab, was ihr Gegenüber an Erfahrungen einbringt, die ihre Annahmen gegenstandslos machen könnten. Die Fähigkeit zur kritischen Reflexion der eigenen Wahrnehmung geht verloren, die wahnhafte Überzeugung bedarf keiner Begründung, keines Beweises, auch die besten Argumente können den Wahn nicht entkräften.[795]

Wahnideen können sich als eigenständige Phänomene zeigen, ohne dass es zu einer ausgeprägten Psychose kommt. Meist ist der Wahn aber als Begleitsymptom bei schizophrenen Psychosen, Depressionen, Demenzerkrankungen und schweren Intoxikationen durch Alkohol oder Drogen zu beobachten. Für wahnhaft erlebende Menschen enthalten z.B. die Nachrichten im Radio oder im Fernsehen sonderbare Botschaften; sie künden von der Aufdeckung ihrer Sünden oder vom Untergang der Menschheit. Was auch in der Welt passiert, Flutkatastrophen, Erdbeben, Attentate: all dies scheint nur dem erkrankten Menschen zu gelten, als sei er das Zentrum des Weltenlaufs: Aus therapeutischer Sicht kann der Eindruck entstehen, als sei dagegen »kein Kraut gewachsen«:

> »Ich erinnere mich noch sehr genau an meinen ersten Patienten. Er lebte in einem ausgeprägten Wahnsystem, das darin bestand, dass er Kontakt zu außerirdischen Mächten habe, die ihm dazu verhelfen würden, zum Herrscher der Sonne und der gesamten Welt aufzusteigen. Dieser Wahn war ihm nicht zu nehmen. Selbst astronomisch dosierte Medikationsversuche waren gescheitert. Mit überlegenem Lächeln nahm er Tabletten, Tropfen oder Spritzen und harrte weiter der Landung der Außerirdischen, die in Kürze seine Weltmacht begründen würden. Sein Wahn war einfach der Realität

794 Rahn u. Mahnkopf 1999, S. 236
795 Peters 1997, S. 572

überlegen. Was hatte ich dem entgegenzusetzen? Da saß ein künftiger Weltherrscher vor mir, und ich wollte ihm einreden, dass er an einer Krankheit leide. Das war geradezu lächerlich.«[796]

Der Wahn kann auf einzelne Sachverhalte (z.B. als hypochondrischer Wahn bezüglich einer Erkrankung), auf einzelne Ideen (z.B. als Eifersuchtswahn) oder auf die ganze Welt (z.B. als Vernichtungswahn) gerichtet sein. Die Themen sind einerseits von individuellen Erfahrungen abhängig, andererseits aber auch zeit- und kulturspezifisch. Im Wahn zeigen sich latente Ängste und Sehnsüchte, die in der jeweiligen Kultur vorherrschend sind. Auf Java beispielsweise erleben die traditionell entrechteten Frauen häufig Formen eines »Ausgewähltheitswahns«, d.h., sie sind von dem Gedanken beseelt, von einer hohen Persönlichkeit – z.B. dem Staatspräsidenten – zur Ehefrau auserkoren zu sein. In den Slums von Kalkutta herrscht eher der Verfolgungswahn vor, während in den Ländern Afrikas im Zuge der Missionierung vermehrt eine Art prophetischer Wahn zu finden ist.[797]

Ludwig Binswanger sieht im Wahn eine Schutzmaßnahme, eine unvermeidbare Lösung in einer existenziellen Krise, die meist nach den Kriterien der Vertrautheit und Unvertrautheit strukturiert ist.[798] Im psychoanalytischen Verständnis stellen Wahnideen und Wahnstimmungen Projektionen eigener Gefühle auf äußere Objekte dar: Der wahnhafte »Weltuntergang ist die Projektion dieser innerlichen Katastrophe«. Der Wahnerkrankte »baut die Welt wieder auf, nicht prächtiger zwar, aber wenigstens so, daß er wieder in ihr leben kann. Er baut sie auf durch die Arbeit seines Wahns. Was wir für die Krankheitsproduktion halten, ist in Wirklichkeit der Heilungsversuch.«[799]

Die neuere Forschung greift diesen Gedanken auf und wendet ihn in folgende Richtung: »Die Bildung des Wahns steht für den verzweifelten Versuch, mit Hilfe konkreter Symbolisation (...) eine Realität zu erhalten und ihr eine Wirklichkeit zu verleihen, die

---

796 Thomashoff 1999, S. 152f.
797 vgl. Machleidt 1999b, S. 109
798 Binswanger 1965
799 Freud 1999, Bd. VIII, S. 307f.

begonnen hat sich aufzulösen.«[800] Dies geschieht in Situationen, die ohne greifbaren Halt sind; sie werden erträglicher, wenn der Patient spürt, dass hinter seiner Ruhelosigkeit ein »System« stecken könnte:

»Mit der umfassenden, wenn auch nur angedeuteten und nicht eindeutig zu machenden Bedrohung ist der Prozess der zunehmenden atmosphärischen Angst gewendet. Der Patient hält sich daran fest, ist davon (...) schwer abzubringen. Er spürt eine Mischung aus Hoffnung, Befürchtung und Gewissheit, dass andere der Situation eine klare Struktur, eine Deutung geben können, die zwar nur eine Bedrohung sein kann, aber wenigstens eine Handlungsorientierung (...) verspricht.«[801]

Versenkung: Ortrud Grön

Geboren **1925** in Berlin – erkrankt **1962** auf einer Reise nach Rom erstmalig an einer affektiven Psychose; unterzieht sich in den Jahren **1969–1975** einer Einzelanalyse – beginnt **1971** mit der Ausbildung zur analytischen Gruppentherapeutin – absolviert **1975–1977** eine Ausbildung in Themenzentrierter Interaktion bei Ruth Cohn – gründet nach dem Tod ihres Mannes **1978** in der Lauterbacher Mühle eine internistisch-kardiologische Klinik für Herz- und Kreislauferkrankungen – veröffentlicht in der Kore Edition **1998** ihre Kenntnisse und Erfahrungen in der Traumdeutung mit dem Buch »Das offene Geheimnis der Träume« – erläutert ihre Arbeit als Traumtherapeutin **2004** in einem Rundfunk-Interview beim Bayrischen Rundfunk – erhält **2005** die Beckmann-Medaille für ihre Verdienste in der Prävention und Rehabilitation von Herz-Kreislauf-Erkrankungen

»In Rom suchten wir (...) eine Bleibe (...). Es wurde ein Kloster, das auch Reisende aufnahm. Ich fühlte mich dort wohl. Man konnte über die Dächer von Rom sehen. Ich wollte zum katholischen Glauben übertreten und nahm Unterricht. Eine der Nonnen war dafür

---

800 vgl. Milch 2001, S. 228
801 Huppertz 1999, S. 210ff.

zuständig. Als ich ihr (...) sagte, daß Gott und der Teufel für mich eins seien, weil ich meine, daß Gott die Versuchung braucht, damit wir selbst erkennen müssen, was Gut und was Böse ist, da ergriff sie vor Entsetzen die Flucht und die Oberin meinte, ich solle das Haus verlassen. Wieder kam mein Mann und kämpfte, bis ich bleiben durfte. (...) Eines Tages bemächtigte sich meiner eine Phantasie: es ging ganz still vor sich, aber so bestimmt, keinen Zweifel zulassend. Ich fühlte, ich sei Maria. Ich war beschämt. Ich hatte keine sichtbare Beziehung zu Größenideen, daher war ich wohl auch Maria in ganz klein. Man könnte beinahe sagen im Armenkleidchen. Aber eben doch Maria. Der Gedanke ergriff ganz und gar Besitz von mir. Und es ging weiter. Andere Phantasien kamen hinzu. Personen, die ich kannte, machte ich zu Christus und seinen Jüngern. (...) Ich ging zum Vatikan. Ich wollte eigentlich Bilder ansehen, da zog mich die Vatikantreppe magisch an. Die Wendeltreppe hat an ihren Wangen Ornamente, die sich durch alle Stockwerke hindurch laufend verändern. Diese Veränderung der Ornamente nahm ich wahr. Sie fingen an, mich zu faszinieren. Ich kam von dem Gedanken nicht mehr los, daß diese Veränderungen gegebenenfalls Hinweise auf eine stufenweise Reifung des Menschen seien. Es waren Pflanzenmotive. Ich glaubte, diese mögliche Bedeutung durch die wechselnden Standorte der Samen zwischen Wurzeln und Früchten der Pflanzen zu sehen. (...) Ein viertel Jahr lang beobachtete ich täglich Varianten dieser Ornamente. Die Wächter hatten sich langsam an mich gewöhnt. Ich war fieberhaft erfüllt von der Entdeckung, daß in dieser Treppe ein Sinn verborgen sein könnte. Sonst führte ich ein karges Leben ohne Kontakt zu Menschen, ohne besondere Empfindungen.
Dann geschah es: In einem Blattornament fiel mir eine Inkonsequenz auf, die sich mit der Idee, die ich verfolgte, nicht vertrug. Der Stellenwert, den ich den Samen verliehen hatte, war nicht mehr zu halten. Da brach eine Welt in mir zusammen. Alles war ein Irrtum. Ich hatte ein viertel Jahr umsonst gesucht. Es war offenbar doch alles anders. Die Ornamentik hatte keine Konsequenz, die mich überzeugen konnte. Ich war ernüchtert. Die Vorstellung, Maria zu sein, wich merklich von mir.«[802]

802 Grön 1996, S. 43 ff.

Ortrud Grön gehört zu jenen seelisch erkrankten Menschen, die eine Episode des Wahns durchleben, die ihr Dasein jedoch nicht gänzlich und nicht dauerhaft beeinträchtigt; ihr Selbst löst sich nicht auf, sie entwickelt keine vollständige Psychose. Ihr veränderter Realitätsbezug ist auf eine abgegrenzte Zeitspanne und auf ein bestimmtes Objekt (die Vatikantreppe mit ihren Ornamenten) beschränkt. Zwar ist ihr Leben in dieser fremden Stadt in der Zeit der Wahnbildung recht karg, ohne soziale Kontakte und ohne besondere Empfindungen. Doch ansonsten kann sie sich in Rom orientieren und angstfrei bewegen. Ihre fieberhafte Suche nach einem verborgenen Sinn beschränkt sich auf den speziellen Ort ihres wahnhaften Erlebens.

Wahnhaft erkrankte Menschen hingegen, die auch Störungen des Denkens, Fühlens und der sozialen Bezogenheit aufweisen, sind von Grund auf verunsichert und prüfen voller Angst die Beziehung zu ihrer Umgebung. Reize und Einflüsse von außen können sie nur schwer ausblenden:

> »Schließlich beginnen sie zu ›hören‹, was die anderen über sie sagen, obwohl sie eigentlich nur ein Gemurmel wahrnehmen. In einem weiteren Schritt beziehen sie die Inhalte aus dem Rundfunk oder dem Fernsehen oder der Zeitung auf sich oder die Gespräche von wildfremden Menschen, die auf der Straße an ihnen vorbeigehen. Alles dies hat Einfluß auf ihr Verhalten. Sie müssen die aufgenommenen Eindrücke in ihr Leben integrieren, versuchen, sie einzuordnen.«[803]

Diese Prozesse sind oft begleitet von unerträglichen Angstzuständen und von Gefühlen der Zersplitterung und der Auflösung. Um dem Chaos nicht ausgeliefert zu sein, sondern eine Ordnung wiederherzustellen, werden Abwehrmaßnahmen z. B. in Form omnipotenter Größenfantasien entwickelt, wodurch sich Erleichterung einstellt:

> »Solche Patienten, die im Zustand der ›Wahnstimmung‹ extreme Angst, verbunden mit Depersonalisationszuständen und einem unbenennbaren Grauen erleben, scheinen wirklich erleichtert zu sein, wenn an die Stelle des diffusen Bedrohungsgefühls festumrissene,

---

803 vgl. Finzen 1993, S. 62

systematisierte Wahnidee treten. Einige dieser Patienten kommen dann in der Tat sichtlich zur Ruhe und fassen wieder Mut, wenn unter der Kontrolle einer psychotischen Organisation Angst und Verfolgungsgefühl auf den Bereich des Wahnsystems beschränkt bleiben.«[804]

So machen Gröns Schilderungen deutlich, wie das Gefühl, einem Auftrag gemäß handeln zu müssen, gegenüber der bedrohlichen Fragmentierung einen geradezu reparativen Charakter erhält: Der Wahn wird zum Selbstheilungsversuch, er dämmt die drohende Auflösung ein, ermöglicht die Entfaltung einer Identität: Als wiedergeborene Maria, die in den Ornamenten der Wendeltreppe eine Botschaft sucht, hat ihre Wahnproduktion die Funktion eines Größenselbst, das die Angst vor der Bedeutungslosigkeit und Auflösung des »wahren Selbst« kompensiert. Was an der Wahnentwicklung hier besonders auffällt, ist die Abwesenheit des Gefühls der Bedrohung. Während psychoseerkrankte Menschen in der Regel die Vernichtung ihrer Person oder der Welt fantasieren, sich von fremden Mächten gesteuert fühlen und Formen der Vernichtung befürchten, bleibt Ortrud Grön ganz bei ihrem Auftrag: der Symbolik der Treppe im Vatikan. Ihr gelingt es, die Situation, in die sie geraten ist, so zu strukturieren, dass sie zu einem subjektiven Sinn gelangt.

»Der Ort, an dem man sich befindet, hat ja nur dann die Eigenschaft einer Ausgangsposition, wenn man sich in seiner Umgebung schon so weit zurechtgefunden hat, dass die Dinge um einen herum in einer bestimmten Weise miteinander zu tun bekommen haben, d. h., wenn sie bereits in eine Situation eingefügt sind.«[805]

Wäre sie tiefer in eine Psychose, also in eine Desintegration ihres Selbst geraten und der Realität noch stärker entglitten, dann wäre sie nicht in der Lage gewesen, sich – so ernsthaft und akribisch, wie sie dies tut – mit den Ornamenten der Wendeltreppe zu beschäftigen. Denn der psychotisch erlebende Mensch ist kaum am heimischen Ort, geschweige denn in der Fremde in der Lage, die kontextuellen Bezüge der Situation und der Dinge um ihn herum

---

804 Steiner 1999, S. 56
805 Wulff 1995, S. 107 f.

zu erfassen, ihnen ohne Angst und paranoide Aufladung zu begegnen. Für ihn »gibt es nichts, was einfach ›da‹ wäre und sonst nichts soll, nichts was weder seine Aufmerksamkeit beansprucht noch sein handelndes Eingreifen, nichts was einfach so bleiben kann, wie es ist.«[806]

Im Unterschied zu Psychosen kann der Erkrankte bei begrenzten wahnhaften Störungen seinen verrückten Zustand eher wieder verlassen, während der psychotisch erlebende Mensch in seiner Entrücktheit gefangen bleibt.[807] Die Psychose ist im Vergleich zur wahnhaften Episode »charakterisiert durch eine weit größere Ausschließlichkeit und Dauer, eine viel ausgeprägtere Aufhebung der normalen Grenzen zwischen Innen und Außen sowie durch das immer stärkere Überhandnehmen einer egozentrisch-autistischen Innenwelt gegenüber der äußeren Realität.«[808]

Begriff und Dynamik der Psychose

Psychosen gehen über Phänomene des Wahnerlebens hinaus. Sie sind als »Verlust der natürlichen Selbstverständlichkeit«[809] bezeichnet worden und stellen den Versuch dar, das gefährdete Selbst vor einer fundamentalen Bedrohung zu schützen. Die normalerweise lösbare Aufgabe, gleichzeitig die eigene Existenz und auch die Beziehung zu anderen aufrechtzuerhalten, verwandelt sich in das Dilemma, entweder im autistischen Rückzug die Beziehung zu anderen oder in der Verschmelzung die eigene Existenz zu opfern[810]. Für psychotisch erkrankte Menschen hat dieser Konflikt zwischen Isolations- und Fusionstendenzen eine ungeheure Brisanz. Ein Kompromiss, eine Integration der widersprüchlichen Impulse ist nicht möglich. Ihr Zusammenprall erzeugt ungeheure Angst und muss um jeden Preis vermieden werden.

---

806 ebd., S. 110
807 Ciompi 1998, S. 290
808 ebd., S. 311
809 Blankenburg 1971
810 vgl. Lempa 1995, S. 18 ff.

Manche ziehen sich im Laufe ihrer Krise mehr und mehr zurück, verlieren den Antrieb, mauern sich ein und lassen niemanden an sich heran. Alle Gefühle, die dieser Haltung widersprechen, etwa Sehnsucht nach Nähe, Geborgenheit und Fürsorge, nehmen sie nicht wahr oder werten sie ab. Manche setzen auf Fusion: Sie klammern sich an, vermeiden jegliche Autonomie und delegieren alle Verantwortung an die Umwelt. Mit der Ausbildung der Symptomatik versucht der psychotisch erkrankte Mensch, die extremen Angstzustände überhaupt auszuhalten. Das ist letztlich nur im Entgleiten in verrückte Welten möglich[811]. Denn als letzter Ausweg, um ein schon immer prekäres Gleichgewicht zu retten, wird in der Psychose der Bezug zur Realität verändert und das Selbst davor geschützt, zum Schauplatz der erwähnten inkompatiblen Tendenzen zu werden.

Befragt man Menschen nach den Erlebnissen im Anfangsstadium ihrer psychotischen Erfahrung, so berichten sie, »dass sie immerzu denken mussten. Sie seien nicht mehr zur Ruhe gekommen, hätten nicht mehr schlafen können.

Die Suche nach Klarheit und Orientierung, ja manchmal nach einer irgendwie umfassenden Wahrheit hätte sie ständig beschäftigt und nicht mehr losgelassen. (...) Die meisten Patienten beschrieben dabei Angst und eine zunehmende, meist bedrückende Entfremdung von ihrer Umgebung.«[812] Es ist ein Ansturm diffuser Assoziationen, der jede Klarheit und Logik der Gedanken raubt oder ganz neue, unfassbare Zusammenhänge herstellt. Was ihnen durch den Kopf geht, scheint ihnen nicht mehr selbst zu gehören. Es kommt ihnen vor, als würden Gedanken von unbekannten Mächten in sie hineinprojiziert, als könnten andere über sie verfügen. Ihre Aufmerksamkeit ist ganz nach innen gekehrt, sie deuten jede kleinste Bemerkung als bedeutungsvolle, vielleicht abwertende Anspielung. Andere Erkrankte wirken im Zuge der auf sie einströmenden Reize ratlos und verstummen, sind kaum noch kontaktfähig. Sie versuchen, der Auflösung dadurch zu entgegnen, dass sie sich abkapseln und alles vermeiden, was den Erlebnissturm noch weiter anheizen

---

811 vgl. Aderholt 1993, S. 59
812 Huppertz 2000, S. 10

könnte.[813] Manche erleben ihre Psychose als »existentielles Scheitern an der Realität.«[814]

Oft prägen angstvolle Handlungen und Gefühle der Entfremdung die akute Phase der psychotischen Krise. Ideen der Beeinflussung durch fremde Mächte gehören neben Wahngedanken und dem Hören von Stimmen zu den deutlichsten Symptomen.[815] Die Erkrankten zeigen keine Spontaneität mehr, sondern haften an stereotypen Gedanken. Es stellen sich formale Denk- und Konzentrationsstörungen und katatone Formen der Erstarrung (Stupor) oder der Bewegungsunruhe ein.[816] Neben psychomotorischen können auch vegetative Unruhezustände und Störungen der Verdauung hinzukommen.[817] Im Verlaufe der Erkrankung kann es zur Entwicklung einer Minus-Symptomatik kommen, die als Antriebslosigkeit, als Verarmung der Sprache und des Gefühlslebens oder als Rückfall in regressive Verhaltensweisen in Erscheinung tritt.[818] Der Verlust des Vertrauens in die Welt führt zum sozialen Rückzug. Doch zuvor erleben diese Menschen eine Odyssee der Ungeheuerlichkeiten:

> »Hinter jedem Stein scheint jemand zu lauern, jedes Getuschel hat seine Bedeutung. Jeder Buchstabe ist ein Zeichen. Schließlich gibt es nichts mehr ohne Bezug auf einen selbst. Es gelingt nicht mehr, sich abzugrenzen. Wenn sich Mitreisende im Zug unterhalten, wenn das Bild im Fernseher gestört ist, wenn auf der Straße ein Auto entgegenkommt, gelingt es nicht mehr, sich durch reflektorische Überprüfung davon zu überzeugen: Dies hat nichts mit mir zu tun. Im Gegenteil, in der beginnenden Psychose wähnt der Betroffene, daß sich vieles, am Ende alles auf ihn bezieht.«[819]

Am Beispiel Strindbergs wird zu zeigen sein, wie diese Dynamik der Verstrickung – vor dem Hintergrund des Scheiterns seiner Ehe, der Trennung und der Suche nach einem Ort der Selbstfindung –

---

813 Bäuml 1994, S. 39
814 vgl. Koch u. Kessler 1998c, S. 40
815 ebd., S. 14
816 Falkai 2003, S. 31
817 Bartholomew-Günther 1994, S. 244 ff.
818 Machleidt 1999b, S. 94 ff.
819 Finzen 1993, S. 116

nicht nur ins Unheimliche und Wahnhafte abgleitet, sondern in einen Zustand mündet, den man als psychotische Erlebnisweise bezeichnen muss.

Verfolgung: August Strindberg

Geboren **1849** in Stockholm als viertes von elf Kindern eines Kolonialwarenhändlers und einer Magd – **1862** Tod der Mutter – **1869** erste Reise (nach Kopenhagen) – **1875** Bekanntschaft mit seiner späteren Ehefrau Siri von Essen – **1877** Reise nach Paris; Heirat – **1878** Tod des Kindes bald nach der Geburt – **1879** erster Erfolg als Schriftsteller mit dem Roman »Das rote Zimmer« – **1883** Tod des Vaters, Aufenthalt in Paris – **1884** Reisen in die Schweiz und nach Italien – **1885** Veröffentlichung der Erfahrungen »Unter französischen Bauern« – **1886** autobiografische Skizze: »Der Sohn einer Magd«; Aufenthalt am Vierwaldstätter See – **1887** Reise nach Wien – **1888** in Dänemark: Arbeit an dem Bericht »Plädoyer eines Irren« – **1889** das Stück »Fräulein Julie« erscheint – **1892** Scheidung der Ehe; Begegnungen in Friedrichshagen mit Otto Brahm, Max Dauthendey und Richard Dehmel – **1893** Heirat mit Frida Uhl auf Helgoland; Reisen nach London, Rügen, Berlin, Brünn – **1894** längerer Aufenthalt in Paris – **1895** Scheidung der zweiten Ehe – **1896** mehrere Monate im Hotel Orfilia in Paris; die Schrift »Inferno« entsteht – **1898** Rückkehr nach Schweden; »Nach Damaskus« – **1900** »Totentanz« – **1901** dritte Ehe (mit Harriet Bosse); Arbeit an dem »Traumspiel« – **1904** Scheidung der dritten Ehe – **1907** »Gespenstersonate« – **1912** gestorben in Stockholm

Die Analyse autobiografischer Texte August Strindbergs (hier sind vor allem die »Erinnerungen und Briefe«[820] sowie die Schriften »Plädoyer eines Irren«[821], »Inferno«[822] und »Verwirrte Sinneseindrücke«[823] berücksichtigt) zeigt, dass dieser Autor in besonderem

---

820 Strindberg 1924
821 Strindberg 1981
822 Strindberg 1916
823 Strindberg 1998

Maße dazu in der Lage war, äußere Erlebnisse mit inneren Seelenzuständen in Verbindung zu bringen und die damit verbundenen psychischen Prozessen sehr genau zu beschreiben:
Von einem krisenhaften Zustand berichtet August Strindberg in der autobiografischen Skizze »Plädoyer eines Irren«: Gerade hat er eine intensive Begegnung mit seiner späteren Ehefrau Siri von Essen erlebt, da muss Strindberg eine zehntägige Reise von Stockholm nach Le Havre antreten. Sobald er das Schiff betritt, überfällt ihn ein Zustand massiver Unruhe:

> »Das entzündete Gehirn arbeitete mit Hochdruck; jede Minute brachte Tausende von Ideen hervor; die verdrängten Erinnerungen stiegen wieder auf. Je weiter das Schiff auf die offene See hinauskam, desto größer wurde meine innere Spannung; es kam mir vor, als wäre die Nabelschnur, die mich mit der Heimat, dem Vaterland, der Familie und ihr verband, zum Zerreißen gespannt. Auf den unruhigen Wogen zwischen Himmel und Erde schaukelnd, meinte ich, den Boden unter den Füßen zu verlieren, verlassen zu sein, und die Einsamkeit gab mir eine unbestimmte Furcht (...). Für Eindrücke empfänglich wie ein zu früh geborenes Kind, dessen entblößte Nerven auf die gegerbte Haut warten, noch blutend, enthäutet wie ein Krebs in der Zeit des Schalenwechsels, (...), streunte ich auf dem Schiff umher, um mit irgendeiner stärkeren Seele als meiner Kontakt zu bekommen, eine kräftige Hand zu finden, die ich drücken konnte, die Wärme eines menschlichen Körpers, lebensspendende Strahlen aus einem freundlichen Auge (...).«[824]

Der Schmerz der Trennung wird hier beantwortet mit dem Wunsch nach starker Bindung – fast scheint Strindberg in einen Zustand frühkindlicher Hilflosigkeit und dissoziativer Verstörung zu geraten: die innere Spannung steigt, die Körperkontrolle sinkt, die Wahrnehmung des Außen wird diffus, das Bedürfnis nach Halt und Schutz lässt den Reisenden umherstreunen wie ein verlorenes Kind. Die Dramatik des Strindberg'schen Erlebens und Schreibens liegt aber gerade darin begründet, dass diesem massiven Bindungswunsch ein ebenso großes Autonomiebedürfnis gegenübersteht. Wann immer er sich eingeengt und kontrolliert fühlt, muss er auf

824 Strindberg 1981, S. 105

Reisen gehen. Er bricht immer dann auf, wenn er realisieren muss, dass eine Beziehung zu scheitern droht, weil er es nicht an ihrer Seite oder sie es nicht an seiner Seite aushielt. Besonders die Trennung von seiner zweiten Ehefrau, der österreichischen Journalistin Frida Uhl, die er in Berlin kennengelernt und auf Helgoland geheiratet hatte[825], führte bei Strindberg zu einer rastlosen Odyssee durch Europa.[826] Was als Verzauberung und erotische Verbundenheit begann, wandelte sich rasch zur Furcht, umstrickt und eingeschnürt zu werden und sein Selbst zu verlieren.

Zunächst scheinen die Jungvermählten auf Helgoland ›ein Herz und eine Seele‹ zu sein: »Der gleiche Geschmack«, schreibt Strindberg, »die gleichen Gewohnheiten, die gleichen Eigenheiten, (...) wie zwei Stücke des gleichen Metalls.«[827] Doch nach wenigen Wochen glaubt er, in seiner Ehefrau nichts als »Kälte, Bosheit, Tücke und Schadenfreude«[828] zu sehen und empfindet sie als seinen bösesten Feind. Im letzten Moment versöhnt er sich doch wieder mit ihr und gesteht: »Ich weiß, daß ich niemals gegen jemanden so bösartig gewesen bin, ohne daß ich einen Grund dafür sagen könnte.«[829] Das Ehepaar reist nach London, doch dort wiederholen sich ähnliche Szenen. Strindberg verlässt seine Frau und reist nach Hamburg. Das Getrenntsein stabilisiert ihn jedoch nicht, im Gegenteil: Paranoide Gedanken machen sich breit, er fühlt sich wie gelähmt und gleichzeitig verfolgt: »ohnmächtig und in dauernder Raserei gegen einen Unsichtbaren, der ihm anscheinend übelwollte.«[830] Als ihm das Geld ausgeht, reist er weiter zu Freunden nach Rügen, wo er noch tiefer in den Abgrund gerät: »Niemals festen Grund finden, das ist die Hölle.«[831]

Auf Rügen hält er es nicht lange aus, korrespondiert mit seiner Frau, um sie in Berlin wiederzutreffen. So gelangt er nach Pankow; der

---

825 vgl. Koepke 1983, S. 28 ff.

826 Im Kreis der Friedrichshagener Künstler galt Strindberg nach Aussage des Schriftstellers Richard Dehmel als »furchtbar unrastiger Wandermensch«. Zit. n. Bernhardt 1999, S. 95

827 Strindberg, zit. n. Koepke 1983, S. 31

828 ebd.

829 ebd.

830 ebd.

831 ebd.

Ort beherbergt zu dieser Zeit ein großes »Irrenasyl«. Strindberg hat Angst, das »kranke Fluidum der Irren«[832] könnte in ihn eindringen, er könnte den Verstand verlieren. Endlich trifft er mit Frida Uhl zusammen, die beiden reisen weiter nach Österreich, bewohnen dort ein »Häuschen aus Feldstein« und erleben ein »vollkommenes Idyll.«[833] Nicht lange nach der Geburt der Tochter Kerstin im Mai 1894 wird die Harmonie wieder erschüttert, es kommt zur erneuten Trennung, da er meint, sich in Gegenwart seiner Frau – er nennt sie jetzt »meine schöne Gefangenenwärterin, die Tag und Nacht meine Seele belauert, meine geheimsten Gedanken ahnt«[834] – nicht entfalten zu können. Er spielt mit dem Gedanken, in seine schwedische Heimat zurückzukehren und dort auf einem Leuchtturm Dienst zu tun. Doch dann entscheidet er sich für Paris. (Seine Frau wird später nachreisen und versuchen, ihn umzustimmen; als sie jedoch durch eine Erkrankung Kerstins wieder abreisen muss, trennen sich die beiden »mit einem flüchtigen Kuss« auf offener Straße. Sie werden sich nie wiedersehen.[835])

In Paris wohnt Strindberg zunächst in einer leerstehenden Villa in Versailles. Als er eines Tages das dortige Schloss besuchen will, muss er erleben, wie seine Beine den Dienst verweigern; er hat das Gefühl, von unsichtbaren Kräften zurückgehalten zu werden, als wolle ihn jemand daran hindern, diesen Besuch tatsächlich auszuführen.[836] In der Villa versucht er, die Trennung zu verarbeiten, seine persönlichen und beruflichen Bezüge neu zu sortieren. Er beginnt zu malen und träumt davon, auf diesem Gebiet endlich Bedeutung zu erlangen.[837] Gleichzeitig beschäftigt er sich mit chemischen Experimenten und glaubt, kurz vor der Lösung entscheidender Forschungsfragen zu stehen – vielleicht sogar die herrschende Chemie zu stürzen und schon bald unsterblichen Ruhm zu genießen.[838] Sozial gelingt es ihm hingegen in dieser Zeit nicht,

---

832 ebd., S. 32
833 ebd., S. 33
834 zit. n. Fritz 1990, S. 110
835 vgl. Koepke 1983, S. 34
836 vgl. Olsson 2003, S. 138
837 vgl. Bernhard 1999, S. 103
838 vgl. ebd., S. 104

neue Bindungen zu knüpfen. Er sondert sich ab, schließt sich ein und vereinsamt immer mehr. Wenn er einmal eingeladen wird, dann brüskiert er seine Gastgeber durch eigentümliches Verhalten. Mit früheren Freunden und Bekannten ist er inzwischen ausnahmslos zerstritten.

Schließlich verlässt er die Villa und zieht von Hotelzimmer zu Hotelzimmer. In dieser Phase der Isolation erlebt er die »unerhörte Ausdehnung« seiner Sinne, glaubt sich »im Besitz grenzenloser Kräfte, und der Hochmut flößte mir die tolle Idee ein, zu versuchen, ob ich ein Wunder tun könnte.«[839] Er probt magische Fähigkeiten an dem Porträt eines Kindes aus, um dieses von einer Krankheit zu heilen, sieht eines Tages jedoch auf seinem Mikroskop zwei winzige Alabasterhände – für ihn das sichere Zeichen, dass das Kind gestorben sei. Nach diesem Misserfolg schlägt sein »Hochmut« ins Wahnhafte um. Auf den Straßen, in Hotels und Geschäften empfindet er »eine geheime Feindseligkeit«. Überall nimmt er »versteckte Blicke« und »tückische Worte« wahr – für ihn sind es Zeichen, die den bevorstehenden Untergang verkünden.[840] Als sich seine wahnhaften Ahnungen immer mehr verdichten, muss er in Panik sein Hotel verlassen, ohne auch nur noch einen Koffer packen zu können. Er mietet sich in einem Pensionat für studierende Katholiken ein. Für einen Moment scheint die klosterartige Anlage und die Atmosphäre der Abgeschiedenheit seine Psyche zu beruhigen.[841]

Doch bei seinen Gängen durch die Stadt treten bald wieder zahlreiche Irritationen auf. Er fühlt den Boden unter seinen Füßen schwanken: »Heute morgen setzte sich die Bewegung bis in den Hof der Tuilerien und die Opernstraße fort.«[842] Er sieht »fliegendes Feuer, das vor dem Gesicht sich herabzulassen scheint«[843], betrachtet Wolkenbilder am Himmel und sieht darin »seltsame ungeheuerliche Formen, die meine Verzweiflung vermehren«[844], schaut am Bahnhof einer Frau nach, die einen Wartesaal betritt, aus dem es

---

839 Koepke 1983, S. 34
840 vgl. Schütze 1997, S. 100f.
841 vgl. Jaspers 1949, S. 59
842 Strindberg 1916, S. 75
843 ebd., S. 193
844 ebd., S. 106

keinen zweiten Ausgang gibt, und doch plötzlich verschwunden ist.[845] Die Luft empfindet er als viel zu dick und vergiftet[846] und auch das Essen wird ihm zur Qual, denn alle Gerichte flößen ihm Ekel ein, als ob sie ebenfalls vergiftet wären.[847] Akustische Halluzinationen rauben ihm jegliche Konzentration: »Sobald ich in ein Hotel eingezogen bin, bricht ein Lärm los: Schritte schleppen und Möbel werden gerückt.«[848] Ständig muss er »Tanzschritte« oder »ein Poltern über dem Kopf« ertragen und hat das Gefühl, dass »eine unsichtbare Tatze an der Papierbekleidung der Decke gerade über meinem Kopf kratzt.«[849]

Am bedrohlichsten sind für ihn die Körperempfindungen: »Ein elektrischer Strom sucht mein Herz, die Lungen hören auf zu arbeiten, ich muß aufstehen, wenn ich dem Tode entgehen will.«[850] Als würde sich ein »elektrischer Gürtel« um ihn schlingen, ein »galvanischer Stoß« ihn treffen »gleich einem Donnerschlag, ohne mich zu töten.«[851] Aus Angst vor der Vernichtung muss er von Hotel zu Hotel fliehen.[852] Doch wo er auch hingeht, stets hat er das Gefühl, fremde Mächte würden sich mit ihm beschäftigen; doch er kann sie nicht fassen, findet keine Beweise: »Es ist seltsam, daß nie jemand da ist, wenn man mich angreift. Immer diese Alibis: es ist also ein Komplott, an dem alle teilnehmen.«[853] Jeden Moment erwartet er den Ausbruch einer Katastrophe, doch er findet keinen Ort, der ihn schützen könnte: »Nervös wie ein Pferd beim Nahen der Wölfe wittre ich die Gefahr, packe meine Koffer zur Flucht, ohne mich indessen rühren zu können.«[854]

Fluchtartig verlässt er Paris und wendet sich an Freunde in Dieppe: Auch dieser Wechsel verschafft keine Entlastung: Nachts hat er wie-

845 ebd., S. 237
846 ebd., S. 149
847 ebd., S. 348
848 ebd., S. 185
849 ebd., S. 227 ff.
850 ebd., S. 161
851 ebd., S. 322
852 ebd., S. 186
853 ebd., S. 111
854 ebd., S. 80

der das Gefühl, ein »elektrisches Fluidum« würde in ihn dringen, an seinem Herzen saugen, ihn ersticken:

> »Ich stürze die Treppe hinunter, um den Salon im Erdgeschoss zu erreichen, wo man mir für den Fall der Not ein provisorisches Bett bereitet hat. Da liege ich fünf Minuten und denke nach. Ist es strahlende Elektrizität? (...) In einem endlosen Labyrinth verirrt, zwinge ich mich, einzuschlafen; da aber greift mich eine neue Entladung an, gleich einem Zyklon, reißt mich aus dem Bett, und die Jagd beginnt wieder. Ich ducke mich hinter die Wand, ich lege mich unter das Gesims der Türen, vor die Kamine, überall finden mich die Furien. Die Seelenangst nimmt überhand, der panische Schrecken vor allem und nichts ergreift mich so, daß ich von Zimmer zu Zimmer fliehe; schließlich flüchte ich mich auf den Balkon, wo ich mich zusammenkauere.«[855]

Als weitere »Nächte des Grauens«[856] folgen, reist er weiter nach Berlin, dann nach Österreich. Doch die Berge unterstreichen das Gefühl der Bedrohung für ihn, er fühlt sich als Höllenwanderer. So wendet er sich wieder seiner skandinavischen Heimat zu. Bei einem Zwischenaufenthalt in Kopenhagen trifft er den Schriftsteller Georg Brandes, der entgeistert ist von den »mystischen Verrücktheiten« [857], die Strindberg präsentiert. Erst mit der Rückkehr nach Schweden nehmen die halluzinatorischen und wahnhaften Symptome ab. Strindberg vertieft sich in das Studium der Literatur und der Philosophie, liest Balzac und vor allem Swedenborg, dessen Textpassagen über die Hölle es ihm angetan haben: »Der Realismus seiner Schilderungen zermalmt mich. Alles findet sich darin wieder, alle meine Beobachtungen, meine Eindrücke, meine Gedanken.«[858] Ihm ist, als hätte er endlich die adäquate Beschreibung für seine »innere Landschaft« gefunden.

Zwar fühlt er nach den wahnhaften Turbulenzen eine gewisse »Verödung«[859] in sich, aber es bestärkt sich sein Eindruck, Worte finden zu können für jenes Empfinden, dass ihn über viele Wochen und

---

855 ebd., S. 102 ff.
856 vgl. Schütze 1997, S. 101
857 ebd.
858 Strindberg 1916, S. 140
859 ebd., S. 191

Monate in Paris ergriffen hatte. Und so macht er sich – trotz einiger Rückfälle in den Verfolgungswahn – zwei Jahre später daran, die Etappen seiner psychotischen Erkrankung zu rekonstruieren. Beeindruckend daran ist, dass Strindberg die Dynamik des Wahns einerseits in ihrer vollen Dramatik durchlebt, aber gleichzeitig – oder spätestens im Augenblick der Niederschrift seiner Aufzeichnungen – durchschaut. Er weiß, dass er in den Tagen und Wochen in Paris jedes Unbehagen, jeden körperlichen Schmerz, jede Schlaflosigkeit als Tortur empfunden und einer fremden Macht zugesprochen hat. Er lässt erkennen, dass diese »pathologische Überhöhung«[860] ein durchlebter Zustand, ein »Inferno« ist, das er inzwischen überstanden hat; und dennoch gelingt es ihm, die verschobene und verzerrte Wahrnehmung des wahnhaften Erlebens so zu rekonstruieren, als sei er noch mitten drin.

Die Texte Strindbergs zeigen, wie Wahn und Psychose zu einer Befremdung in und von der Welt führen – an einem Ort zumal, der nichts an Vertrautheit und Sicherheit bieten kann. Ohne Verankerung in sozialen Bezügen, ohne Verbundenheit zu Menschen oder Gruppen bzw. zu der fremden Stadt scheint auch die körperliche Grenze aufgelöst zu sein: Alles dringt in ihn ein, Geräusche, Gerüche, Ideen der Verfolgung und Verschwörung. Es stellen sich Gefühle des Selbstverlustes ein, wobei Strindberg nicht realisiert, dass sich die Veränderungen in ihm abspielen – er geht davon aus, dass sich die äußere Welt verändert hat. Seine Erregung beantwortet er entweder mit einer Flucht nach vorn oder einem Verkriechen in sich selbst. Er sucht etwas, das er nicht finden kann und doch unbedingt finden muss, um eine Antwort zu haben auf die – von ihm ja durchaus wahrgenommene – Veränderung seines Erlebens. Und doch verliert er sich in seiner Suche immer mehr, wird schließlich völlig konfus.[861]

Wie Strindberg vergraben sich viele Erkrankte während akuter Psychosen in ihre eigene Welt und definieren alle Beziehungen im Sinne ihres Entfremdungs- und Bedrohungsgefühls. Resultat dieses Prozesses ist ein zunehmender Verlust der Freiheit gegen-

---

860 Schütze 1997, S. 101

861 vgl. Arieti 1986, S. 56

über der Welt: Im Falle Strindbergs kommt es zu Konflikten mit Hotelgästen und -angestellten, mit ehemaligen Bekannten und Künstlerkollegen. Sein psychotisches Erleben bedrängt ihn seelisch und auch körperlich und drängt ihn gleichzeitig aus der Welt heraus. Seine Fähigkeit, die Welt zu verstehen, ihren sachlichen Zusammenhängen zu folgen und daraus einen Spielraum zur Gestaltung des eigenen Lebens zu entwickeln, geht verloren: »Seine Offenheit für die Verweisungen der Dinge und ihre Möglichkeiten schwindet, und er ist nicht mehr in der Lage, sich gegenüber einer stets neuen Komplexität der Welt zu behaupten und sein Verhältnis zur Welt jeweils neu zu bestimmen.«[862]
Das Selbst Strindbergs hat die Regulationsfunktion in der Gestaltung der Beziehung zur Welt verloren, es ist den beängstigenden Prozessen der Auflösung ausgeliefert. Worte können ihn nicht beruhigen, sie werden als eindringende Stimmen, als bedrohliche Geräusche missverstanden; aus freundlich blickenden Augen werden verfolgende Augen, aus Düften werden Gerüche von Gift und Tod. In dieser Phase meidet er jeden engeren Kontakt zu anderen Menschen, da Nähe nicht Sicherheit und Geborgenheit gewährt, sondern Bedrohung bedeutet: Strindberg fühlt sich – im Hotel besonders – von anderen Menschen, deren Präsenz er durch jede Wand hindurch genau zu spüren scheint, angegriffen und muss jeden Nahkontakt meiden.[863] Täglich geht er hinaus, um sich neu zu (er-) finden.

Wahn und Psychose in weiteren Reisetexten

Von Birgit Schindler[864] liegt genau zu dieser emsigen Suche nach Orientierung und Klarheit während einer ersten psychotischen Erkrankung ein Erfahrungsbericht vor: Nach dem erfolgreichen Abschluss ihrer Promotion und ihres Staatsexamens als Lehrerin benötigt die Autorin Ruhe und Entspannung. Sie verreist, um nach

862 Huppertz 2000, S. 49
863 vgl. Bartholomew-Günther 1994, S. 248
864 Schindler 1999, S. 33f.

der dauernden Arbeitsbelastung und weitgehenden Fremdbestimmung wieder sie selbst zu sein:

> »Aber dann kam die Psychose. Mitten im Sommer, in der stillen, ereignisarmen Zeit nach den abgeschlossenen Prüfungen überfiel sie mich. Ein Sommer größter Einsamkeit. Ein Urlaub in der Toskana. Emsiges, gründliches Studieren eines Buches über Tarotkarten. Kleine Dinge überbewerten, so die Bedeutung ›heilender Steine‹ als Pulsoren, die bewohnte Räume von negativen Energiefeldern ›entstören‹. Das Irresein steigerte sich. Nach der Reise schrieb ich nur noch Tagebuch und versenkte mich mehr und mehr in die Symbolik des Manuskripts. Ich kleidete mich wie eine Zigeunerin und fuhr in die Stadt meiner Eltern mit der Absicht, mein Elternhaus zu ›entstören‹. Ich errichtete Scheiterhaufen aus Papiermüll, versteckte Gegenstände. Licht und Farben sah ich (...) verzerrt und grau, im Mund hatte ich einen metallischen Geschmack.«[865]

Zu allen Zeiten hat es Reisen in Räume der Innerlichkeit und der Gesellschaftsferne gegeben.[866] Häufig sind es religiös motivierte Reisen der Besinnung, klösterliche Rückzüge und Pilgerfahrten an kontemplative Stätten der Einsamkeit. Reisen dieser Art können manchmal als Aufkündigung der sozialen Bezüge verstanden werden, nicht selten sind die Wünsche nach Abgeschiedenheit »Vorboten der Melancholie«[867]. »Freiheit und Einsamkeit« – für die Schriftstellerin Gertrud auf dem Garten, die sich mit wahnhaften und psychotischen Entgleisungen auskennt, sind das »zwei Begriffe, bei denen man darum kämpfen muss, dass sie nicht identisch werden.«[868] Meist dienen solche eremitischen Rückzüge nicht der Erkundung der äußeren, sondern der inneren Fremde. Auch hier wird die Toskana nicht wirklich erkundet, nicht um ihrer selbst willen aufgesucht (die Landschaft mit ihren Sehenswürdigkeiten, Städten und Dörfern und vor allem mit ihren Menschen taucht in Birgit Schindlers Reiseerfahrung gar nicht auf), sie dient lediglich als »Lieferant realer Versatzstücke für die Erstellung eines

---

865 ebd.

866 vgl. Fritz 1990, S. 89ff.

867 ebd., S. 90

868 auf dem Garten 1995, S. 171

eigenständigen Innenraumes, der als Projektionsfläche seelischer Zustände fungiert.«[869]

Mit der Zunahme an Kontemplation und Isolation steigt die Arbeit der Imagination. Birgit Schindler tritt ihre Reise als Belohnung für die Anstrengung vergangener Monate an. Endlich frei von allen Verpflichtungen sucht sie einen Ort der Innerlichkeit, der Selbstbegegnung in der Fremde. Doch dann fällt sie in dieser »stillen, ereignisarmen Zeit« und in der unvertrauten Umgebung in die Bodenlosigkeit, verliert gerade das, wonach sie zu suchen sich aufmacht: ihr Selbst. Der Umgang mit Tarotkarten und heilenden Steinen ist beispielhaft für jene Arbeit der Imagination, die mit dem Zuwachs an Einsamkeit einhergeht und sich steigern kann bis hin zu einer »sich selbst induzierenden hochaffektiven Semantik des Gefühls.«[870]

Warum passiert das jemandem, der jahrelang alle Schwierigkeiten des Lebens und alle intellektuellen Anforderungen gemeistert hat, der kognitiv und sozial gefestigt, arbeits- und beziehungsfähig schien? Der Textauszug gibt darüber nicht Auskunft. Aber er deutet an, dass es für die Autorin über Jahre selbstverständlich schien, sich den Aufgaben der Ausbildung, des Wissenschaftsbetriebes, der Rolle als Lehrerin gewachsen zu zeigen. In dem Moment aber, in dem der Gang in die Fremde von dem Wunsch beseelt ist, die Erfahrungen der letzten Monate zu reflektieren, wenn möglich zu integrieren und wieder eine Beziehung zu sich selbst – die in den zurückgelegten Phasen der starken Belastung deutlich zu kurz gekommen ist – herzustellen und sich der Frage nach der zukünftigen Existenz zuzuwenden, bricht ein Übermaß an Affekt und Anspannung über sie herein. Und der Prozess der wahnhaften Verstörung nimmt bei ihr noch zu:

> »Die zweite Phase der Psychose kam als Depression, ohne daß sich das Irresein ganz verlor. Ich konnte nicht mehr sinnerschließend denken. Ich konnte nicht mehr sinnerschließend lesen. Die Deutschkurse, die ich halten sollte, scheiterten. Zugleich lief die Bewerbung für eine hochdotierte Stelle. Statt mich vorzubereiten, sammelte

---

869 Fritz 1990, S. 97

870 ebd., S. 100

ich im Park Kastanien. Ich kaufte nicht mehr ein, ich kochte nicht mehr. Ging ich noch einmal mit einem Bekannten aus, hielt ich nur dessen Hand. Ich brach vollends zusammen.«[871]

Die Schilderung von Birgit Schindler macht deutlich, dass eine Psychose verschiedene Stadien durchläuft: Die Symptome des ersten Regressionsstadiums lassen sich verstehen als »das Verhalten eines Menschen in einer fremden Umgebung, (...) in der er unter ständiger Anspannung steht und jeweils entscheiden muss, ob die Umwelt ihm freundlich oder feindlich gesinnt ist. Er zieht rastlos umher, um einen geschützten, sicheren Ort zu finden.«[872]

Diese Suche stünde eigentlich immer, so Bartholomew-Günther[873], in Zusammenhang mit einem realen Ereignis, das von besonderer psychodynamischer Relevanz ist. Dies könnte im geschilderten Fall auch die Erschöpfung nach einer Prüfung bzw. der Eintritt in eine neue Lebenssituation sein. Angst und Unsicherheit in Bezug auf die anstehende Neuorientierung, eine innere Getriebenheit, die sich in Konzentrations- und Schlafstörungen zeigt, sind erste Hinweise auf die enorme psychische Arbeit, die gerade geleistet werden muss, um das Selbst neu zu fassen. Gelingt dies nicht, so folgen Momente der Depersonalisation und der Derealisation. Sie steigern sich zu paranoiden Erlebnisweisen, wenn die Verzweiflung anhält und destruktive Potenziale aktiviert: »Die Realisierung kann meist dadurch verhütet werden, daß der Abwehrmechanismus der Projektion die eigene Destruktivität als Verfolgungserleben und Bedrohtwerden kanalisiert.« Setzt die auslösende Situation und die psychische Disposition eher Ängste vor innerer Auflösung, vor völliger Beziehungs- und Bedeutungslosigkeit frei, so kann sie auch Symptome eines besonderen Sendungsauftrags annehmen, sich in einen Größen- und Beziehungswahn verwandeln. Über solche Verfolgungsängste und Größenfantasien schreibt Peter Mannsdorff in »Von der Zukunft umzingelt«[874]:

Erste Anzeichen einer Krise mit psychotischen Zügen erlebt der

---

871 Schindler 1999, S. 34
872 Bartholomew-Günther 1994, S. 246
873 Bartholomew-Günther 1999, S. 204–209
874 Mannsdorff 1994

Autor auf einer Reise nach Österreich: Massive Ängste (»Die wollen mich loswerden!«) breiten sich in ihm aus, dramatisch erlebt er den Verlust an Beziehungsfähigkeit und Authentizität. Freunde wollen ihn zum Nervenarzt bringen, doch seine Antwort ist kategorisch: »Psychiatrie? Nein, ohne mich. Ich bin kein Irrer, kein Schwachsinniger, kein Geisteskranker. Ich bekomme mein Leben auch so wieder in den Griff.«[875] Wenige Tage später sind seine Wahnideen verschwunden, an ihre Stelle ist eine Depression getreten, eine Versteinerung. Voller Verzweiflung fleht er: »Ach, wenn ich doch nur einen Wunsch frei hätte! Wieder leben zu können. Ich blute innerlich.«[876] In zunehmender Hoffnungslosigkeit versucht er mit Wodka und Schlaftabletten, in einer Garage mit einem Schlauch vom Auspuff ins Wageninnere und zuletzt durch Aufritzen des Handgelenks seiner depressiven Verfassung ein Ende zu bereiten. Auf die Suizidversuche reagiert sein Vater zunächst mit verstärkter Zuwendung, dann aber – immer hilfloser werdend – mit den Worten: »Dann mach es doch, wenn du unbedingt willst! Es ist dein Leben.«[877]

Allmählich löst sich die Verzweiflung, Mannsdorff hat die Talsohle durchschritten und sieht Licht am Horizont. Er findet eine neue Wohnung und stürzt sich in die Arbeit. Eine Weile scheint er Boden unter den Füßen zu haben, bis das Staatsexamen naht und zu einer unlösbaren Aufgabe zu werden droht. Da zieht es ihn wieder in die Fremde, er packt ein paar Sachen: »Abhauen. Neu anfangen, am liebsten für immer in Frankreich bleiben.«[878] Getrieben ist er auch von der Hoffnung, dort die Frau wiederzufinden, in die er sich bei einem Aufenthalt zuvor verliebt hatte. Tatsächlich gelingt es ihm, die Beziehung zu ›Claudine‹ neu aufzunehmen. Mit ihr zieht er von Ort zu Ort, die beiden machen Musik, schlagen sich durch, bis Mannsdorff jeden verdienten Franc in die Musikbox wirft, um sein Lieblingslied zu hören: »›Idées noires‹ – ›schwarze Gedanken‹: Kahler Flur, eine Tür, ein Bett. Es ist dunkle Nacht.

---

875 ebd., S. 79
876 ebd., S. 130
877 ebd., S. 132
878 ebd., S. 138

Irgendein Platz, wo ich schlafen kann ...«[879] Doch die ersehnte Ruhe findet er nicht, wird von seiner Freundin immer wieder gekränkt und betrogen, fühlt sich missachtet oder gar verachtet. Seine Psyche antwortet darauf nicht mit Niedergeschlagenheit, sondern mit wahnhaften Ideen:

> »Ich bin der Messias! Ich bin der glücklichste Mensch (...). Wenn die Gesellschaft gestürzt ist, werden sich alle Liebenden wiederfinden. (...) Ich bin tollwütig, tollwütig vor Liebe. Ihr Lächeln, ihr fröhliches Lachen, ihre blauen Augen, ihr Leberfleck auf der rechten Brust, ihr magisches Dreieck, ich will dies alles für mich. Keiner darf sie ansprechen, ohne zu wissen, daß sie mir gehört, daß ich ihr Befreier bin.«[880]

Von der Hoffnung beseelt, Claudine für sich gewinnen zu können und sich ihrer Liebe würdig zu erweisen, verwandelt er seine Unsicherheit und Verletzung in Größenfantasie. Nach heftigen Auseinandersetzungen packt er eines Nachts seine Sachen:

> »Abhauen, egal wohin! Aber das Geld! Du hast nicht mehr viel Geld. Du kennst hier keine Leute. Wo willst du bleiben? (...) Gott gelingt alles. Gott ist allmächtig. Ich werde das Paradies auf Erden errichten.«[881]

Doch sein inneres Gleichgewicht stellt sich nicht wieder ein. In völligem Selbstbezug glaubt er, die Lieder aus dem Radio seien nur an ihn gerichtet. Selbst greift er zu Stift und Papier, beschreibt unzählige Blätter randvoll, zieht sich aus und steigt in den Fluss, schwimmt irgendwann beglückt zurück. In der zweiten schlaflosen Nacht schreibt er Gedicht um Gedicht, findet das Geschriebene genial, sieht sich schon weltweit gedruckt.[882]

Als er am dritten Tag keine Ruhe und in der Nacht wieder keinen Schlaf findet, setzt er sich ins Auto und fährt im Mondschein herum. Ein Tramper, den er mitnimmt, ist irritiert von seinen Ideen und Wortkaskaden und erhält zum Abschied die Aufforderung: »Salut camerade, schalt mal morgen den Fernseher an!«[883] Ganz

879 ebd.
880 ebd., S. 150
881 ebd., S. 155
882 vgl. ebd., S. 159
883 ebd., S. 163

entrückt steuert Mannsdorff nun Paris an; der Anfangsbuchstabe dieser Stadt löst bei ihm eine ganze Assoziationskette aus: von Paris zu Peter und weiter zu: Politik, Prison, Papst, Pentagon, Psychiatrie, Penis.[884] Im Glauben an seine Bestimmung sucht er in Paris diverse Zeitungshäuser auf, sieht sich selbst als Herausgeber einer bedeutenden Zeitschrift und gerät wieder in Taumel über das Glück, das alle – aufgrund seines Eingreifens in den Weltenlauf – erwartet:

> »Ich werde die Welt von Krieg, Hunger und Unrecht befreien. Nie wieder Vietnam, nie wieder Chile, nie wieder Auschwitz; keine KZs, keine blutig zerschlagenen Gesichter. Nur noch Freude schöner Götterfunken und Janusz Korczak mit seinen Kindern (...). Nicht die Erde wird untergehen, sondern die Welt, das, was die Menschen auf der Erde aufgebaut haben, die Gesellschaft.«[885]

Schließlich dämmert ihm, dass seine eigentliche Hoffnung die Liebe zu Claudine ist, und so macht er sich auf den Rückweg, um wieder zu ihr zu gelangen. Er findet sie bei Freunden in einer alten Mühle; als er dort eintritt, sieht er alle am Küchentisch sitzen, essend und Wein trinkend, und fühlt sich genauso ausgeschlossen, fremd und allein wie beim Ausbruch seines ersten psychotischen Schubes einst im Skiurlaub. Als schließlich Claudine und ein herbeigerufener Freund aus Deutschland ihn ins Auto verfrachten und nach Berlin bringen wollen, steigt er an einer Tankstelle aus, verwickelt die herumstehenden Lastwagenfahrer in ein Gespräch über Hypnose, Zauberei und die Befreiung einer Göttin und endet schließlich in einer alten psychiatrischen Anstalt in der französischen Provinz.

In Form eines Interviews liegt ein weiterer autobiografischer Bericht einer psychotischen Dekompensation in der Fremde vor. Eine junge Frau – in dem veröffentlichten Text[886] trägt sie den Namen Barbara – reist mit ihrem Freund nach Thailand; die beiden wollen meditieren und gehen dazu in ein Kloster. Sie sind in getrennten Häusern untergebracht und meditieren täglich – alleine – bis zu zehn Stunden:

---

884 vgl. ebd., S. 169

885 ebd.

886 vgl. Oster 1997, S. 8 f.

»Ich bin in der Meditation stärker an Gefühle herangekommen, die ich so im Alltag nie erlebt hätte, und erreichte irgendwann einen Punkt, an dem kamen ungewollt Gefühle hoch von Dingen, die ich schon längst verdrängt hatte. Es war eigentlich eine Quälerei, aber ich habe gedacht, jetzt gehst du tief in diese schmerzvollen Gefühle, und wenn du das richtig ausgekostet hast, dann ist es auch vorbei. Das Wort ›Erleuchtung‹ hatte eine völlig naive Bedeutung (...). Und ich dachte, der schmerzvolle Weg gehört einfach dazu. (...) Mein Lehrer, zu dem ich jeden Morgen gegangen bin (...), sagte zu mir: ›Es läuft gut.‹ Das war für mich noch eine Verstärkung.«[887]

In der Einsamkeit der fremden Umgebung bemerkt die junge Frau, dass sie hineinfällt in eine Welt, die viel mit ihren unbewussten bzw. verdrängten Erlebnissen und Erfahrungen zu tun hat. Ihr Schlaf ist reduziert, sie verliert die Kontrolle über ihre Gedanken und Gefühle. Nach drei Tagen hat sich der Verlust ihrer Verbindung zur Realität so gesteigert, dass sie keine Kontrolle mehr über ihre Handlungen besitzt und in Todesangst gerät:

»Ich war meistens weg mit dem Bewusstsein, kann mich aber an Spots erinnern, an kurze Momente, in denen ich wieder wusste, dass Tom und der Lehrer mich mit dem Pick-up vom Kloster zum nächstgelegenen Krankenhaus transportierten. Ich bin abwechselnd bei Tom gesessen und dann wieder in einer Todesangst bei dem Mönch. Ich wusste nicht mehr, wer wer war. Manchmal hatte ich das Gefühl ›aha, Tom ist eigentlich der Mönch und der andere hat sich nur als Tom verkleidet‹. Ich konnte es nicht mehr unterscheiden. Ich wusste nicht mehr, an wen ich mich halten sollte. Und dabei hatte ich das Gefühl, ›du musst dich für den Richtigen entscheiden, sonst stirbst du‹.«[888]

Sie findet sich wieder in einem Saal mit »mindestens zehn oder zwölf Kranken« und erhält Valium, was aber keine Besserung bringt: »Nach zwei Tagen haben sie gemerkt, dass sie mir nicht helfen können, und haben mich dann nach Bangkok in die Psychiatrische Klinik gebracht.« Ihr Freund begleitet sie und unternimmt kleine Spaziergänge mit ihr in der Klinik: »Tom war das Tor zur

887 ebd.
888 ebd.

Welt für mich.« Inzwischen ist ihr selbst klar, dass es sich um eine ernsthafte Störung handelt, unter der sie leidet. Dennoch hält sie sich weiterhin für erleuchtet und wartet auf ein Zeichen aus dem Kloster:

> »Ich wusste, der Mönch schickt mir ein Geschenk. Das war für mich Realität. Ich habe immer gedacht: ›Wartet nur ab, irgendwann werdet ihr sehen, dass ich zu Unrecht hier sitze.‹ Eines Tages kam eine Schwester und brachte mir einen Zettel, ich hätte ein Päckchen bekommen. Da habe ich gedacht: ›Jetzt ist es so weit, mein Geschenk von dem Lehrer.‹ Ich bin also ganz stolz zu diesem Schalter gegangen, das war gegenüber der Station, und habe mein Päckchen geholt. Ich weiß es noch genau, ich nahm es mit, setzte mich auf mein Bett und dachte, ›jetzt wird es offenbar, wer hier recht hat und wer nicht‹. Es kam tatsächlich aus dem Kloster – es waren meine Wanderschuhe, die ich dort vergessen hatte. Das war ein Erlebnis, das hat gewirkt wie eine Regieklappe, weißt du, wenn man so sagt: ›Klappe.‹ Und es war klar, und ich war ganz klar da. Ich wusste, es ist jetzt vorbei mit den Wahnvorstellungen. Es war, als wäre ich auf der Erde gelandet.«[889]

Doch das Erkennen der wahnhaften Fehleinschätzungen und die Einsicht in den Verlust der Realitätswahrnehmung beseitigen die hohe Verunsicherung und Verletzbarkeit noch nicht. Sie weiß nicht mehr, wie sie sich in der Fremde orientieren soll. Ihr Freund ist ihre einzige Stütze, doch da auch er Bestandteil des psychotischen Erlebens war, kann er ihr keine wirkliche Sicherheit vermitteln:

> »Ich hatte das Gefühl, dass ich in der Meditation mit Brachialgewalt meine Schutzhüllen aufgebrochen habe, um an den Kern zu kommen. Ich war völlig bloßgelegt, seelisch nackt und schutzlos und total verunsichert.«[890]

Einige Wochen verbringt sie in der geschlossenen Station der psychiatrischen Klinik; ihr Tag ist strukturiert vom Essen, Schlafen, seltenen Spaziergängen. Oft sitzt sie einfach am Gemeinschaftstisch, ohne zu verstehen, was um sie herum passiert, wie sie sich verhalten soll und welche Perspektive sie besitzt. Erst als sie bemerkt, dass

---

889 ebd.
890 ebd.

eine Mitpatientin entlassen wird, realisiert sie, dass es überhaupt noch ein Draußen gibt:

> »Ich habe am Anfang gar nicht geglaubt, dass ich dort jemals rauskommen würde. Es war ja eine völlige Entmündigung. Das Schlimme war noch, ich habe niemanden verstanden. Es war eine fremde Sprache. Es waren fremde Gesichter. Es war eine fremde Kultur. Es war eine ganz bedrohliche Situation. Ich weiß gar nicht, wie ich das durchgestanden habe.«[891]

Psychosen sind, wie die Texte zum Verlust des Selbst in der Fremde gezeigt haben, geprägt durch Gefühle der Unbegrenztheit und der Berufung[892] genauso wie durch Ängste vor persönlicher Zerstörung oder Auflösung. Menschen in psychotischen Krisen entwickeln religiöse oder politische Wahnideen, Rettungs- oder Wiedergeburtsfantasien. Begleitet werden diese Vorstellungen der Ersetzung ihres bisherigen Zustandes durch ein großartiges neues Selbst. Sie sind getrieben vom Wunsch nach Neugestaltung der eigenen Wahrnehmung und suchen nach einem erweiterten Verständnis vom Wesen des Seins[893]. Nicht verwunderlich, dass Phasen der Ruhe oder der Meditation, wie sie die Autorinnen in der Toskana und in der Abgeschiedenheit eines Klosters in Thailand beschreiben, mit einem Auftauchen verdrängter Erfahrungen einhergehen können. Dies führt in beiden Fällen zur Auflösung der inneren Kohärenz, zur Durchlässigkeit der Ich-Grenzen, zu Einbußen der kognitiven und emotionalen Klarheit und schließlich zum Zusammenbruch des Selbst.[894] In akuten Momenten der Psychose kann das Bedeutungserleben dramatisch verändert sein. Dinge des Alltags treten aus den gewohnten Bezügen und entwickeln verwirrende Sinnzusammenhänge: So erhalten Steine der Toskana für Birgit Schindler

---

891 ebd., S. 9

892 »Die schizophrene Gotteserfahrung pendelt zwischen den Motiven des Werdens und Vergehens, zwischen dem ›stirb und werde‹. Nicht anders als der ›Gesunde‹ in extremer Situation sieht sich der Schizophrene in ein Machtfeld gerissen, das sein ganzes Dasein in der Erwartung einer durchgreifenden Erneuerung untergräbt, durchwühlt auf den Kopf stellt.« Mundhenk 1999, S. 69

893 vgl. Perry 1994, S. 20f.

894 Milch 2001, S. 227

eine neue Bedeutung, werden zu Pulsoren, die bewohnte Räume von negativen Energiefeldern entstören sollen; Lieder im Radio werden symbolisch aufgeladen, sodass sie Aufträge zu enthalten scheinen. Kastanien müssen gesammelt, Scheiterhaufen errichtet werden, auch wenn keiner der Angehörigen und Freunde solche Handlungen versteht. Barbara sieht in dem Päckchen aus dem Kloster einen lebensentscheidenden Hinweis – und findet darin nichts anderes als ihre Wanderstiefel.

Diese Beispiele des wahnhaften und psychotischen Erlebens auf Reisen bestätigen die Annahme, dass die Entwicklung einer seelischen Krise in der Fremde nicht nur als Störung angesehen werden kann, die ein Mensch passiv erleidet. Alle hier zitierten Autoren – von August Strindberg über Ortrud Grön bis zu Birgit Schindler, Peter Mannsdorff und Barbara ... – befinden sich in aktiver Auseinandersetzung mit ihrer Lebenssituation; sie ringen darum, vergangene Belastungen oder Krisen zu reflektieren und neue Perspektiven zu entwickeln, also das eigene Selbst in der Welt neu zu positionieren. Sie befinden sich in Schwellensituationen und sind von einem bestimmten Moment an der Dynamik ihres Wahns bzw. ihrer Psychose ausgeliefert. Doch sie erdulden nicht nur, was ihnen widerfährt, sie gestalten in gewissem Maße auch ihre psychische Entgleisung. Michael Huppertz[895] hat bemerkt, dass die erste Stufe der psychotischen Erkrankung in gängiger psychiatrischer Auffassung meist als Störung des Denkens und Wahrnehmens angesehen würde, die ein Mensch passiv erleide. Übersehen werde dabei die aktive Rolle bzw. der Erkundungsprozess, in welchem sich der Betreffende befinde. Huppertz wendet sich gegen die Auffassung, Psychosen wären nur bei Menschen mit »frühen Störungen« zu finden. Zwar seien auch ihm Patientinnen und Patienten bekannt, die in ihrer Kindheit und Jugend auffällig waren, von ihrer psychischen Disposition oder ihren realen Erlebnissen und krisenhaften Entwicklungen her zu einer besonderen Vulnerabilität, einer seelischen Dünnhäutigkeit und in deren Folge zu deutlichen Verhaltensauffälligkeiten oder psychiatrischen Symptomen neigten. Genauso häufig habe er in seiner klinischen und in

---

895 Huppertz 2000

seiner ambulanten psychiatrischen Tätigkeit Menschen getroffen, die bis zum Einbruch einer schweren seelischen Erkrankung keine besonderen Verhaltensweisen oder Schwierigkeiten im Leben gehabt hätten, im Gegenteil, die anspruchsvolle Berufe ausübten, Ehe- oder Familienbeziehungen bis dahin gut bewältigt und sich als sozial integriert und leistungsfähig erwiesen hätten.

Exkurs
Rainer Maria Rilke: »... im Innersten ratlos«

Momente des Selbstverlustes auf Reisen lassen sich nicht nur anhand autobiografischer, sondern auch belletristischer Texte studieren. Darstellungen psychischer Grenzerfahrungen und seelischer Entgleisungen finden sich in Helmut Langes Erzählung »Die Bildungsreise«, in den Romanen »Mein Herz so weiß« von Javier Marías, »Reise im Mondlicht« von Anton Szerb, »Indisches Nachtstück« von Antonio Tabucchi, »Der Himmel über der Wüste« von Paul Bowles u. a. m. Prosatexte geben jedoch weniger überzeugend als autobiografische Schriften Aufschlüsse über seelische Dispositionen und konkrete Reiseerfahrungen der Autorinnen und Autoren. Daher sei bei der Darstellung psychischer Verstörungen in fiktionalen Texten nur einer herausgegriffen, der allerdings stark autobiografischen Charakter besitzt: Rainer M. Rilke dokumentiert in den »Aufzeichnungen des Malte Laurids Brigge«[896] die psychische Krise eines jungen Menschen, der seine Heimat verlässt, um sich der Fremde auszusetzen.
Dem Protagonisten des Tagebuch-Romans gelingt es kaum, in Paris beängstigende Situationen zu bestehen – am Ende vielleicht nur dadurch, dass er sich schreibend seiner selbst vergewissert. Dabei eröffnen sich Einblicke in soziale Zusammenhänge, aber auch ins eigene Bewusstsein:

896 Rilke 1982

»Ich lerne sehen. Ich weiß nicht, woran es liegt, es geht alles tiefer in mich ein und bleibt nicht an der Stelle stehen, wo es sonst immer zu Ende war. Ich habe ein Inneres, von dem ich nicht wusste. Alles geht dorthin. Ich weiß nicht, was dort geschieht.«[897]

Zu Beginn deutet sich die Verlorenheit Maltes in der Fremde an:

»Man hat niemand und nichts und fährt in der Welt herum mit einem Koffer und mit einer Bücherkiste und eigentlich ohne Neugierde. Was für ein Leben ist das eigentlich: ohne Haus, ohne ererbte Dinge, ohne Hunde. Hätte man doch wenigstens seine Erinnerungen.«[898]

Frei davon ist Malte jedoch nicht, im Gegenteil: Je mehr die Erfahrung der Bindungslosigkeit zunimmt, desto stärker steigen Kindheitserlebnisse auf. Während er versucht, die Pariser Lebenswelt zu durchschauen und die Dinge hinter den Fassaden zu begreifen, gelangt er hinter die Oberfläche seines eigenen Seins. Die Erfahrung der Fremde verdichtet sich mehr und mehr zu einem »Großstadt-Schock«. Fast hautlos ist er der irritierenden Realität ausgesetzt:

»Die Existenz des Entsetzlichen in jedem Bestandteil der Luft. Du atmest es ein mit Durchsichtigem; in dir aber schlägt es sich nieder, wird hart, nimmt spitze geometrische Formen an zwischen den Organen; denn alles, was sich an Qual und Grauen begeben hat auf den Richtplätzen, in den Folterstuben, den Tollhäusern, den Operationssälen, unter den Brückenbögen im Nachtherbst: alles das ist von einer zähen Unvergänglichkeit, alles das besteht auf sich und hängt, eifersüchtig auf alles seiende, an einer schrecklichen Wirklichkeit. Die Menschen möchten vieles davon vergessen dürfen; ihr Schlaf feilt sanft über solchen Furchen im Gehirn, aber Träume drängen ihn ab und ziehen die Zeichnungen nach.«[899]

An vielen Stellen lesen sich diese »Aufzeichnungen« wie ein verzweifelter Versuch, die innere und äußere Realität schriftlich zu fixieren und so dem Gefühl der Auflösung eine Schranke entgegenzusetzen. In dem Werk selbst erfährt der Protagonist sich bald nicht mehr als einer, dem das Reden und Schreiben von sich, das Sich-verständlich-Machen noch gelingt. Malte findet sich zwischenzeitlich

---

897 ebd., S. 9
898 ebd., S. 19
899 ebd., S. 71

im Zentrum für Psychiatrie Salpêtrière wieder und macht dort die Erfahrung: »Der Arzt hat mich nicht verstanden. Nichts. Es war auch schwer zu erzählen. Man wollte einen Versuch machen mit dem Elektrisieren.«[900] Auch die psychiatrische Behandlung kann hier den drohenden Selbstverlust in der Fremde nicht aufhalten. Auf den Straßen von Paris fühlt Malte sich orientierungslos:

> »Es war Abend, und ich verirrte mich in der fremden Gegend und ging Boulevards mit endlosen Mauern in einer Richtung hinauf und, wenn dann kein Ende da war, in der entgegen gesetzten Richtung zurück bis an irgendeinen Platz. Dort begann ich eine Straße zu gehen, und es kamen andere Straßen, die ich nie gesehen hatte, und wieder andere. Elektrische Bahnen rasten manchmal überhell und mit hartem, klopfendem Geläute heran und vorbei. Aber auf ihren Tafeln standen Namen, die ich nicht kannte. Ich wußte nicht, in welcher Stadt ich war und ob ich hier irgendwo eine Wohnung hatte und was ich tun mußte, um nicht mehr gehen zu müssen.«[901]

Tief dringt der Protagonist in die Phänomene ein, die ihn umgeben. Gleichzeitig öffnen sich Schleusen zum eigenen Unbewussten: Bilder der Kindheit tauchen auf, aktuelle Erfahrungen und erinnerte Szenen fallen zusammen, bis Malte flehentlich ausruft: »Ich würde so gern unter den Bedeutungen bleiben.«[902] Bald muss er seine psychische Energie darauf verwenden, nicht in dissoziatives, wahnhaftes oder psychotisches Erleben abzugleiten. Der Verlust rationaler Deutungsmuster ängstigt ihn, auf die Überfülle von Eindrücken reagiert Malte durch den Versuch der Verschriftlichung seiner sich überstürzenden Wahrnehmungen: »Ich habe etwas getan gegen die Furcht. Ich habe die ganze Nacht gesessen und geschrieben.«[903] Es ist die Furcht, dass ihm nach dem Verlust der Integrationsfähigkeit seiner bedrohlichen Wahrnehmungen auch sein Selbst entschwinden könnte. Nur schreibend kann er das Gefühl bewahren, sich nicht völlig zu verlieren und innerlich aufzulösen.

Man darf vermuten, dass das Beschriebene nah am Selbst des

---

900 ebd., S. 53
901 ebd., S. 61
902 ebd., S. 51 f.
903 ebd., S. 19

Schreibenden komponiert ist. Rilke hat die »Aufzeichnungen« in engen Zusammenhang mit seinem Daseinsentwurf jener Zeit gebracht und bestätigt, dass in den Erlebnissen des Malte Laurids Brigge jener »Schattenzusammenhang sich rührender Kräfte« zur Darstellung gekommen sei, von dem er selbst in den ersten Wochen seines Aufenthaltes in Paris heimgesucht wurde.[904] An Lou Andreas-Salomé schreibt er:

> »So griff mich jetzt wieder das Entsetzen an (...) wie in einer unsäglichen Verwirrung. (...) Wie allein war ich unter diesen Menschen, wie fortwährend verleugnet von allem was mir begegnete; die Wagen fuhren durch mich durch, und die welche eilten, machten keinen Umweg um mich und rannten voll Verachtung über mich hin.«[905]

Nach der Fertigstellung der »Aufzeichnungen« – die Lou Andreas-Salomé als »Pariser Tagebuch«[906] des jungen Rilke bezeichnet – weist der Autor an mehreren Stellen darauf hin, welche psychischen Anstrengungen ihn dieses »schwere, schwere Buch«[907] gekostet habe; in einem Brief an Lili Schalck heißt es:

> »Ich weiß nicht, ob ich Ihnen, selbst wenn Sie hier wären, aufklären könnte, warum mir das Leben zu solcher Schwere und Trübe angewachsen ist, daß ich nie von mir schreiben möchte.«[908]

Und an Marie von Thurn und Taxis schreibt er:

> »Mir graut ein bißchen, wenn ich an all diese Gewaltsamkeit denke, die ich im Malte Laurids durchgesetzt habe, wie ich mit ihm in der konsequenten Verzweiflung hinter alles geraten war, bis hinter den Tod gewissermaßen, so daß nichts mehr möglich war, nicht einmal das Sterben.«[909]

Später erwähnt er die heftige Abwehr, die seine erste Konfrontation mit der Fremde und mit der modernen Lebenswirklichkeit der Metropole in ihm hervorgerufen habe: In Paris sei er in kraftzehrender Auseinandersetzung mit der Realität in die tiefsten Schichten

---

904 Rilke 1996, S. 643
905 Andreas-Salomé 1988, S. 36
906 ebd.
907 Rilke 1950, S. 301
908 ebd., S. 300
909 ebd., S. 290

seines Körpers und seiner Seele gestiegen und nach Fertigstellung des Schreibens physisch und psychisch am Ende gewesen: »Kannst Du's begreifen, dass ich hinter diesem Buch recht wie ein Überlebender zurückgeblieben bin, im Innersten ratlos?«[910]

910 ebd., S. 325

DAS SELBST UND DIE FREMDE: ZUSAMMENFASSUNG

Anmerkungen zum autobiografischen Schreiben

Wenn das Reisen die Seele verunsichert und die Fremde das Selbst ins Wanken bringt, dann kann autobiografisches Schreiben in gewisser Weise gegensteuern, kann bewusstseinsfähige Ereignisse und Gefühle zurückholen und von jenen Affekten befreien, die mit den Erlebnissen verbunden sind. Bei den Ausführungen zu Rilke ist dies ebenso deutlich geworden wie bei Bouvier und Kertész, bei Wulff und Grön genauso wie bei Camus und Brinkmann. Grundsätzlich sind Autobiografien ja »die inneren und äußeren Landschaften der Erinnerung – das ins Innen gespiegelte Außen und das nach Außen gekehrte Innen.«[911] Indem das schreibende Ich in Beziehung zur Außenwelt tritt und sich auf diesem Wege noch einmal konstituiert, kann die Autobiografie zum Verstehen des Lebens beitragen und die Erfahrung der Verunsicherung als Struktur des Seins reflexionsfähig machen.

In den vorausgegangenen Kapiteln hat sich gezeigt, dass die Bewältigung einer Krise vom Prozess des Erzählens in der Regel profitiert, denn autobiografisches Schreiben enthält die Chance, das Erlebnis der Entfremdung durch einen Akt des Sich-selbst-Erschaffens zu ersetzen und sich dadurch selbst zu retten – heute vielleicht mehr denn je: »An die Stelle der Identität, deren Herausbildung infolge der Abschwächung identitätssichernder Lebenswelten und Milieus erschwert wird, treten Selbstbeschreibungen und Selbstdarstellungen.«[912] Insofern trägt gerade die Autobiografie zur Konstruktion der Wirklichkeit bei, weil eine andere, verbindliche Wirklichkeit und Wahrheit gar nicht mehr zu existieren scheint.[913]

In früheren Zeiten hatte autobiografisches Schreiben eine andere

---

911 Isele 1993, S. 1

912 Brose u. Hildenbrand 1988, S. 18

913 vgl. Wagner-Egelhaaf 2000, S. 59

Funktion: Von der Antike bis in die Neuzeit hinein lag die Legitimation zur Darstellung des eigenen Lebens im Anspruch auf eine gewisse Vorbildfunktion: Was jemand erlebt und erlitten hatte, sollte nur dann zur Überlieferung kommen, wenn es von universaler Bedeutung war und als Abformung der Geschichte des menschlichen Geistes dienen konnte. Der Blick auf das Selbst war statisch, er galt mehr dem Holz, aus dem man geschnitzt war, als dem Prozess des Schnitzens bzw. Geschnitztwerdens: Den Charakter galt es zu erfassen, der sich in jeder Lebensphase und jeder Lebenslage treu blieb und Werte verteidigte, die mittels der Autobiografie unters Volk zu bringen waren.[914] Heute verlangt niemand, mit dem autobiografischen Schreiben erst nach der erfolgreichen Meisterung zahlreicher Lebensaufgaben beginnen zu dürfen.[915] Nicht die Darstellung der Charakterstruktur und der allseitigen Persönlichkeit, sondern das Durchleben spezifischer Ereignisse und (Grenz-) Situationen steht heute im Vordergrund zahlreicher autobiografischer Texte.

So geht es in der Moderne kaum mehr um die Beschreibung des individuellen Seins als eines Zustandes, sondern um die Wahrnehmung der Offenheit und Unbestimmtheit der Lebenssituation, die man im Akt des autobiografischen Schreibens nicht zum Abschluss bringt, sondern vor dem Hintergrund eines ungewissen Erwartungshorizontes vor sich »herschiebt«[916]. Diese »Dynamisierung des Selbst«[917] ist Folge der Patchwork-Identität(en) und der Notwendigkeit, sich in wechselnden sozialen Kontexten situationsgerecht zu verhalten. Damit einher geht der Verlust der Einheit des Selbst, das nun eher als disparat, vielleicht sogar als »weitgehend zerstückt«[918] anzusehen ist. Im Akt der Selbstvergewisserung konstituiert sich dieses Selbst in neuer Weise, und zwar nicht mehr aus allen Elementen seines Lebenslaufes, sondern aus der Rückbesinnung auf besondere Momente.

---

914 ebd., S. 16
915 ebd., S. 14
916 Koselleck 1992
917 Matter 2001, S. 53
918 Hahn 1987, S. 428

An dieser Dimension des autobiografischen Schreibens wird festgehalten, vor allem dann, wenn von der Bedeutung des Schreibens (und des Lesens) in psychischen Krisen die Rede ist:

> »Im Schreiben entwickelt oder konstruiert mein kognitives System für ein Ereignis oder ein Erlebnis, das mich beschäftigt, einen Weltausschnitt, in dem diesem eine Bedeutung zugeordnet wird. Es ist mein Gehirn, das diese Bedeutung schafft, und niemand anders kann mir diese Bedeutung geben, als ich selbst bzw. mein Gehirn. Es ist meine Welt. Indem ich es aufschreibe, entsteht also nicht nur diese Selbstgewissheit in der sensomotorischen Bewegung, sondern auch eine Erfahrung der Ich-Identität, die meine Geschichte mir als mir zugehörig und für mich gültig in ihrer Bedeutung dokumentiert.«[919]

Vonseiten der Literaturwissenschaft wird, unabhängig von ästhetischen Merkmalen und Qualitätsansprüchen, anerkannt, dass autobiografisches Schreiben einen »lebenspraktischen Effekt« hat und dem Autor »das zur Behauptung neuer Identität nötige Maß an Abstand und Freiheit gegenüber seiner bisherigen Verfasstheit« gewährt.[920] Über diesen Effekt hinaus wird der Aspekt der Selbsterforschung betont:

> »Das Schreiben erfüllt eine identitätsstabilisierende Funktion. Verunsicherungen, Ängste, offene Fragen und Probleme werden reflektiert (...) und ins eigene Leben integriert. Dabei gelingt es manchen, eine verloren gegangene Beziehung zu sich selbst wieder herzustellen oder gar erstmalig ein Bewusstsein vom Wert der eigenen Persönlichkeit aufzubauen.«[921]

Nach Lacan kommt den Wörtern, Bildern und Formeln des autobiografischen Textes eine imaginäre Spiegelfunktion zu, und zwar

---

919 Bülow 1998, S. 104

920 Völker 1998, S. 89ff.

921 Koch u. Kessler 2002, S. 24. Dieser Aspekt autobiografischen Schreibens war und ist auch der Literaturwissenschaft nicht fremd; schon bei Georg Misch heißt es: »So erscheint die Autobiographie sowohl im Hinblick auf ihre Quellen im Selbstbewußtsein des Menschen, als auch in Anbetracht ihrer Leistung, die im Verstehen des Lebens besteht, nicht bloß als eigene Literaturgattung, sondern auch als ein Mittel zur menschlichen Selbsterkenntnis«; Misch 1989, S. 36f.

in Hinblick auf das sich selbst begehrende Subjekt, das sich nur in der Entäußerung des Schreibens erfährt – um in jeder Setzung, die es vornimmt, jene Kluft zu überbrücken, die es von sich selbst trennt.[922] Daher ist autobiografisches Schreiben in der Moderne eine Antwort auf die Gefahren der Fragmentierung und der Desintegration des Subjekts. Sie ist gleichsam ein Versuch der Kontrolle eines diffusen Bewusstseins, eine Rekonstruktion des Selbst nach dessen Verlust – oder, um es mit Walter Benjamin zu formulieren:

> »Jeden Morgen halten wir, erwacht, meist schwach und lose, nur an ein paar Fransen, den Teppich des gelebten Daseins, wie das Vergessen ihn uns gewoben hat, in Händen. Aber jeder Tag löst mit dem zweckgebundenen Handeln und, noch mehr, mit zweckverhaftetem Erinnern, das Geflecht, die Ornamente des Vergessens auf.«[923]

In diesem Sinne ist es das Ziel des autobiografischen Erinnerns, auf der Schwelle des Erwachens etwas vom Gewebe des Gelebten und fast schon Vergessenen vor der Auflösung zu bewahren.[924]

Für die Autorinnen und Autoren, die hier zur Sprache kamen, hat autobiografisches Schreiben eine existenzielle Bedeutung: »Es ist aber so, dass ein Mensch, der die Heftigkeit seiner Eindrücke kennt, der jede Einzelheit jedes Tages so empfindet, als wäre es sein einziger Tag, (...) explodieren oder sonstwie in Stücke gehen müßte, wenn er sich nicht an seinem Tagebuch beruhigte«[925], heißt es bei Canetti. Und der Reiseschriftsteller Kenneth White notiert: »Warum schreiben? Um nicht völlig verrückt zu werden vor Trunkenheit. Dieser weißen Trunkenheit, die die Quelle jedes echten Schreibens ist.«[926] Viele Autorinnen und Autoren, die in Phasen psychischer Verwundung das Schreiben für sich entdeckten, bestätigen diesen Aspekt und betonen, dass ihr Schreiben in Krisenzeiten nicht nur eine lebenspraktische, sondern eine lebenserhaltende Bedeutung gehabt habe. Um es mit den Worten von Christiane Rees auszudrücken:

---

922 vgl. Wagner-Egelhaaf 2000, S. 38f.; siehe auch Goldmann 1988, S. 242ff.

923 Benjamin 1991, S. 311

924 vgl. Lemke 2005, S. 12

925 Canetti 1965, S. 49

926 White 1984, S. 91

> »Ich schreibe. Ich lese. Ich atme. Ich esse. In dieser Reihenfolge. Man könnte mir die Nahrung nehmen, die Luft zum Atmen, vielleicht sogar die Bücher, aber wenn man mir Stift und Papier nehmen würde, ich hätte dem Wahnsinn nichts mehr entgegenzusetzen.«[927]

Was – so wäre zu fragen – könnten notwendige und hilfreiche Bedingungen gelingenden Schreibens in seelischen Krisen sein? Kann die Geschichte einer psychischen Krise überhaupt in Form eines zusammenhängenden Textes – oder eher als bruchstückhaftes Assoziationsfragment – erzählt werden? In welchem Stadium der Verwirrung ist an autobiografisches Schreiben zu denken? Ist auch ein Text, der lange nach Durchschreiten einer Krise geschrieben wurde, noch als authentisches Dokument eben dieser Erfahrung anzusehen? Immerhin, so stellt man bei der Prüfung von autobiografischen Texten psychoseerfahrener Menschen fest, brauchen einige von ihnen viele Jahre, um sich daran zu wagen, von den Zeiten ihrer Verwundung und Verwirrung zu sprechen. Doch auch solche späteren Schilderungen besitzen eine enorme Tiefe und Aussagekraft in der Beschreibung des Psychoseerlebens. Dorothea Buck (alias Sophie Zerchin) berichtet in ihrem Buch »Auf der Spur des Morgensterns« vierzig Jahre nach ihrer ersten psychotischen Entgleisung von der eigentümlichen Veränderung ihres Selbst und ihrer Wahrnehmung der Geschehnisse um sie herum ganz präzise:

> »Ich ging zuerst am Deich entlang, dann ins Watt hinein; ich lief genau auf der Leuchtspur, die der Stern ins feuchte Watt warf. (...) Ich zog meinen Mantel aus und trat ihn unter mich, aber trotzdem sank ich tief in den Schlick ein. (...) Auf allen vieren kroch ich zurück durch den Schlick, zog mich an einer großen Boje hoch, blickte noch einmal hinter mich, sah die Sonne aufgehen und verlor das Bewußtsein.«[928]

Susanna Kaysen lässt – viele Jahre nach ihrer Krise – die psychiatrische Behandlung noch einmal Revue passieren und verdichtet dabei die Verwirrtheitszustände, die ihr Erleben in der seelischen Erkrankung prägten. Sie schildert die Spannung zwischen kör-

927 ebd., S. 9
928 Zerchin 1990, S. 19f.

pernahen Vorgängen und deren kognitiver wie auch affektiver Bewältigung:

> »Die Erfahrung ist dickflüssig. Wahrnehmungen sind (...) getrübt. Die Zeit vergeht langsam, tropft durch den verstopften Filter der eingedickten Wahrnehmung. Die Körpertemperatur ist niedrig. Der Puls ist träge. Das Immunsystem schläft halb. Der Organismus ist apathisch. Selbst die Reflexe sind schwächer als sonst, so, als könnte der Unterschenkel sich nicht dazu aufraffen, aus seiner Lethargie herauszuschnellen, wenn jemand gegen das Knie klopft.«[929]

Nachträgliche autobiografische Berichte über das Erleben psychischer Veränderungen sind ein Versuch, die Erlebnisse und Empfindungen so zu ordnen, dass die Strukturen des Erlebens und die Grundzüge des Selbst deutlich werden und sich die innere Spannung und Verwirrung reduziert. Eine solche Verdichtung und Ordnung ihres Erlebens gelingt psychisch erkrankten Menschen meist nur dann, wenn die Störung vorübergehend, die dissoziative Episode abgeschlossen, die Psychose zum Stillstand gekommen ist. Im akuten Schub lässt sich das Erleben insofern kaum zur Darstellung bringen, als die Sinngebung ja in der psychotischen Wahrnehmung selbst liegt und für den Betroffenen keiner Erklärung bedarf. Was psychotisch entgleiste Menschen während einer akuten Krise schreiben, ist in der Regel von ganz anderer Struktur und Qualität: Ihre Texte sind oft gekennzeichnet von innerer Zerrüttung und von Selbstverlustgefühlen, die in ihnen toben. Die verwendeten Wörter und Sätze wirken bruchstückhaft und mit Bedeutungsgehalten aufgeladen, die sich von außen nur schwer (und von den Schreibenden selbst kurze Zeit später kaum mehr) erschließen lassen.

Nun ist (autobiografisches) Schreiben nur eine mögliche Form der Selbstvergewisserung. Manche Menschen, die Psychosen durchlebt haben, halten das bildnerische Gestalten für überzeugender und ergreifender als die schriftliche Darstellung ihrer Verwirrung:

> »Erscheinen diese durch Verdichtung und Kontaminierung der Wörter und Sätze mitunter zerfahren und schwer verständlich, so wirken Verdichtung und Kontaminierung der Bildgestalten eher als

---

929 Kaysen 1994, S. 100

gewaltige Allegorien, als Metaphern des Leidens und des Lebens. Wahngebäude erscheinen im Bild deshalb weniger als ›unkorrigierbare Irrtümer‹, weil das Bild zwischen Logischem und Alogischem nicht unterscheidet; sie werden dann zu wundersamen Symbolen der Existenz, zu schizophrenen Träumen der Angst, des Grauens, der Einsamkeit, welche durch das Bild auch dann noch in ergreifender Weise ausgedrückt werden können, wenn die Sprache schon längst verstummt ist.«[930]

Dorothea Buck bestätigt in gewissem Sinne diese These: Für sie war nach ihren psychotischen Schüben zunächst nicht das Schreiben, sondern die Bildhauerei das Medium, welches ihr die Integration der psychotischen Erlebnisse ermöglichte: »Ohne meine künstlerische Arbeit hätte ich meine Heilung nicht wiedergewonnen.«[931] Versteht man psychische Krisen als Situationen, in denen Angst, Scham, Trauer, Zorn und andere heftige Gefühle auftreten, die nicht abfließen können, sondern als »eingeklemmte Affekte«[932] die innere Spannung in die Höhe fahren lassen, so kann die Freisetzung dieser Affekte ganz unterschiedliche Folgen zeigen: Entweder es kommt zu Entspannungsgefühlen, zu verstärkter Klarheit im Denken und in der Wahrnehmung[933], oder die Freisetzung führt erneut in den Strudel früherer Szenen hinein und löst Körper- und Gemütszustände mit Schweißausbrüchen, Weinkrämpfen[934] oder psychotische Turbulenzen aus.

In den meisten Fällen jedoch sind autobiografische Texte über Erfahrungen psychischer Krisen, wenn sie in einem Stadium verfasst werden, wo das zerrütte Selbst sich wieder zu finden beginnt – ähnlich wie bildnerisches Gestalten oder andere therapeutische Ausdrucksformen –, hilfreich bei der Rekonstruktion der Identität nach deren Verlust, bei der Wiedererlangung von Selbstgefühl und

---

930 Rüffer 1999, S. 144

931 Buck 1996, S. 18

932 der Begriff stammt aus der Frühgeschichte der Psychoanalyse, konkret aus der Studie »Der psychische Mechanismus hysterischer Phänomene«, die Freud zusammen mit Josef Breuer erstmals 1902 veröffentlichte; Freud 1999, Bd. I., S. 97

933 vgl. von Werder 1998, S. 111

934 vgl. Scheff 1983, S. 63

Selbstbewusstsein. Bisweilen kann autobiografisches Schreiben auch dazu dienen, jene depressiven Momente abzuwehren, die nach einer Psychose oft einsetzen. Denn aus Scham über die verrückte, von der Außenwelt nicht akzeptierte und in das Selbst nicht integrierte Grenzüberschreitung rutscht der eben noch akut psychotische Mensch, dessen Selbst vielleicht größenfantastisch aufgebläht war, häufig in eine depressive und suizidale Verfassung. Gelingt es ihm dann, Zeichen zu setzen, Zeichen eines mit sich ringenden Selbst, gelingen also in dieser Phase Beschreibungen des inneren Zustandes, dann kann das zum Silberstreif am Horizont werden.

Bindungstheoretische Überlegungen

Die dargestellten Krisen auf Reisen – besonders die von Annemarie Schwarzenbach, Max Dauthendey und Everett Ruess – lassen sich lesen als Aktualisierungen spezifischer Bindungserfahrungen, die einen psychischen Affekt wachrufen, der mit frühen Erlebnissen von Angst und Fremdheit in Verbindung steht. In diesem Zusammenhang sei hier noch ein Hinweis auf bindungstheoretische Konzepte vermerkt. Bindung (engl.»attachment«) stellt ein zentrales Bedürfnis dar, welches dafür sorgt, dass der Mensch wachsen, reifen, kognitive Kompetenzen entwickeln und soziale Strukturen aufbauen kann.[935]
Bindung – die nicht gleichbedeutend ist mit Beziehung, sondern einen primären Anker im Komplex des Beziehungsgefüges darstellt – ist zu verstehen als »ein vom Gefühl getragenes Band, das eine Person zu einer anderen spezifischen Person anknüpft, das sie über Raum und Zeit hinweg miteinander verbindet. Seelisches und körperliches Trennungsleid sind eindeutige Zeichen für Bindung.«[936]

935 Bowlby 1982
936 ebd., S. 44

Viele Formen seelischen Schmerzes und zahlreiche Störungen des emotionalen Gleichgewichts einschließlich Angst, Depression und Dissoziation entstehen durch unfreiwillige Trennung und Verlusterfahrungen.[937] Folglich begleiten der Wunsch nach Bindung und die Suche nach Geborgenheit den Menschen von Geburt an bis zum Tod. Insbesondere stellt das Bindungsverhalten ein biologisch angelegtes Schutzsystem dar[938], welches das Überleben des Säuglings sichert. Es wird sinnvollerweise in Situationen innerer Belastung (wie Krankheit, Hunger, Müdigkeit) oder äußerer Anspannung (wie Abwesenheit einer vertrauten Bezugsperson oder unvertraute Umgebung) aktiviert, vor allem dann, wenn eine innere oder eine äußere Gefahr vom Kind nicht aus eigenem Vermögen behoben werden kann, es also den Schutz der Bindungsperson braucht:

> »Bei der Bindung (...) handelt es sich um ein Verhaltenssystem, welches die Regulation von Nähe und Distanz zur Bezugsperson in Abhängigkeit von inneren Zuständen und äußeren Gegebenheiten steuert. Bei Angst oder Kummer wird das Bindungsverhaltenssystem aktiviert. Das Kind stellt durch Bindungsverhalten die Nähe zur Bezugsperson her und kann sich so emotional restabilisieren und auf dieser ›sicheren Basis‹ zur Exploration zurückfinden.«[939]

Das Streben, den sicheren Hafen der vertrauten Bindungsperson zu erreichen, wird durch Blickkontakt zur Mutter, durch Nachfolgen und Herstellen von Körperkontakt mit der Mutter erreicht. Dabei ist das Kind kein passives Triebbündel, sondern aktiver Interaktionspartner, der selbst signalisiert, wann ein Bedürfnis nach Nähe und Schutz auftaucht und befriedigt werden will.[940] Bindung gewährt Schutz und Sicherheit; daher ist der Mensch mit der Fähigkeit ausgestattet, sich emotional zu binden, soziale Kompetenzen und eigenständige Motivationssysteme zu entwickeln. Für seine psychische Entwicklung wird die Qualität der Bindung als entscheidender Faktor angesehen: Die Art und Weise, wie das Kind mit der Mutter, dem Vater, den Geschwistern und weite-

---

937 Bowlby 1976
938 Bowlby 1975
939 Spangler 2001, S. 157
940 Brisch 1999, S. 36

ren Bindungspersonen verknüpft ist, wie es sich später aus der familiären Bindung löst, wie es neue Bindungen eingeht – all das ist bedeutsam für seine psychische Struktur und deren Stabilität: »Die unangefochtene Aufrechterhaltung einer Bindung wird als eine Quelle der Sicherheit empfunden und die Erneuerung einer Bindung als eine Quelle der Freude.«[941]

Eine gelingende Bindung zeichnet sich dadurch aus, dass die Bindungsperson die Signale des Kindes wahrnimmt, sie richtig interpretiert und sowohl zeitnah als auch angemessen darauf reagiert. Das feinfühlige Verhalten der Bezugsperson ermöglicht dem Kind, eine sichere Bindung aufzubauen, sodass es auch in späteren Lebensphasen Vertrauen und Verlässlichkeit in sich und andere verspürt.[942] Werden die Bindungswünsche des Kindes hingegen gar nicht, nur unzureichend oder inkonsistent – etwa in einem für das Kind nicht durchschaubaren Wechsel von Verwöhnung und Versagung, Überstimulation und Vernachlässigung – beantwortet, so kann das Kind eine unsicher-vermeidende, eine unsicher-ambivalente oder eine desorganisierte Bindung entwickeln.

Das Explorationsbedürfnis, also der Drang, seine Umwelt zu erkunden, stellt nach Ansicht der Bindungstheorie eine weitere wesentliche Komponente der frühen Entwicklung dar. Zwar gehören für Bowlby das Bindungssystem und das Explorationssystem unterschiedlichen Motivationsbereichen an, doch stehen sie seiner Ansicht nach in Abhängigkeit und Wechselwirkung. Bereits der Säugling strebt danach, die Welt zu erkunden. Sobald er die Mutter als sichere emotionale Basis internalisiert hat, kann er die vorübergehende Entfernung von der Mutter aushalten bzw. bei Bedarf sich ihr wieder nähern. Eine sichere Bindung ist Voraussetzung dafür, dass ein Kleinkind seine Umgebung erforschen und sich dabei als selbsteffektiv erfahren kann.[943] Für die Entwicklung des Kindes wird es wichtig sein, ob die primäre Bindungsperson in der Lage ist, dem Explorationsbedürfnis des allmählich krabbelnden, bald laufenden Kindes einerseits genügend Raum zu geben und ande-

---

941 Bowlby 1982, S. 44
942 Main 2002, S. 165 ff.
943 Brisch 1999, S. 38

rerseits auch Grenzen zu setzen, um Sicherheit zu gewährleisten. Das Kind selbst prüft seinerseits Nähe-Distanz-Regulierungen beispielsweise über den Blickkontakt, die visuelle Rückversicherung, ob sein Fortlaufen, Hochklettern oder auch sein Nähebedürfnis wahrgenommen und adäquat beantwortet wird.[944]

Sicher gebundenen Kindern fällt das Erkunden leichter: Ihr Bindungssystem ist emotional ausgeglichen, sie können ihrer Neugier, ihrem Explorationsbedürfnis nachgehen. Entfernen sie sich zu weit von der Bezugsperson oder entdecken sie Dinge, die ihnen Angst bereiten, geraten auch sie in Stress und aktivieren ihr Bindungssystem, laufen zurück, suchen Schutz; diese Selbstregulierung von Exploration und Bindung wird von einer ›feinfühligen‹ Mutter akzeptiert. Hat das Kind jedoch Zurückweisungen seiner Bindungswünsche und Sicherheitsbedürfnisse erfahren, so muss es durch inneren Rückzug für den emotionalen Ausgleich sorgen. Hat es, vielleicht aufgrund von Angstsignalen oder einem übermäßigen Wunsch nach Nähe aufseiten der Bindungsperson, keinen ausreichenden Spielraum für Erkundungen erfahren, so wird es in seinem Explorationsbestreben gehemmt und entwickelt selbst Ängste. Vielleicht ist die Fehldeutung oder ausgeprägte Missachtung von Bindungs- und Explorationsbedürfnissen durch die Bindungsperson auch die Quelle aggressiven Verhaltens des Kindes, sei es gegen die Mutter, gegen Andere oder gegen das eigene Selbst (in Form von Selbstverletzung bzw. suizidalem Verhalten).[945]

Bindungs- und Explorationsverhalten resultieren also aus dem Wechselspiel unterschiedlicher Tendenzen, nämlich einerseits dem Bedürfnis, das Angstniveau niedrig zu halten, und andererseits dem Wunsch, ein angemessenes Niveau neuer Stimulation und Erfahrung zu entwickeln. Neugier führt beispielsweise in Phasen der Langeweile, der »suboptimalen Stimulation«[946] zum aktiven Erkunden bislang unbekannter Orte und Objekte. Wer darin geübt ist, kann später beängstigende fremde Situationen durch explorative Handlungen, also durch differenzierte Interaktionen bewältigen

---

944 vgl. Brisch 2003, S. 51 f.
945 ebd., S. 52
946 ebd.

und muss sich nicht resignativ zurückziehen, muss nicht flüchten, in Angst erstarren oder psychisch dekompensieren. Ist der Grad der Andersartigkeit zu hoch, die Orientierung gefährdet und das Repertoire an Handlungsmöglichkeiten allzu eingeschränkt, dann kann die Fremde jedoch »psychopathologische und psychosomatische Auffälligkeiten« hervorrufen:

> »Individuelle und soziale Desorientiertheit angesichts einer fremden Wirklichkeit – die jeder Reisende in abgemilderter Form als Gefühl von Hilflosigkeit, Schutzlosigkeit und Machtlosigkeit kennt – stellt sich immer dann ein, wenn eine gerade erlebte Wirklichkeit sich extrem unterscheidet von der bisher gewohnten. Wenn unvermittelt und abrupt ein Wechsel in eine anders strukturierte Umwelt geschieht, so kann dies zu einer Veränderung des Selbstgefühls bis zum psychotischen Zustand führen.«[947]

Das Bedürfnis nach zuverlässigen Bindungspersonen und einem ›sicheren Hafen‹, welcher in Gefahrensituationen schützt und hilft, bleibt während des ganzen Lebens bestehen, d. h., auch das erwachsene Selbst wird in Situationen der Angst und Orientierungslosigkeit das in der Kindheit ausgeprägte Bindungssystem aktivieren, wird ein schutzsuchendes Bindungsverhalten zeigen oder ein aggressives Pochen auf Zuwendung einfordern, vielleicht zum inneren Rückzug neigen oder gar dissoziativ entgleiten. Letzteres gilt vor allem für Kinder, die in ihren ersten Lebensmonaten höchst beängstigende Situationen durchleben mussten und die als Jugendliche oft »wie in einem Nebel zu sein scheinen und sehr viel tagträumen«.[948]

Dazu sei zum Abschluss dieser bindungstheoretischen Hinweise noch eine Szene aus dem Bereich des Reisens erwähnt: Ricarda Elgeti[949] schildert den Fall eines jungen Mannes, der (vor dem Hintergrund einer tiefen Zerrissenheit zwischen Bindungswünschen und Autonomiebestrebungen) die konflikthafte Situation in seinem Elternhaus (Mutter und Vater sind geschieden, leben aber weiterhin in einer Wohnung, jeder in einer Hälfte) nicht mehr erträgt und

---

947 Ruff 1993, S. 281
948 Jacobvitz 2001, S. 125 ff.
949 Elgeti 1999, S. 220 ff.

sich mit dem Gedanken befasst, von zu Hause auszuziehen. Die Mutter macht ihm heftige Vorwürfe und beschwört ihn, sie nicht zu verlassen. Doch er muss sich von den latenten Spannungen befreien und begibt sich auf Reisen. Er möchte Abstand gewinnen und Eigenständigkeit spüren. Seine Abreise wird noch dadurch erschwert, dass die Mutter im Nachthemd hinter ihm herläuft, um ihn zurückzuhalten. Auf der Zugfahrt gerät er in einen ›Ausnahmezustand‹, wie er es selbst bezeichnet, gleitet ab in eine Dissoziation. Als er sich immer hilfloser fühlt, sein Telefon versagt und der Versuch des Kontaktes zu anderen Reisenden nicht gelingt, besteigt er voller Verzweiflung einen Turm und springt in suizidaler Absicht. Es folgen Monate der Behandlung in Unfall- und Reha-Kliniken.

Im therapeutischen Prozess mit diesem Patienten zeigt sich, dass die psychische Krise und der Suizidversuch sowohl mit der aktuellen Situation im Elternhaus als auch mit dem Erleben einer ganzen Reihe von Schwellensituationen in Zusammenhang steht: Es geht um Ablösung, um die Klärung der Berufswünsche, um das Eingehen von Liebesbeziehungen und das Erleben von Sexualität. All diese Ebenen setzen frühe Erfahrungen der Bindung und Wünsche der Exploration frei. Die Eltern erscheinen als psychisch unreif, unberechenbar und unzuverlässig; sie besitzen keine Kontrolle über ihre Affekte und können die Bedürfnisse und Wünsche ihres Sohnes nicht erkennen und akzeptieren. Sein Bindungsverhalten ist dadurch gefährdet, seine Selbstwertregulation destabilisiert:

> »Es entsteht ein Loyalitätskonflikt zwischen den vitalen Bedürfnissen nach Bindung einerseits und Autonomie andererseits. (...) Das Gleichgewicht ist in Gefahr, Schuldgefühle drohen überwältigend zu werden.«[950]

Ähnliche Phänomene sind in den vorausgegangenen Schilderungen der Reisetexte an vielen Stellen deutlich geworden – bei Strindberg beispielsweise, bei Schwarzenbach, bei Dauthendey und auch bei Bouvier, Schiller und Ruess.

---

950 ebd., S. 225

Dreizehn zusammenfassende Gedanken

Die Idee dieser Studie war es, anhand ausgewählter Texte zu zeigen, dass das Reisen die innere Konstitution labilisieren, die Wahrnehmung von Raum, Zeit und Weltverbundenheit erschüttern und tiefe existenzielle Verstörungen verursachen kann. Trennungen und Verlusterfahrungen gilt es zu bewältigen, mögliche Zweifel an der bisherigen Lebensgestaltung zu reflektieren, Momente der Einsamkeit und Entwurzelung zu durchleben. Das kann Gefühle des Ungeschütztseins, dramatische Angstzustände, depressive, dissoziative, wahnhafte oder psychotische Erlebnisformen zur Folge haben. Deutlich wurde auch, dass es sich bei der Entwicklung psychischer Krisen in der Fremde um grundsätzliche menschliche Reaktionsmuster handelt. Nicht nur prädisponierte, schon vor der Abreise psychisch auffällige Menschen sind gefährdet, sondern auch seelisch gesunde Reisende können in Angst und Panik geraten, wenn ihre Psyche die Integration der Fremdheitsberührung nicht meistert. Plötzlich befinden sie sich dann am Rande des »mittleren Tageswachbewusstseins«[951] oder mitten in »altered states of consciousness«. Es stellt sich vielleicht eine ozeanische Selbstentgrenzung ein, die sich um mystische Verschmelzung dreht. Oder es kommt zur angstvollen Ich-Auflösung, die dem Psychoseerleben nahekommt. Abschließend sollen die Erkenntnisse, die aus den theoretischen Reflexionen des Reisens und der Bearbeitung autobiografischer Reisetexte gewonnen wurden, in den folgenden 13 Aspekten zusammengefasst werden:

1. Die Reisenden, die hier zu Worte kamen, legten Zeugnis ab von dem Zustand des Ungeschütztseins in der Fremde. Ihre seelischen Erschütterungen, ihre Ängste vor dem Verlust der (Selbst-)Verständlichkeit rührten allerdings nicht nur aus individuellen psychischen Dispositionen. Um die Fremde wirklich zu verstehen und das eigene Selbst darin zu positionieren, verzichteten sie auf gesicherte Rückzugsmöglichkeiten. Sie machten es sich in der Fremde nicht bequem, räumlich nicht und auch

951 Scharfetter 1999b, S. 10

nicht geistig, legten sich nicht ins »warme Nest einer Weltanschauung«[952]. Gerade das half ihnen, die Welt in besonderer Offenheit anzuschauen und sie in sich eindringen zu lassen.

2. Das Reisen, so wurde auch deutlich, lässt sich nicht beschränken auf die Konfrontation mit der äußeren Fremde. Immer stellt es auch eine Erkundung der eigenen Einsamkeit dar. Das Unvertraute mobilisiert Befremdliches innerhalb des eigenen Selbst, sei es als bereichernde Begegnung mit ungekannten Regionen der Seele, sei es als gefährdende, gar abzuwehrende Ahnung, dass gleich neben unserem So-Sein auch ein Anders-Sein wohnt: »Wenn du all das verlässt, was zu dir gehört, verlässt du fast dich selbst.«[953]
3. Reisende zu sein heißt, ständig an die Gleichzeitigkeit der Ereignisse erinnert zu werden, in der Welt, die man besucht, und in der, die man verlassen hat.[954] Es übersteigt aber die Grenzen des Bewusstseins und der Einfühlung, wenn wir uns vorzustellen versuchen, welche räumlichen und zeitlichen Dimensionen uns als Reisende auf der Erde begegnen; noch schwieriger ist es, in diesen Unendlichkeiten den eigenen Platz zu verorten. Daher ist den hier vorgestellten Schriftstellern und Reisenden – mit ihren unterschiedlichsten Reiseerfahrungen – gemein, dass sie angesichts der Fremde an die Tiefen (und Untiefen) ihrer Seele gelangen und dabei Momente des psychischen Entgleitens überstehen müssen – oder daran zerbrechen.
4. Die Wahrnehmung der Fremde bzw. die Deutung befremdlicher Welten verlangt die gleichzeitige Aktivität verschiedener Sinne. Dies erinnert an das frühe Erleben und Erforschen der Welt, wie es kleinen Kindern zu eigen ist. Eigentlich noch schwach und unsicher, doch voller vitaler Neugier, erkunden sie ihre Umgebung. Sie tun dies nicht systematisch, sondern dem folgend, was die Sinne gerade anbieten. Es sind unbekannte Territorien, in die sie sich mit offenen Gefühlen aufmachen, und alles, was sie dabei entdecken, erleben sie zum ersten Mal:

---

952 Schweikert 1981, S. 85
953 Konrad, zit. n. Igel 2005, S. 55
954 Sontag 2004, S. 39

»Wir dürfen annehmen, dass diese Forschungsreisen für ein Kind Momente sind, die es hellwach, mit geballtem Staunen (...) erlebt, Momente, in denen die Zeit stillsteht, die dem kleinen Menschen seine ganze Konzentrationsfähigkeit abverlangen und die er, waren sie spannend genug, in den Erfahrungsschatz seines Seelengedächtnisses einreihen wird.«[955]

5. Die Fremde ist – für das kleine Kind wie für den erwachsenen Reisenden – nicht nur unbekanntes Terrain. Es repräsentiert (im tiefenpsychologischen Sinne) das Gegenstück zur Mutter. Dem Kind ermöglicht die Fremde, die Sinne zu erproben, zu explorieren und eine Beziehung zu etwas aufzunehmen, das nicht die Mutter ist.[956] Das bedeutet, unbekannte Welten zu erkunden und sich dabei aus der Geborgenheit zu lösen. Dieser Vorgang kann befreien und die Chance eröffnen, sich in der Fremde das zu holen, was die Mutter nicht hat. Das wiederum kann Lust und Angst zugleich erzeugen:
»Ich könnte bleiben, doch ich gehe. Ich könnte mich fesseln, doch ich reiße mich los. Es ist gut zu lieben, und gut, sich von dem zu entfernen, das man liebt. Es ist gut, sich zu binden, und gut, zu versuchen, die Bindungen zu lockern.«[957]
6. Fremdgehen, in die Fremde gehen, das Fremde erleben und genießen – das ist in der Regel nicht ohne Schuldgefühl zu haben. Schon die erste Trennung von der Mutter und die Hinwendung zu neuen Bindungspersonen, das Ansteuern neuer Ufer und die selbstverantwortliche Erkundung der Fremde ist manchmal so schwierig und schuldbeladen, dass sie nur äußerst radikal (Everett Ruess), äußerst ambivalent (Annemarie Schwarzenbach) oder äußerst sehnsüchtig (Max Dauthendey) begangen werden kann. Wer das Risiko eines solchen Schuldgefühls und vor allem einer (temporären) Bindungslosigkeit dennoch auf sich nimmt, weil er auf Entwicklung und Wandlung nicht verzichten möchte, den belebt das Reisen derart, dass er immer wieder die Konfrontation mit der Fremde sucht. Denn darin, im Zwischenraum

---

955 Hoffmann-Axthelm 2005, S. 48
956 vgl. Erdheim 1996, S. 177
957 Roy 1964, S. 6

von Bekanntem und Unbekanntem, konturiert sich sein Selbst. Und so erfährt er, nicht zuletzt in der Bewältigung der Ängste und Unsicherheiten, die das Reisen in die Fremde verlangt, wie er zur Welt und wie die Welt zu ihm steht.

7. Für einen kurzen Moment scheint dem Reisenden dann die Fremde zu genügen; sie ist zunächst nichts weiter als der Ort, an dem man die lästigen Haltetaue löst, die Strukturen und Anforderungen des Alltags hinter sich lässt. Damit scheint auch das Selbst befreit zu sein von seinen bisherigen Signaturen und Bedingungen. Doch bald spürt der Reisende, dass er nicht bedürfnislos gegenüber seiner neuen Umwelt bleiben kann und auch nicht »draußen« bleiben will. Das macht ungewohnte Formen der Beziehungsaufnahme und Beziehungsgestaltung nötig. Er muss erkennen, dass ihn nach der Freude des Fortkommens nun die Mühsal des Ankommens erwartet.
8. Reisende – wie Fremde überhaupt – veranschaulichen denen, die daheimbleiben, die Last ihrer Gebundenheit. Sie bringen Bewegung in die statische, wenig entwicklungsfreudige Gesellschaft, was einerseits zu Angst und Misstrauen führen kann, andererseits auch die eigene Enge und Kleingeistigkeit vor Augen führt und die Sehnsucht nach einem weiteren Horizont hervorruft. Doch ein neuer Horizont ist nur mit einem gewissen Verlust an Bindung und Zugehörigkeit zu erlangen. Etwas davon liegt jeder Reisebegegnung zugrunde: Anders als beim Zusammentreffen mit Verwandten, Freunden und Bekannten, mit denen man Vergangenes geteilt und Gemeinsames erlebt hat, wird man nun mit fremden Menschen konfrontiert, die einen selbst als Fremden ansehen. Kein Anknüpfungspunkt aus vergangenen Begegnungen lässt sich finden, keine gemeinsame Erinnerung wiederbeleben, keine Erwartung an eine gemeinsame Zukunft stellen:

»Wie Spinnen, deren Welt aus dem dünnen Faden ihres selbst gesponnenen Netzes besteht, müssen sich Fremde auf das Netz ihrer Blicke, Gesten und Worte verlassen: Kein Raum für Versuch und Irrtum, kein zweiter Versuch, keine Möglichkeit, aus Fehlern zu lernen.«[958]

958 Bauman 2003, S. 114

9. Andererseits wohnt der Fremde die Fähigkeit inne, den Reisenden (zumindest in glücklichen Momenten) zu verzaubern, ihn vielleicht sogar zu verwandeln. In seinem Versuch, die Fremde zu entschlüsseln und den Sinn dessen zu erfassen, was sich zunächst – in fremden Sprachen, Gesten, Gebräuchen, Ornamenten – als unzugänglich und verschlossen erweist, stößt er vor in Regionen, in denen sich die Bedeutungen von Phänomenen fast mythisch erschließen:

   »Ich mochte nicht mehr von hier weg, vor Hunderten Jahren war ich hier gewesen, aber ich hatte es vergessen und nun kam mir alles wieder. Ich fand jene Dichte und Wärme des Lebens ausgestellt, die ich in mir selber fühle. Ich war dieser Platz, als ich dort stand.«[959]

10. Die Erfahrung der Fremde kann über episodische Erlebnisse der Irritation hinaus zu unterschiedlichen Formen seelischer Verstörung führen: Angst- und Panikattacken können kurzfristig auftreten und rasch wieder vergehen, können sich aber auch tief in die Psyche einschreiben und das spätere Reiseverhalten nachhaltig beeinflussen; Dissoziationen können die Wahrnehmung der Umgebung und des eigenen Selbst für eine Weile verändern und den Reisenden mit der Frage zurücklassen, ob er denn noch Herr im eigenen Hause sei; Depressionen können den Menschen in der Fremde so niederdrücken, dass sein Selbst zu versinken droht und sein Lebenswille an den Rand der Suizidalität gerät; jugendliche Reisende können beim Verlassen sicherer Häfen auf der Suche nach dem eigenen Selbst in Situationen der Bindungslosigkeit und der Selbstauflösung geraten; wahnhafte Erlebnisse können den zeitweiligen Kontrollverlust und die Gefährdung der seelischen und körperlichen Integrität zur Folge haben; psychotische Krisen auf Reisen können schließlich das Lebenskonzept der Betroffenen dramatisch verändern und zu Einweisungen in psychiatrische Kliniken irgendwo am Ende der Welt führen – die nicht immer darauf eingerichtet sind, die Besonderheit der seelischen Entgleisung fremder Reisender adäquat zu begleiten. Die Gefährdung oder gar der Verlust des Selbst in der Fremde kann also heißen, dass Menschen unter-

---

959 Canetti 1991, S. 51

wegs die Fähigkeit verlieren, sich als Person, als lebendiges, integriertes, kohärentes Wesen überhaupt wahrzunehmen und die Kontrolle über das eigene Denken und Handeln zu bewahren.[960]

11. Wenn Eigenes sich in besonderem Maße dann herausbildet, wenn es mit Fremdem konfrontiert wird, so können sich in diesem Zusammenspiel die Konturen des Selbst und der Fremde auch verwischen. Gerade der Reisende kann sich vor die Frage gestellt sehen, auf welche Weise sich sein Selbst, welches ihn bislang auszumachen schien, von dem erlebten Fremden unterscheidet; und er wird gewahr, dass er dieses Selbst gar nicht mehr als wirklich kohärent und integriert erleben und sich nicht mehr selbstverständlich von dem, was ihn an Fremdheit umgibt, abgrenzen kann.[961] Diese Erkenntnis markiert, in wissenschaftstheoretischer wie in psychodynamischer Hinsicht, eine heikle Stelle: Subjekttheorien stoßen hier an ihre Grenze, wo sie eingestehen müssen, dass ein Spalt das Selbst – von dem Peter Fonagy[962] noch sagt, es bestehe »aus früheren und gegenwärtigen Beziehungen, durch die es seine Integrität und Kontinuität bewahrt« – durchzieht, dass es nicht wirklich als Ganzheit konzeptualisiert werden kann, weil nämlich seine Integrität immer von der Fremde unterminiert wird.
12. So könnte man sagen, dass die Schwierigkeit des Reisens heute nicht mehr – wie noch zu Zeiten der ›Grand Tour‹ – in der Frage liegt, wie man eine Identität ausbildet oder erweitert, sondern darin, wie man sein Selbst bewahrt und sich dennoch die Optionen moderner Lebensformen offenhält.[963] Begriffe wie Identität und Selbst haben ihre Festigkeit, Eindeutigkeit und Kontinuität verloren.[964] Auch die Welten selbst, durch die wir reisen, einst aus haltbaren Gegenständen aufgebaut, sind zu Stätten der Vergänglichkeit geworden. In solchen Welten scheinen flexible Formen

960 Benedetti 1986
961 vgl. Waldenfels 1990, S. 67
962 Fonagy 2003, S. 103
963 vgl. Bauman 1997, S. 144
964 vgl. Lasch 1985

des Selbst besser das psychische Überleben zu garantieren als unwiderruflich festgelegte Identitäten. Die Irritation der neuen Situation besteht darin, dass sich die sorgfältige Aufbauarbeit eines eigenen, unverwechselbaren Selbst als vergeblich und illusionär herausstellen könnte.[965]

13. Nirgends so sehr wie auf Reisen wird einem bewusst, dass die Annahme eines eigenen Selbst ein fragiles Konstrukt ist: Was man als Verankerung in der Welt empfand, erweist sich in der Relation zur Fremde als nur eine (sehr begrenzte) Möglichkeit, den Wirrungen neuer Erfahrungen standzuhalten. Entscheidungen, die man getroffen, Beziehungen, die man geknüpft, Trennungen und Abschiede, die man erlebt und erlitten, das Leben, das man bislang geführt hat, alles erscheint dem Reisenden ohne bleibenden Wert angesichts der existenziellen Verunsicherung, dass der bisherige Lebensentwurf sich als trügerische Illusion an Sicherheit erweisen und das eigene Selbst gar keinen festen Wohnsitz haben könnte. Doch gleichzeitig schafft das Reisen auch eine lustvolle und bereichernde Entfremdung zu sich selbst, eine »erlesene Distanz«[966], die – wie irritierend und desillusionierend sie auch sein mag – notwendig ist, um die Möglichkeitsräume des Seins zu imaginieren und den eigenen Weg darin zu reflektieren.

965 vgl. Bauman 1997, S. 144
966 Kristeva 1990, S. 23

SCHLUSSBEMERKUNG UND DANK

Die ersten Ideen und Impulse zu dieser Studie über das Selbst und die Fremde entstammen dem Psychose-Seminar[967] Münster. Auf einer Sitzung vor einigen Jahren unmittelbar vor den großen Ferien, die unter dem Motto »Vom Verlassen sicherer Häfen« stand, brachten Menschen mit Psychose-Erfahrungen zum Ausdruck, dass ihnen das Reisen ausgesprochen schwerfalle. Einige berichteten, dass sie gar nicht mehr reisen könnten, weil dann »die Pferde mit ihnen durchgingen«. Ein Teilnehmer erzählte, dass er auf Zugfahrten oft in diffuse Wahnstimmungen gerate, Bahnhöfe oder Flughäfen äußerst verwirrend fände und kaum mehr jemanden von dort abholen könne, so angstbesetzt seien diese Orte. Im Verlaufe des Gesprächs berichteten andere vom Verlust der äußeren und inneren Orientierung in der Fremde, von phobischen Erlebnissen auf Plätzen, Brücken oder an Meeresstränden, von Untergangsgefühlen beim Betreten von Fähren, von schlaflosen Nächten in Hotels mit unheimlicher Atmosphäre, von Bergwanderungen, auf denen sie außer sich geraten seien. Rucksackreisende (mit und ohne Drogenkonsum) sprachen von seelischen Krisen in den entlegensten Ecken der Welt, wo sie sich in psychiatrische Behandlung begeben mussten. Schließlich erwähnten mehrere Angehörige, dass ihre Töchter, Söhne oder Partner, die zuvor keineswegs als dünnhäutig und gefährdet galten, auf einer Reise oder beim Studium im Ausland dekompensiert seien und seitdem ihr seelisches Gleichgewicht kaum mehr wiedergefunden hätten.[968]

Der Gedanke ließ sich nicht mehr abschütteln, das Phänomen des Reisens näher zu erkunden und der Frage nachzugehen, welche besondere psychische Wirkkraft das Reisen zur Entfaltung

---

967 Psychose-Seminare sind Gesprächsrunden über seelische Erkrankungen aus verschiedenen Blickwinkeln. In solchen Seminaren, die regelmäßig (in Münster z.B. 14-täglich) angeboten werden, können Erfahrungen über psychische Krisen aus Sicht von Betroffenen, Angehörigen, professionellen und ehrenamtlichen Helfern sowie Studierenden und interessierten Bürgern ausgetauscht werden.

968 vgl. Clausen 1997

bringt. Schnell wurde klar, dass dieser Sachverhalt bislang nicht systematisch untersucht worden ist. Vielleicht wird die Sozialpsychologie, die Psychiatrie oder die Mental-Health-Forschung hier einmal weiter vorstoßen. Bis dahin bleibt der sinnvollste Zugang zu dieser Thematik die Sammlung und Aufbereitung von direkten Erfahrungen von Reisenden, die selbst in Krisen geraten sind und davon Zeugnis abgelegt haben. Zunächst bestand die Absicht, nur autobiografische Texte von seelisch erkrankten Menschen zur Grundlage dieser Studie zu machen, denn schon daraus ergaben sich Anhaltspunkte dafür, dass seelische Entgleisungen in der Fremde kein seltenes Phänomen sind und zu schweren Störungen führen können. Doch dann zeigte sich, dass auch zahlreiche Schriftstellerinnen und Schriftsteller Erfahrungen der Ungeborgenheit in der Fremde erlebt und erlitten haben, was ihre Wahrnehmung von sich und der Welt veränderte und bisweilen zu psychischen Irritationen führte.

Dankbar bin ich all jenen (genannten und ungenannten) Menschen, die bereit waren, ihre Erlebnisse der Verwirrung auf Reisen zu dokumentieren oder in Gesprächen davon zu berichten. Erst war nicht absehbar, dass dieses Erkenntnisinteresse zu einer wissenschaftlichen Arbeit führen könnte. Mein Dank gilt Herrn Professor Dr. Helmut Mair und Herrn Professor Dr. Helmut H. Koch, die mir die Möglichkeit gaben, dem Phänomen der psychischen Krisen auf Reisen und ihrer Verarbeitung in autobiografischen Texten systematisch nachzugehen. Die Begegnung mit Professor Koch vom Germanistischen Institut war ausgesprochen wichtig für mich, denn er machte mir durch seine wissenschaftlichen Kenntnisse und Projekte zum Thema »Lesen und Schreiben in psychischen Krisen« Mut zu der Studie, begleitete sie von Beginn an aufmerksam und verfolgte die Ausarbeitung sehr bereichernd. Recherchen an der von ihm geleiteten Dokumentationsstelle Randgruppenliteratur waren hilfreich und genau der richtige Ort für diese Arbeit. In gleichem Maße gab mir Professor Dr. Helmut Mair vom Fachbereich Erziehungswissenschaft der Universität Münster fachliche Unterstützung und war am Prozess der Entstehung und Ausgestaltung dieser Studie mit seinen Überlegungen und intensiven Hinweisen kontinuierlich beteiligt.

Der Förderkreis Sozialpsychiatrie Münster, den Professor Mair als Aufsichtsratsvorsitzender vertritt, war und ist für mich ein wichtiges Forum des Austausches. Hier ermöglichten Ulrich Hohenbrink, Artur Funk, Holger Stöhr und viele andere den Aufbau des Psychose-Seminars; für das Engagement in der gemeinsamen Moderation danke ich Stefanie Klüner, Ute Tempel, Winfried Kock und Britta Anger.

Die langjährige eigene Tätigkeit im psychiatrischen Arbeitsfeld sowie Tagungen der Deutschen Gesellschaft für Soziale Psychiatrie (DGSP) oder der Uniklinik Hamburg-Eppendorf, die sich mit der »subjektiven Seite der Schizophrenie« befassten, erweiterten mein Verständnis von psychischen Krisen. Viel lernte ich in der Redaktion der Zeitschrift »Soziale Psychiatrie« und von Menschen, die selbst Psychosen durchlebt haben oder als Angehörige von solchen Erfahrungen betroffen waren. All diese Begegnungen halfen mir bei der Frage, warum überhaupt Menschen so dramatisch aus dem Gleis geraten und buchstäblich verrückt werden können.

Ermutigend waren die Seminare des Doktoranden-Kolloquiums des Instituts für Sozialpädagogik der Universität Münster in der angenehmen Atmosphäre Rothenberges. Ferner unterstützte mich das Deutsche Literatur-Archiv bei der Materialsichtung. Die Gesprächsrunden im Collegienhaus in Marbach am Neckar enthielten spannende Anregungen.

In Ellens Buchhandlung in Münster und in der Buchhandlung Wetzstein in Freiburg bekam ich manchen guten Literaturhinweis und konnte mich über Neuerscheinungen auf dem Markt der autobiografischen Reisetexte auf dem Laufenden halten. Und zahlreiche Bekannte bereicherten durch ihre Erfahrungen mit der Fremde meinen Horizont. Sehr wertvoll waren die Hinweise von Dr. Michaela Walliser, die mich auf das Stendhal-Syndrom aufmerksam machte, mir Max Dauthendey nahelegte und die Korrektur unterstützte, ebenso wie Dr. Ekkehard Wurster und Dr. Thomas Böhm, deren methodische Nachfragen konstruktiv waren. Dr. Annette Kopetzky half mir beim Verständnis der Arbeit von Graziella Magherini, übersetzte Passagen und berichtete von Freuds Rom-Reisen. Durch Wilfried Fuchs und Barbara Krohn wurde ich mit Rolf D. Brinkmann vertraut und gewann einen Zugang zur literaturwissenschaftlichen Forschung bezüglich der Italienreisen deutscher Schriftstellerinnen und Schriftsteller. Ohne die Erfahrung von Sigmar Binder hätte ich Hölderlins Dichtung niemals so intensiv kennengelernt. Ihnen allen und den zahlreichen Kollegen und Freunden, die Anteil am Verlauf der Studie nahmen, danke ich für das Interesse und die guten Gespräche. Und schließlich gab Susanne Barenhoff den Dateien der Arbeit den letzten Feinschliff.

Vor allen Dingen danke ich meiner Familie für das Verständnis und die Unterstützung bei diesem Projekt. Durch ihre Hilfe konnte ich an wohltuenden Orten – auf einer Berghütte nahe der Lenzerheide, im Kloster St. Josef im Kanton Schwyz, in Schleswig am Ufer der Schlei, am Fuße des Teutoburger Waldes und besonders in Marbach am Neckar – in Ruhe arbeiten. Mein Sohn Benjamin zeigte viel Geduld mit mir, wenn ich in den letzten Jahren allzu oft am Schreibtisch saß oder den Kopf nur ungenügend frei hatte für spielerische Aktivitäten. In ganz besonderer Weise bin ich meiner Frau Barbara zu Dank verpflichtet: Sie hatte nicht nur großes Verständnis für die zeitaufwendige Beschäftigung, die für diese Studie notwendig war, sondern sah auch das Manuskript in den unterschiedlichsten Phasen immer wieder kritisch durch und gab mir wesentliche Anregungen. Ihr ist diese Arbeit gewidmet.

Jens Clausen
Münster, im Januar 2007

LITERATUR

Abdelouahab, Farid (2005): Unterwegs! Reisetagebücher aus fünf Jahrhunderten. Kehl: Kubik/RvR Verlag

Aderhold, Volkmar (1993): Die akute Schizophrenie als Prozess der Selbstgestaltung. Köln: Dissertation/Manuskript

Akashe-Böhme, Farideh (2000): In geteilten Welten. Fremdheitserfahrungen zwischen Migration und Partizipation. Frankfurt a. M.: Brandes u. Apsel

Alanen, Yrjö O. (2001): Schizophrenie. Entstehung, Erscheinungsformen und die bedürfnisangepasste Behandlung. Aus dem Englischen von Gernot Hess. Stuttgart: Klett-Cotta

Allers, Rudolf (1920): Über psychogene Störungen in sprachfremder Umgebung. In: Zeitschrift der Gesellschaft für Neurologische Psychiatrie, Heft 60/1920, S. 281–289

Amrain, Susanne (1992): Virginia Woolf 1882–1941. In: Duda, Sibylle; Pusch, Luise F. (Hg.): WahnsinnsFrauen. Frankfurt a. M.: Suhrkamp, S. 174–225

Andersch, Alfred (1970): Wanderungen im Norden. 5. Aufl., Zürich: Diogenes

Andreas-Salomé, Lou (1988): Rainer Maria Rilke. Frankfurt a. M.: Insel-Verlag

Anft, Michael (1993): Flow. Tourismus und Flow-Erleben. In: Hahn, Heinz; Kagelmann, H.-Jürgen (Hg.): Tourismuspsychologie und Tourismussoziologie. München: Quintessenz, S. 141–147

Arenz, Dirk (2001): Eponyme und Syndrome in der Psychiatrie. Biographisch-klinische Beispiele. Köln: Viavital-Verlag

Arieti, Silvano (1986): Schizophrenie. Ursachen – Verlauf – Therapie. 2. Aufl., München u. Zürich: Piper

Atik, Güldane (1990): Psychische und physische Gesundheit ausländischer Mitbürger in der Bundesrepublik. In: Evangelische Akademie Iserlohn (Hg.): Krank in der Fremde. Tagungsprotokoll, S. 24–40

Barnes, Mary (1973): Meine Reise durch den Wahnsinn. München: Kindler

Barthes, Roland (1981): Das Reich der Zeichen. Frankfurt a. M.: Suhrkamp

Bartholomew-Günther, Joachim (1994): Regelhafte Abläufe in der psychotherapeutischen Arbeit mit schizophren-regressiven Menschen. In: Streeck, Ulrich; Bell, Karin (Hg.): Die Psychoanalyse schwerer psychischer Erkrankungen. München: Pfeiffer, S. 244–257

Bartholomew-Günther, Joachim (1999): Moralität und Destruktivität – Zur Pathodynamik der Schizophrenie. In: Machleidt, Wielant; Haltenhof, Horst; Garlipp, Petra (Hg.): Schizophrenie – eine affektive Erkrankung? Stuttgart u. New York: Schattauer, S. 204–209

Bäuml, Josef (1994): Psychosen aus dem schizophrenen Formenkreis. Berlin/New York: Springer

BAUER, Joachim (2004): Das Gedächtnis des Körpers. Wie Beziehungen und Lebensstile unsere Gene steuern. München u. Zürich: Piper

BAUER, Thomas (2001): Fremdheit in der klassischen arabischen Kultur und Sprache. In: JOSTES, Brigitte; TRABANT, Jürgen (Hg.): Fremdes in fremden Sprachen. München: Fink-Verlag, S. 85–107

BAUERKÄMPER, Arnd; BÖDEKER, Hans Erich; STRUCK, Bernhard (Hg.) (2004): Die Welt erfahren. Reisen als kulturelle Begegnung von 1780 bis heute. Frankfurt a.M.: Campus

BAUM, Vicky (1987): Menschen im Hotel. Köln: Kiepenheuer & Witsch

BAUMAN, Zygmunt (1995): Identitätsprobleme in der Postmoderne. Vortrag auf dem Kongress der Neuen Gesellschaft für Psychologie am 2. März 1995 in München

BAUMAN, Zygmunt (1997): Flaneure, Spieler und Touristen. Essays zu postmodernen Lebensformen. Aus dem Englischen von Martin Suhr. Hamburg: Hamburger Edition

BAUMAN, Zygmunt (2003): Flüchtige Moderne. Aus dem Englischen von Reinhard Kreissl. Frankfurt a.M.: Suhrkamp

BECK, Adolf (1957): Eine Personalbeschreibung von Hölderlin und die Frage seines Weges nach Bordeaux. In: Hölderlin-Jahrbuch, Bd. 10, S. 67–72

BECK, Adolf (Hg.) (1975): Hölderlin. Chronik seines Lebens mit ausgewählten Bildnissen. Frankfurt a.M.: Insel

BECK, Adolf (1977): Hölderlin im Juni 1802 in Frankreich? Zur Frage seiner Rückkehr von Bordeaux. In: Hölderlin-Jahrbuch, Bd. 19/20 (1975–1977), S. 458–475

BECKER, Jürgen (1983): Die Tür zum Meer. Frankfurt a.M.: Suhrkamp

BEISSNER, Friedrich (1954): Hölderlin in Frankreich. In: Deutschland-Frankreich. Ludwigsburger Beiträge, Stuttgart: Deutsch-Französisches Institut, S. 120–130

BENDER, Hans (Hg.) (1978): Das Insel Buch vom Reisen. Frankfurt a.M.: Insel

BENEDETTI, Gaetano (1983): Todeslandschaften der Seele. Psychopathologie, Psychodynamik und Psychotherapie der Schizophrenie. Göttingen: Vandenhoeck & Ruprecht

BENEDETTI, Gaetano (1986): Der Identitätsverlust in der schizophrenen Psychose. In: BENEDETTI, Gaetano u. WIESMANN, Louis (Hg.): Ein Inuk sein. Interdisziplinäre Vorlesungen zum Problem der Identität. Göttingen: Vandenhoeck & Ruprecht, S. 224–238

BENJAMIN, Walter (1987): Berliner Kindheit um Neunzehnhundert. Fassung letzter Hand. Frankfurt a.M.: Suhrkamp

BENJAMIN, Walter (1991): Gesammelte Schriften. Unter Mitwirkung von Theodor W. Adorno und Gershom Scholem; hg. v. Rolf THIEDEMANN und Hermann SCHWEPPENHÄUSER. Frankfurt a.M.: Suhrkamp

BERGMANN, Klaus; OCKENFUß, Solveig (Hg.) (1984): Neue Horizonte. Eine Reise durch die Reisen. Reinbek bei Hamburg: Rowohlt

BERNHARDT, Rüdiger (1999): August Strindberg. München: Deutscher Taschenbuch Verlag

Bertaux, Pierre (1977): Hölderlin in und nach Bordeaux. Eine biographische Untersuchung. In: Hölderlin-Jahrbuch, Bd. 19/20, S. 94–111

Bertaux, Pierre (1981): Friedrich Hölderlin. Frankfurt a. M.: Suhrkamp

Bielefeld, Uli (1991): Das Konzept des Fremden und die Wirklichkeit des Imaginären. In: Ders. (Hg.), Das Eigene und das Fremde: Neuer Rassismus in der alten Welt? Hamburg: Junius, S. 97–128

Biernat, Ulla (2004): »Ich bin nicht der erste Fremde hier«. Zur deutschsprachigen Reiseliteratur nach 1945. Würzburg: Königshausen & Neumann

Binswanger, Ludwig (1965): Wahn. Beiträge zu einer phänomenologischen und daseinsanalytischen Erforschung. Pfullingen: Neske

Birnbaum, Karl (1920): Psycho-Pathologische Dokumente. Selbstbekenntnisse und Fremdzeugnisse aus dem seelischen Grenzlande. Berlin: Verlag Julius Springer

Bitterli, Urs (1991): Die ›Wilden‹ und die ›Zivilisierten‹. 2. Aufl., München: Beck

Blankenburg, Wolfgang (1971): Der Verlust der natürlichen Selbstverständlichkeit. Ein Beitrag zur Psychopathologie. Stuttgart: Enke

Bloch, Ernst (1959): Das Prinzip Hoffnung. Bd. 1, Kapitel 1–37. Frankfurt a. M.: Suhrkamp

Bock, Thomas et al. (Hg.) (1995): Abschied von Babylon. Verständigung über Grenzen in der Psychiatrie. Bonn: Psychiatrie-Verlag

Bock, Thomas (2004): Achterbahn der Gefühle. Mit Manie und Depression leben lernen. Bonn: Psychiatrie-Verlag

Bock, Thomas; Dörner, Klaus; Naber, Dieter (Hg.) (2004): Anstöße. Zu einer anthropologischen Psychiatrie. Bonn: Psychiatrie-Verlag

Bock, Thomas; Koesler, Andreas (2005): Bipolare Störungen. Manie und Depression verstehen und behandeln. Bonn: Psychiatrie-Verlag

Bock, Thomas (2006): Eigensinnig, jung, verrückt ... Wege zur ersten Behandlung junger psychotischer Menschen. In: Soziale Psychiatrie 1/2006, S. 38–40

Böker, Heinz (2001): Psychodynamik der affektiven Psychosen. In: Schwarz, Frank; Maier, Christian (Hg.): Psychotherapie der Psychosen. Stuttgart: Thieme, S. 170–188

Böldl, Klaus (2003): Die fernen Inseln. Frankfurt a. M.: S. Fischer

Boesch, Ina (1996): Reisen Frauen anders? Variationen über Miss Liberty. In: Grüttner, Karin; Plüss, Christine (Hg.): Herrliche Aussichten. Frauen im Tourismus. Zürich, S. 204–217

Boesch, Ernst (1998): Sehnsucht. Von der Suche nach Glück und Sinn. Bern: Verlag Hans Huber

Bohleber, Werner (1996a): Identität und Selbst. Die Bedeutung der neueren Entwicklungsforschung für die psychoanalytische Theorie des Selbst. In: Bohleber, Werner (Hg.): Adoleszenz und Identität. Stuttgart: Verlag Internat. Psychoanalyse, S. 268–302

Bohleber, Werner (1996b): Zur Psychoanalyse der männlichen Adoleszenz. In: Gruppenanalyse, Vol. 6, Heft 1, S. 41–56

BOHLEBER, Werner (1999c): Psychoanalyse, Adoleszenz und das Problem der Identität. In: Psyche, Heft 6/1999, S. 507–529

BOHLEBER, Werner (2004): Adoleszenz, Identität und Trauma. In: STREECK-FISCHER, Annette (Hg): Adoleszenz, Bindung, Destruktivität. Stuttgart: Klett-Cotta, S. 229–242

BOOMERS, Sabine (2004): Reisen als Lebensform. Frankfurt a. M.: Campus-Verlag

BOSSE, Hans (1994): Der fremde Mann. Eine Ethnoanalyse. Unter Mitarbeit von Werner Knauss. Frankfurt a. M.: S. Fischer

BOUVIER, Nicolas (2002 a): Die Erfahrung der Welt (*L'Usage du monde*. Genève 1963). Aus dem Französischen von Trude Fein. Herausgegeben von Roger PERRET. 3. Auflage, Basel: Lenos

BOUVIER, Nicolas (2002 b): Der Skorpionsfisch. Aus dem Französischen von Barbara Erni. Zürich: Ammann

BOUVIER, Nicolas (2005): Das Leere und das Volle. Reisetagebuch aus Japan. Aus dem Französischen von Giò Waeckerlin Induni. Basel: Lenos

BOWLBY, John (1975): Bindung. Eine Analyse der Mutter-Kind-Beziehung. München: Kindler

BOWLBY, John (1976): Trennung. Psychische Schäden als Folge der Trennung von Mutter und Kind. München: Kindler

BOWLBY, John (1982): Das Glück und die Trauer. Stuttgart: Klett-Cotta (orig. 1979: The making and breaking of affectional bonds. London: Tavistock Publications)

BOWLES, Paul (1990): Der Weg nach Tassemsit. Bonn: Frank & Frei Verlag

BOYLE, Nicholas (1991): Goethe. The Poet and the Age. Oxford: Clarendon Press

BRÄUER, Rolf (1997): Das abenteuerliche Unterwegssein und ›Erfahren‹ der Welt als konstitutive Existenzweise des epischen Helden der mittelalterlichen Literatur. In: ERFEN, Irene; SPIEß, Karl-Heinz (Hg.): Fremdheit und Reisen im Mittelalter. Stuttgart: Franz Steiner Verlag, S. 53–63

BRÄUNIG, Peter; KRÜGER, Stefanie (2000): Karl Ludwig Kahlbaum – ein Protagonist der modernen Psychiatrie. In: Psychiatrische Praxis, Heft 27, S. 112–118

BRAUDEL, Fernand (2001): Das Mittelmeer und die mediterrane Welt in der Epoche Phillips II. Darmstadt: Wissenschaftliche Buchgesellschaft

BRAUN, Otmar L. (1989): Vom Alltagsstress zur Urlaubszufriedenheit. Untersuchungen zur Psychologie des Touristen. Universität Bielefeld: Dissertation

BREMER, Fritz (1998): Erhörte Welt – Vom Heimweh nach den Stimmen der Götter. In: STRATENWERTH, Irene und BOCK, Thomas (Hg.): Stimmen hören. Hamburg: Kabel Verlag, S. 127–144

BRENK, Fabian (2004): Meine Psychoseerfahrung. www.mitglied.lycos.de/fbrenk/Psychose.htm (20.06.2004)

BRENNER, Peter J. (1990): Der Reisebericht in der deutschen Literatur. Ein Forschungsüberblick als Vorstudie zu einer Gattungsgeschichte. Tübingen: Niemeyer

BRESSER, Harald (1995): Gesund auf Reisen. Hattdorf: Schettler

Brilli, Attilio (1997): Als Reisen eine Kunst war. Berlin: Wagenbach

Brilli, Attilio (1999): Das rasante Leben. Die Anfänge des Reisens mit dem Automobil. Berlin: Wagenbach

Brinkmann, Rolf Dieter (1979): Rom, Blicke. Reinbek b. Hamburg: Rowohlt

Brinkmann, Rolf Dieter (1987): Erkundungen für die Präzisierung des Gefühls für einen Aufstand. Reinbek bei Hamburg: Rowohlt

Brisch, Karl Heinz (1999): Bindungsstörungen. Von der Bindungstheorie zur Therapie. Stuttgart: Klett-Cotta

Brisch, Karl Heinz; Grossmann, Klaus E.; Grossmann, Karin; Köhler, Lotte (Hg.): (2002): Bindung und seelische Entwicklungswege. Grundlagen, Prävention, klinische Praxis. Stuttgart: Klett-Cotta

Brisch, Karl Heinz (2003): Grundlagen der Bindungstheorie und aktuelle Ergebnisse der Bindungsforschung. In: Finger-Trescher, Ute; Krebs, Heinz (Hg.): Bindungsstörungen und Entwicklungschancen. Gießen: Psychosozial-Verlag, S. 51–69

Brose, Hanns-Georg; Hildenbrand, Bruno (1988): Vom Ende des Individuums zur Individualität ohne Ende. Opladen: Leske und Budrich

Bruns, Georg (1991): Die Fähigkeit zum Abschied. Frühkindliche Separation als Modell der Überwindung von Trauer, Depression und Psychose. In: Jahrbuch der Psychoanalyse, Bd. 28, S. 71–105

Buch, Hans Christoph (1991): Die Nähe und die Ferne. Bausteine zu einer Poetik des kolonialen Blicks. Frankfurt a.M.: Suhrkamp

Buck, Dorothea (1996): Symbolhandlungen als Ausdruck des Sinn-Erlebens in der Psychose. In: Brückenschlag. Zeitschrift für Sozialpsychiatrie 12/1996, S. 12–19

Bülow, Edeltraud (1998): Schreiben und Lesen in kognitionstheoretischer Sicht. In: Koch, Helmut H.; Keßler, Nicola (Hg.): Lesen und Schreiben in psychischen Krisen, Bd. 1: Gespräche zwischen Wissenschaft und Praxis. Bonn/Neumünster: Psychiatrie-Verlag/Paranus-Verlag, S. 100–106

Büscher, Wolfgang (2003): Berlin–Moskau. Eine Reise zu Fuß. 3. Aufl., Reinbek bei Hamburg: Rowohlt

Bulik, Sven Ramos (2006): Was für eine Reise. Bis an die Grenzen des Verstandes. Und zurück. In: Soziale Psychiatrie 1/2006, S. 20–23

Burke, Ross David (1997): Wenn die Musik verstummt. Meine Reise in die Schizophrenie. Köln: Kiepenheuer & Witsch

Burkhardt-Neumann, Carola (1999): Bin ich wirklich schizophren? Die unsicheren Diagnosen der Psychiatrie und ihre Folgen für die Patienten. München: Zenit-Verlag

Campanile, Anna (2001): »Mit einem Blick, der von weither zu kommen scheint.« Die Fremdwahrnehmung im Werk Annemarie Schwarzenbachs. In: Willems, Elvira (Hg.): Annemarie Schwarzenbach: Autorin – Reisende – Fotografin. 2. Aufl., Herbolzheim: Centaurus Verlag, S. 93–105

Camus, Albert (1972): Tagebücher 1935–1951. Aus dem Französischen von Guido G. Meister. Reinbek bei Hamburg: Rowohlt

CAMUS, Albert (1973 a): Licht und Schatten. In: DERS., Literarische Essays. Deutsch von G. Meister. Reinbek bei Hamburg: Rowohlt, S. 8–74

CAMUS, Albert (1973 b): Hochzeit des Lichts. In: DERS., Literarische Essays. Deutsch von G. Meister. Reinbek bei Hamburg: Rowohlt, S. 76–121

CAMUS, Albert (1991): Tagebuch März 1951 bis Dezember 1959. Aus dem Französischen von G. Meister. Reinbek bei Hamburg: Rowohlt

CAMUS, Albert (1997): Reisetagebücher. Herausgegeben von Roger Quilliot. Deutsch von Guido G. Meister. Reinbek bei Hamburg: Rowohlt

CANETTI, Elias (1965): Dialog mit dem grausamen Partner. In: SCHULTZ, Uwe (Hg.): Das Tagebuch und der moderne Autor. München: Carl Hanser, S. 49–70

CANETTI, Elias (1970): Alle vergeudete Verehrung. Aufzeichnungen 1949–1960. München: Carl Hanser

CANETTI, Elias (1980): Die Stimmen von Marrakesch. Aufzeichnungen nach einer Reise. Frankfurt a. M.: S. Fischer

CENDRARS, Blaise (2005): Abhauen. In: ZINGG, Martin (Hg.): Auf Reisen. Geschichten von unterwegs. Basel: Lenos Verlag, S. 13–20

CHASSEGUET-SMIRGEL, Janine (1995): Das Ich-Ideal. Psychoanalytische Essays über die »Krankheit der Idealität«. Frankfurt a. M.: Suhrkamp

CHATWIN, Bruce (1991): Was mache ich hier? Aus dem Englischen von Anna Kamp. München/Wien: Carl Hanser

CHATWIN, Bruce (1995): Auf Reisen. Photographien und Notizen, hg. von David KING und Francis WYNDHAM. Frankfurt a. M.: Fischer

CHATWIN, Bruce (1996): Der Traum der Ruhelosen. Aus dem Englischen von Anna Kamp. München/Wien: Carl Hanser

CIOMPI, Luc (1998): Affektlogik. Über die Struktur der Psyche und ihre Entwicklung. 5. Aufl., Stuttgart: Klett-Cotta

CLAESSENS, Dieter (1991): Das Fremde, Fremdheit und Identität. In: SCHÄFFTER, Ortfried (Hg.): Das Fremde. Erfahrungsmöglichkeiten zwischen Faszination und Bedrohung. Opladen: Westdeutscher Verlag, S. 45–55

CLAUSEN, Jens (1997): Vom Verlassen sicherer Häfen. In: Soziale Psychiatrie 4/1997, S. 4–7

COLLATZ, Jürgen (2001): Bedarf und Inanspruchnahme psychiatrischer Versorgung durch Migrantinnen und Migranten. In: HEGEMANN, Thomas u. SALMAN, Ramazan (Hg.): Transkulturelle Psychiatrie. Konzepte für die Arbeit mit Menschen aus anderen Kulturen. Bonn: Psychiatrie-Verlag, S. 52–63

CONFINO, Alon (1998): Tourismusgeschichte Ost- und Westdeutschlands. Ein Forschungsbericht. In: Voyage. Jahrbuch für Reise- und Tourismusforschung. Bd. 2, Köln: DuMont-Verlag, S. 145–151

CREMERIUS, Johannes (1981): Die Konstruktion der biographischen Wirklichkeit im analytischen Prozeß. In: CREMERIUS, Johannes et al. (Hg): Freiburger literaturpsychologische Gespräche, Bd. 1, Frankfurt a. M.: P. Lang Verlag, S. 15–37

CREMERIUS, Johannes et al. (Hg.) (1991): Über sich selber reden. Freiburger literaturpsychologische Gespräche, Bd. 11, Würzburg: Königshausen & Neumann

CSIKSZENTMIHALYI, Mihaly (1985): Das Flow-Erlebnis. Stuttgart: Klett-Cotta

Damasio, Antonio R. (2000): Ich fühle, also bin ich. Die Entschlüsselung des Bewusstseins. Aus dem Englischen von Hainer Kober. 2. Aufl., München: List Verlag

Damm, Sigrid (1989): Vögel, die verkünden Land. Das Leben des Jakob Michael Reinhold Lenz. Frankfurt a. M.: Insel

Dauthendey, Max (1935): Die festliche Weltreise. Eine Auswahl aus seinen Werken. München: Langen Müller Verlag

Dauthendey, Max (1978): Exotische Novellen. Herausgegeben von H. Gerstner. Stuttgart: Reclam

Dauthendey, Max (1990): Sieben Meere nahmen mich auf. Lebensbild. Herausgegeben von Hermann Gerstner. Frankfurt a. M.: Ullstein

David, Matthias (Hg.) (2001): Migration und Gesundheit. Zustandsbeschreibung und Zukunftsmodelle. 3. Aufl., Frankfurt a. M.: Mabuse

Dewitz, Hans-Georg (1980): Nachwort zu Goethes Tagebuch der ersten Schweizer Reise 1775. Frankfurt a. M.: Insel-Verlag

Dietsche, Petra (1985): Das Staunen über das Fremde. Frankfurt a. M.: Peter Lang Verlag

Dilling, Horst et al. (Hg.) (1999): Internationale Klassifikation psychischer Störungen: ICD-10. Kapitel V (F): klinisch-diagnostische Leitlinien. 3. Aufl., Bern/Stuttgart/Toronto: Hans Huber

Dönhoff, Marion Gräfin v. (1998): Der Effendi wünscht zu beten. Reisen in die vergangene Fremde. Berlin: Siedler

Dörner, Klaus; Plog, Ursula (2002): Irren ist menschlich. Lehrbuch der Psychiatrie und Psychotherapie. Neuausgabe. Bonn: Psychiatrie-Verlag

Dohrenwend, Barbara P. et al. (1995): Life events an other possible psychosocial risk factors for episodes of schizophrenia and major depression: A case-control study. In: Mazure, Carolyn M. (Hg.): Does stress cause psychiatric illness? Washington DC: American Psychiatric Press, S. 43–65

Donner, Herbert (1979): Pilgerfahrt ins Heilige Land. Die ältesten Berichte christlicher Palästina-Pilger. Stuttgart: Verlag Katholisches Bibelwerk

Dornes, Martin (1997): Die frühe Kindheit. Entwicklungspsychologie der ersten Lebensjahre. Frankfurt a. M.: Fischer

Eckardt-Henn, Annegret; Hoffmann, Sven Olaf (2004): Dissoziative Bewusstseinsstörungen. Theorie, Symptomatik, Therapie. Stuttgart/New York: Schattauer

Eder, Walter (1991): Zu Hause in der Fremde? Der Verlust der Raumerfahrung als Verlust des Erfahrungsraums beim Reisen. In: Schäffter, Ortfried (Hg.): Das Fremde. Erfahrungsmöglichkeiten zwischen Faszination und Bedrohung. Opladen: Westdeutscher Verlag, S. 158–172

Ehrenberg, Alain (2004): Das erschöpfte Selbst. Depression und Gesellschaft in der Gegenwart. Aus dem Französischen von Manuela Lenzen und Martin Klaus. Frankfurt a. M.: Campus-Verlag

Eissler, Kurt R. (1983): Goethe. Eine psychoanalytische Studie. Frankfurt a. M.: Stroemfeld

Eissler, Kurt R. (1989): Sigmund Freud – eine biographische Skizze. In: Freud, Ernst; Freud, Lucie; Grubrich-Simitis, Ilse (Hg.): Sigmund Freud – Sein Leben in Bildern und Texten. Frankfurt a. M.: Insel, S. 10–39

Ekstein, Rudolf (1996): Schizophrene Jugendliche im Kampf um Trennung und Individuation. In: Bohleber, Werner (Hg.): Adoleszenz und Identität. Stuttgart: Verlag Internationale Psychoanalyse, S. 208–237

Elgeti, Ricarda (1999): Die Bedeutung von Bindungswünschen als Auslöser schizophrenen Erlebens. In: Machleidt, Wielant; Haltenhof, Horst; Garlipp, Petra (Hg.): Schizophrenie – eine affektive Erkrankung? Stuttgart u. New York: Schattauer, S. 220–227

Engelhardt, Michael von (1990): Sprache und Identität. Zur Selbstdarstellung und Selbstsuche im autobiographischen Erzählen. In: Kössler, Henning (Hg.): Sprache. Fünf Vorträge. Erlangen: Universitätsverlag, S. 65–88

Enzensberger, Hans Magnus (Hg.) (1995): Nie wieder! Die schlimmsten Reisen der Welt. Frankfurt a. M.: Eichborn

Erdheim, Mario (1988): Psychoanalyse und Unbewußtheit in der Kultur. Aufsätze 1980–1987. Frankfurt a. M.: Suhrkamp

Erdheim, Mario (1993): Das Fremde – Totem und Tabu in der Psychoanalyse. In: Streeck, Ulrich (Hg.): Das Fremde in der Psychoanalyse. Erkundungen über das ›Andere‹ in Seele, Körper und Kultur. München: Pfeiffer, S. 167–183

Erdheim, Mario (1996): Das Eigene und das Fremde. Ethnizität, kulturelle Unverträglichkeit und Anziehung. In: Haase, Helga (Hg.): Ethnopsychoanalyse. Wanderungen zwischen den Welten. Stuttgart: Verlag Internationale Psychoanalyse, S. 173–190

Erdheim, Mario; Nadig, Maya (1979): Größenphantasien und sozialer Tod. In: Kursbuch 58, hg. v. Hans M. Enzensberger, Berlin: Rotbuch-Verlag, S. 115–126

Erikson, Erik H. (1976): Kindheit und Gesellschaft. 6. Aufl., Stuttgart: Klett-Cotta (orig. 1950)

Erikson, Erik H. (1979): Identität und Lebenszyklus. 5. Aufl., Frankfurt a. M.: Suhrkamp (orig. 1959)

Erlenberger, Maria (1977): Der Hunger nach Wahnsinn. Ein Bericht. Reinbek bei Hamburg: Rowohlt

Ernst, Heiko (1999): Reisen, um sich zu verändern. In: Psychologie Heute 7/1999, S. 20–27

Ertl, Eric (1984): Auf eigenen Füßen. In: Bergmann, Klaus; Ockenfuß, Solveig (Hg.): Neue Horizonte. Eine Reise durch die Reisen. Reinbek bei Hamburg: Rowohlt, S. 187–207

Eschbach-Szabo, Viktoria (2001): Das Fremde auf den fernen japanischen Inseln. In: Jostes, Brigitte; Trabant, Jürgen (Hg.): Fremdes in fremden Sprachen. München: Fink-Verlag, S. 205–225

Falkai, Peter (2003): Schizophrenie – auf einen Blick. Berlin/Oxford: Blackwell-Verlag

Farrelly, Daniel J. (1995): »Wie bin ich froh, dass ich weg bin«: Goethes erste

Reise in die Schweiz – Reisen als Flucht. In: Fuchs, Anne und Harden, Theo (Hg.): Reisen im Diskurs. Modelle der literarischen Fremderfahrung von den Pilgerberichten bis zur Postmoderne. Heidelberg: Universitätsverlag C. Winter, S. 417–427

Fend, Helmut (1994): Die Entdeckung des Selbst und die Verarbeitung der Pubertät. Bern/Göttingen/Toronto: Hans Huber

Fermor, Patrick L. (2000): Reise in die Stille. München: Hanser-Verlag

Fichtner, Gerhard (Hg.) (1980): Psychiatrie zur Zeit Hölderlins. Tübingen: Universitätsbibliothek

Fiedler, Peter (2001): Dissoziative Störungen und Konversion. 2., vollständig überarbeitete und erweiterte Auflage, Weinheim: Beltz

Finck, Almut (1999): Autobiographisches Schreiben nach dem Ende der Autobiographie. Berlin: Erich Schmidt Verlag

Finger-Trescher, Urte; Krebs, Heinz (Hg.) (2003): Bindungsstörungen und Entwicklungschancen. Gießen: Psychosozial-Verlag

Finzen, Asmus (1993): Schizophrenie. Die Krankheit verstehen. Bonn: Psychiatrie-Verlag

Fischer, Gottfried (1996): Die beziehungstheoretische Revolution. Gedanken zur Methodik der modernen psychoanalyt. Literaturwissenschaft. In: Cremerius, Johannes et al. (Hg): Methoden in der Diskussion. Freiburger lit. psychol. Gespräche, Bd. 15, Würzburg: Königshausen & Neumann, S. 11–32

Fisher, Shirley (1990): Heimweh. Das Syndrom und seine Bewältigung. Bern/Göttingen/Toronto: Hans Huber

Fleischmann, Uta (1988): Reisen ins Leere der Welt. Annemarie Schwarzenbach 1908–1942. In: Potts, Lydia (Hg.): Aufbruch und Abenteuer. Frauen-Reisen um die Welt ab 1785. Berlin: Orlanda, S. 163–168

Fleischmann, Uta (Hg.) (2001): »Wir werden es schon zuwege bringen, das Leben«. Annemarie Schwarzenbach an Erika und Klaus Mann; Briefe 1930–1942. 3. Aufl., Herbolzheim: Centaurus Verlag

Fonagy, Peter (2003): Bindungstheorie und Psychoanalyse. Aus dem Englischen von Maren Klostermann. Stuttgart: Klett-Cotta

Frederiksen, Elke (1991): »Ich reise, um zu leben«. Selbsterfahrung in der Erfahrung des Fremden. In: Iwasaki, Eijiro (Hg.) (1991): Begegnung mit dem ›Fremden‹. Akten des VIII. Internationalen Germanisten-Kongresses Tokyo 1990. Bd. 9, München: Iudicium-Verlag, S. 209–219

Freud, Ernst; Freud, Lucie; Grubrich-Simitis, Ilse (Hg.) (1989): Sigmund Freud – Sein Leben in Bildern und Texten. Frankfurt a. M.: Insel

Freud, Sigmund (1910): Über einen besonderen Typus der Objektwahl beim Manne. In: Ders., Gesammelte Werke, Bd. XIV, Frankfurt a. M.: S. Fischer, S. 419–506

Freud, Sigmund (1968): Briefe 1873–1939. Ausgewählt und herausgegeben von Ernst und Lucie Freud. 2. Aufl., Frankfurt a. M.: S. Fischer

Freud, Sigmund (1999): Gesammelte Werke, Bd. 1–18, Frankfurt a. M.: S. Fischer

Freud, Sigmund (2002): »Unser Herz zeigt nach Süden«. Reisebriefe 1895–1923. Herausgegeben von Christfried Tögel unter Mitarbeit von Michael Molnar. Berlin: Aufbau-Verlag

Frey, Hans P.; Haußer, Karl (Hg.) (1987): Identität. Entwicklungen psychologischer und soziologischer Forschung. Stuttgart: Enke-Verlag

Frisch, Max (1975): Stichworte. Ausgewählt von Uwe Johnson. Frankfurt a. M.: Suhrkamp

Fritz, Horst (1990): Innerlichkeit und Selbstreferenz. In: Engelhardt, Dietrich von (Hg.): Melancholie in Literatur und Kunst. Hürtgenwald: G. Pressler Verlag, S. 89–110

Ganeshan, Vridhagiri (1994): Das Eigene und das Fremde in der Indienbegegnung deutscher Schriftsteller. In: Hardt, Dietrich (Hg.): Fiktion des Fremden. Erkundung kultureller Grenzen in Literatur und Publizistik. Frankfurt a. M.: Fischer, S. 161–179

Garten, Gertrud auf dem (1995): Schattenbilder. Tagebuch eines Weges aus der Psychiatrie. Neumünster: Paranus-Verlag

Gay, Peter (1989): Freud. Eine Biographie für unsere Zeit. Frankfurt a. M.: S. Fischer Verlag

Gebauer, O. J. (1981): Urlaub und Erholung in therapeutischer Sicht. Diss. phil. Freie Universität Berlin

Gellhorn, Martha (1990): Reisen mit mir und ihm. Berichte. Reinbek bei Hamburg: Rowohlt

Georgiadou, Areti (1995): »Das Leben zerfetzt sich mir in tausend Stücke«: Annemarie Schwarzenbach – eine Biographie. Frankfurt a. M./New York: Campus Verlag

Gersdorff, Dagmar v. (2002): Goethes erste große Liebe Lili Schönemann. Frankfurt a. M.: Insel Verlag

Geuter, Ulfried (2003): Das bin ich! Oder nicht? In: Psychologie Heute, Oktober 2003, S. 26–29

Ginzburg, Natalie (1984): Ungeschickte Reisende. In: DU – Die Zeitschrift für Kunst und Kultur 12/1984, S. 122–123

Görner, Rüdiger (2003): Im Allgäu, Grafschaft Norfolk. In: Arnold, Heinz L. (Hg.): Text und Kritik, Bd. 158: W. G. Sebald. München: Boorberg, S. 23–29

Goethe, Johann Wolfgang (1887): Gesammelte Werke, herausgegeben im Auftrag der Großherzogin Sophie von Sachsen, Weimar 1887–1919 (Weimarer Ausgabe)

Goethe, Johann Wolfgang (1976): Italienische Reise. Auch ich in Arkadien! Frankfurt a. M.: Insel-Verlag

Goethe, Johann Wolfgang (1980): Tagebuch der ersten Schweizer Reise 1775. Herausgegeben von Hans-Georg Dewitz. Frankfurt a. M.: Insel

Goethe, Johann Wolfgang (1997): Sämtliche Werke in 40 Bänden. Frankfurt a. M.: Deutscher Klassiker Verlag

Goldblatt, David (1995): Zwei Wochen des Dabeiseins – die Integration der

Psychose in die Person. In: Bock, Thomas et al. (Hg.): Abschied von Babylon. Verständigung über Grenzen in der Psychiatrie. Bonn: Psychiatrie-Verlag, S. 223–230

Goldmann, Stefan (1988): Leitgedanken zur psychoanalytischen Hermeneutik autobiographischer Texte. In: Jahrbuch der Psychoanalyse 23, S. 242–260

Gorenstein, Friedrich (1995): Reisegefährten. Berlin: Rowohlt

Gräf, Holger; Pröve, Ralf (1997): Wege ins Ungewisse. Reisen in der frühen Neuzeit 1500–1800. Frankfurt a. M.: S. Fischer

Graf, Bettina (2002): Reisen und seelische Gesundheit. Erfahrungs(t)räume zwischen Autonomie und Geborgenheit. München/Wien: Profil-Verlag

Grassi, Ernesto (1955): Reisen ohne anzukommen. Südamerikanische Meditationen. Hamburg: Rowohlt

Grefe, Christiane (1998): Reisen. Kleine Philosophie der Passionen. München: Deutscher Taschenbuch Verlag

Greve, Werner (Hg.) (2000): Psychologie des Selbst. Weinheim: Beltz/Psychologie Verlags Union

Grill, Bartholomäus (1999): Reise durch das Herz des Schwarzen Kontinents. In: Gaede, Peter-Matthias (Hg.): Frühstück in Timbuktu. Abenteuerliche Geschichten. München: Piper, S. 235–268

Grinberg, Leon; Grinberg, Rebeca (1990): Psychoanalyse der Migration und des Exils. Stuttgart: Klett-Cotta

Grön, Ortrud (1996): Fenstersprung in die Wahrheit. In: Brückenschlag, Zeitschrift für Sozialpsychiatrie, Literatur, Kunst. Bd. 12, S. 43–57

Groß, Jan; Bock, Thomas (1988): Entwurzelung und Leben in der Fremde. In: Morten, Antonio (Hg.): Vom heimatlosen Seelenleben. Entwurzelung, Entfremdung und Identität. Bonn: Psychiatrie-Verlag, S. 13–21

Gross, Martin (1991): Ferne/Nähe. Einige Überlegungen zum »vorläufig letzten Versuch, die Fremde zu erfinden.« In: Schäffter, Ortfried (Hg.): Das Fremde. Erfahrungsmöglichkeiten zwischen Faszination und Bedrohung. Opladen: Westdeutscher Verlag, S. 56–71

Günther, Dagmar (1998): Alpine Quergänge. Kulturgeschichte des bürgerlichen Alpinismus. Frankfurt a. M.: Campus

Haase, Helga (Hg.) (1996): Ethnopsychoanalyse. Wanderungen zwischen den Welten. Stuttgart: Verlag Internationale Psychoanalyse

Häfner, Heinz (2005): Das Rätsel Schizophrenie. Eine Krankheit wird entschlüsselt. 3., vollst. überarb. Aufl., München: C. H. Beck

Härtel, Insa (2005): Verrückte Phantasie, paranoide Autorität, politische Psychose. In: Pazzini, Karl-Josef; Schuller, Marianne; Wimmer, Michael (Hg.): Wahn – Wissen – Institution. Undisziplinierbare Näherungen. Bielefeld: Transcript-Verlag, S. 91–113

Hahn, Alois (1987): Identität und Selbstthematisierung. In: Hahn, Alois; Kapp, Volker (Hg.): Selbstthematisierung und Selbstzeugnis: Bekenntnis und Geständnis. Frankfurt a. M.: Suhrkamp

Hahn, Heinz u. Kagelmann, H. Jürgen (Hg.) (1993): Tourismuspsychologie und

Tourismussoziologie. Ein Handbuch zur Tourismuswissenschaft. München: Quintessenz-Verlag

HANNOVER, Bettina (2000): Das kontextabhängige Selbst. In: GREVE, Werner (Hg.): Psychologie des Selbst. Weinheim: Beltz, S. 227–238

HARRER, Heinrich (1969): Geister und Dämonen. Magische Erlebnisse in fernen Ländern. Frankfurt a. M.: Ullstein

HART, Maarten 't (1999): Ein Schwarm Regenbrachvögel. Frankfurt a. M.: Suhrkamp

HARTMANN, Hans-Peter (Hg.) (1998): Das Selbst im Lebenszyklus. Frankfurt a. M.: Suhrkamp

HARTMANN, Klaus D. (1979): Psychologie des Reisens. In: HINSKE, Norbert (Hg.): Reisen und Tourismus. Auswirkungen auf die Landschaft und den Menschen. Trier: Universitätsverlag, S. 15–21

HAUPTMANN, Gerhard (1987): Diarium 1917–1933. Herausgegeben von Martin MACHATZKE. Frankfurt a. M.: Ullstein

HEGEMANN, Thomas u. SALMAN, Ramazan (Hg.) (2001): Transkulturelle Psychiatrie. Konzepte für die Arbeit mit Menschen aus anderen Kulturen. Bonn: Psychiatrie-Verlag

HEINE, Heinrich (1961): Die Harzreise. In: DERS., Werke und Briefe, Bd. 3, Berlin: Aufbau-Verlag

HEINE, Heinrich (1982): Reisebilder. Frankfurt a. M.: Insel Verlag

HEINEMANN, Evelyn; HOPF, Hans (2001): Psychische Störungen in Kindheit und Jugend. Stuttgart: Kohlhammer

HEINRICHS, Hans-Jürgen (1992): Inmitten der Fremde. Reinbek bei Hamburg: Rowohlt

HEINRICHS, Hans-Jürgen (1993): Die geheimen Wunder des Reisens. Graz und Wien: Droschl

HEINRICHS, Hans-Jürgen (1996): Die Erfindung des Fremden und die Entdeckung des Eigenen. In: DERS., Erzählte Welt. Lesarten der Wirklichkeit. Reinbek bei Hamburg: Rowohlt, S. 33–74

HEINRICHS, Hans-Jürgen (1997 a): Das Feuerland-Projekt. Über das Reisen. Hamburg: Europäische Verlagsanstalt

HEINRICHS, Hans-Jürgen (Hg.) (1997 b): Das Fremde verstehen. Gespräche über Alltag, Normalität und Anormalität. Neuauflage, Gießen: Psychosozial-Verlag

HEINRITZ, Reinhard (1998): »Andre, fremde Welten«. Weltreisebeschreibungen im 18. und 19. Jahrhundert. Würzburg: Ergon-Verlag

HEINTZ-GRESSER, Anne-Marie (2001): Annemarie Schwarzenbach als Thomas-Mann-Gestalt. In: WILLEMS, Elvira (Hg.): Annemarie Schwarzenbach. 2. Aufl., Herbolzheim: Centaurus Verlag, S. 79–92

HELLER, Andreas (1999): Apocalypse now. In: Neue Zürcher Zeitung, 06.12.1999, S. 5

HENNIG, Christoph (1997): Reiselust. Touristen, Tourismus und Urlaubskultur. Frankfurt a. M.: Suhrkamp

HENRICHS, Benjamin (2005): Da unten aber ist's fürchterlich. Der Mensch und das Meer: Eine ewige Liebesgeschichte, ein einziger Alptraum. In: Süddeutsche Zeitung Nr. 138 (18.06.2005)

Henrichs, Benjamin (2006): Peers Liebe zum Meer. Eine Reise für Henrik Ibsen mit der ›Mitnatsol‹. In: Süddeutsche Zeitung Nr. 114/18. Mai 2006, S. V2/1

Hentschel, Uwe (1999): Studien zur Reiseliteratur am Ausgang des 18. Jahrhunderts. Frankfurt a.M.: P. Lang Verlag

Herrmann, Karsten (1999): Bewußtseinserkundungen im ›Angst- und Todesuniversum‹. Rolf Dieter Brinkmanns Collagebücher. Bielefeld: Aithesis Verlag

Herzog, Werner (1978): Vom Gehen im Eis. München – Paris 23.11. bis 14.12.1974. München u. Wien: Hanser

Hölderlin, Friedrich (1946): Sämtliche Werke. Große Stuttgarter Ausgabe (St. A.). Hg. von F. Beißner. Stuttgart: Kohlhammer Verlag

Hölderlin, Friedrich (1969): Werke und Briefe. Herausgegeben von F. Beißner und J. Schmidt, Bd. 2, Frankfurt a.M.: Insel Verlag

Hoffmann-Axthelm, Dagmar (2005): »Aus der Seele« oder »wie ein abgerichteter Vogel«? Über künstlerische Authentizität. In: Neue Zürcher Zeitung Nr. 134, 11./12. Juni 2005, S. 48

Hoffmann-Richter, Ulrike (1999): Erzählen – Zur narrativen Struktur psychiatrischen Wissens. In: Die Psychotherapeutin, Bd. 10 (Geschichten und Zeichen), S. 4–12

Holdenried, Michaela (2000): Autobiographie. Stuttgart: Reclam

Huppertz, Michael (1999): Zur Veränderung atmosphärischer Erfahrung im schizophrenen Erkrankungsprozeß. In: Machleidt, Wielant; Haltenhof, Horst; Garlipp, Petra (Hg.): Schizophrenie – eine affektive Erkrankung? Stuttgart u. New York: Schattauer, S. 210–219

Huppertz, Michael (2000): Schizophrene Krisen. Bern: Verlag Hans Huber

Huppertz, Michael (2004): Schizophrenie und Wirklichkeitserfahrung. In: Bock, Thomas; Dörner, Klaus; Naber, Dieter (Hg.): Anstöße. Zu einer anthropologischen Psychiatrie. Bonn: Psychiatrie-Verlag, S. 138–151

Igel, Regine (2005): Wie viel Heimat braucht der Mensch. In: Neue Zürcher Zeitung Nr. 199, 27./28.08.2005, S. 55

Isele, Klaus (1993): Autobiographisches Schreiben. In: Chelsea Hotel, Jg. 2, Nr. 3, S. 1

Iwasaki, Eijiro (Hg.) (1991): Begegnung mit dem ›Fremden‹. Akten des VIII. Internationalen Germanisten-Kongresses Tokyo 1990. Bd. 9, München: Iudicium-Verlag

Jacobvitz, Deborah et al. (2001): Die Anfänge der Bindungs-Desorganisation in der Kleinkindzeit. In: Suess, Gerhard et al. (Hg.): Bindungstheorie und Familiendynamik. Gießen: Psychosozial-Verlag, S. 125–156

Jaspers, Karl (1949): Strindberg und van Gogh. Versuch einer pathographischen Analyse unter vergleichender Heranziehung von Swedenborg und Hölderlin. Bremen: J. Storm Verlag

Jaspers, Karl (1959): Allgemeine Psychopathologie. 7. Aufl., Berlin: Springer

JESSING, Benedikt; LUTZ, Bernd; WILD, Inge (Hg.): Goethe-Lexikon. Stuttgart u. Weimar: Metzler

JONG, Joop de (2000): Psychiatrische Probleme im Zusammenhang mit Verfolgung und Flüchtlingsstatus. In: HELMCHEN, Hanfried et al. (Hg.): Psychiatrie der Gegenwart. Bd. 3, 4. Aufl., Berlin u. a.: Springer, S. 483–520

JONG, Joop de (2001): Klassifizieren oder nuancieren? In: HEGEMANN, Thomas; SALMAN, Ramazan (2001): Transkulturelle Psychiatrie. Bonn: Psychiatrie-Verlag, S. 130–151

JOSTES, Brigitte; TRABANT, Jürgen (Hg.) (2001): Fremdes in fremden Sprachen. München: Fink-Verlag

JOSTES, Brigitte (2004): Fremdheit. Historisch-anthropologische Erkundungen einer linguistischen Kategorie. Paderborn: Schöningh

JOVOVICH, Milla (2000): »Hilfe, bin ich das?« In: Die Zeit Nr. 8, 17.02.2000, Rubrik »Leben«, S. 3

KAGELMANN, H. Jürgen (1993a): Tourismuswissenschaft. Soziologische, sozialpsychologische und sozialanthropologische Untersuchungen. München: Quintessenz-Verlag

KAGELMANN, H. Jürgen (1993b): Klinische Psychologie und Tourismus. In: HAHN, Heinz; KAGELMANN, H. Jürgen (Hg.): Tourismuspsychologie und Tourismussoziologie. Ein Handbuch der Tourismuswissenschaft. München: Quintessenz-Verlag, S. 92–99

KAGELMANN, H. Jürgen (1995): Sozialpsychologie des Reisens. In: MILLER, Rudolf (Hg.): Sozialpsychologische Aspekte der Zeit, der Bewegung, des Reisens. Hagen: Schriften der FernUniversität, Kurseinheit 3

KAGELMANN, H. Jürgen (1997) (Hg.): Tourismus und Gesellschaft, Gießen: Psychosozial-Verlag (psychosozial Nr. 69, H. 3), S. 73–85

KAPUSCINSKI, Ryszard (2005): Meine Reisen mit Herodot. Aus dem Polnischen von Martin Pollack. Frankfurt a. M.: Eichborn

KASCHNITZ, Marie-Luise (1955): Engelsbrücke. Römische Betrachtungen. Hamburg: Claassen-Verlag

KASCHNITZ, Marie-Luise (1984): Wohin denn ich. Aufzeichnungen. Frankfurt a. M.: Fischer

KAYSEN, Susanna (1994): Seelensprung. In: Leben in zwei Welten. Aus dem Amerikanischen von Sabine Schüttle. Hamburg: Hoffmann & Campe

KERKELING, Hape (2006): Ich bin dann mal weg. Meine Reise auf dem Jakobsweg. München: Malik

KERTÉSZ, Imre (1998): Ich – ein anderer. Berlin: Rowohlt

KEROUAC, Jack (1959): Unterwegs. On the road. Reinbek: Rowohlt

KEßLER, Nicola (Hg.) (1995): Manie-Feste. Frauen zwischen Rausch und Depression. Bonn: Psychiatrie-Verlag

KEUPP, Heiner; HÖFER, Renate (Hg.) (1997): Identitätsarbeit heute. Klassische und aktuelle Perspektiven der Identitätsforschung. Frankfurt a. M.: Suhrkamp

KEUPP, Heiner (1999): Sich selbst erzählen in einer posttraditionalen Gesellschaft. In: Gruppenanalyse, 9. Jg., Heft 1, S. 7–32

Keyserling, Hermann Graf (1990): Das Reisetagebuch eines Philosophen. Frankfurt a. M. u. Berlin: Ullstein

Khan, Masud R. (1991): Erfahrungen im Möglichkeitsraum. Psychoanalytische Wege zum verborgenen Selbst. Übersetzt von Elisabeth Vorspohl. 2. Aufl., Frankfurt a. M.: Suhrkamp

Kienecker, Alfred (1988): Reisende Frauen. Strukturen ihrer Mobilität. In: Frauen auf Tour. Herausgegeben von der ›Gruppe Neues Reisen‹. Berlin: Eigenverlag

Kierkegaard, Sören (1965): Der Begriff Angst. Übersetzt von E. Hirsch. 3. Aufl., Düsseldorf: Diederichs

Kipp, Johannes; Unger, Hans-Peter; Wehmeier, Peter M. (1996): Beziehung und Psychose. Leitfaden für den verstehenden Umgang mit schizophrenen und depressiven Patienten. Stuttgart/New York: Thieme

Kisker, Klaus P. (1999): Die Einsamkeit der Abwegigen. In: Sozialpsychiatrische Informationen 2/1999, S. 41–47

Klüger, Ruth (2003): Wanderer zwischen falschen Leben. In: Arnold, Heinz L. (Hg.): Text und Kritik, Bd. 158: W. G. Sebald. München: Boorberg, S. 95–102

Knuf, Andreas (2000): Selbstbefähigende Psychotherapie der Psychosen. In: Knuf, Andreas; Seibert, Ulrich: Selbstbefähigung fördern. Empowerment und psychiatrische Arbeit. Bonn: Psychiatrie-Verlag, S. 57–84

Knuf, Andreas; Gartelmann, Anke (Hg.) (2003): Bevor die Stimmen wiederkommen. Vorsorge und Selbsthilfe bei psychischen Krisen. 4. Aufl., Bonn: Psychiatrie-Verlag

Koch, Eckardt (1998): Wahn und Entwurzelung. Fallbeispiele aus der Klinik. In: Kiesel, Doron; Lübke, Hans von (Hg.): Vom Wahn zum Sinn. Krankheitskonzepte in der multikulturellen Gesellschaft. Frankfurt a. M.: Brandes und Apsel, S. 39–51

Koch, Eckardt; Schepker, Renate; Taneli, Suna (Hg.) (2000): Psychosoziale Versorgung in der Migrationsgesellschaft. Freiburg i. Br.: Lambertus

Koch, Helmut H.; Keßler, Nicola (1998 a): »... fast wie Phönix«. Literarische Grenzgänge. Bonn/Neumünster: Psychiatrie-Verlag/Paranus-Verlag

Koch, Helmut H.; Keßler, Nicola (Hg.) (1998 b): Lesen und Schreiben in psychischen Krisen, Bd. 1: Gespräche zwischen Wissenschaft und Praxis. Bonn/Neumünster: Psychiatrie-Verlag/Paranus-Verlag

Koch, Helmut H.; Keßler, Nicola (Hg.) (1998 c): Lesen und Schreiben in psychischen Krisen, Bd. 2: Authentische Texte: Briefe, Essays, Tagebücher. Bonn/Neumünster: Psychiatrie-Verlag/Paranus-Verlag

Koch, Helmut H.; Keßler, Nicola (Hg.) (1998d): »... stellst mein Leben in Frage«. Grenzgänge. Münster: Edition Am Rand

Koch, Helmut H.; Keßler, Nicola (2002): Ein Buch muss eine Axt sein. Schreiben und Lesen als Selbsttherapie. Krummwisch: Königsfurt-Verlag

Köhler, Andrea (2005): Fremd vor dem eigenen Ich. Die Inkubationszeit der Pubertät. In: Neue Zürcher Zeitung Nr. 301, 24./25. Dez. 2005, S. 30

Köhler, Lotte (1998): Das Selbst im Säuglings- und Kleinkindalter. In: Hartmann,

Hans-Peter (Hg.): Das Selbst im Lebenszyklus. Frankfurt a. M.: Suhrkamp 1998, S. 26–48

KÖHLER, Lotte (2000): Die von Heinz Kohut begründete Selbstpsychologie – umstrittenes Neuland der Psychoanalyse. In: KUTTER, Peter (Hg.): Psychoanalytische Selbstpsychologie. Theorie, Methode, Anwendungen. Göttingen: Vandenhoeck & Ruprecht (Psychoanalytische Blätter, Bd. 15), S. 5–27

KÖNIG, Karl (1992): Kleine psychoanalytische Charakterkunde. Göttingen: Vandenhoeck & Ruprecht

KÖNIG, Karl (1994): Reisen eines Psychoanalytikers. Göttingen: Vandenhoeck & Ruprecht

KOEPKE, Ewald (1983): August Strindberg. Durch den Abgrund zur Individuation. Hamburg: Hamburger Kulturverlag

KOEPPEN, Wolfgang (1973): Nach Russland und anderswohin. Empfindsame Reisen. Frankfurt a. M.: Suhrkamp

KOEPPEN, Wolfgang (1986): Gesammelte Werke in sechs Bänden. Frankfurt a. M.: Suhrkamp

KOEPPEN, Wolfgang (1990): An Ariel und den Tode denken. In: DERS., Gesammelte Werke, Bd. 5, Frankfurt a. M.: Suhrkamp, S. 279–282

KOHUT, Heinz (1976): Narzissmus. Aus dem Amerikanischen von E. von Scheidt. Frankfurt a. M.: Suhrkamp (orig.: The Analysis of the Self. New York 1971)

KOHUT, Heinz (1977): Die Heilung des Selbst. Frankfurt a. M.: Suhrkamp

KOPETZKI, Annette (1988): Rom, Archäologie der Träume. In: KAMMERER, Peter (Hg.): Italien. Menschen. Landschaften. Berlin: Rotbuch-Verlag, S. 35–42

KOPETZKY, Steffen (2002): Grand Tour oder die Nacht der Großen Complication. Berlin: Eichborn

KORTE, Barbara (1996): Der englische Reisebericht. Darmstadt: Wissenschaftliche Buchgesellschaft

KORTE, Barbara (1999): Musterhafte Fremdheit? Zum heuristischen Wert typologischer Zugänge zum Fremden. In: LENZ, Bernd; LÜSEBRINK, Hans-Jürgen (Hg.): Fremdheitserfahrung und Fremdheitsdarstellung in okzidentalen Kulturen. Passau: Wiss.Verlag Rothe, S. 381–395

KOSELLECK, Reinhart (1992): ›Erfahrungsraum‹ und ›Erwartungshorizont‹ – zwei historische Kategorien. In: DERS., Vergangene Zukunft. Zur Semantik geschichtlicher Zeiten. 2. Aufl., Frankfurt a. M.: Suhrkamp

KOTHE-MEYER, Irmhild (1993): »Ich bin fremd, so wie ich bin« – Migrationserleben, Ich-Identität und Neurose. In: STREECK, Ulrich (Hg): Das Fremde in der Psychoanalyse. Erkundungen über das ›Andere‹ in Seele, Körper und Kultur. München: Pfeiffer, S. 119–132

KRACAUER, Siegfried (1964): Straßen in Berlin und anderswo. Frankfurt a. M.: Suhrkamp

KRACHT, Christian; NICKEL, Eckart (2001): Ferien für immer. Die angenehmsten Orte der Welt. München: Deutscher Taschenbuch Verlag

KRAFT, Hartmut (1998): Grenzgänge zwischen Kunst und Psychiatrie. Köln: DuMont 1998

Krakauer, Jon (1998): In eisige Höhen. Das Drama am Mount Everest. 2. Aufl., München: Malik

Kratzsch, Siegbert (2001): Depressionen. Erleben und Selbst in der depressiven Erkrankung. In: Milch, Wolfgang (Hg.): Lehrbuch der Selbstpsychologie. Stuttgart/Berlin/Köln: Kohlhammer, S. 191–214

Kraus, Wolfgang (2000): Das erzählte Selbst. Die narrative Konstruktion von Identität in der Spätmoderne. 2. Aufl., Herbolzheim: Centaurus

Krauß, Harald; Kagelmann, H. Jürgen (1993): Selbstaktualisierung. In: Hahn, Heinz; Kagelmann, H. Jürgen (Hg.): Tourismuspsychologie und Tourismussoziologie. Ein Handbuch zur Tourismuswissenschaft. München: Quintessenz-Verlag, S. 208–211

Krippendorf, Jost (1996): Die Ferienmenschen. Für ein neues Verständnis von Freizeit und Reisen. Bern: Zytglogge Verlag

Kristeva, Julia (1990): Fremde sind wir uns selbst. Aus dem Französischen von Xenia Rajewsky. Frankfurt a. M.: Suhrkamp

Kronauer, Brigitte (2006): »... in funklender Vielfalt dahingleiten«. In: Neue Zürcher Zeitung Nr. 233, 7./8.10.2006, S. 32

Krusche, Dietrich (1985): Literatur und Fremde. Zur Hermeneutik kulturräumlicher Distanz. München: Iudicium-Verlag

Krusche, Dietrich (1990): Nirgendwo und anderswo. Zur utopischen Funktion des Motivs der außereuropäischen Fremde in der Literaturgeschichte. In: Krusche, Dietrich und Wierlacher, Alois (Hg.): Hermeneutik der Fremde. München: Iudicium-Verlag, S. 143–174

Krusche, Dietrich (1994): Reisen. Verabredung mit der Fremde. 2. Aufl., München: Beck

Krusche, Dietrich und Wierlacher, Alois (Hg.) (1990): Hermeneutik der Fremde. München: Iudicium-Verlag

Kufeld, Klaus (2005): Die Erfindung des Reisens. Versuch gegen das Missverstehen des Fremden. Wien: Edition Splitter

Kuhn, Martin (1965): »Auf den gefürchteten überschneiten Höhen der Auvergne, in Sturm und Wildnis«. Die Winterreise Friedrich Hölderlins durch Südfrankreich. In: Zeitschrift für Kulturaustausch, hg. v. Institut für Auslandsbeziehungen, Heft 3/65, S. 138–140

Kutter, Peter (Hg.) (2000): Psychoanalytische Selbstpsychologie. Theorie, Methode, Anwendungen. Göttingen: Vandenhoeck & Ruprecht

Ladwig, Bernd (1997): »Das Fremde« und die Philosophie der normalen Sprache. In: Naguschewski, Dirk; Trabant, Jürgen (Hg.): Was heißt hier ›fremd‹? Studien zu Sprache und Fremdheit. Berlin: Akademie Verlag, S. 77–92

Landmann, Michael (1975): Das Fremde und die Entfremdung. In: Schrey, Heinz-Horst (Hg.): Entfremdung. Darmstadt: Wissenschaftl. Buchgesell., S. 180–219

Laing, Ronald D. (1969): Phänomenologie der Erfahrung. Frankfurt a. M.: Suhrkamp

Lasch, Christopher (1985): The Minimal Self: Psychic Survival in Troubled Times. New York u. a.: Norton

LEAHY, Caitriona (1995): Reisen in einem Zimmer. Oder: die Wände hochgehen. In: FUCHS, Anne u. HARDEN, Theo (Hg.): Reisen im Diskurs. Modelle der literarischen Fremderfahrung von den Pilgerberichten bis zur Postmoderne. Heidelberg: Universitätsverlag C. Winter, S. 87–101

LEED, Eric J. (1993): Die Erfahrung der Ferne. Reisen von Gilgamesch bis zum Tourismus unserer Tage. Aus dem Englischen von Hans-H. Harbort. Frankfurt a. M./New York: Campus

LEFERINK, Klaus (1999): Spazierengehen – eine leichte Form der Schizophrenie. In: Brückenschlag, Zeitschrift für Sozialpsychiatrie, Literatur, Kunst. Bd. 15, Neumünster: Paranus-Verlag, S. 165–173

LEHNERT, Katrin (2001): Die Darstellung der Fremde in der Prosa Annemarie Schwarzenbachs. In: WILLEMS, Elvira (Hg.) (2001): Annemarie Schwarzenbach: Autorin – Reisende – Fotografin. 2. Aufl., Herbolzheim: Centaurus-Verlag, S. 107–118

LEMKE, Anja (2005): Gedächtnisräume des Selbst. Walter Benjamins »Berliner Kindheit um neunzehnhundert«. Würzburg: Verlag Königshausen & Neumann

LEMPA, Günter (1995): Psychose und Konflikt. In: Sozialpsychiatrische Informationen 1/1995, S. 18–23

LEMPP, Reinhart (1973): Psychosen im Kindes- und Jugendalter. Eine Störung des Realitätsbezugs. Bern: Hans Huber

LEMPP, Reinhart (1984): Psychische Entwicklung und Schizophrenie. Die Schizophrenien als funktionelle Reaktionen und Regressionen. Bern: Verlag Hans Huber

LERNER, Sabine (2001): Reisen ohne anzukommen. Selbstsuche und Entgrenzung in Annemarie Schwarzenbachs Roman »Das glückliche Tal«. In: WILLEMS, Elvira (Hg.): Annemarie Schwarzenbach: Autorin – Reisende – Fotografin. 2. Aufl., Herbolzheim: Centaurus-Verlag, S. 153–168

LEUSCHNER, Udo (2000): Sehn-Sucht. 26 Essays zur Dialektik von Nostalgie und Utopie. www.udo-leuschner.de/sehn-sucht/s02heimweh.htm

LÉVINAS, Emmanuel (1995): Zwischen uns. Versuch über das Denken an den Anderen. München: Carl Hanser

LIDZ, Theodore (1982): August Strindberg. Eine Untersuchung über die Beziehung zwischen seiner Schöpferkraft und seiner Schizophrenie. In: MITSCHERLICH, Alexander (Hg.): Psycho-Pathographien des Alltags. Frankfurt: Suhrkamp, S. 53–70

LINDEMANN, Uwe (2000): Die Wüste. Terra incognita. Erlebnis. Symbol. Eine Genealogie der abendländischen Wüstenvorstellungen in der Literatur von der Antike bis zur Gegenwart. Heidelberg: Winter

LITTLEWOOD, Roland (2001): Von Kategorien zu Kontexten – Plädoyer für eine kulturumfassende Psychiatrie. In: HEGEMANN, Thomas; SALMAN, Ramazan (Hg.): Transkulturelle Psychiatrie. Konzepte für die Arbeit mit Menschen aus anderen Kulturen. Bonn: Psychiatrie-Verlag, S. 22–38

LÖFFLER, Sigrid (2005): Die Welt ist unendlich viel größer, als man denkt. Ein Gespräch mit dem holländischen Weltfahrer Cees Nooteboom. In: Literaturen 11/2005, S. 16–22

LOTI, Pierre (2000): Nach Isfahan. Aus dem Französischen von Dirk Hemjeoltmans. München: Deutscher Taschenbuch Verlag

LÜDTKE, Norbert (2004): Was ist ›Reisen‹? Die Suche nach dem Phänomen. www.reisegeschichte.de (23.02.04), zusammengestellt von AGIR (= Archiv zur Geschichte des individuellen Reisens)

LÜDTKE, Norbert (2008): Die Fremdheit des Reisens. In: Der Trotter (Zeitschrift der Deutschen Zentrale für Globetrotter e. V.), Heft 130, S. 25–29.

LÜTKEHAUS, Ludger (Hg.) (1989): »Dieses wahre innere Afrika«. Texte zur Entdeckung des Unbewußten vor Freud. Frankfurt a. M.: S. Fischer

LUKAS, Berit (2003): Das Gefühl, ein No-Body zu sein. Depersonalisation, Dissoziation und Trauma. Paderborn: Junfermann

MACHLEIDT, Wielant et al. (Hg.) (1999a): Psychiatrie, Psychosomatik, Psychotherapie. 6., überarb. u. erw. Aufl., Stuttgart: Thieme

MACHLEIDT, Wielant (1999b): Affekttypologie schizophrener Störungen. In: MACHLEIDT, Wielant; HALTENHOF, Horst; GARLIPP, Petra (Hg.): Schizophrenie – eine affektive Erkrankung? Stuttgart: Schattauer, S. 94–112

MACHLEIDT, Wielant (2003): Schizophrenie. Behandlungspraxis zwischen speziellen Methoden und interdisziplinären Konzepten. Stuttgart u. New York: Schattauer

MAGAI, Carol (1999): Bindung, Emotion und Persönlichkeitsentwicklung. In: SPANGLER, Gottfried; ZIMMERMANN, Peter (Hg.): Die Bindungstheorie. Grundlagen, Forschung und Anwendung. 3. Aufl., Suttgart: Klett-Cotta, S. 140–148

MAGHERINI, Graziella (1989): La sindrome di Stendhal. Firenze: ponte alle grazie

MAGILL, Daniela (1989): Literarische Reisen in die exotische Fremde. Topoi der Darstellung von Eigen- und Fremdkultur. Frankfurt a. M.: P. Lang Verlag

MAILLART, Ella (2003): Verbotene Reise. Von Peking nach Kaschmir. Aus dem Französischen von Hans Reisiger. Mit einem Vorwort von Nicolas Bouvier. Basel: Lenos Verlag

MAIN, Mary (2002): Organisierte Bindungskategorien von Säugling, Kind und Erwachsenem. In: BRISCH, Karl Heinz; GROSSMANN Klaus E.; GROSSMANN, Karin; KÖHLER, Lotte (Hg.): Bindung und seelische Entwicklungswege. Grundlagen, Prävention, klinische Praxis. Stuttgart: Klett-Cotta, S. 165–218

MANN, Thomas (1952): Der Zauberberg. Frankfurt a. M.: S. Fischer

MANNSDORFF, Peter (1994): Von der Zukunft umzingelt. Bonn: Psychiatrie-Verlag

MÁRAI, Sándor (2000): Der Wind kommt vom Westen. Amerikanische Reisebilder. Aus dem Ungarischen von Artur Saternus. 2. Aufl., Langen Müller Verlag

MARON, Monika (1999): Pawels Briefe. Eine Familiengeschichte. Frankfurt a. M.: S. Fischer

MARSCHALCK, Peter (Hg.) (2001): Migration und Krankheit. Osnabrück: Univ. Verlag Rasch

MARTINIUS, Joest (Hg.) (1994): Schizophrene Psychosen in der Adoleszenz. München: Quintessenz-Verlag

MATT, Beatrice von (1999): Goethe betritt das Hochgebirge. In: Neue Zürcher Zeitung, 28.09.1999

MATTENKLOTT, Gert (1984): Vorgestellte Reisen – Reisevorstellung. In: BERGMANN, Klaus u. OCKENFUß, Solveig (Hg.): Neue Horizonte. Eine Reise durch die Reisen. Reinbek bei Hamburg: Rowohlt, S. 156 – 172

MATTER, Christine (2001): Innerweltlichkeit und Transzendenz. Universität Konstanz: Dissertation/Manuskript

MATUSSEK, Paul (1992): Zur Frage des Anlasses bei schizophrenen Psychosen. In: MATUSSEK, Paul: Analytische Psychosentherapie. Bd. 1: Grundlagen. Berlin u. a.: Springer-Verlag, S. 53 – 78

MEAD, George H. (1973): Geist, Identität und Gesellschaft. Frankfurt a. M.: Suhrkamp

MENTZOS, Stavros (1984): Angstneurose. Psychodynamische und psychotherapeutische Aspekte. Frankfurt a. M.: Fischer

MENTZOS, Stavros (1991): Psychodynamische Modelle in der Psychiatrie. Göttingen: Vandenhoeck & Ruprecht

MENTZOS, Stavros (1995): Depression und Manie. Psychodynamik und Therapie affektiver Störungen. Göttingen: Vandenhoeck & Ruprecht

MENTZOS, Stavros; MÜNCH, Alois (Hg.) (2004): Psychose und Literatur. Forum der psychoanalytischen Psychosentherapie, Bd. 11, Göttingen: Vandenhoeck & Ruprecht

METZINGER, Thomas (Hg.) (2001): Bewusstsein – Beiträge aus der Gegenwartsphilosophie. Paderborn: Schoeningh

MEYER, Christian (1997): Die religiöse Reise. In: Zeitschrift für Religions- und Geistesgeschichte 49, S. 11 – 33

MEYER, Joachim-Ernst (1959): Die Entfremdungserlebnisse. Über Herkunft und Entstehungsweisen der Depersonalisation. Stuttgart: Thieme

MICHEL, Wilhem (1967): Das Leben Friedrich Hölderlins. Frankfurt a. M.: Insel

MIETH, Günter (1995): Hölderlins Frankreich-Aufenthalt im Jahre 1802 als ›Totalerfahrung‹ und als eine entscheidende Voraussetzung für sein Spätwerk. In: Hölderlin-Jahrbuch, Bd. 29 (1994 – 1995), S. 150 – 152

MILCH, Wolfgang (1991): Auswirkungen der Kleinkindforschung auf das Verständnis von Psychosen. In: Forum der Psychoanalyse Heft 7/1991, S. 271 – 282

MILCH, Wolfgang (Hg.) (2001): Lehrbuch der Selbstpsychologie. Stuttgart/Berlin/Köln: Kohlhammer

MILLETT, Kate (1996): Der Klapsmühlentrip. Aus dem Amerikanischen von E. Fischer. Köln: Kiepenheuer & Witsch

MILZNER, Georg (2001): Die Poesie der Psychosen. Zur Hypnotherapie des Verrücktseins. Bonn: Psychiatrie-Verlag

MILZNER, Georg (2002): Psychotische Wahrnehmung und die Chance der Psychotherapie. In: Psychosoziale Umschau 3/2002, S. 12 – 15

MISCH, Georg (1989): Begriff und Ursprung der Autobiographie. In: NIGGL, Günter (Hg.): Die Autobiographie. Zu Form und Geschichte einer literarischen Gattung. Darmstadt: Wissenschaftliche Buchgesellschaft, S. 33 – 55

Mitscherlich, Alexander (Hg.) (1982): Psychopathographien des Alltags. Schriftsteller und Psychoanalyse. Frankfurt a. M.: Suhrkamp

Mohelsky, Helmut (1996): Ein Schlag auf den Kopf. In: Brückenschlag, Zeitschrift für Sozialpsychiatrie, Literatur, Kunst. Band 12, Neumünster: Paranus-Verlag, S. 120–127

Moitessier, Bernard (1973): Der verschenkte Sieg. Deutsch v. W. Rittmeister. Bielefeld: Delius, Klasing & Co.

Moritz, Karl Philipp (1984): Anton Reiser. Ein psychologischer Roman. Frankfurt a. M.: Insel

Morten, Antonio (Hg.) (1988): Vom heimatlosen Seelenleben. Entwurzelung, Entfremdung und Identität. Bonn: Psychiatrie-Verlag

Müller, Christian (1973): Lexikon der Psychiatrie. Berlin/Heidelberg/New York: Springer-Verlag

Müller, Christian (Hg.) (1993): Die Gedanken werden handgreiflich. Eine Sammlung psychopathologischer Texte. 2. Aufl., Berlin/Heidelberg/New York: Springer-Verlag

Müller, Jürgen et al. (2001): Psychisch auffällige Flugpassagiere – Widerstand gegen die Anweisungen des Flugpersonals. In: Psychiatrische Praxis 28/2001, S. 292–294

Müller, Maria E.; Breuer, Stefan (1984): Marco Polo oder die Wunder der Welt. In: Bergmann, Klaus; Ockenfuß, Solveig (Hg.): Neue Horizonte. Eine Reise durch die Reisen. Reinbek bei Hamburg: Rowohlt, S. 69–93

Mundhenk, Ronald (1999): Sein wie Gott. Aspekte des Religiösen im schizophrenen Erleben und Denken. Neumünster: Paranus-Verlag

Munoz Molina, Antonio (1998): Andalusische Reise. In: Endriss, Beate; Scherer, Bernd; Storch, Wolfgang (Hg.): Das weiße Meer. Erkundungen des Mittelmeers. Frankfurt a. M.: Suhrkamp, S. 67–76

Muschg, Adolf (2004): Von einem, der auszog, leben zu lernen. Goethes Reisen in die Schweiz. Frankfurt a. M.: Suhrkamp

Naguschewski, Dirk; Trabant, Jürgen (Hg.) (1997): Was heißt hier ›fremd‹? Studien zu Sprache und Fremdheit. Berlin: Akademie Verlag

Naipaul, V. S. (1993): Eine islamische Reise. Frankfurt a. M.: Deutscher Taschenbuch Verlag

Naipaul, V. S. (1995): Schiff nach Bombay. In: Enzensberger, Hans Magnus (Hg.): Nie wieder! Die schlimmsten Reisen der Welt. Frankfurt a. M.: Eichborn, S. 172–186

Niederstadt, Jenny (1999): Der Poet der Canyons. In: Die Zeit Nr. 42 (14.10.1999), S. 63

Niederstadt, Jenny (Hg.) (2001): Der Poet der Canyons. Leben und Legende des Abenteurers Everett Ruess. Aus dem Amerikanischen von Gaby Wurster. München: Malik

Nietzsche, Friedrich (1988): Kritische Studienausgabe. Herausgegeben von Giorgio Colli und Mazzino Montinari. 2. Aufl., München: Deutscher Taschenbuch Verlag

Niggl, Günter (Hg.) (1989): Die Autobiographie. Zu Form und Geschichte einer literarischen Gattung. Darmstadt: Wissenschaftliche Buchgesellschaft

Nilsson, Lars (1966): Über Reisepsychosen. In: Der Nervenarzt, 37. Jg., Heft 7, S. 310–313

Nolde, Emil (1990): Mein Leben. Mit einem Nachwort von Martin Urban. 9. Aufl., Köln: DuMont

Nooteboom, Cees (1997a): Im Frühling der Tau. Östliche Reisen. Frankfurt a. M.: Suhrkamp

Nooteboom, Cees (1997b): Im Auge des Sturms. In: Von Deutschland in die Welt. ZEIT-Punkte 2/1997, S. 8–9

Nooteboom, Cees (2000): Nootebooms Hotel. Frankfurt a. M.: Suhrkamp

Nooteboom, Cees (2004): Der Laut seines Namens. Reisen durch die islamische Welt. Frankfurt a. M.: Suhrkamp

Noy, Gisela (2000): Grauzeit. Mein Weg aus der Depression. Bonn: Psychiatrie-Verlag

Nunberg, Hermann; Federn, Ernst (Hg.) (1976): Protokolle der Wiener Psychoanalytischen Vereinigung. Bd. 1, Frankfurt a. M.: S. Fischer

Ohnesorg, Stefanie (1996): Mit Kompass, Kutsche und Kamel. Einbindung der Frau in die Geschichte des Reisens und der Reiseliteratur. St. Ingbert: Röhrig-Verlag

Olsson, Ulf (2003): Simulakren. Die Geschichte des Wahnsinns bei Strindberg. In: Baumgartner, Walter; Fechner-Smarsly, Thomas (Hg.): August Strindberg. Der Dichter und die Medien. München: Wilhelm Fink Verlag, S. 133–155

Ondaatje, Michael (1992): Es liegt in der Familie. Aus dem Englischen von Peter Torberg. München/Wien: Carl Hanser

Opaschowski, Horst W. (2002): Tourismus. Eine systematische Einführung. 3. aktual. u. erw. Aufl., Opladen: Leske und Budrich

Opel, Adolf (1996): Landschaft, für die Augen gemacht sind. Wien: Deuticke-Verlag

Opel, Adolf (2001): »Wo mir das Lachen zurückgekommen ist …« Auf Reisen mit Ingeborg Bachmann. München: Langen Müller

Orgaß, Annette (1995): Der Sonnenmond. Frankfurt a. M.: Fischer Taschenbuch Verlag

Oster, Ulrike (1997): Barbara: Meine zweite Geburt. Ein Gespräch über eine psychotische Krise während einer Meditation in Thailand. In: Soziale Psychiatrie 4/1997, S. 8–9

Ott, Karl-Heinz (1998): Ins Offene. Salzburg und Wien: Residenz-Verlag

Oz, Amos (2003): ›Frieden muss nicht idyllisch sein‹. In: Die Zeit 4/2003, S. 46

Pannenbecker, Marion (1985): Club-Urlaub und Animation. Beobachtungen in einem Hotel des Robinson Club auf Fuerteventura. Starnberg: Studienkreis für Tourismus/Materialien zur Tourismusforschung

Parin, Paul (1977): Das Ich und die Anpassungsmechanismen. In: Psyche 31, S. 481–515

PASCAL, Roy (1965): Die Autobiographie. Gehalt und Gestalt. Stuttgart: Kohlhammer

PAẞMANN, Uwe (1989): Orte fern, das Leben. Die Fremde als Fluchtpunkt des Denkens. Würzburg: Königshausen & Neumann

PAUL, Fritz (1979): August Strindberg. Stuttgart: Metzler

PEARCE, Philip L. (1981): ›Environment shock‹. A study of tourists' reactions to two tropical islands. In: Journal of Applied Social Psychology 11, S. 268–280

PELZ, Annegret (1993): Reisen durch die eigene Fremde. Reiseliteratur von Frauen als autogeographische Schriften. Köln: Böhlau

PENZOLDT, Ernst (1998): Sylt: Masse Meer. In: NEUMANN, Petra (Hg.): Begegnungen am Meer. München: Heyne-Verlag, S. 129–132

PERFAHL, Jost (Hg.) (1993): Mit Goethe auf Reisen. Schilderungen, Berichte, Beobachtungen 1770–1831. München: Langen Müller

PERRY, John (1994): Erneuerung des Selbstbildes. Zum Sinn psychotischer Erfahrung. In: Soziale Psychiatrie 1/1994, S. 20/21

PETERS, Antje (2004): Hass auf meinen Körper. In: Süddeutsche Zeitung Nr. 158, 12.07.2004, S. 30

PETERS, Uwe Henrik (1982): Hölderlin. Wider die These vom edlen Simulanten. Reinbek bei Hamburg: Rowohlt

PETERS, Uwe Henrik (1997): Wörterbuch der Psychiatrie und medizinischen Psychologie. Augsburg: Bechtermünz-Verlag

PIAGET, Jean (1975): Das Erwachen der Intelligenz beim Kinde. Stuttgart: Klett-Verlag

PINQUART, Martin u. SILBEREISEN, Rainer (2000): Das Selbst im Jugendalter. In: GREVE, W. (Hg.): Psychologie des Selbst. Weinheim: Beltz, S. 75–95

PODAK, Klaus (2003): Melancholie im Stauraum. In: Süddeutsche Zeitung Nr. 92, 22.04.2003, S. 47

POLO, Marco (2004): Die Beschreibung der Welt 1271–1295. Herausgegeben von Detlef BRENNECKE. München: Frederking & Thaler

POTTS, Lydia (1988) (Hg.): Aufbruch und Ausbruch. Frauen-Reisen um die Welt ab 1785. Berlin: Orlanda

PROKOP, Heinrich (1965): Das Problem des Aufenthaltes im Ausland in psychiatrischer Sicht. In: Der Nervenarzt, 36. Jg., Heft 5, S. 212–218

PROUST, Marcel (1995): Auf der Suche nach der verlorenen Zeit. Bd. 2, Frankfurt a. M.: Suhrkamp

PUTNAM, Frank W. (2003): Diagnose und Behandlung der dissoziativen Identitätsstörung. Aus dem Amerikanischen von Th. Kierdorf. Paderborn: Junfermann

RADDATZ, Fritz J. (1989): Bilder einer Reise – Heinrich Heine in Italien. München u. Luzern: Bucher-Verlag

RAHN, Ewald; MAHNKOPF, Angela (1999): Lehrbuch Psychiatrie. Bonn: Psychiatrie-Verlag

RANSMAYR, Christoph (2001): Online-Ausgabe des »Spiegels« vom 23.07.2001 (www.spiegel.de/0,1518,147452,00.html)

RASCHE, Hermann (1995): »Wohin jetzt? Dachte ich. Und wie weiter?« Zu R. D. Brinkmanns ›Rom, Blicke‹. In: FUCHS, Anne u. HARDEN, Theo (Hg.): Reisen im Diskurs. Heidelberg: Universitätsverlag C. Winter, S. 625–639

REICHERT, Folker (2001): Erfahrung der Welt. Reisen und Kulturbegegnung im späten Mittelalter. Stuttgart/Berlin/Köln: Kohlhammer

REIMER, Christian; RÜGER, Ulrich (2003): Psychodynamische Psychiatrie. Berlin: Springer-Verlag

RICHTER, Dieter (1998): Das Meer. Epochen der Entdeckung einer Landschaft. In: Voyage. Jahrbuch für Reise- und Tourismusforschung. Bd. 2, Köln: DuMont-Verlag, S. 10–31

RICHTER, Dieter (2003): Sigmund Freud als Tourist. In: Voyage. Jahrbuch für Reise- und Tourismusforschung. Bd. 6, Köln: DuMont-Verlag, S. 156–159

RILKE, Rainer Maria (1950): Briefe. Erster Band (1897–1914). Wiesbaden: Insel Verlag

RILKE, Rainer Maria (1982): Die Aufzeichnungen des Malte Laurids Brigge. Frankfurt a. M.: Suhrkamp

RILKE, Rainer Maria (2000): Reise nach Ägypten. Briefe, Gedichte, Notizen. Herausgegeben von Horst Nalewski. Frankfurt a. M./Leipzig: Insel

RINTELEN, Fritz-Joachim von (1975): Daseinsentfremdung. In: SCHREY, Heinz-Horst (Hg.): Entfremdung. Darmstadt: Wissenschaftliche Buchgesellschaft, S. 382–394

RISTAU, Oliver (2002): Abtauchen ins Spektakel. In: Die Zeit, 10.01.2002

RÖCKEL, Susanne (1999): Chinesisches Alphabet. Ein Jahr in Shanghai. München: Luchterhand

ROLAND-JENSEN, Flemming (1992): Zur Frage: Hölderlin in Paris? In: Zeitschrift für Germanistik, Neue Folge Heft 1, S. 149–161

ROSENFIELD, Israel (1999): Das Fremde, das Vertraute und das Vergessene. Aus dem Amerikanischen von Sebastian Vogel. Frankfurt a. M.: S. Fischer

ROTH, Gerhard (2000): Das Gehirn und seine Wirklichkeit. Kognitive Neurobiologie und ihre philosophischen Konsequenzen. Frankfurt a. M.: Suhrkamp

ROTH, Joseph (1991): Werke, Bd. III, Köln: Kiepenheuer & Witsch

ROY, Claude (1964): Vom wahren Sinn des Reisens. Aus dem Französischen von E. Saboz. Lausanne: Editions Rencontre

RUDNITZKI, Gerhard; RESCH, Franz; ALTHOFF, Frank (Hg.) (1998): Adoleszente in Psychotherapie und beruflicher Rehabilitation. Heidelberg: Mattes Verlag

RUDOLF, Gaby (2004): Vom Stupor, Leibessensationen und qualitativ Abnormem. In: Pro Mente Sana, Heft 3, S. 26

RÜFFER, Anne (1999): Leben mit Schizophrenie. 52 Gespräche mit Bettina über ihren Weg aus der Krankheit. Bern/München/Wien: Scherz-Verlag

RUFF, Wilfried (1993): Das Fremde – Anlass zur Verführung und Verurteilung. In: STREECK, Ulrich (Hg.): Das Fremde in der Psychoanalyse. Erkundungen über das ›Andere‹ in Seele, Körper und Kultur. München: Pfeiffer, S. 280–292

SACHSSE, Ulrich (1999): Selbstverletzendes Verhalten. Das Trauma, die Dissoziation und ihre Behandlung. Göttingen: Vandenhoeck & Ruprecht

Salis-Marschlins, Carl von (1793): Reisen in verschiedene Provinzen des Königreichs Neapel. Zürich u. Leipzig: Ziegler

Sauerländer, Willibald (2004): Sie liebten das Heulen der Schakale. Wenn Frauen die Reiselust packt. In: Süddeutsche Zeitung, 30.08.2004, S. 12

Sauter, Dorothea et al. (2004): Lehrbuch psychiatrische Pflege. Bern u. a.: Verlag Hans Huber

Schachinger, Helga (2002): Das Selbst, die Selbsterkenntnis und das Gefühl für den eigenen Wert. Bern: Verlag Hans Huber

Schäffter, Ortfried (Hg.) (1991): Das Fremde. Erfahrungsmöglichkeiten zwischen Faszination und Bedrohung. Opladen: Westdeutscher Verlag

Scharfetter, Christian (1998): Dissoziation und Schizophrenie. In: Fortschritte der Neurologie und Psychiatrie, 66, S. 520–523

Scharfetter, Christian (1999 a): Dissoziation – Split – Fragmentation. Nachdenken über ein Modell. Bern: Hans Huber

Scharfetter, Christian (1999 b): Schizophrene Menschen. Diagnostik – Psychopathologie – Forschungsansätze. 5. Aufl., Weinheim: Psychologie Verlags Union

Schauder, Karlheinz (1996): »Ich glaubte neu geboren zu werden.« Hölderlins Reise von Maulbronn nach Speyer. In: Schauder, Karlheinz: Sie waren hier. Literarische Spurensuche in der Pfalz. Otterbach: Verlag F. Arbogast, S. 69–94

Scheff, Thomas (1983): Explosion der Gefühle. Über die kulturelle und therapeutische Bedeutung kathartischen Erlebens. Weinheim: Beltz

Scheifele, Sigrid (2003): Migration und Psyche. Aufbrüche und Erschütterungen. In: Psychosozial, 26. Jg., Nr. 93, S. 7–13

Schernus, Renate (1992): Verrückt. Subjektives Erleben und Bewältigung schizophrener Psychosen. In: Sozialpsychiatrische Informationen, Heft 3

Schernus, Renate (2002): Hausärztin im Kiez. Bonn: Psychiatrie-Verlag

Schiller, Lori (1995): Wahnsinn im Kopf. Aus dem Amerikanischen von K. Miedler u. Ch. Neugebauer. Bergisch Gladbach: Lübbe

Schindler, Birgit (1999): Psychose-Erfahrung und ›Genesung‹. In: Psychosoziale Umschau, 3/1999, S. 33–34

Schivelbusch, Wolfgang (1977): Geschichte der Eisenbahnreise. Zur Industrialisierung von Raum und Zeit im 19. Jahrhundert. München u. Wien: Carl Hanser Verlag

Schlieker, Kerstin (2003): Frauenreisen in den Orient zu Beginn des 20. Jahrhunderts. Weibliche Strategien der Erfahrung und textuellen Vermittlung kultureller Fremde. Berlin: Verlag für Wissenschaft und Kultur

Schlösser, Hermann (1987): Reiseformen des Geschriebenen. Selbsterfahrung und Weltdarstellung in Reisebüchern Wolfgang Koeppens, Rolf Dieter Brinkmanns und Hubert Fichtes. Wien/Köln: Böhlau

Schrey, Heinz-Horst (Hg.) (1975): Entfremdung. Darmstadt: Wissenschaftliche Buchgesellschaft

Schütze, Jochen K. (1998): Goethe-Reisen. Wien: Passagen-Verlag

Schütze, Jochen K. (2000): Vom Fremden. Wien: Passagen-Verlag

Schütze, Johann (1804): Abentheuerliche Wanderung von Weimar nach Carlsbad. Leipzig

Schütze, Peter (1997): Strindberg. 2. Aufl., Reinbek bei Hamburg: Rowohlt

Schwarzenbach, Annemarie (1995a): Tod in Persien. Basel: Lenos

Schwarzenbach, Annemarie (1995b): Auf der Schattenseite. Ausgewählte Reportagen, Feuilletons und Fotografien 1933–1942. Herausgegeben von Regina Dieterle und Roger Perret. 2. Aufl., Basel: Lenos

Schwarzenbach, Annemarie (2001): »Wir werden es schon zuwege bringen, das Leben.« Briefe 1930–1942, hg. v. Uta Fleischmann. 3. Aufl., Herbolzheim: Centaurus Verlag

Schweikert, Uwe (1981): Alles ist Kaufhof und nichts mehr Leben. Rolf Dieter Brinkmanns ›Rom, Blicke‹ lesend. In: Arnold, Heinz Ludwig (Hg.): Rolf Dieter Brinkmann. Text und Kritik, Heft 71. München: R. Boorberg Verlag, S. 83–89

Sebald, W. G. (1995): Die Ringe des Saturn. Eine englische Wallfahrt. Frankfurt a. M.: Eichborn Verlag

Sebald, W. G. (2005): Schwindel. Gefühle. 6. Aufl., Frankfurt a. M.: Fischer

Sechehaye, Marguerite (1973): Tagebuch einer Schizophrenen. Frankfurt a. M.: Suhrkamp

Sedlacek, Carola (1999): Goethe und das Reisen. In: Jessing, Benedikt; Lutz, Bernd; Wild, Inge (Hg.): Goethe-Lexikon. Stuttgart u. Weimar: Metzler, S. 409–410

Seeman, Melvin (1975): Über die Bedeutung der Entfremdung. In: Schrey, Heinz-Horst (Hg.): Entfremdung. Darmstadt: Wissenschaftliche Buchgeselllschaft, S. 360–381

Seiffge-Krenke, Inge (2004): Adoleszenzentwicklung und Bindung. In: Streeck-Fischer, Annette (Hg.): Adoleszenz – Bindung – Destruktivität. Stuttgart: Klett-Cotta, S. 156–175

Senf, Wolfgang (1996): Angstkrankheiten. In: Senf, Wolfgang; Broda, Michael (Hg.): Praxis der Psychotherapie. Ein integratives Lehrbuch für Psychoanalyse und Verhaltenstherapie. Stuttgart/New York: Thieme, S. 268–278

Seume, Gottfried (1985): Spaziergang nach Syrakus im Jahre 1802. (Vollst. Ausg. nach der 3. Aufl. Leipzig: Hartknoch 1811), Nördlingen: Greno

Shapiro, S. (1982): Airport wandering as a psychotic symptom. In: Psychiatrica Clinica 15/1982, S. 173–176

Simmel, Georg (1992): Soziologie. Untersuchungen über die Formen der Vergesellschaftung. Frankfurt a. M.: Suhrkamp

Sluzki, Carlos E. (2001): Psychologische Phasen der Migration und ihre Auswirkungen. In: Hegemann, Thomas; Salman, Ramazan (Hg.): Transkulturelle Psychiatrie. Konzepte für die Arbeit mit Menschen aus anderen Kulturen. Bonn: Psychiatrie-Verlag, S. 101–115

Sontag, Susan (2004): Die Erweiterung der Welt: Warum Literatur lebensnotwendig ist. In: Frankfurter Allgemeine Zeitung Nr. 305, 30.12.2004, S. 39

Späth, Sibylle (1989): Rolf Dieter Brinkmann. Stuttgart: Metzler

SPODE, Hasso (1997): Wohin die Reise geht. In: Voyage. Jahrbuch für Reise- und Tourismusforschung, Bd. 1, S. 7–12

STARK, Michael; SANDMEYER, Peter (2000): Wenn die Seele Kraft braucht. Reinbek bei Hamburg: Rowohlt

STEINER, John (1999): Orte des seelischen Rückzugs. Pathologische Organisationen bei psychotischen, neurotischen und Borderline-Patienten. Aus dem Englischen von Hans Weiß. Stuttgart: Klett-Cotta

STEMPEL, Hans; RIPKENS, Martin (Hg.) (2005): Hotel-Geschichten. 2. Aufl., München: Deutscher Taschenbuch Verlag

STENDHAL (i. e. Henry Beyle) (1996): Reise in Italien. Rom – Neapel – Florenz. Dt. Bearbeitung von F. v. Oppeln-Bronikowski. München: Diederichs (Nachdruck der Ausgabe Jena: Diederichs 1911)

STEPHENS, Anthony R. (1974): Rilkes »Malte Laurids Brigge«. Strukturanalyse des erzählerischen Bewußtseins. Bern: Lang

STERN, Daniel N. (1998): Die Lebenserfahrung des Säuglings. Stuttgart: Klett-Cotta

STERN, Martin (1986): Autobiographie und Identität. In: BENEDETTI, Gaetano; WIESMANN, Louis (Hg.): Ein Inuk sein. Interdisziplinäre Vorlesungen zum Problem der Identität. Göttingen: Vandenhoeck & Ruprecht, S. 257–270

STERN, Otto (1996): Zehn Stationen des Wahnsinns. In: Brückenschlag, Zeitschrift für Sozialpsychiatrie, Literatur, Kunst. Bd. 12, Neumünster: Paranus-Verlag, S. 98–102

STERNBERGER, Dolf (1958): Gefühl der Fremde. Wiesbaden: Insel-Verlag

STRATENWERTH, Irene u. BOCK, Thomas (1998): Stimmen hören. Botschaften aus der inneren Welt. Hamburg: Kabel Verlag

STRAUB, Jürgen (2000): Identität als psychologisches Deutungskonzept. In: GREVE, Werner (Hg.): Psychologie des Selbst. Weinheim: Beltz/Psychologie Verlags Union, S. 279–301

STRAUß, Botho (1984): Der junge Mann. München u. Wien: Carl Hanser Verlag

STREECK, Ulrich (Hg.) (1993): Das Fremde in der Psychoanalyse. Erkundungen über das ›Andere‹ in Seele, Körper und Kultur. München: Pfeiffer

STREECK-FISCHER, Annette (1998): Gewalt und Rechtsextremismus als Ausdruck einer schweren Adoleszenzkrise. In: RUDNITZKI, Gerhard; RESCH, Franz; ALTHOFF, Frank (Hg): Adoleszente in Psychotherapie und beruflicher Rehabilitation. Heidelberg: Mattes Verlag, S. 35–44

STREECK-FISCHER, Annette (Hg.) (2004): Adoleszenz – Bindung – Destruktivität. Stuttgart: Klett-Cotta

STRELTZER, J. (1979): Psychiatric emergencies in travelers to Hawaii. In: Comprehensive Psychiatry 20, S. 463–468

STRIJARDS, Frans (1991): Das Stendhal-Syndrom. Aus dem Niederländischen von Monika The. In: Theater Heute 11/1991, S. 43–56

STRINDBERG, August (1916): Inferno. Legenden. Deutsch von E. Schering. 7. Aufl., München u. Leipzig: Georg Müller

STRINDBERG, August (1924): Erinnerungen und Briefe. Herausgegeben von A. PAUL. München: Langen Verlag

STRINDBERG, August (1981): Plädoyer eines Irren (Le plaidoyer d'un fou). Aus dem Französischen von H.J. Maass. Frankfurt a.M.: Suhrkamp

STRINDBERG, August (1998): Verwirrte Sinneseindrücke. Schriften zu Malerei, Photographie und Naturwissenschaften. Amsterdam u. Dresden: Verlag der Kunst

SÜSSKE, Rudolf (2004): Was meint Heinz Kohut, wenn er vom ›Selbst‹ spricht? Assoziationen zum Thema. In: Psychosozial, 27. Jg., Nr. 96, S. 91–102

SVEVO, Italo (2003): Kurze sentimentale Reise. Aus dem Italienischen von Piero Rismondi. Frankfurt a.M. und Leipzig: Insel

TABUCCHI, Antonio (1990): Indisches Nachtstück. Deutsch von Karin Fleischanderl. München: Hanser

TELSER, Dietmar (2004): »Das Buch des Okzidents«. www.rhein-zeitung.de/magazin/reise (04.04.2004)

TERMEER, Ursula (1995): Meine manische Reise brachte mich auf den Weg. In: KEßLER, Nicola (Hg.): Manie-Feste. Frauen zwischen Rausch und Depression. Bonn: Psychiatrie-Verlag, S. 69–125

THOMAS, Alexander (1997): Fremdheitskonzepte in der Psychologie. In: HAHN, Heinz; KAGELMANN, H. Jürgen (Hg.): Tourismuspsychologie und Tourismussoziologie. Ein Handbuch der Tourismuswissenschaft. München: Quintessenz-Verlag, S. 148–154

THOMASHOFF, Hans-Otto (1999): Psyche und Kunst. Stuttgart u. New York: Schattauer

TIMM, Uwe (1997): Das Nahe, das Ferne. Schreiben über fremde Welten. In: LÜTZELER, Paul Michael (Hg.): Der postkoloniale Blick. Deutsche Schriftsteller berichten aus der Dritten Welt. Frankfurt a.M.: Suhrkamp, S. 34–48

TODD, Olivier (2001): Albert Camus. Ein Leben. Deutsch von Doris Heinemann. Reinbek bei Hamburg: Rowohlt

TODOROV, Tzvetan (1985): Die Eroberung Amerikas. Das Problem des Anderen. Aus dem Französischen von Wilfried Böhringer. Frankfurt a.M.: Suhrkamp

TÖGEL, Christfried (1989): Berggasse – Pompeji und zurück. Sigmund Freuds Reisen in die Vergangenheit. Tübingen: edition discord

TÖGEL, Christfried (2002): »Gestern träumte ich wieder vom Reisen«. In: FREUD, Sigmund: »Unser Herz zeigt nach Süden«. Reisebriefe 1895–1923. Herausgegeben von Christfried TÖGEL unter Mitarbeit von Michael Molnar. Berlin: Aufbau Verlag, S. 9–36

TÖLLE, Rainer; WINDGASSEN, Klaus (2003): Psychiatrie. 13. überarb. u. ergänzte Aufl., Berlin/Heidelberg/New York: Springer-Verlag

TOUSSAINT, Jean-Philippe (2001): Selbstporträt (in der Fremde). Aus dem Französischen von Bernd Schwibs. Frankfurt a.M.: Frankfurter Verlagsanstalt

UEMOTO, N. et al. (1982): Maladies mentales chez les Japonais à Paris. In: Annales Medico-Psychologique 140, S. 717–727

UHLENHAUT, Cornelia (1995): »Das ist das Geheimnis: Ich weiß nicht, was außerhalb von mir existiert.« Zum autobiographischen Schreiben Annemarie Schwarzenbachs. In: HOLDENRIED, Michaela (Hg.): Geschriebenes Leben. Autobiographien von Frauen. Berlin: E. Schmitt Verlag, S. 266–277

URBAIN, Jean-Didier (1997): Auf der Suche nach dem Homo Viator. Überlegungen zu einer Anthropologie des Reisens. In: Voyage. Jahrbuch für Reise- und Tourismusforschung, Bd. 1, S. 18–32

URRY, John (2002): The Tourist Gaze. Leisure and Travel in Contemporary Societies. 2. ed., London: Sage

VILAS-BOAS, Goncalo (1995): »Alles ist ein Fortgehen.« Einblicke in Annemarie Schwarzenbachs vorderasiatische Reiseberichte und Erzählungen. In: Anne FUCHS und Theo HARDEN (Hg.): Reisen im Diskurs. Modelle der literarischen Fremderfahrung von den Pilgerberichten bis zur Postmoderne. Heidelberg: Universitätsverlag C. Winter, S. 343–357

VILLERS, Alexander von (1925): Briefe eines Unbekannten. Ausgewählt und eingeleitet von Wilhelm Weigang. Leipzig: Insel

VÖLKER, Ludwig (1998): Schreiben als Therapeutikum? In: KOCH, Helmut H.; KEẞLER, Nicola (Hg.): Schreiben und Lesen in psychischen Krisen. Bd. 1: Gespräche zwischen Wissenschaft und Praxis. Bonn/Neumünster: Psychiatrie-Verlag/Paranus-Verlag, S. 89–99

VOGT, Alfred (1984): Ärztliche Betrachtungen über »Die Aufzeichnungen des Malte Laurids Brigge« von Rilke. In: ENGELHARDT, Hartmut (Hg.): Rilkes »Aufzeichnungen des Malte Laurids Brigge«. Frankfurt a. M.: Suhrkamp, S. 151–157

VORMWEG, Heinrich (1995): Die strahlende Finsternis unserer Städte. In: LÜDKE, Martin; SCHMIDT, Delf (Hg.): Rolf Dieter Brinkmann. Literatur-Magazin 36, Reinbek bei Hamburg: Rowohlt, S. 14–27

WÄLTERLIN, Urs (2005): Psychisch kranke Frau monatelang in Australien interniert. In: Süddeutsche Zeitung, 07.02.2005, S. 10

WAGNER-EGELHAAF, Martina (2000): Autobiographie. Stuttgart/Weimar: Metzler

WAHRIG, Gerhard et al. (2001): Wörterbuch der deutschen Sprache. München: Deutscher Taschenbuch Verlag

WALDENFELS, Bernhard (1990): Der Stachel des Fremden. Frankfurt a. M.: Suhrkamp

WALDENFELS, Bernhard (1997): Topographie des Fremden. Studien zur Phänomenologie des Fremden, Bd. 1, Frankfurt a. M.: Suhrkamp

WALDENFELS, Bernhard (2001): Das Phänomen des Fremden. In: JOSTES, Brigitte; TRABANT, Jürgen (Hg.): Fremdes in fremden Sprachen. München: W. Fink Verlag, S. 19–41

WALZ, Werner (1967): Auf der Suche nach Hölderlin. In: Der Literat. Zeitschrift für Literatur und Kunst, 9. Jg., Heft 3, S. 35–36

WEHRMANN, Elisabeth (1996): Kindheitsmuster unter der Glasglocke. In: Tages-Anzeiger (Zürich) vom 09.02.1996, S. 34

WEINRICH, Harald (1990): Wie fern ist die Fremde? Von der Hermeneutik zur interkulturellen Fremdheitsforschung. In: KRUSCHE, Dietrich; WIERLACHER, Alois (Hg.): Hermeneutik der Fremde. München: Iudicium-Verlag, S. 48–50

WEITHIN, Thomas (2005): Melancholie und Medienwahn. In: PAZZINI, Karl-Josef; SCHULLER, Marianne; WIMMER, Michael (Hg.): Wahn – Wissen – Institution. Undisziplinierbare Näherungen. Bielefeld: Transcript-Verlag, S. 117–135

WELLMAN, Angelika (Hg.) (1998): Oh, das Meer! Das Strand- und Sandbuch. Leipzig: Reclam

WEMHÖNER, Karin (2004): Paradiese und Sehnsuchtsorte. Studien zur Reiseliteratur des 20. Jahrhunderts. Marburg: Tectum-Verlag

WERDER, Lutz von (1998): Erinnern, Wiederholen, Durcharbeiten. Das Konzept der Katharsis beim autobiographischen Schreiben in Lebenskrisen. In: KOCH, Helmut H.; KEẞLER, Nicola (Hg.): Schreiben und Lesen in psychischen Krisen. Bd. 1: Gespräche zwischen Wissenschaft und Praxis. Bonn/Neumünster: Psychiatrie-Verlag/Paranus-Verlag, S. 108–122

WHITE, Kenneth (1984): Der blaue Weg. Eine Reise. Deutsch von Andrea Spingler. Zürich: Arche-Verlag

WIERLACHER, Alois (1985): Das Fremde und das Eigene. München: Iudicium-Verlag

WIESHMANN, Udo (2001): Severe mental illness and airports – the scope of the problem. In: Psychiatric Bulletin 25, S. 261–264

WILLEMS, Elvira (Hg.) (2001): Annemarie Schwarzenbach: Autorin – Reisende – Fotografin. 2. Aufl., Herbolzheim: Centaurus Verlag

WINNICOTT, Donald W. (2004): Reifungsprozesse und fördernde Umwelt. Gießen: Psychosozial-Verlag

WINTERSTEIN, Alfred FREIHER VON (1912): Zur Psychologie des Reisens. In: Imago 1/1912, S. 489–506

WIRTH, Hans-Jürgen (Hg.) (2004): Das Selbst und der Andere. Psychosozial, Heft 97/2004

WÖHLER, Karlheinz (1998): Imagekonstruktion fremder Räume. In: Voyage. Jahrbuch für Reise- und Tourismusforschung. Bd. 2, Köln: DuMont-Verlag, S. 97–114

WOLF, Ernest S. (1998): Theorie und Praxis der psychoanalytischen Selbstpsychologie. Frankfurt a. M.: Suhrkamp

WOLTER, Christine (1990): Das Stendhal-Syndrom. Berlin: Aufbau-Verlag

WOLTER, Christine (1993): Italien muss schön sein. Impressionen, Depressionen in Arkadien. Berlin: Verlag Das Arsenal

WOOLF, Virginia (1994): Die Wellen. Übersetzt von Maria Bosse-Sporleder. Frankfurt a. M.: Fischer

WULFF, Erich (1990): Was trägt die Ethnopsychiatrie zum Verständnis psychischer Erkrankungen bei? In: THOM, Achim; WULFF, Erich (Hg.): Psychiatrie im Wandel. Erfahrungen und Perspektiven in Ost und West. Bonn: Psychiatrie-Verlag, S. 96–114

WULFF, Erich (1995): Wahnsinnslogik. Von der Verstehbarkeit schizophrener Erfahrung. Bonn: Psychiatrie-Verlag

ZAPPERI, Roberto (1999): Das Inkognito. Goethes ganz andere Existenz in Rom. Aus dem Italienischen von Ingeborg Walter. München: C. H. Beck

ZAUMSEIL, Manfred; LEFERINK, Klaus (Hg.) (1997): Schizophrenie in der Moderne. Bonn: Psychiatrie-Verlag

ZEPF, Siegfried (2000): Allgemeine Psychoanalytische Neurosenlehre, Psychosomatik und Sozialpsychologie. Ein kritisches Lehrbuch. Gießen: Psychosozial-Verlag

ZERCHIN, Sophie (1990): Auf der Spur des Morgensterns. Psychose als Selbstfindung. München: List Verlag

ZEUL, Mechthild (1996): Rückreise in die Vergangenheit. Zur Psychoanalyse spanischer Arbeitsmigrantinnen. In: HAASE, Helga (Hg.): Ethnopsychoanalyse. Wanderungen zwischen den Welten. Stuttgart: Verlag Internationale Psychoanalyse, S. 219–255

ZIMMERMANN, Kristina (2003): Die höhere Macht erkennen. In: GARTELMANN, Anke; KNUF, Andreas (Hg.): Bevor die Stimmen wiederkommen. Vorsorge und Selbsthilfe bei psychotischen Krisen. 4., akt. Auflage, Bonn: Psychiatrie-Verlag, S. 25–27

ZINGG, Martin (Hg.) (2005): Auf Reisen. Geschichten von unterwegs. Basel: Lenos-Verlag

ZSCHOCKE, Martina (2005): Mobilität in der Postmoderne. Psychische Komponenten von Reisen und Leben im Ausland. Würzburg: Königshausen & Neumann

ZSCHOCKE, Martina (2006): Unterwegs angekommen. In: Psychologie Heute, Heft 9/2006, S. 64–69

ZSCHOCKE, Martina (2006): In der Fremde. Sozialwissenschaftliche Aspekte von Auslandsaufenthalten. Frankfurt a. M.: Peter Lang Verlag

ZWEIG, Stefan (1943): Die Tragödie Philippe Daudets. In: Zeit und Welt. Gesammelte Aufsätze und Vorträge 1904–1940, hg. von Richard FRIEDENTHAL. Stockholm: Beermann-Fischer Verlag, S. 99–102

ZWEIG, Stefan (1976): Die Monotonisierung der Welt. Aufsätze und Vorträge, hg. v. Volker MICHELS. Frankfurt a. M.: Suhrkamp